구체적인 자료를 통해서 밝혔듯이 일본군'위안부' 문제의 본질은 일본군과 정부가 국가 정책으로 여성의 성(性)을 침략전쟁 수행을 위한 도구로 이용했으며, 그 과정에서 많은 여성들이 중대한 인권침해를 당했다는 것이다. 이 책이 일본군'위안부' 피해의 역사적 사실을 알리는 데 기여하기를 기대한다.

2020년 5월

동북아역사재단

이사장 김도형

발간사

일본제국주의의 식민 침탈에서 벗어난 지 75년이 되었지만, 그 역사가 아직도 한일 관계에서 큰 걸림돌로 작용하고 있다. 21세기에 들어 일본 정부의 독도 영유권 주장은 점차 도를 넘고 있으며, 최근에는 일제의 강제동원 문제와 한국 대법원 판결, 일본군'위안부' 문제 해결 방안 등으로 갈등이 불거졌다. 급기야 그 불이 무역 분쟁, 안보 문제까지 옮겨 붙었다.

한일 간의 역사 문제는 우선, '식민지배' 역사를 어떻게 볼 것인가라는 역사인식에서 기인한다. 우리는 언제나 오늘날의 입장에서 과거의 역사를 바라보고, 다시 미래로 나아간다. 과거 침략의 역사를 미화하면서 평화로운 미래를 얘기하는 것은 불가능하다. 식민지배로 인한 잘못을 인정하고 반성하지 않으면 다시 전쟁이 일어날 위험성이 있고, 인권을 존중하지 않는 군국주의 부활을 획책할 수도 있다. 따라서 역사를 보는 미래지향적 인식이 필요하다. 그리고 이 인식을 한일 양국이 공유해야 할 것이다.

그 다음으로 '과거'의 '사실'이 명확하게 규명되지 않은 것에서 연유한다. 해방된 이후, 일제 강점기에 대한 개인적인 연구는 다수 이루어졌으나, 학계나 정부 차원에서 식민지배의 실상을 체계적으로 연구 정리하고, 관련 있는 자료집을 모아 정리하지 못하였다. 지금까지 항일, 독립운동사에 대한 연구와 자료집은 많이 출간되었지만, 일제의 통치 자체를 정리하지 못한 것이다.

또한 일제 식민 침탈의 실상을 국민에게 알리고 교육하는 것도 체계적이지 않았다. 초등학교에서 고등학교에 이르는 학교의 역사 교육은 나름대로 성과가 있었지만, 학교를 떠난 이후의 일반 시민교육에는 사실 무관심하였다. 그러자 최근에는 일제의 한반도 강점과 식민지배로 인한 피해를 부정하는 인식 아래, 일제 강점기에 한반도가 근대화되었고, 수탈이나 강제동원은 꾸며진 이야기라고 주장하는 책이 시중에 나오기도 했다. 역사인식이 명확하지 않았던 일부 국민들은 여기에 호기심을 가졌고, 또한 이를 넘어 찬동하는 사태까지 일어났다. 이런 책에서 부정한 것은 일제 침탈의 역사뿐만 아니라 항일 독립운동의 역사, 나아가 우리 민족사 전체였다.

우리 학계는 일찍부터 일제 침탈의 역사를 체계적, 객관적으로 정리해야 한다는 점을 잘 알고 있었지만, 차일피일 미루다가 너무 많은 시간이 흐르게 되었다. 이에, 우리 재단은 한국 학계의 힘을 모두 모아 일제침탈사 연구를 집대성하고, 관련된 자료를 수집하여 체계적으로 정리하고, 일제 식민 침탈의 실상을 바로 알리기 위해 국민을 대상으로 한 교양서 발간을 기획하였다. 2020년부터 사업을 시작하였고, 앞으로 몇 년에 걸쳐 이를 수행할 예정이다. 일제침탈사 편찬사업은 크게 세 부분으로 나누어, (1) 일제 침탈의 전모를 학문적으로 정리한 연구총서(50권), (2) 문호개방 이후 일제 강점기에 이르는 기간의 일제침탈 자료총서(100여 권), (3) 일반 국민이 알기 쉽게 풀어쓴 일제침탈사 교양총서(70여 권)로 구성하고자 한다.

그동안 일제의 침탈상을 밝히려는 연구가 없었던 것은 아니다. 관련 자료집도 여러 방면에서 편찬된 바 있다. 그러나 모든 분야를 망라하여 학계의 연구 성과를 종합하고 관련 자료를 편찬하는 일은 이번이 처음이다. 무엇보다 일반 시민들이 과거 제국주의 시대 우리가 겪었던 침략과 수탈의 역사를 또렷하게 직시할 수 있게 하는 종합 자료집은 드물었다. 따라서 정치 · 경제 · 사회 · 문화 등 모든 방면에 걸쳐 침탈의 역사를 알기 쉽게 기록하고 그에 대응한 자료를 모아 번역함으로써 시민들에게 일제 식민지배의 실체와 침탈의 실상을 전하고자 한다.

이런 계획 아래에서 이 책은 일본군'위안부' 관련 중요자료를 번역하고 해제를 하였다. 최근 '위안부' 강제동원은 없었으며, '위안부'는 고소득을 올린 '매춘부'였다는 주장이 제기되고 있다. 이 책에서는 일본군과 정부, 지방 행정조직이 긴밀히 협조하여 '위안부'를 조직적으로 동원했으며 이 과정에서 불법을 묵인하거나 방조했다는 사실, 일본군이 군 시설로서 위안소를 설치하고, 관리 · 통제했으며, '위안부' 피해자는 위안소 등에서 강제적인 상황에 놓여 있었다는 사실, '위안부' 피해는 당시의 국내법 · 국제법을 위반하는 것이었다는 사실을 보여주는 자료를 선정하였다.

일제침탈사
자료총서 92

일본군'위안부' 문제 자료집 (2)

– 위안소 운영 실태와 범죄 처벌

동북아역사재단 편

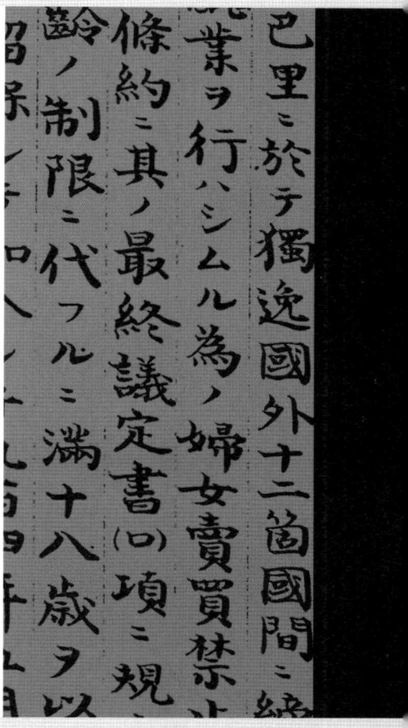
已里ニ於テ獨逸國外十二箇國間ニ締
業ヲ行ハシムル為ノ婦女賣買禁止
條約ニ其ノ最終議定書(ロ)項ニ規
齢ノ制限ニ代フルニ滿十八歳ヲ以

동북아역사재단
NORTHEAST ASIAN HISTORY FOUNDATION

일본군'위안부' 문제 자료집(2)

– 위안소 운영 실태와 범죄 처벌

▍일러두기

* 이 책에 부분적으로 수록한 문서의 전체 원문은 동북아역사재단 역사넷(http://contents.nahf.or.kr/), 여성들의 전쟁과 평화 자료관(http://wam-peace.org), 국사편찬위원회 전자도서관(library.history.go.kr/)에서 확인할 수 있다.
* 원문의 먹칠된 부분은 ■로 표시했다.
* 원문 해독이 불가능한 글자는 □로 표시했다.
* 외국어(일본어, 중국어)의 한국어 표기는 외래어 표기법을 기준으로 했으며, 독자의 이해를 높이기 위해 일부 한자식 독음을 사용한 것도 있다.
* 일본 문서에 일본식(가타가나)으로 표기된 동남아시아의 국가명과 지명은 현재의 현지 지명으로 표기했다.
* 일본식 한자, 차별이나 폄하의 뜻을 내포한 단어의 경우라도 역사적 사실을 생생하게 보여주기 위해 그대로 사용했다. 이에 해당하는 용어와 그 의미는 다음과 같다.
  - 지나 : 중국
  - 부녀, 부녀자 : 여성
  - 도항 : 다른 국가로 이동하는 것(입국, 출국)
  - 내지인 : 식민지 조선과 타이완을 제외한 일본인
  - 방인 : 일본인
  - 방국 : 일본
  - 도래(渡来) : 건너옴(입국)
  - 도지(渡支) : 중국으로 건너감(출국)
  - 주보 : 군대의 물품판매소
  - 토인 : 현지 주민
  - 가시자시키[貸座敷], 가시세키교[貸席業], 조로야[女郎屋] : 성매매 업소
  - 여급(女給), 여중(女中), 나카이[仲居] : 여급은 카페나 레스토랑에서 일하는 여성 직원, 나카이는 여관과 요정에서 일하는 여성 직원, 여중은 집에서 일을 도와주는 사람이나 점령지에서 사용된 '여급'. '나카이', '여중'은 일본군'위안소'에서 일하는 여성도 있었음.
  - 삿쿠 : 콘돔
  - 검징 : 성병검사
  - 선인(鮮人) : 조선인
* 각주의 스즈키 자료집은 鈴木裕子/山下英愛/外村大 編, 2006, 『日本軍「慰安婦」関係資料集成』, 明石書店을 의미한다.

Ⅰ. '위안부' 모집과 이송

Ⅱ. 위안소 설치

목차

▌ 일본군'위안부' 문제 자료집(2) – 위안소 운영 실태와 범죄 처벌 ▌

Ⅲ. 위안소 운영

Ⅳ. '위안부' 범죄 처벌

책머리에

최근 일본 우파의 계속되는 망언에 동조하는 듯한 몇몇 한국인 연구자들의 발언이 여러 매체를 통해 시중에 유포되고 있다. 이들은 지금까지 쌓아 올린 연구 성과와 국제사회의 논의를 부정한다. '위안부'는 당시 용인되었던 공창제도를 기반으로 한 것으로, 일본 정부 · 모집업자 · 피해자의 가족 친지 등 3자가 합작하여 동원했고, 고소득을 올린 '매춘부'였다는 것이 이들 주장의 핵심이다. 이들은 논쟁을 이 문제가 논의되기 시작한 1990년대 초로 되돌리려 하고 있다.

하지만 그동안의 연구를 통해 일본군과 정부가 군 시설로 위안소를 설치하고, 관리 · 통제했으며, 여성들이 본인의 의사에 반해 '위안부'가 되었고, 위안소 등에서 강제적인 상황에 놓였다는 사실, 일본군'위안부' 제도는 당시의 여러 국내법 · 국제법을 위반한 중대한 인권침해였다는 사실이 밝혀졌다. 국제사회는 1990년대 이후 꾸준한 논의를 통해 일본군 '위안부'는 성노예라는 인식을 공유하게 되었다.

일본 정부도 1993년 발표한 고노 요헤이[河野洋平] 관방장관 담화에서 위안소가 당시 일본군의 요청에 따라 설치되었고, 위안소의 설치관리 및 '위안부'의 이송에 일본군이 직접 혹은 간접적으로 관여했고, 한반도에서의 모집 · 이송 · 관리 등도 감언 · 강압에 의한 것으로 총체적으로 본인들의 의사에 반하여 실시되었으며, 위안소에서의 생활은 강제적인 상황하에서 처참한 것이었다고 인정했다. 아베 신조[安倍晋三] 총리도 당시 군의 관여하에 다수 여성의 명예와 존엄에 깊은 상처를 낸 문제라는 것을 인정하고 사죄와 반성을 표명했다.

그런데 이것을 일본군과 정부의 계획적인 범죄가 아닌 모집업자와 부모의 문제로 축소시키는 주장이 다시 제기되고 있다.

이 책의 발간 목적은 일본군'위안부' 동원 및 위안소 설치·관리가 일본군과 정부의 주도하에 이루어졌고 그 과정에서 불법행위가 자행되었다는 사실을 공문서를 통해서 명확하게 밝히는 것이다. 공문서뿐만 아니라 피해자의 용기 있는 증언 역시 일본군의 범죄를 밝힐 수 있는 매우 중요한 자료다. 하지만 책의 분량을 감안하여 증언은 게재하지 않았다. 피해자 증언이 이미 단행본으로 발간되었고, 증언 일부를 발췌하는 것이 증언이 갖는 의미를 훼손할 우려가 있기 때문이다.

이 책에서는 일본군과 정부의 책임을 물을 수 있는 핵심적인 공문서를 선별하여 번역했다. 연합군이 생산한 공문서에도 일본군'위안부' 관련 실태가 드러나 있는데, 「심리작전반 일본인 포로 심문보고 49호」는 여성가족부의 연구용역 결과물을 활용했다. 국사편찬위원회도 2017년부터 『일본군 '위안부' 전쟁범죄 자료집』을 시리즈로 발간했다. 일본군'위안부'에 대한 연합군 문서의 자세한 현황은 국사편찬위원회 홈페이지에서도 확인할 수 있다.

공문서는 가능한 한 문서 전체를 게재하고 번역하고자 했으나, 분량이 많은 경우에는 직접 해당하는 부분을 중심으로 번역했다. 그리고 하나의 문서에 '위안부' 모집과 이송, 위안소 설치·관리가 전부 포함되어 있을 때는 특히 관계가 깊은 주제에 일괄적으로 넣었다.

이 자료집은 1990년대 이후 연구와 자료 수집 성과를 토대로 한 것이다. 이름을 한 명 한 명 밝히지는 않으나 그동안 일본군'위안부' 문제 연구와 자료 발굴을 위해 힘써 오신 모든 연구자와 활동가들에게 경의를 표한다. 일본 문서의 번역 작업에는 유지아(원광대) 선생님, 최종길(원광대) 선생님 중국 당안관 문서는 난징에 거주하시는 신경란 선생님이 참여했다. 해제 중 헤이룽장성과 상하이 문서는 한혜인(아시아평화와역사연구소) 선생님이 도움을 주었다. 감수는 동북아역사재단 남상구 선생님이 해 주었다. 협력해 주신 모든 분께 감사드린다.

2020년 5월

조윤수

해제

일본군'위안부' 문제 자료집

조윤수 · 남상구 | 동북아역사재단 연구위원

Ⅰ. '위안부' 모집과 이송

가. 개요

일본의 아베 신조[安倍晋三] 총리를 비롯하여 일본군'위안부' 강제동원을 부정하는 사람들이 내세우는 것은 군과 관헌에 의한 강제연행을 입증할 문서가 없다는 것이다. 여기에는 강제연행만 아니면 그 외의 관여는 문제가 되지 않는다는 인식이 깔려 있다. 따라서 일본군과 정부가 '위안부' 모집과 이송에 어떻게 관여했는지는 묻지 않는다. 불법행위가 있다 하더라도 그것은 모집업자의 문제로 치부한다.

일본군'위안부' 동원은 크게 일본과 식민지, 점령지로 나누어 볼 수 있다. 일본과 식민지에서의 '위안부' 동원은 민간업자를 통해서 모집하는 경우가 일반적이었다. 민간업자를 통한 모집의 경우에도 일본군과 정부의 철저한 통제와 협조하에 이루어졌다. 이송 역시 마찬가지였다. 점령지에서는 군이 직접 나서는 사례도 있었다. 이 장에는 전자와 관련된 문서를 실었다. 후자와 관련된 문서는 Ⅳ장에서 다루었다.

이 책에 실은 문서는 일본군과 일본 정부가 '위안부'를 모집하고 이송하기 위해 구체적으로 어떻게 협력했는지를 보여준다. 구체적인 사례를 보면 다음과 같다. 먼저 상하이[上海] 일본총영사관이 위안소 설치를 결정하고 일본에서 모집할 지역의 경찰서와 관계기관에

'위안부' 모집에 대한 편의 제공을 요청했다([문서 1]). 그런데 모집과정에서 문제가 발생했고 각 지역에서는 이 문제를 내무성에 보고했다([문서 2]~[문서 4]). 이 보고를 토대로 내무성은 경보국장통첩([문서 4])을 작성 · 지시했다. 육군성은 이를 토대로 부관통첩의 형식으로 파견군 사령부에 모집방법 등에 대한 지시를 내렸다([문서 6]). 그 결과 일본군과 내무성의 '위안부' 모집과 이송을 위한 협력 체계는 정착되었다([문서 10]). 그리고 육군성과 현지 부대와도 '위안부' 모집과 이송을 위한 협력 체계가 구축되었다([문서 18]).

중국으로 동원되는 '위안부'는 규정에 따라면 21세 이상으로 신분증명서를 발급받아야 했다. 하지만 편법으로 21세 미만의 여성이 동원되기도 했다([문서 7]~[문서 9]). 일본에서 발생했던 모집과정의 문제는 조선에서도 발생했다([문서 19]).

중일전쟁 이후 중국으로의 이동이 제한되어 있음에도 불구하고 '위안부'의 경우 적극적으로 편의가 제공되었다([문서 11]~[문서 17]).

나. 모집[1)]

[문서 1]을 보면, 상하이 일본총영사관은 1937년 12월 중순 육군 무관실, 헌병대와 협의하여 군위안소를 설치하기로 결정하고 구체적으로 업무를 분담했다. 위안소 설치는 육군 무관실과 헌병대의 합의만으로 가능한 것은 아니고 보다 상급 기관인 중지나방면군 사령부에서 결정한 것으로 판단된다. 영사관은 위안소 영업자 허가와 이동 편의, 그리고 이들의 신분 보장에 관한 업무를 담당했다. 헌병대는 영사관에서 인계받은 여성들의 수송을 맡았으며, 무관실은 도착한 '위안부'들을 각 부대별로 배치하고 성병검사를 하기로 했다. '위안부' 모집은 민간인 모집업자를 일본에 보내서 하기로 했다. 업자에게는 상하이 일본총영사관에서 신분증명서를 발행했다. "이미 가업부녀(작부) 모집을 위해 본국 내지 및 조선 방면으로 여행 중인 자가"라는 문구에 보이듯이 조선도 모집 대상이었다. 그러나 이들이 조선에서 어떻게 모집했는지를 보여주는 문서는 발견되지 않았다. 총영사관은 해당 지역 경찰서에 '위안부' 모집과 이송을 위한 편의 제공을 의뢰했다.

그런데 군과 상하이 총영사관의 의뢰를 받은 모집업자들이 각 지역에서 '위안부'를 모

1) 해제 작성 시 永井和의 「陸軍慰安所の創設と慰安婦募集」(『二十世紀研究』 創刊号, 2000)을 참고로 했다.

집하는 과정에서 문제가 발생했다. [문서 2]는 야마가타[山形]현 지사가 내무대신, 육군대신, 경시총감, 각 청부현(廳府縣) 장관에게 보낸 것이다. '위안부' 모집과 관계된 모든 기관에 보냈다고 할 수 있다. 현 경찰서는 군부의 방침으로 업자가 '위안부'를 모집하는 것은 믿기 어려우며, 이런 일이 공공연하게 유포되면 후방의 일반 민심에 나쁜 영향을 미치고, 일반 부녀의 인신매매를 방지하는 정신에 위배된다고 생각하여 소개업자를 훈계하고 모집을 단념시킨다. [문서 3]은 와카야마[和歌山]현 지사가 내무성 경보국장에게 보낸 문서다. 문서 제목의 '시국이용 부녀 유괴 피의사건에 관한 건'에 나타나 있듯이 와카야마현에서 '위안부'를 모집하던 업자 3명이 유괴혐의로 체포된 사건에 관한 것이다. 오사카[大阪]부 구죠[九條]경찰서와 나가사키[長崎]현 외사과에서 이 3명의 편의를 봐준 사실이 드러났으나, 이를 신용하지 않고 직접 조회를 했다. 나가사키현 외사과는 2017년 12월 21일 상하이 일본총영사관 경찰서장의 의뢰를 받아 합법적인 고용계약이 인정되는 자만 중국으로의 이동을 인정했다고 답변했다. 그리고 의뢰를 받은 문서([문서 1])를 첨부했다. 오사카 구죠경찰서도 내무성에서 비공식적인 의뢰를 받아 편의를 제공했으며, 체포된 자의 신원이 확실하다고 답장했다. [문서 4]는 미야기현 지사가 내무대신과 각 청부현 장관, 관하 각 경찰서장에게 보낸 문서로, 미야기현 주선업자에게 상하이파견군 내 육군위안소 작부 모집 의뢰가 왔으나 무시했다는 사실을 전하며 각 경찰서에서 주의를 주고 있다. 군의 지시로 '위안부'를 모집하는 것이 당시 사회 통념으로도 용인되지 않았다는 사실을 보여준다.

이렇게 각 지역에서 '위안부' 모집을 범죄로 취급하는 문의를 받은 내무성은 '위안부' 모집 업무는 확실히 필요한 것이라는 내무성의 입장을 전달하고, 업무 협력의 통일성을 기하기 위해 경보국장 명의로 '지나 도항 부녀의 취급에 관한 건'을 작성한다([문서 5]). 이 문서는 '위안부'를 중국으로 보내는 것은 필요하기 때문에 경찰 당국에서 실정에 적합한 조치를 강구하여야 한다며 그 기준을 제시한다. 현재 창기, 기타 사실상 추업을 하고 있는 만 21세 이상의 자가 대상으로, 경찰서에 출두하여 신분증명서 발급을 신청하도록 했다. 그리고 군의 양해를 얻었다는 등의 발언은 엄중하게 단속할 것을 지시했다. 육군도 부관이 북지방면군가 중지파견군에서 통첩([문서 6])을 보니 '군부의 양해 등의 명의를 이용하여 군의 위신을 손상'시키거나, '모집 방법이 유괴와 비슷하여 경찰 당국의 취조'를 받는 자가 있어 주의가 필요하다며, 군의 위신이 손상되지 않도록 파견군에서 모집을 통제하여 '인물 선정을 주도적절하게' 하고 관계 당국, 즉 지역 경찰이나 헌병과의 관계를 긴밀히 하라고 지시한다. 이 두 문서는 '위안부' 모집이 합법이라는 것을 밝히면서도 군과 위안소의 관계는 은폐하라고 지시하고 있다. '위안부' 모집은 군과 내무성, 지방 경찰과 헌병이 긴밀히 협력하면서 추진했던 것이다.

[문서 10]은 '위안부' 모집과 이송을 위한 업무 분담이 체계적으로 이루어졌음을 보여준다. 다음은 남지나파견군이 요청한 '위안부' 4백 명의 모집·이송 과정을 정리한 것이다.

	업무	주체	내용
1	모집 의뢰	남지파견군 후루쇼부대 참모, 육군성 징모과장	내부성에 남지나파견군 위안소 설치를 위해 필요한 여성 4백 명 모집 의뢰
2	모집 방법	내무성, 지방청, 군	내무성과 지방청에서 편의를 제공하여 인솔자를 선정하여 모집, 비밀리에 모집 *인솔자는 현지에서 군위안소를 운영하는 자
3	모집 인원 할당	내무성	오사카 1백 명, 교토 50명, 효고 1백 명, 후쿠오카 1백 명, 야마구치 50명
4	인솔자 선정	내무성, 지방청	각 지방청에 은밀히 정당한 인솔자(포주)를 선정하여, 이들이 여성을 모집하여 현지로 보내도록 조처, 편의상 관계 방면에서 추천하여 인솔자의 자발적 희망에 의한 것으로 하며, 희망자가 있을 경우, 인솔자의 인적 사항과 예정 '위안부' 수를 은밀하게 내무성에 통보
5	인솔 인원	내무성	인솔자 1명당 10명에서 30명
6	모집 대상	내무성	창기 등 사실상 추업에 종사하는 자로, 만 21세 이상이고 신체 건강한 자 *신분증명서 발급 전에 건강진단서 제출
6	연락 담당	참모본부 제1부 제2과 이마오카 소좌 현지는 군사령부 미네키 소좌	관련 사항 연락
7	인솔허가증 교부	후루쇼부대 본부	남지나파견군에 대한 것을 일괄하여 교부
8	이송 방법		일본에서 타이완까지는 인솔자 비용으로 은밀하게 연행, 타이완에서 현지까지는 어용선을 이용
9	출항	내무성, 지방청	편의 제공
10	예방주사, 건강진단	현지 군 당국	예방주사 접종 및 건강진단 실시
11	계약내용, 현지 여성 보호	현지 군 당국	선금(전차금)을 제외한 일체의 사항은 현지 군 당국의 지시에 따를 것
12	위안소 장소	현지 군 당국	군에서 선정
13	위안소 경영	인솔자	군에서 지휘 감독

모집 의뢰, 인솔자 선정, '위안부' 모집, 출항은 육군성, 현지 군 당국(파견군), 내무성, 지방청이 긴밀하게 협조하면서 추진되었다. 민간업자는 군과 정부의 지시를 충실하게 이행한 것에 불과했다. 즉 '위안부' 모집과 이송의 주체는 군과 정부였던 것이다.

[문서 18]은 타이완군과 육군성이 연락한 문서로 '위안부' 남방(보르네오) 이송에 관한 것이다. 남방총군이 보르네오로 갈 '위안부' 50명을 파견할 것을 타이완군에 요청했다. 타이완군은 헌병이 조사 선정한 경영자 3명(주거지 일본 2명, 조선 1명)의 도항을 인정해 달라고 육군성에 요청하고, 육군성은 이를 인정한다. 그리고 '위안부' 50명을 파견했으나 인원이 부족하여, 오카[岡]부대에서 발급한 초청인가증을 갖고 타이완에 들어 왔으니 '위안부' 20명을 더 보내는 것을 인정해 달라고 육군성에 요청한다. 그리고 소수의 보충 교대 증원 등에 대해서는 적절히 처리하겠으니 양해해 달라고 요청한다. '위안부' 모집과 이송이 육군성과 현지 부대와의 긴밀한 협조 가운데 이루어졌음을 보여준다.

만 21세 이상이 모집 대상이었다고 하나, [문서 2]는 업자가 모집 대상을 16세~30세라고 했다고 기록하고 있다. 그리고 [문서 7]~[문서 9]를 보면, 실제로 21세 이하도 포함되어 있었다. [문서 7]은 재산하이관[山海關] 부영사가 외무대신에게 보낸 문서로, 중국에 온 후의 직업을 속여서 관할 경찰서에서 신분증명서를 발급받은 것으로 추정된다며, 행선지에서의 직업을 고려하여 증명서를 발급해야 한다고 보고한다. [문서 8]은 재베이징[北京] 총영사가 외무대신에게 보낸 문서로, 광고나 주선인의 감언에 넘어가 베이징에 왔다가 실상과 달라 곤란에 빠진 경우가 있다며, 베이징의 요리점은 가시세키[貸席]업과 마찬가지로 예기, 작부 영업을 하며, 예기의 대부분은 예기와 창기를 겸하고, 작부는 내기의 창기와 마찬가지라고 지적한다. 즉 요리점에서 일한다거나 예기를 한다고 증명서를 발급받았으나, 중국에 와서는 성매매를 한다는 것이다. [문서 9]는 외무성 조약국장이 중국 현지의 정보를 토대로 작성하여 내무성 경보국장에게 보낸 문서다. 이 문서는 "내지에서 추업에 대한 신분증명서를 발급받기 어려운 자는 일단 조선 또는 만주로 건너가 북중국에 거주하고 있는 지인, 동업 관계자에게 부탁해 불러 달라고 하는 자가 적지 않다. 연령 등 단속에 의해 증명서를 발급받기 어려운 자는 여급(女給), 여중(女中) 신분증명서를 발급받은 후 추업에 종사하는 자가 있다"고 지적한다. 즉 직업을 속여 연령 제한을 피한 사례가 있음을 말해 준다. 그리고 현지에서는 일본 경찰서에서 발급받은 신분증명서가 있으면 입국을 거부할 수 없기 때문에 증명서 발급에 주의해 달라고 요청하고 있다.

조선에서 '위안부'가 어떻게 모집되었는지는 연합군이 남긴 「심리전 작전반 일본인포로 심문보고 49호」([문서 19])를 통해 추측할 수 있다. 이 보고서는 버마(미얀마)의 미치나(Myitkyina) 지역에서 포로가 된 일본인 2명과 조선인 '위안부' 20명을 심문한 내용인데, 이들은 조선에서 동원되었으며 대부분이 업자들의 감언이설에 속아서 미치나까지 오게 되었다고 기술하고 있다. 보고서는 이들이 '병원에 있는 부상자를 찾아가 붕대를 묶어주고 일반적으로 병사들을 편안하게 하는 일과 관련되어 있을 것이라고 다들 생각'했으며, 몇백 엔이 선금으로 주어졌고, 6개월에서 1년까지의 기간 동안 '가정부'의 일을 하기로 되어 있었다고 기록하고 있다. 명백한 감언이설에 의한 동원이었다.

다. 이송

1937년 7월 중일전쟁 이후 일본에서 중국으로의 이동은 엄격하게 제한되었다. 따라서 '위안부'를 중국으로 이송하기 위해서는 현지 총영사관과 외무성, 내무성, 군이 협력할 필요가 있었다.

[문서 11]~[문서 13]은 일본군의 한커우 침략 후 '위안부' 중국 이송과 관련하여 재상하이 총영사, 재한커우[漢口] 총영사와 외무성이 연락한 문서다. [문서 11]은 재상하이 총영사관이 외무성으로 보낸 문서다. 한커우로 가려는 일본인은 '군수(軍需)의 충족과 부흥의 촉진을 주안점으로 하여 당분간 통제한다'는 원칙을 세웠는데, '단, 군대 위안소 개설을 위해 진출하는 자'는 제한하지 않기로 하고 있다. 그리고 한커우 방면 통행허가증은 군사상 필요에 따라 군대에서 발행 교부하거나 육해군 특무부에서 발행했다. 즉 군의 허락 없이는 이동 자체가 불가능했다. [문서 12]는 한커우에 주둔하는 가가와[香川]현 아마야부대가 개설한 군위안소로 여성 50명을 모집하여 이송하겠다며 중국 도항 허가를 현청에 신청하는 자가 있어 이를 인정했는데, 이에 대한 의견을 보내달라는 내용이다. 군이 총영사관에 의뢰하여 '위안부' 신분증명서를 발급해야 하는데 이 과정을 생략해서 문제가 발생한 것이다. [문서 13]은 이것에 대한 답변으로, '위안부'를 데려오는 것은 허가제를 취하고 있는데, 아마야부대는 군에서 정식 절차를 밟지 않았으나 동 부대에서 초치를 준비했다는 것을 이유로 이를 인정했다. 그리고 군도 '위안부'는 영사관 감독하에 취업시킨다고 했다며 인솔자가 한커우에 도착하면 영사관에 출두할 것을 요청했다. 정식 절차를 밟지 않았음에도

'위안부' 이송을 인정했던 것이다.

[문서 14]~[문서 16]는 도항 사유증명서 발급이 불가능한 경우 '위안부' 이송을 논의하기 위해 외무성과 타이완총독부 외사부장이 연락한 문서다. [문서 14]는 외사부장이 외무성에 보낸 문서로, 영사관이 없는 지역으로 가서 군위안소에 종사하는 자는 영사관에 도항사유증명서를 받는 것이 불가능하그로 육해군 측의 증명서를 근거로 신분증명서를 발급해도 괜찮은지를 문의한 것이다. [문서 15]는 외사부장이 외무성에 보낸 문서로, 외무성에서 육해군 측의 증명서를 근거로 영사관 경찰서에서 도항 사유증명서를 받아야 한다는 지시가 있었으나, '본건 위안소 종업원 도항은 서두를 필요'가 있어서 특별히 본건에 한해서 허가해야 한다고 가오슝 주지사에게 회답했다는 내용이다. 가오슝 주지사는 외사부장에게 '특종 영업에 취업하고 있는 경우에는 소속 부대장 혹은 관할 헌병대장이 발급한 증명서에 근거하여 도항시키는 것이 가장 실제적인 처리'라고 생각한다며 회답을 요청했었다. [문서 16]은 외사부장이 가오슝 주지사의 문의에 회답한 문서로, 위안소 종업원 도항은 긴급하고 주지사의 의견이 타당하므로 하야시 부대장이 발급한 증명서를 토대로 도항증명서를 발급해도 좋다는 내용이다.

[문서 17]은 중국으로 이동하는 일본인(조선인, 타이완인 포함)의 잠정처리에 관한 문서다. 일본인이 중국으로 가는 것은 '극력 제한하는 것이 적절하고 긴요하다'는 것을 전제로 구체적인 방안을 제시하고 있다. 다만 '위안부'와 관련해서 여성(예기, 작부, 여급 등)을 고용하기 위해 일시 귀국한 경우 영사관 경찰서에서 중국 거주 영업자에게 발급한 증명서에 명기된 고용 인원수만큼의 여성에게 해당하는 여성은 중국 도항 신분증명서를 발급한다고 되어 있다.

Ⅱ. 위안소 설치

가. 개요

일본군이 중국과 동남아시아를 침략하는 과정에서 일본 군인이 저지른 현지 여성 강간이 커다란 문제가 되었다. 현지 주민 불만으로 인한 치안 불안정과 군 질서의 혼란은 전쟁수행과 직접 관련된 문제였다. 그리고 전쟁이 장기화되면서 상관에 대한 반항도 문제가 되었다. 일본군은 이 문제를 해결하기 위해, 즉 강간을 줄이고 병사들의 사기를 고양할 목적으로 군이 관리하고 통제하는 위안소를 만들었다.

이 책에 실은 문서는 일본군이 위안소를 설치한 배경과 목적, 그리고 구체적인 설치 과정을 보여준다. 일본군은 위안소를 병참시설의 하나로 만들었는데 그것을 가능하게 한 것이 1937년 9월의 야전주보규정 개정이다([문서 1]). 위안소 설치 목적은 성병의 적극적인 예방([문서 2]), 강간 방지를 통한 현지 주민들의 반일의식 약화([문서 4], [문서 16], [문서 17]), 상관 폭행 등 군기 문란 해소([문서 3], [문서 19])였다.

동원된 '위안부'와 위안소 규모를 파악할 수 있는 자료는 단편적으로 남아 있다([문서 3], [문서 5], [문서 18]).

위안소는 현지 상황을 고려하여 설치되었는데, 일본 점령지인 상하이([문서 6]~[문서 11])와 만주국 쑤이양([문서 12]~[문서 15])의 사례를 게재했다.

나. 위안소 설치 목적

[문서 1]은 나가이 가즈[永井和] 교토대 교수가 발굴한 문서로 군의 야전주보(물품판매소)에 위안시설을 설치할 수 있음을 명기한 것이다. 1937년 7월 중일전쟁 직후 일본군은 현지 부대가 위안소를 설치할 수 있는 법적 근거를 정비했다. 야전주보규정의 개정 목적은 주보에 '위안시설'의 설치를 가능하게 하는 데 있었다. 개정 규정에 첨부되어 있는 '야전주보규정 개정 설명서'(경리국 의량과(衣糧課) 작성, 1937.9.15)에는 개정 이유를 "야전주보 이용자의 범위를 명료하게 하여 대진(對陣) 중에 위안시설을 설치할 수 있도록 하는 것도 인정할 필요가 있었기 때문이다"라고 명시하고 있다. 야전주보규정 개정을 근거로 각 부대는 위안소를 조직적으로 설치했다.

[문서 2]는 당시 육군 군의였던 아소 데쓰오[麻生徹男] 소위가 작성한 것으로 군인들의 성병 방지대책 보고서다. 이 보고서는 위안소 관리 규정을 만들 때 기초로 활용되었다. '위안부'로 동원된 여성 중 일본인은 대부분 20~40세이고 매춘업에 종사하는 자가 많아 성병에 걸린 적이 있거나 걸려있는 자가 많은데, 조선인의 경우에는 연령이 낮고 성경험 자체가 처음인 경우가 많다고 분석한다. 해외의 사례를 통해 여성이 나이가 어릴수록 병사가

성병에 걸리지 않는다며 이런 여성들이 '위안부'로 동원되어야 한다고 주장한다. 결국 성병 방지가 목적이라면 조선인과 같이 나이가 어려야 한다는 것이다. 피해자 증언에 따르면 조선인 피해자의 경우 20세 미만이 많았다. 이 보고서와 무관하지 않다고 할 수 있다. 그는 위안소를 장려하지는 않았고 필요악으로 보았는데, "군용 특수위안소는 향락의 장소가 아니며 위생적인 공동변소"라고 평가한다.

보고서는 성병 대책으로 군에서 성병검사를 최대한 자주 철저히 실시할 것, 창부의 질적 향상으로 기하고 사창에 대한 경계도 철저히 할 것, 성병에 걸린 자들은 곧바로 격리시킬 것, 음주가 성병에 취약하니 음주를 절제할 것, 콘돔 사용을 의무화할 것, 성교 후에 세척과 소독을 철저하게 할 것 등을 제시했다. 이 내용은 각 부대의 위안소 규정에 반영되었다.

[문서 4]는 북지나방면군 참모장 오카베 나오자부로[岡部直三郎]의 통첩으로, 중국 점령지에서 치안회복이 늦어지는 이유에 대해 약탈 강간 행위로 점령지 국민들이 죽음을 각오하고 보복하고 있다는 점을 들고 있다. 따라서 점령지에서 군인의 개인 행위를 엄중히 단속하고 신속히 성적 위안설비를 갖추는 것이 필요하다고 지시한다. [문서 16], [문서 17]은 육군 군의였던 긴바라 세쓰조[金原節三]가 작성한 업무일지의 주요기록이다. 동남아 지역에서 일본군의 강간사건이 많이 발생하는데, 이 지역은 회교도가 많아 정조관념이 강하기 때문에 여성들이 강간을 당하게 되면 일반인들이 일본군에게 보복하려 할 것이고, 일본군에 대한 불신을 조장하여 결국 치안유지도 어렵기 때문에 위안소 설치가 필요하다는 내용이다.

[문서 3]은 육군 군의였던 긴바라 세쓰조가 작성한 업무일지의 주요기록이다. 긴바라는 병사들 간의 싸움, 상관 폭행이 매일 1건의 비율로 발생하는데 이를 방지하기 위해서는 물적 · 심적 위안 후생대책에 대한 근본적인 대책이 필요하다고 주장한다. [문서 5]는 육군성 부관 가와하라 나오이치[川原直一]가 교육 참고용으로 송부한 문서로, 위안시설에 주도면밀하게 배려를 하여 살벌한 감정과 정욕을 완화 억제하는 것이 필요하다고 주장한다. 성적 위안소에서 받는 병사의 정신적 영향은 가장 솔직하고 크다며, 이에 대한 지도 감독의 적절 여부는 사기의 진흥, 군기의 유지, 범죄와 성병 예방 등에 크게 영향을 미친다는 점을 염두에 두어야 한다고 지적한다. [문서 19]는 해군항공기지 제2설영반 야베[矢部]부대 자료로, 해군기지 정비 기간이 길어지면서 스트레스로 인해 일본인들끼리 서로 분쟁이 발

생했는데, 주계장의 조치로 원주민 여자를 모아 위안소를 개설한 것이 기분 완화에 매우 효과적이었다는 기술이 있다. 주계장은 일본 총리가 된 나카소네 야스히로[中曽根康弘] 주계 중위였다.

일본군의 사기 진작과 군기 유지, 병사들의 심리 안정, 강간 방지를 통한 치안유지를 위해서는 위안소가 필요하다는 주장이다. 여성들의 성을 전쟁의 효율적 수행을 위한 도구로 보았던 것이다.

[문서 3]을 보면 긴바라는 성병 예방을 위해서는 100명당 1명의 비율로 '위안부'가 필요하다고 주장한다. 재칭다오 총영사가 외무대신에게 보낸 '지나 도항 부녀 단속에 관한 건'(1938.6.29)에는 육군은 병사 70명에 대해 1명 정도의 작부가 필요하다는 의향을 가지고 있다는 기록이 있다. [문서 18]에는 은상과장이 장교 이하 위안시설을 북중국 100개, 중중국 140개, 남중국 40개, 남방 100개, 남해 10개, 사할린 10개, 계 400개 만들겠다고 한 것이 기록되어 있다. 피해자 전체 규모를 파악하기 위한 하나의 근거라 할 수 있다.[2)]

다. 위안소 설치 사례[3)]

점령 지역 특히 중국에서 일본군의 위안소 설치와 성 관리 대책이 이 지역 행정기구와 어떻게 연관되었는지를 잘 보여주는 것이 상하이 당안관에 소장된 문서다. 지역에 따라서는 일본군이 괴뢰정부를 만들고 이들의 협력을 받아 위안소를 설치하고 운영하는 경우도 있었다. [문서 6]~[문서 11]은 상하이 위안소 설치에 일본군과 상하이특별시 경찰조직이 어

---

2) 일본군 총수와 병사 1명당 '위안부' 수를 근거로 한 '위안부' 총수에 대한 연구자들의 주장은 다음과 같다.

연구자명	발표 연도	병력 총수	'위안부' 비율	교대율(%)	'위안부' 총수
하타 이쿠히코	1993년	300만 명	병 50명에 1명	1.5	9만 명
	1999년	250만 명	병 150명에 1명	1.5	2만 명
요시미 요시아키	1995년	300만 명	병 100명에 1명	1.5	4.5만 명
			병 30명에 1명	2	20만 명
쑤즈량	1999년	300만 명	병 30명에 1명	3.5	36만 명
				4	41만 명

3) 상하이와 쑤이양의 위안소 설치 사례 해제는 한혜인 선생님(아시아평화와연구소)의 도움을 받았다.

떻게 연관되어 있는지를 밝히는 자료다. 다소 중복되는 내용도 있으나 당시 상황을 보여 주기 위해 가능하면 그대로 게재했다.

[문서 6]은 상하이특별시 자베이[閘北]경찰서장이 경찰국장에 보낸 공문으로, 아키야마[秋山] 지도관이 홍커우[虹口] 자베이구 위안소 조합을 설립하고, 그 관리를 위해 조합으로 하여금 위안소 임시규약과 위안소 등기신청서, 기녀 등기신청서를 만들어 영업활동을 하고 있고, 경찰서장이 이를 감독하고 있음을 보고한 것이다. 위안소 관리 임시규약, 위안소 영업 등기신청서, 기녀 등기신청서, 조합회 직원 명단이 첨부되어 있다. 이 문서의 마지막에 지도관리소 명의의 일본어 보고문이 들어있는 것으로 보아 이는 다시 일본군에 보고되었다고 추측할 수 있다.

[문서 7]은 상하이특별시 자베이경찰서장이 경찰국장에 보낸 공문으로, 자베이구 위안소 조합회 회원과 직원 명단을 보고한 것이다. 경찰국장과 일본 특무 고문실의 지령, 아키야마 지도관의 지시 내용이 문서에 포함되어 있다. [문서 8]은 일본 해군 무관부 상하이 부흥부에서 작성한 문서다. 상하이 방역위원회의 허가를 받아 홍커우 평강복리회 설립을 허가하여 중국인 및 제3국인 사창을 통제하는 공인기관으로 하고, 위안소 조합도 흡수한다는 내용이다. [문서 9]는 평강복리회 희망사항으로, 본회를 사창 통제 공인단체로 인정해야 하며, 위안소 조합회는 비합법적이라 해체되어야 하며, 조계 헌병대가 허가한 윤락업소도 해체되어야 한다는 내용이다. 중국어 번역본도 첨부되어 있다. 상하이특별시 시정부 위생국 위생과장이 시정부 위생국장에게 평강복리회에 대해 설명하는 메모도 포함되어 있다. 일본 해군 부흥부와 평강복리회 대표 오타니 가이에이[大谷冠櫻]가 상기 내용을 지시했는데, 경찰국의 허가를 얻어 처리해야 하고 위생국에 정식 공문을 제출해야 한다고 전달했다는 내용, 국장이 사사이[笹井] 중장의 의견을 구하라고 했는데 사사이는 방역위원회 간부들의 의견을 구하자고 했다는 기록이 있다. 이 요청에 따라 자베이경찰분국과 상하이특별시 경찰국 연락관은 상하이방역위원회의 분과회의(참석자 : 사사이 중장, 다나카[田中] 중장, 오우치[大內] 흥아원 기사, 이데모토[出本] 조사관, 에노모토[榎本] 해군육전대 군의장, 노보리[登]부대 군의부장, 안도[安藤] 군의관, 아마노[天野] 해군 군의 중좌, 다카하마[高濱] 해군 군의 중좌, 일본인 의사공회 부회장, 일본영사관 가타오카[片山], 상하이시 시정부 위생국 우야오동[吳耀東] 등 10명)를 개최했다. 여기에서 평강복리회 설치를 인정했다.

사사이 중장은 '위안소 명칭과 일본군 위안소 명칭이 혼동되어 사병이 잘못 알 수 있으므로 시정부 조합은 위안소 명칭을 사용할 수 없다'고 지시한다. 그리고 이미 해군이 평강복리회를 허가하여 시정부에 공문을 보냈으므로 해군의 의견을 존중해야 한다고 주의를 준다.

[문서 10], [문서 11]은 상하이특별시 시정부 위생국에서 경찰국에 보낸 공문으로, 일본 해군 부흥부가 사창 문제는 평강복리회에 일임하는 것을 허가하자 그 후속조치를 논의한 것이다. 일본 특무기관에도 의견을 조회하여 첨부했다.

상하이특별시정부는 해당 부처와 회의를 거쳐, 일본 해군의 뜻을 존중하여 해군에서 원하는 대로 시행하고, 이 평강복리회에 드는 비용은 상하이시정부가 부담하기로 결정했다. 평강복리회의 대표는 경찰국의 감독을 받아야 하며, 경찰국은 해군 부흥부에 그 결과를 보고하여야 한다고 정하였다. 그러나 초기에는 당분간 해군 부흥부에서 직접 감독할 것이라고 정하고 있다. 다만, 상하이시정부 위생국과 경찰국에서도 지휘 감독하여 시정부의 주권을 유지하고 정령에 부합하도록 해야 한다고 했다.

상하이를 점령한 일본군은 초기에는 중국인 민간단체인 위안소 조합이 정한 '위안소 임시규약'을 정비하여 비합법적이고 편법적으로 관리하다가, 상하이특별시정부를 이용하여 점차적으로 제도화해 나갔다. 1941년 상하이 전 지역을 점령해 가면서, 대부분이 일본군인과 관료로 구성된 상하이방역위원회를 통해 '창기취체규칙'과 더불어 평강복리회를 설립하고, 관리도 일본인이 주도적으로 할 수 있도록 제도화했다. 이와 같이 일본군이 주둔하고 있는 지역에서 일본군이 직접 설치하는 일본군 위안소 이외에도, 현지 사창을 관리 감독하여 일본군 위안소를 보다 '일상적 제도' 속으로 편입시켰다.

한편 일본군이 보다 직접적으로 관여한 사례도 있다. [문서 12]~[문서 15]는 헤이룽장성 당안관이 소장한 문서다. 위안소가 개설되기까지, 국경경찰대와 영사관, 헌병대가 업무를 분담하여 수행하는 과정, 즉 각 지역의 국경경찰대가 정보를 수집, 보고하여 영사관의 특무기관인 무관실에서 위안소를 개설하고 헌병대가 관리하는 과정이 잘 나타나 있다.

[문서 12]는 1941년 10월 20일 쑤이양[綏陽] 국경경찰대 한충허[寒葱河] 대장이 국경경찰대 쑤이펀허[綏芬河] 대장에게 보내는 문서다. 한충허구 난텐먼[南天門] 대장이 한충허 대장에게 보고한 내용을 다시 쑤이펀허 대장에게 보고한 것이다. 일본군 전용 위안소를 만들기 위해 농경이민단 숙소 2동을 빌릴 예정이며, "일본군 대륙 파견부대 전용 위안부로 조선에서 모집한 조선인 여성 2천 명 중 약 10명이 난텐먼"으로 왔다는 내용이다. [문서 13]은

1941년 10월 23일자 문서로, 일본군이 위안소 예정지에 실사 나온 것을, 경위보가 쑤이펀허 경찰대장에게 보고한 것이다. 중국어 번역문이 첨부되어 있다. 이렇게 얻은 정보를 모아 1941년 10월 29일에 쑤이양 국경경찰대 본대장에게 보고한 문서가 [문서 14]다. 이 문서에는 한충허 대장이 보고한 제890호 문서([문서 12])를 첨부하고, "쑤이펀허 대통가에 있는 원래 군 숙사에 작부 10명"으로 위안소 개설을 신청했다고 보고한다. 이렇게 신청한 조선인 요리점(위안소)이 실제로 개설된 것을 보고하는 문서가 수국경수한비 제1064호(1941년 12월 11일)이다. 이 문서에 의하면 1941년 12월 9일 마산 출신의 업자가 "쑤이양현 한충허구 난텐먼의 제2632부대 관사 내"에 13명의 조선인 작부를 데리고 일본군 전용 조선 요리점 즉, 위안소를 설립했다.

[문서 15]는 1941년 10월 30일 특두경보 다카야마 아카네[高山明根]가 쑤이펀허시 국경경찰대장에게 보낸 문서로, 조선인 요리점(위안소) 설치와 반향 등을 수집하여 보고한 것이다. 평안남도 평양부 출신인 조선인 시라카와[白川]가 같이 온 작부 10명과 함께 쑤이펀허 3반가 0호에서 영업을 할 예정이라는 사실과 군 지정 요리점이 개점하면 군인은 거의 다 그곳으로 갈 것이라는 동향을 보고하고 있다. 군 지정 위안소 업자는 조선의 "경찰서와 헌병대"에서 모집하고 현지 군에서 영업지를 선정해 주는 방식으로 진행했다는 것을 알 수 있다.

일본 우익들은 군위안소는 전투지역에 있었던 공창시설이지 군 시설이 아니라고 주장한다. 공창의 경우 그 관리 및 규제 권한은 경찰에 있다. 하지만 위안소는 민간업자에 위탁하는 경우와 군이 직영하는 경우 모두 군에 의해서 모든 설치와 관리가 이루어졌다.

Ⅲ. 위안소 운영

가. 개요

일본군은 위안소를 운영하고 관리하는 주체였다. 일본군은 위안소 이용 규정을 만들어 운영했는데, 여기에는 위안소 이용 시간과 요금, 위안소에서 지켜야 할 사항 등이 구체적으로 제시되어 있다. 그리고 위안소 관계자들이 준수해야 할 각종 내용이 명기되어 있다.

위안소 이용 규정은 군·사단·연대 등 각급 단위에 따라서 작성되기도 했다.

이 책에 실은 문서는 중국과 동남아 지역을 침략하면서 일본군이 만든 위안소 이용 규정, 부대의 일일 상황 보고에 나온 위안소 관련 내용, 위안소에서 발생한 일본군의 비위 및 범죄와 관련된 것이다. 군이 위안소 운영 및 이용 규정을 만들어 위안소를 조직적으로 운영하고 이용했음을 보여준다.

이 책에 게재된 문서는 지역별로는 중국 지역([문서 1]~[문서 9]), 동남아 지역([문서 10]~[문서 14]), 오키나와([문서 15])로 나눌 수 있다. [문서 16]은 연합군 번역통역부 조사보고서로 필리핀, 미얀마, 수마트라, 남서태평양 지역 위안소 실태와 규정이 게재되어 있다.

'위안부' 피해 실태를 보여주는 문서로는 '군위안소에 관한 보고 통첩', '육군 군인군속 범죄표'와 '육군 군인군속 비행표' 등이 있다([문서 17]~[문서 20]).

나. 위안소 운영 방침과 규정

위안소는 중국과 동남아 등 일본이 침략한 모든 지역에 설치되고 운영되었다. 위안소 운영 방침과 규정은 지역과 시기가 달라도 그 내용은 그다지 큰 차이는 없었다. [문서 1]~[문서 16]에 드러난 위안소 운영 방침과 규정의 특징 대해 살펴보겠다.

첫째, 위안소 운영의 목적으로, 독립공성중포병 제2대대의 청저우[郑州] 주둔간 내무규정(1938.3)의 '위안을 완화하는 방법을 강구하여 군기숙정에 일조', 다카모리[高森]부대 경비지구 내 지방상인 영업에 대한 규정(1940.10.11)의 '장병들의 살벌한 기풍을 완화, 조정함으로써 군기를 확립'하는 것을 내세우고 있다([문서 1]).

둘째, 일본인이 다수 거주하고 군위안소 외에 성매매를 하는 곳이 있는 경우에는 영사관과 육군, 해군이 협의하여 위안소를 단속했다. [문서 2]는 난징 총영사관에서 육군, 해군, 외무 3성 관계자가 만나 협의한 내용으로, 육해군에 전속된 위안소는 육해군이 직접 경영, 감독하나 일반인이 이용하는 위안소는 영사관에서 단속했다. 그리고 향후 기존에 설치된 위안소는 병참부에서 일반 거류민의 편리까지도 고려하여 그 일부를 특종 위안소로 편입, 정리하는 것으로 했다. 특종 위안소를 허가하는 경우에는 영사관 사무처리 편의를 위해 해당 군 헌병대에서 영업자의 인적 사항을 영사관에 통보한다고 되어 있다. 일본 영사관이 있는 곳에서는 군이 영사관과 협의하면서 위안소를 운영했던 것이다. [문서 4]는 남지파견군 군의부에서 작성한 것으로 군위안소 이외의 접객업자 단속에 관한 내용이다. 단속은 군 헌병대와 총영사관이 실시했으며, 여급의 성매매 금지와 단속을 장려하고 있다. 여급 명목으로 중국으로 가서, 실제로는 성매매를 하는 경우가 많았다고 추측할 수 있다.

셋째, 부대에 따라 군이 위안소를 운영하는 경우도 있었으며 민간업자가 군의 위탁을 받아 운영하는 사례도 있다. 민간업자를 통해 위안소를 운영하는 경우에도 군이 업자를 철저하게 관리했다. 군이 영업시간, 휴업, 가격, 부대별 이용일 등을 전부 결정했다. 병사 · 하사관 · 장교의 이용 시간은 엄격하게 구분되었고 경우에 따라서는 장교 전용 위안소와 부대장 전용 위안소를 별도로 운영했다. 이를 좀 더 구체적으로 살펴보겠다.

독립공성중포병 제2대대의 청저우 주둔간 내무규정(1938.3)의 위안소 관련 내용은 방침, 설비, 시설 단가 및 시간, 검사, 위안소 이용, 잡건, 감독담임으로 구성되어 있다. 이용 시간과 요금은 장교, 하사관과 병사로 구분하였으며, 감독담임은 헌병분견대가 담당했다([문서 1]). [문서 3]은 독립공성중포명 제2대대본부 진중일지에 실린 것으로, 위안설비는 병참이 경영하는 곳과 군 직할부대가 경영하는 곳이 있는데 1개 부대에 1시간이 배당되며, 위생 검사를 위해 군의관이 사전에 입회하여 점검한다는 내용이 포함되어 있다. [문서 15]는 독립혼성 제15연대 제8중대 진중일지로 위안소 사용일과 시간 등이 기록되어 있다.

중일전쟁 초기부터 여러 전투에 투입됐던 독립산도병 제3연대의 1939년 '모리카와[森川] 부대의 특수위안업무에 대한 규정'([군서 5])과 1940년 '다카모리부대 경비지구 내 지방상인의 영업에 관한 규정'([문서 6])을 보면 연대장이 위안소 운영의 총괄책임을 맡고 있다. 경영자는 매일 매상표를 만들어 매주 월요일에 경비대장을 거쳐 연대본부에 보고해야 했다. 민간 경영자를 통해서 위안소를 운영했으나, 연대에서 세부적인 내용까지 파악하고 통제했다. '위안부'는 매월 정해진 날 10일 기준으로 군의에게 건강진단 및 성병검사를 받아야 했고, 군의는 성병검사의 결과를 경비대장에게 보고했다. '위안부'의 외출은 연대장 허가 사항이었으며, 위안소 영업 관계자의 산책 구역을 표시한 지도가 첨부되어 있다. 사실상 군이 엄격하게 '위안부'를 통제했음을 알 수 있다. [믄서 8]을 보면 중대 이상의 주둔지에서 필요할 경우 위생적이고 저렴한 위안을 위해 군인 군속 전용의 특수위안소를 개설할 수 있도록 하고 있다.

넷째, 위안소 단속은 군(헌병대)에 의해 이루어졌다. [문서 7]은 헤이룽장성 당안관 소장

동안[東安][4] 헌병분대의 '상황보고'다. '위안부' 관리에 대해 "특수위안부 시설에 대해서는 군의 요구에 기초하여 헌병은 적극적으로 감독 지도에 임"하고 있으며, 상당한 성과를 올리고 있다고 보고하고 있다. 특수위안시설 관련 업무는 자칫하면 각종 폐해를 동반할 수 있다는 점을 고려하여 준위에게 전담시킨다고 보고하면서, 분대장의 바로 아래인 반장 히비야[日比野] 준위에게 '특수위안부에 관한 사항'을 통괄하게 했다.

다섯째, 일본군의 침략이 아시아 태평양 지역으로 확대되면서 중국에서 동남아 지역으로 주둔지를 옮기는 부대가 등장한다. 부대가 동남아 지역으로 이동하면서 위안소도 동남아지역으로 확대되었다. 필리핀 마스바테 경비대의 군인클럽 규정([문서 10])을 보면 중국에서 설치된 위안소 규정과 비슷하다. 병사와 하사관의 사용 시간을 구분했고 위안요금도 장교와 구별했다. 위안소에 갈 때는 반드시 외출증을 휴대하도록 되어 있다. 이용 시간, 요금을 모두 군이 정했다. 1942년 11월 필리핀 군정감부 비사야(Visaya) 지부 일로일로 출장소의 위안소 규정([문서 11])이 기관의 규정과 다른 점은 위안소의 감독 지도를 군부대가 아닌 군정감부에서 했다는 점이다. 위안소의 위생 관리, 운영, 이용자 관리에 대한 규정은 비슷하다. '위안부'의 산책 구역이 표시되어 있고 산책 구역을 벗어날 경우에는 군정감부 비사야 지부 일로일로 출장소장의 허가를 받아야 했다. 산책 시간도 오전 8~10시로 제한되어 있었다. [문서 12]를 보면 만달레이(Mandalay) 주둔지 사령부는 위안소는 군인군속 사용을 원칙으로 하면서도 만달레이 주재 일본인도 24시 30분 이후에 이용할 수 있도록 하고 있다. 말레이 군정감부의 군정규정집([문서 13])에도 위안시설 및 여관 단속 규정이 포함되어 있는데, 일반 일본인도 위안소를 이용할 수 있도록 했다. 점령지에 일반 일본인들이 증가했고 이들을 관리하기 위한 조치가 필요했던 것으로 추측할 수 있다. 제3조의 목적에 '위안시설 및 여관은 군인 군속과 일반 일본인들의 사기를 진작시키고 일본인으로의 품격을 유지하는 것을 주안으로 삼는다'고 되어 있다. 시설은 군 이용, 군 전용, 기타로 구분했다. 군 이용은 일반인이 이용하고 있는 곳을 군이 이용할 수 있도록 한 것으로 위생 등 감독을 군에서 실시하는 곳을 말한다. 위안시설 및 영업 준수 규칙은 매우 상세하게 기술되어 있다. 영업자 및 종업원은 마음대로 폐업할 수가 없고 관할 지방장관의 허가를 받아야 했다. 직장을 옮기는 것도 군정감의 허가가 필요했다.

---

4) 헤이룽장성 내 일본 점령 후 설치한 행정구역으로 현재의 헤이룽장성 미산[密山]시 일대가 동안 지역이다.

여섯째, [문서 14] 제12특별근거지대 사령부의 해군위안소 이용 내규를 보면, 해군위안소 관리, 경영을 해군 사령부가 일괄하여 수행하고 있다. 계급에 따라 위안소를 구별하여 이용했다. 요금은 사령부에서 발행한 위안소 사용권을 이용했다.

[문서 16] 연합군 번역통번역부 조사보고서 제120호는 일본군의 편의위락시설을 정리한 방대한 보고서다. 제2부 오락 부분에 일본군은 체육설비 제공에 필요 이상의 많은 노력을 기울이지 않는 대신 전방 지역에 위안소를 두어 오락거리를 보장하고 있다고 기술하고 있다. 몇몇 위안소는 민간인 소유였으나 군대의 감독을 받았다고 기술하고 있다. 필리핀, 미얀마, 수마트라, 남서태평양지역 위안소 실태와 규정이 게재되어 있다.

다. 위안소 폭력 실태

[문서 17]은 첸닝 파견 헌병장이 사쿠라다부대 참모장에게 보낸 문서다. 위안소 종업원 수와 매상액 등의 상황, 사고(단속) 상황을 보고하고 있다. 위안소 등에서 저지른 '비위행위'로 발각된 것은 취한 상태로 '위안부'에게 상해를 입히거나 폭행한 자, '위안부'를 학대한 영업자 등이다. [문서 18]~[문서 20]은 지나파견군 총사령관이 육군대신에게 보낸 육군 경찰상황으로, 1941년 12월, 1942년 1월, 2월, 4월 육군 군인군속 범죄표와 비행표에 위안소에서 저지른 범죄와 비행이 기록되어 있다. 중국인 여성을 강간한 것은 범죄로, 술에 취하여 '위안부'를 구타하거나, 위안소 기물을 파손한 것은 비위로 구분하고 있다. 중국인 여성 강간이 다수 발생했음을 알 수 있다. 그리고 위안소에 들어가 칼을 빼들고 소란을 피운 사건, 칼을 빼들고 칸막이나 벽을 부수고 업자와 '위안부'에 소리를 지른 사건, 영업 시간이 아닌데 위안소에 와서 소란을 피운 사건 등은 도두 음주상태였다. 그러나 가해자의 대부분은 헌병 사령부로부터 비행을 통보받은 후 설교나 근신 정도의 가벼운 처벌을 받았다.

Ⅳ. '위안부' 범죄 처벌

가. 개요

일본군'위안부'가 범죄가 아니라고 주장하는 사람들이 내세우는 것은 일본군과 정부가 '위안부'를 강제로 연행한 사실을 입증할 수 있는 문서가 없다는 것이다. 일본 정부는 2020년 5월 19일 발표한 '2020년 외교청서'에서 일본군'위안부'와 관련하여 '강제연행'과 '성노예'라는 표현은 사실을 반영하지 않은 잘못된 것이라고 주장했다.

그러나 감언이설 등에 의해 여성을 인신매매하여 국외로 이송하는 것 자체가 전쟁 당시 일본 형법을 위배하는 것이었다([문서 1]). 이 법률은 식민지였던 조선에도 적용되었다([문서 2]). 또한 일본은 1925년 '추업을 행하기 위한 부녀 매매 금지에 관한 국제조약'에 가입했고([문서 3]), 1927년에는 유보했던 조항을 철폐했다([문서 4]). 전차금을 내세워 여성을 매매한 것 자체가 이러한 국제조약을 위반하는 것이다. 실제로 국외 이송 유괴사건으로 1937년 일본 대심원(한국의 대법원에 해당됨)이 유죄판결을 내린 사례가 있다([문서 5]).

일본이 패전한 이후 연합국이 개최한 전범재판에서도 '위안부' 문제가 다루어졌고 유죄판결을 내린 사례가 있다. 일본 정부는 1991년 이후 '위안부' 관련 자료를 수집했는데, 법무성은 전범재판 조사 결과를 보고한다([문서 6]~[문서 8]). 특히 네덜란드 전범재판 사례가 주목을 받았다. 이 책에서는 그 사례로 아오지 와시오[青地鷲雄] 재판을 다루었다([문서 9]). 도쿄재판에서도 여성에 대한 성폭력 문제로 '위안부'를 다루었다. 보르네오 강제 매음해위에 대한 보고([문서 10]), 구이린 사건 증거문서([문서 11])와 판결([문서 12])을 사례로 게재했다.

나. 관련 법령과 일본 대심원 판결

[문서 1]은 1907년 제정된 일본 형법으로 제33장 약취 및 유괴죄는 '위안부' 범죄를 처벌할 수 있는 조항이다. 제224조에는 "미성년자를 약취 또는 유괴한 자는 3개월 이상 5년 이하의 징역에 처한다"고 되어있다. 그리고 제226조 1항에는 "제국 밖으로 이송할 목적으로 사람을 약취 또는 유괴한 자는 1년 이상 10년 이하의 징역에 처한다"고 되어 있고, 제2항에는 "제국 밖으로 이송할 목적으로 사람을 매매하거나 또는 유괴 · 약취당하거나 혹은 매

매당한 자를 제국 밖으로 이송한 자 역시 동일하다"고 되어 있다. 즉 본인의 의사에 반하여 여성을 해외로 이송하는 것 자체가 일본 국내법으로 범죄였던 것이다. [문서 2]는 조선형사령 제령안으로, 형사에 관한 사항은 조선형사령이나 기타 법령에 특별한 규정이 없는 경우를 제외하고는 형법([문서 1])에 따른다고 되어 있다. 조선총독부의 경찰은 '위안부'들의 국외 이송을 단속할 책임이 있었다.

[문서 3]은 일본이 1925년 가입한 '추업을 행하기 위한 부녀 매매 금지에 관한 국제조약'이다. 일본은 규정된 연령 제한(21세)을 유보하고 18세로 하기로 하여 가입했다. 이 조약 제1조는 미성년자를 유인하거나 유괴하는 것은 본인의 승낙을 받았다고 하더라도 범죄로 보았다. 제2조는 추행을 목적으로 사시 또는 폭행, 협박, 권력남용 그 외 일체의 상제수단으로 성년의 여성을 권유, 유인하거나 유괴하는 것을 범죄로 규정했다. 하지만 일본 정부는 이 조약을 식민지였던 조선과 타이완에는 적용하지 않는다고 선언하였다. [문서 4]는 만 21세 유보 조항을 철폐한 것이다.

[문서 5]는 1937년 3월 5일 대심원 판결문으로 형법 226조를 적용해 감언이설로 여성을 상하이로 이송하여 '위안부'를 강요했던 업자들을 처벌한 사례다. 사건의 개요를 보면, A는 1930년 11월경부터 상하이에서 위안소를 운영했는데 1932년 1월 '해군지정 위안소'로 영업을 확장하기 위해, B(판결 당시 고인) 소개로 C, D와 상담하고, D가 자금을 제공, B와 C가 일본에서 여성을 고용하기로 했다. 여성을 모집할 때 위안소에서 일한다는 것을 숨기고 여급이나 여중으로 고용하는 것처럼 속였다. D 등은 나가사키에 있던 D의 처 E와 C의 처 F와 G에게 여성 모집을 의뢰했다. D가 귀국 후 H도 참여했고 1932년 3월 하순 I와 J를 매개로 K와 L의 협력을 얻어 실행하기로 하고 결국 I, L, J, K가 여성 15명을 속여서 상하이로 보냈다.

대법원 판결요지는 국외 이송을 목적으로 사람을 유괴하고 피유괴자를 국외로 이송하는 것을 모의한 자는 그 실행에 가담하지 않아도 국외 유괴 및 국외 이송죄 공동정범(正犯)의 형사책임을 진다는 것이었다. 국외 이송을 목적으로 사람을 유괴한 자가 피유괴자를 국외로 이송한 것에 대해서는 유괴는 형법 226조 제1항, 이송에 대해서는 226조 제2항을 적용했다. 피고 측이 제기한 동 지역에 일본 군대가 주둔하는지 여부 및 재판권이 행사되는지 여부는 범죄 성립과 관계가 없다고 판단했다.

다. 전범재판

[문서 6]은 일본이 패전한 후 전범재판에 기소된 사실을 조사한 표로, 여기에 '강간', '매춘강제', '여성 유괴'가 포함되어 있다. '매춘강제'는 34건인데 네덜란드가 30건, 중국이 3건, 미국이 1건이다. 전범재판에 기소된 건수가 모든 범죄를 포함하는 것으로 보기는 어렵다. 네덜란드의 경우 네덜란드 여성 피해만을 다루었을 뿐 식민지였던 인도네시아 여성의 피해는 다루지 않았다.

[문서 7]은 1993년 8월 발표된 고노 요헤이[河野洋平] 관방장관 담화를 앞두고 법무성이 내각관방에 보고한 것으로, 네덜란드가 바타비아에서 개최한 B·C급 전범재판 2건을 정리한 것이다. 첫 번째 건은 자바섬 세마랑 소재 위안소 사건으로, '1944년 2월 말부터 4월까지 매춘을 목적으로 군인과 민간인이 여성들(억류소에 수용 중인 네덜란드인 여성들)을 세마랑 위안소로 연행하고, 숙박시키면서 위협하여 매춘을 강요했다'는 내용이 있다. 두 번째 건은 자바섬 바타비아 소재 위안소 사건으로, 민간인을 위해 설립한 위안소에 관한 것이다.

[문서 8]은 1992년 7월 6일 가토 고이치[加藤紘一] 관방장관이 일본군'위안부' 실태조사 결과를 발표한 후 서구 제1과에서 만든 문서다. 네덜란드가 실시한 바타비아 군사재판에서 일본군 관계자 12명이 네덜란드 여성 강제매춘 혐의로 유죄판결을 받았다. 이와 관련하여 외무성은 바타비아 군사재판 기록의 가치를 평가하고, 네덜란드에 대한 사죄, 보상을 검토했다. 외무성은 일본이 샌프란시스코 강화조약 제11조에서 전범재판을 수락했기 때문에 네덜란드에 이의제기를 할 수 없다고 보았다. 예상문답에서는 이른바 '강제매춘' 행위를 사유로 유죄판결을 받은 일본인이 존재하는 것이 판명되었다며, 7월 6일 관방장관이 '위안부'와 관련 '강제적으로' 행해진 것임을 보여주는 자료는 지금까지 발견되지 않았다는 취지로 답변한 것과의 관계를 염두에 두어야 한다고 했다. '강제연행 사실을 인정하는가'라는 예상 질의에 '당시 현지 일본군이 조직적으로 네덜란드 여성에게 매춘행위를 시킨 사실을 엿볼 수 있는 기술이 있으며', '유죄판결을 받은 자의 판결이유로 강제매춘을 목적으로 한 부녀자의 연행과 강제매춘이 거론되었다'는 답변을 작성했다. 그리고 입수한 위안소 관련 조직도에 대해서는 '현지 구 일본군이 조직적으로 위안소 관리에 관여한 것을 나타내려고 한 것'이라고 평가한다. 외무성은 이와 관련하여 법무성에 해당 자료의 조사를 의뢰했다.

[문서 9]는 바타비아에서 위안소를 운영했던 아오지 와시오 전범재판 관련 기록이다. 네덜란드 여성의 신체의 자유를 구속하고 매춘을 강제한 혐의로 유죄판결(10년 금고형)을 내린 사례다. 기소장, 변호인 변론, 판결문, 증인의 증언을 게재했다. 증인들은 피해자 중에는 12~16세 소녀도 있었다고 증언했다.

[문서 10]은 네덜란드령 동인도 서부 보르네오에서 발생한 강제 매음행위에 대한 보고다. 위안소에 여성을 보충하기 위해 '특경대원이 거기에서 여성을 잡아서 강제적으로 의사에게 진찰을 받게 한 후에 위안소'에 보냈으며, 여성들이 매음을 강요당했다는 사실이 기록되어 있다.

[문서 11], [문서 12]는 도쿄재판에 제출된 구이린 사건의 증거문서와 판결이다. 구이린 시민공소에 일본군이 공장을 설립한다고 여공을 모은 후, 협박하여 기녀로 만들어 군대에 제공했다는 내용이 포함되어 있다. 판결 부분에도 '공장을 짓는다는 구실로 여공을 모집한 후 모집한 여성에게 일본군대를 위한 추업을 강제했다'고 명기되어 있다.

Ⅲ. 위안소 운영

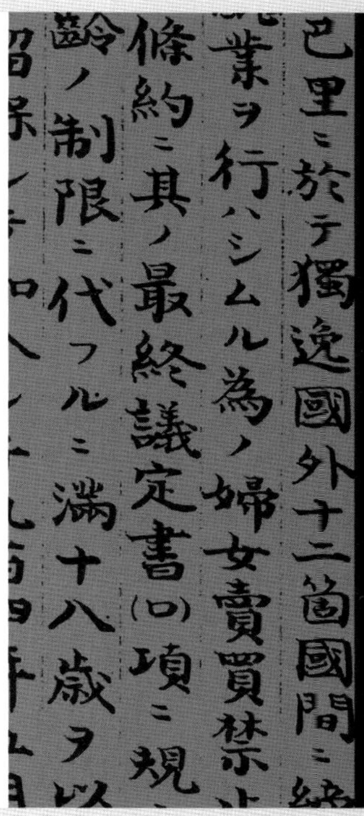
巴里ニ於テ獨逸國外十二箇國間ニ締
業ヲ行ハシムル為ノ婦女賣買禁止
條約ニ其ノ最終議定書(ロ)項ニ規
齡ノ制限ニ代フルニ滿十八歲ヲ以

[문서 1]

창저우 주둔간 내무규정(1938.3)

1938년(쇼와13) 3월

창저우 주둔간 내무규정[常州駐屯間内務規]

독립공성중포병 제2대대

창저우[常州] 주둔간 내무규정을 본 문서에 따라 규정함

1938년(쇼와13) 3월 16일

대대장 만나미[萬波] 소좌

목차

제12장 취사 및 입욕

제13장 위생

제14장 군 주보

제15장 문서 및 장부

제16장 검사

제17장 잡칙

제9장 위안소 사용규정

제59 방침

위안(慰安)을 완화하는 방법을 강구하여 군기 숙정에 일조하고자 한다.

제60 설비

위안소는 닛카회관[日華會館] 남측 담벽 내에 설치하고, 닛카회관 부속건물 및 하사관, 병사동으로 구분한다.

하사관, 병사의 출입구는 남측 정문으로 한다.

위생에 관하여 업소 주인[樓主]은 소독설비를 갖추어 두어야 한다.

각 부대의 사용일을 다음과 같이 정한다.

호시[星]부대	일요일
구리이와[栗岩]부대	월 · 화요일
마쓰무라[松村]부대	수 · 목요일
나리타[成田]부대	토요일
아치와[阿知波]부대	금요일

기타 임시 주둔부대의 사용에 관하여는 별도로 제시한다.

제61 시설 단가 및 시간

1. 하사관, 병사는 영업시간을 오전 9시부터 오후 6시까지로 한다.

2. 단가

사용시간은 한 사람당 1시간을 한도로 한다.

지나인[支那人]	1엔 00전
조선인[半島人]	1엔 50전
내지인[內地人]	2엔 00전

이상은 하사관, 병사에 해당, 장교(준위 포함)는 배의 금액으로 한다.

(방독면 지급)

제62 검사

매주 월요일 및 금요일로 하고, 금요일을 정례 성병검사일로 한다.

검사시간은 오전 8시부터 오전 10시까지로 한다.

검사주임관은 제4야전병원 의관으로 하며 병참예비병원 및 각 부대 의관은 이를 보조하는 것으로 한다. 검사주임관은 그 결과를 제3항 부대에 통보하는 것으로 한다.

제63 위안소 이용

주의사항은 다음과 같다.

1. 위안소 내에서 음주하는 것을 금한다.
2. 금액 지불 및 시간을 엄수할 것.
3. 여성은 전부 유독자(有毒者)라고 생각하여 방독에 관하여 만전을 기해야 할 것.
4. 영업자에게 거친 폭력을 행사해서는 안 된다.
5. 술 취한 자의 출입을 금한다.

제64 잡건(雜件)

1. 영업자는 지나인을 손님으로 받을 수 없다.
2. 영업자는 술과 안주, 다과의 향응을 할 수 없다.
3. 영업자는 특별히 허가받은 장소 이외로 외출할 수 없다.
4. 영업자는 모든 성병검사 결과 합격증을 소지한 자에 한한다.

제65 감독담임(監督擔任)

감독담임부대는 헌병분견대로 한다.

제65[5] 부가사항

1. 부대 위안일은 목요일로 하며, 당일에는 각 부대에서 사용 시간에 간부가 순찰하는 것으로 한다.
2. 위안소에 갈 때에는 각 부대별로 인솔해야 한다.
   단, 발목에 감는 각반(脚絆)을 제거할 수 있다.
3. 매일 15일은 위안소의 공휴일로 한다.

---

5) 제66이나 원문에서 오기한 것으로 추정됨.

常州駐屯間内務規定［獨立攻城重砲兵第2大隊］（昭13・3・16）

昭和十三年三月

常州駐屯間内務規定

獨立攻城重砲兵第二大隊

253

常州駐屯間内務規定ヲ本書ノ通リ定ム

昭和十二年三月十六日

大隊長　万波少佐

目次

〔中略〕

第九章　慰安所使用規定

第五十九　方針

緩和慰安ノ道ヲ講シテ軍紀粛正ノ一助トナサントスルニ在リ

第六十　設備

慰安所ハ日華會館南側圍壁内ニ設ケ日華會館附屬建物及下士官、兵棟ニ區分ス

下士官兵ノ出入口南側表門トス

衛生上ニ關シ樓主ハ消毒設備ヲナシ置クモノトス

各隊ノ使用日ヲ左ノ如ク定ム

星　部隊　日曜日

栗岩部隊　月火曜日

松村部隊　水木曜日

成田部隊　土曜日

阿知波部隊　金曜日

村田部隊　日曜日

其他臨時駐屯部隊ノ使用ニ關シテハ別ニ示ス

第六十一　實施單價及時間

1. 下士官兵、營業時間ヲ午前九時ヨリ午后六時迄トス

2. 單價

使用時間ハ一人一時間ヲ限度トス

支那人　一円〇〇銭

半島人　一円五十銭

内地人　二円〇〇銭

以上ハ下士官、兵トシ將校（准尉含ム）ハ倍額トス

（防毒面ヲ附ス）

第六十二　検査

毎週、月曜日及金曜日トシ金曜日ヲ定例検徴日トス

検査時間ハ午前八時ヨリ午前十時迄トス

257

檢査主任官ハ第四野戰病院醫官トシ兵站予備病院
並各隊醫官ハ之ヲ補助スルモノトス、檢査主任官ハ其ノ結
果ヲ第三項部隊ニ通報スルモノトス

第六十三 慰安所利用ノ注意事項左ノ如シ

1 慰安所内ニ於テ飲酒スルヲ禁ス
2 金額支拂及時間ヲ嚴守ス
3 女ハ總テ有毒者ト思惟シ防毒ニ関シ万全ヲ期スヘシ
4 營業者ニ對シ粗暴ノ行爲アルヘカラス
5 酒氣ヲ帶ヒタル者出入ヲ禁ス

第六十四 雜件

1 營業者ハ支那人ヲ客トシテ採ルコトヲ許サス
2 營業者ハ酒肴茶菓ノ饗應ヲ禁ス
3 營業者ハ特ニ許シタル場所以外ニ外出スルヲ禁ス
4 營業者ハ總テ檢黴ノ結果合格証ヲ所持スルモノニ限ル

第六十五 監督擔任

監督擔任部隊ハ憲兵分遣隊トス

第六十五 附加事項

1 部隊慰安日ハ木曜日トシ當日ハ各隊ヨリ使用時限ニ幹部ヲシテ巡察セシムルモノトス

2 慰安所ニ至ルトキハ各隊毎ニ引率セシムヘシ

但シ巻脚絆ヲ除クコトヲ得

3 毎日十五日ハ慰安所ノ公休日トス

[以下略]

[문서 2]

재난징 총영사관 육·해·외무 3성 관계자 협의 결과(1938.4.16)

1938년(쇼와13) 4월 16일 재(在)난징[南京] 총영사관에서 육·해·외무(陸海外) 3성 관계자가 만나, 재류 방인 각종 영업허가 및 단속에 관한 협의회를 개최하여 각 항에 대해 다음과 같이 결정했다(난징 경찰서 연혁지에 따름).

기(記)

1. 기일(期日)

1938년(쇼와13) 4월 16일 오전 10시 개시, 당일 오후 5시 종료

2. 출석자

육군 측	병참사령관	센다 대좌[千田 大佐]
	제3사단 참모	구리스 중좌[栗栖 中佐]
	제3사단 군의부	다카하라 군의중좌[高原 軍醫中佐]
	난징특무기관	오니시 소좌[大西 少佐]
	난징헌병대	고야마 중좌[小山 中佐]
	난징헌병대	호리카와 대위[堀川 大尉]
	난징헌병대	기타하라 중위[北原 中尉]
해군 측	해군무관	나카하라 대좌[中原 大佐]
	사가[嵯峨]함장	우에노 중좌[上野 中佐]
영사관 측		하나와 총영사[花輪 總領事]
		다나카 영사[田中 領事]
		시미즈 경찰서장[清水 警察署長]
		사사키 경부보[左々木 警部補]

3. 의결사항

(1)~(5) 생략

(6) 군 이외에도 이용할 수 있는 주보, 위안소의 문제

육해군에 전속(專屬)된 주보 및 위안소는 육해군이 직접 경영, 감독하는 것이므로 영사관이 관여하지 않으나, 일반인이 이용할 수 있는 이른바 주보 및 위안소에 대해서는 이에 국한되지 않는다. 이 경우 업자에 대한 일반 단속은 영사관이 그 임무를 맡으며, 여기에 출입하는 군인 군속에 대한 단속은 헌병대에서 처리하는 것으로 한다. 또한 헌병대는 필요한 경우 수시로 임시 검사 기타 단속을 할 수 있다.

요컨대 군헌병대(軍憲), 영사관은 협력하여 군 및 거류민의 보건 위생과 업자의 건전한 발전을 기하고자 한다.

앞으로 병참부의 지도에 따라서 설치되는 군 전속의 특수위안소는 헌병대가 단속하는 곳으로 한다. 기존에 설치된 위안소에 대해서는 병참부에서 일반 거류민의 편리까지도 고려하여 그 일부를 특종 위안소로 편입, 정리한다.

앞의 내용은 추후에 각 기관의 협의하에 결정하는 것으로 한다.

군 전속 주보 및 특종위안소를 (육해군 전부)에 허가하는 경우에는 영사관 사무처리 편의를 위해 해당 군헌병대(軍憲)에서 수시로 그 업태 영업자의 본적, 주소, 성명, 연령, 출생, 사망 기타 신분상의 변동을 영사관에 통보하는 것으로 한다.

(이하 생략)

「外務省警察史 在南京總領事館」抜粋(昭13)

昭和十三年四月十六日南京總領事館ニ於テ陸海外三省關係者會同在留邦人ノ各種營業許可及取締ニ關シ協議會ヲ開催シ各項ニ付キ左ノ通リ決定セリ(南京警察署沿革誌ニ依ル)

記

一、期日 昭和十三年四月十六日午前十時開始同午後五時終了

二、出席者

陸軍側

兵站司令部	千田大佐
第三師團參謀	栗栖中佐
第三師團軍醫部	高原軍醫中佐
南京特務機關	大西少佐
南京憲兵隊	小山中佐

外務省

(日本標準規格B6)

[中略]

南京憲兵隊　堀川大尉
同　北原中尉
海軍側　海軍武官　中原大佐
嵯峨艦長　上野中佐
領事館側　花輪總領事
田中領事
清水警察署長
佐々木警部補

三、議決事項

(一)各種營業別ニ依ル許否ノ方針及許可ノ限度

取締營業ニ屬セザル一般營業ハ許可件數過多トナリ在留民ガ

外務省

(日本標準規格B.5)

以上禁制品私ニ取扱フ者アル場合ハ法ニ照シ嚴重之ガ取締ヲ爲シ居留民ノ健全ナル發展ヲ期スベシ軍人軍屬以外ノ居留民ニシテ兵器（拳銃）彈藥等ヲ所持スル者ハ此ノ際領事館ニ屆出登錄手續ヲ爲サシムベシ

六 軍以外ニモ利用セラルル酒保慰安所ノ問題

陸海軍ニ專屬スル酒保及慰安所ハ陸海軍ノ直接經營監督スルモノナルニ付領事館ハ干與セザルベキモ一般ニ利用セラルル所謂酒保及慰安所ニ就テハ此ノ限リニアラズ此ノ場合業者ニ對スル一般ノ取締ハ領事館其ノ衝ニ當リ之ニ出入スル軍人軍屬ニ對スル取締ハ憲兵隊ニ於テ處理スルモノトス尚憲兵隊ハ必要ノ場合隨時臨檢其ノ他ノ取締ヲ爲スコトアルベシ

外務省

（日本標準規格B5）

要スルニ軍憲領事館ハ協力シテ軍及居留民ノ保健衛生ト業者ノ健全ナル發展ヲ期セントスルモノナリ

將來兵站部ノ指導ニ依リ所設セラルベキ軍專屬ノ特殊慰安所ハ憲兵隊ノ取締ル處ニシテ既設ノ慰安所ニ對シテハ兵站部ニ於テ一般居留民ノ利便ヲモ考慮ニ入レ其ノ一部ヲ特種慰安所ニ編入整理スルコトアルベシ

右ハ追テ各機關協議ノ上決定スルモノトス

軍專屬ノ酒保及特種慰安所ヲ（陸海共）ニ於テ許可シタル場合ハ領事館ノ事務處理ニ便タル爲當該軍憲ヨリ隨時其ノ業態營業者ノ本籍、住所氏名、年齢、出生、死亡其ノ他身分上ノ異動ヲ領事館ニ通報スルモノトス

（日本標準規格B5）

外務省

［以下略］

[문서 3]

상황보고(진중일지 : 독립공성중포병 제2대대 본부)(1939.1.22)

1월 22일

날씨 맑음

기온 6도

기압 759밀리바[粍][6]

창저우[常州]에서

1. 오전 8시 30분 대대 전원 군장을 갖추고 우진문[武進門]에서 우진중학교[武進中學] 방향의 도로에 집합하여 열병과 군장검사 배치를 실시.

상황보고

1. 전반

우리 대대의 일반 상황은 전투력의 충실, 군용(軍容)의 정비가 기대한 것처럼 진보하여 곧바로 다음 작전에 대응할 수 있는 상태에 있다.

그러나 세세한 곳에 이르면 아직 개선 향상을 필요로 하는 점이 많다는 것을 감안하면 더욱 더 정신위력의 단련과 훈련의 정도(精到)를 기함으로써 상사의 기대에 부응하려고 한다.

2. 군기, 풍기

군기, 풍기 상태는 긴장하고 있다는 것을 인정하지만 자칫하면 몸이 전장에 있다는 감각이 부족하여 눈앞의 쾌락을 추구하고 장래를 생각하지 않는 폐습에 빠지려고 하는 점

---

[6] 기압을 나타내는 단위로 과거에는 밀리바(millibar, 粍)를 사용하였으나 현재는 헥토파스칼이란 단위를 사용한다. 밀리바의 일본식 한자 표기 粍는 일본어로 미리(みり)로 읽는다.

이 있어 애써 교육훈련에 의미를 부여하여 범행을 사전에 방지하여 과오를 저지르지 않도록 한다.

(중간 생략)

10. 위생

위생의 일반적인 상황은 양호하다고 할 수 있으나 현재 입원 환자는 아래와 같다.

전상(戰傷)	12명
순환기	4명
호흡기	2명
화류병(성병)	1명
감기, 위, 정신병	각 3명
계	24명[7]

11. 위안

위안설비는 병참이 경영하는 것과 군 직할부대가 경영하는 것 두 곳이 있는데 정해진 날 간부 인솔하에 대략 1부대에 1시간이 배당된다. 위생 검사를 위해 군의관이 사전에 입회하여 점검하고 있다.

12. 기타

(이하 생략)

7) 전체를 합한 숫자가 맞지 않으나 원 사료에 나온 대로 표기한다.

陸軍

一月二十二日　一　午前八時三十分大隊全員軍裝ヲ整ヘ

天候　晴　武進門ヨリ武進中學ニ至ル道路ニ集合シ

氣温　六度　閲兵並ニ軍裝檢査ノ配置ニツク

氣圧　七五九粍

於　常州

状況報告

一、全般

當大隊ノ一般ノ状態ハ戰闘力ノ充實軍容ノ整備豫期ノ如ク進捗シ直チニ立テ次期作戰ニ應シ得ルノ状態ニ在リ

然レ共細部ニ至リテハ尚改善向上ヲ要スル点多キニ鑑ミ益々精神威力ノ鍛練ト訓練ノ精到ヲ期シ以テ上司ノ要望ニ答ヘントス

二、軍紀風紀

軍紀風紀状態ハ緊張シアルモノト認ムルモ稍々モスレハ自身戰場ニ在ルノ自覺ニ乏シク偷安ヲ事

トスルノ弊風ニ陥ランドスルモノアルヲ以テ努メテ教育訓
練ニ意ヲ用ヒ犯則ノ事前防止ニ依リテ過誤失態
ナカラン事ヲ期ス

三、精神教育

精神威力ノ涵養ハ戦場必須ノ重要事項ナル
ヲ銘シ各隊毎ニ朝禮場ヲ設ケシメ毎日各隊長ノ
指揮ヲ以テ朝禮ヲ行ハシメ皇居ヲ遥拝シ勅諭
ヲ拝誦以テ大義ニ遵スルノ精神威力ヲ涵養シ戦
闘ノ経験ニ基キ教育ノ徹底ヲ期シツヽアリ

四、幹部以下服務ノ状態

幹部以下服務ノ状態ハ熱心ニ各々職務ニ

警備區域外ノ土民ハ一般ニ良好ナリ

九、經理

經理ノ一般ノ状態ハ物資ノ補給給養状態ハ概ネ可ナルモ野菜類ノ補給ハ尚圓滑ヲ欠ク点アリ

金櫃ハ正確ナリ

炊事ハ各隊毎ニ實施セシメツヽアリ

防寒設備ハ支障ナシ

十、衛生

衛生ノ一般ノ状態ハ良好ト謂フヲ得ヘク目下入院患者左ノ如シ

戰傷 一六名
循環器 四名
呼吸器 二名
花柳病 一名
感冒．胃．神經病各々 三名
計 二四名

十一、慰安

慰安設備ハ兵站ノ經營スルモノ及軍直部隊ノ經營スルモノノ二ヶ所アリテ定日ニ幹部引率ノ許ニ概ネ一隊約一時間ノ配當ナリ
衛生上ノ檢査ノ為メ軍醫ヲシテ豫メ立會點檢セシメツヽアリ

十二、其ノ他

[문서 4]

1939년 8월 제2순 위생순보(1939.8)

1939년(쇼와14) 8월 제2순(旬)

위생순보(衛生旬報)

남지파견군 군의부

(전략)

3. 16일 화류병 예방에 철저함을 기하고자 남지참통정(南支參通丁) 제103호(별지 제4)에 따라 군위안소 이외의 접객업자 단속에 관해 헌병대 및 총영사관에서 통첩했다. 이와 함께 별지 제5와 같이 시내 방인 접객업자에 대한 건강진단 및 성병검사 요령을 규정하여 그 실시를 광둥박애회[廣東博愛會]가 담당하게 했다. 이와 함께 본 통첩의 요지를 별지 제6과 같이 발췌하여 예하 일반에 통보하고 군내(軍內) 일반에게 한층 주의를 환기시켰다.

한편, 이를 철저히 주지시키기 위해 시내 방인 접객업부를 헌병대 강당에 소집하여 사토[佐藤] (군)부원이 화류병 예방에 관해, 헌병대 장교가 단속규정에 관해 각각 설명했다.

[별지 제4]

남지참통정(南支參通丁) 제103호

군위안소 이외의 접객업자 단속에 관한 건 통첩

1939년(쇼와14) 8월 13일 남지파견군 참모장 쓰치하시 유이쓰[土橋勇逸]

제목의 건에 관하여 별지 요령에 따라 실시하고자 명령에 의해 통첩한다.

별지

군위안소 이외의 접객업자 단속요령

제1, 군위안소 이외의 방인 접객업자에 대한 단속

본 단속은 군 헌병대 및 일본 총영사관이 이를 실시하고, 군 위생기관이 이에 협력한다.

1. 건강진단 및 성병검사 실시
   1) 접객업부(예기 · 작부 · 여급)에 대하여 매월 1회 건강진단을, 예기 · 작부에 대하여 매주 1회 성병검사를 실시한다.
   2) 건강진단 및 성병검사는 필요에 따라 위생기관이 원조한다.
2. 질환이 있는 자의 처치

   환자는 일체 접객을 금지하며 그 실시를 엄격하게 단속한다. 금지를 어긴 자가 있을 경우에는 영업 정지 등 엄중하게 처분한다.
3. 예방설비

   잠자리를 준비하는 영업자들로 하여금 반드시 예방설비를 완비하게 한다.
4. 필요하다고 인정되는 때에는, 총영사관 관할 구역에서 군이 직접 접객업부의 건강상태 및 위생 시설을 검사한다.
5. 여급의 매음 행위는 금지함과 함께 이에 대한 단속을 장려하여 실시한다. 금지를 어긴 자가 있을 때에는 영업 정지 등 엄중하게 처분한다.
6. 보고, 통보
   1) 총영사관은 관할 구역 내의 접객업부 이름(예명 · 본명 모두)을 이동이 있을 때마다 군 헌병대에, 군 헌병대는 군 사령부 및 관계 각 부대에 보고 통보한다.
   2) 성병검사 성적은 검사 담당자가 별도로 정한 바에 따라 군 헌병대로, 군 헌병대는 군 사령부 및 관계 각 부대에 보고 통보한다.
   3) 총영사관은 관할 구역 내 여급 단속 상황을 매월 1회 헌병대에, 군 헌병대는 군사령부 및 관계 각 부대에 정기 보고한다.
   4) 군이 실시하는 검사의 소견은 관계 기관에 통보한다.

제2, 군 특수위안소 이외의 중국인 접객업자에 대한 단속

본 단속에 관하여 군 특무기관은 중국 측 각 기관을 지도하여 그 실행을 용이하게 하고, 군 헌병대는 중국 측 각 기관 및 일본인의 실행을 단속한다.

1. 군 특수위안소 종업부 이외의 중국인 창부는 군대 숙영지에서 멀리 떨어진 지점의 한 지역, 혹은 여러 지역에 집결한 공창으로 적절한 방법에 의해 정기적으로 성병검사를 실행하도록 지도한다. 군인 군속은 앞서 말한 지역의 출입을 불허한다.
2. 일본인이 단민선(蛋民船)[8] 내 등에 출입하여 수상 접객업자와 접하는 것을 불허한다.
3. 앞 2항의 단속 상황은 매월 1회 군 헌병대에서 군 사령부로 정기적으로 보고한다.

이상은 주로 광둥시[廣東市] 내부 및 그 부근의 접객업자를 단속하는 것이나, 각 병단(대)은 본 단속요령을 기반으로 자기 경비구역 내의 음식점, 카페 등을 단속하여 매월 1회 그 상황을 군 사령부에 정기적으로 보고한다.

[별지 제5]

남지의(南支醫) 제845호

시내 접객업자 건강진단의 실시에 관한 건 통첩

1939년(쇼와14) 8월 16일 남지파견군 군의부장

광둥박애회 의원장 귀하

별지 남지참통정(南支參通丁) 103호의 1에 따라 광둥 시내 방인 접객업자에 대한 건강진단 및 성병검사는 앞으로 아래의 요령에 따라 귀원(貴院)에서 실시를 담당한다.

아래

1. 건강진단은 매월 1회, 성병검사는 매주 1회 실시한다.
2. 건강진단은 만성 전염병의 조기 발견에 중점을 두며, 소변 검사가 필요할 때에는 가래 검사 및 혈액검사(매독 반응)를 실시한다.

---

8) 수상 거주민의 배.

3. 질환이 있는 자는 가능한 한 이를 수용, 입원 치료한다.
4. 검사 성적은 별지 양식에 따라 주말에 통합하여 본관 및 군 헌병대, 영사관에 제출한다. 검사 소견상 단속 등에 관한 참고 의견이 있다면 부기(付記)한다.
5. 검사 의관의 성명, 검사 실시 일정은 본관에게 미리 통보한다.
6. 세부 실시 사항에 관해서는 직접 헌병대, 영사관 경찰과 연락 협정한다.

추가로 실시에 관한 근무력, 수용력 등에 관한 의견이 있다면 속히 의견을 주기 바란다.

[별지 제6]

통보

1939년(쇼와14) 8월 17일
광둥에서

1. 군은 최근 군위안소 이외의 접객업자 단속에 관한 사항을 정하여 남지참통정(南支參通丁) 제103호를 관계 각 부대에 통첩했다. 그 가운데 군인 군속과 직접 관련된 사항은 다음과 같다.
   1) 여급의 매음행위는 금지함과 동시에 그 단속을 장려 실시하고, 금지를 어긴 자가 있는 경우에는 영업금지 등 엄중하게 처분한다.
   2) 군 특종위안소 종업부 이외의 중국 창부는 그 구역 내에 집결시키고 군인 군속이 그들에게 접하는 것을 엄금한다. 특히 단민선 등에 출입하여 수상 접객업부를 만나는 것은 위험을 동반하기 때문에 일본인 모두에게 이를 엄금한다.

앞의 내용은 결국 군인 군속의 화류병 예방 실적을 향상시키기 위한, 나아가서는 전력의 저하를 방지하고자 하는 의도인 바, 각 부대는 앞의 규칙을 엄수하도록 지도하기 바란다. 또한 이와 병행하여 정신교육을 철저하게 함과 동시에 화류병 예방 방법 실행을 반드시 엄수하도록 지도하기 바란다. 양쪽이 서로 맞물려 현재 군의 가장 큰 치욕인 화류병의 다발(多發)을 방지할 뿐만 아니라, 나아가 이것의 박멸을 기함으로써 이상의 주지(主旨)를 구현하도록 각 부대에서 특히 노력해 주기 바란다.

[별지 제7]

남지의(南支醫) 第866호

시내 음식점, 위생 순시에 관한 건 통첩

1939년(쇼와14) 8월 15일 남지파견군 군의부장

이번에 시내 음식점에 대하여 군에서 위생 순찰을 실시한 성적은 아래와 같은바, 관계자로 하여금 지도 감독에 힘씀으로써 군 자위(自衛)에 협력하도록 배려하기 바란다.

추가로 별지 첨부 표 중 △을 붙인 것은 앞으로 지도 과정에서 특히 유의해야 할 점이라고 생각되는 것이다. 적절히 훈유(訓諭)하기를 바란다.

아래

시내 음식점 위생순찰의 건

8월 22일 중앙 헌병 분대장 모치즈키[望月] 소좌의 협력하에 다나카[田中]부대 방역척후반 1 및 검역반 4가 실시한 위생 순찰 소견 개요는 아래와 같다.

(이하 생략)

79

昭和一四年八月第二旬衛生旬報 [南支派遣軍軍醫部] (昭14・8)

昭和十四年八月第二旬

衛生旬報

南支派遣軍軍醫部

81

[前略]

者(兵ニ)發生セルヲ以テ同隊菌檢索實施ニ關シ別紙第二ノ如ク南支那防疫給水部長ニ指示ス

十四日總衛甲第五三號ニ基ク支那事變歸還人員「マラリア」原蟲保有者同疑似要治療者ニ關スル件當軍七月末日迄ニ係ル事實ヲ別紙第三ノ如ク野戰衛生長官ニ報告ス

十六日花柳病豫防ノ徹底ヲ期スヘク南支參通丁第一ロ三號(別紙第四)ニ依リ軍慰安所以外ノ接客業者取締ニ關シ憲兵隊竝總領事館ニ通牒スルト共ニ別紙第五ノ如ク市內鄕人接客業者

ニ對スル健康診断並檢黴要領ヲ規定シ之カ
實施ヲ廣東博愛會ヲシテ擔當セシム之ト共
ニ本通牒ノ要旨ヲ別紙第六ノ如ク抜粋シ隷
下一般ニ通報シ軍内一般ニ一層ノ注意ヲ喚
起セシム

尚一方之カ主旨徹底ノ為市内邦人接客業婦
ヲ憲兵隊講堂ニ集メ佐藤(軍医)部員ヨリ花柳病
豫防ニ就キ憲兵隊將校ヨリ取締規定ニ就キ
夫々講話ヲ行ハシメタリ

以

先般南支防疫給水部ノ實施セル廣東市内ノ

0593

[中略]

83

別紙第四

南支参通丁第一〇三號

軍慰安所以外ノ接客業者取締ニ関スル件通牒

昭和十四年十月十三日　南支派遣軍参謀長土橋勇逸

首題ノ件ニ関シ別紙要領ニ依リ実施セラレ度依命通牒ス

別紙

軍慰安所以外ノ接客業者取締要領

第一 軍慰安所以外ノ邦人接客業者ニ對スル取締

本取締ハ軍憲兵隊及日本總領事館之ヲ實施シ軍衛生機関之ニ協力ス

一、健康診断及検黴ノ實施

イ接客業婦(藝妓、酌婦、女給)ニ對シ毎月一回健康診断ヲ藝妓、酌婦ニ對シ毎週一回検黴ヲ實施ス

ロ健康診断及検黴ハ所要ニ應シ衛生機関之ヲ援助ス

二、有疾者ノ處置

患者ハ一切接客ヲ禁止シ其實施ヲ嚴ニ取締リ禁ヲ犯スモノアルトキハ營業停止等嚴重ニ處分スルコトアリ

三、豫防設備

枕席ヲ用意スル營業者ヲシテ必ス豫防設備ヲ完備セシム

四、必要ト認ムルトキハ總領事館所管區域ニ對シ軍ニ於テ直

梅接客業婦ノ健康状態及衛生施設ヲ検査ス

五 女給ノ賣淫行為ハ之ヲ禁止スルト共ニ之カ取締ヲ励行シ禁ヲ犯スモノアルトキハ営業停止等厳重ニ處分ス

六 報告、通報

1.總領事館ハ所管区域内ノ接客業婦ノ人名、藝名、本名共ニハ移動ノ都度軍憲兵隊ニ軍憲兵隊ハ軍司令部及関係各部隊ニ報告通報ス

2.検徴成績ハ検査擔任者ヨリ別ニ定ムル所ニ依リ軍憲兵隊ニ軍憲兵隊ハ軍司令部及関係各部隊ニ報告通報ス

3.總領事館ハ所管区域内ノ女給取締状況ヲ毎月一回軍憲兵隊ニ軍憲兵隊ハ軍司令部及関係各部隊ニ定期報告ス

4.軍ニ於テ實施セル検査ノ所見ハ関係機関ニ通報ス

第二 軍特殊慰安所以外ノ支那接客業者ニ對スル取締

本取締ニ関シ軍特務機関ハ支那側諸機関ヲ指導シテ之カ實行ヲ容易ナラシメ軍憲兵隊ハ支那側諸機関及日本人ノ實行ヲ取締ルモノトス

一、軍特殊慰安所従業婦以外ノ支那娼婦ハ之ヲ軍隊宿営地ヨリ遠隔セル地點ニ於テ一地若ハ数地ニ集結シ公娼トシテ適宜ノ方法ニ依リ定期検黴ヲ実スル如ク指導ス
軍人軍屬ノ右地域出入ヲ許サス

二、日本人ノ蛋民船内等ニ出入シ来ル接客業者ニ接スルコトヲ許サス

三、前二項ノ取締状況ハ毎月一回軍憲兵隊ヨリ軍司令部ニ定期報告スルモノトス

以上ハ主トシテ廣東市内及其附近ノ接客業者ニ対スル取締ナルモ各兵團(隊)ハ本締要領ニ基キ自己警備区内ノ飲食店カフェー等ヲ取締リ毎月一回其状況ヲ軍司令部ニ定期報告ス、

2290

別紙第五

南支醫第八四五號

市内接客業者健康診斷
実施ニ関スル件通牒

昭和十四年八月十六日　南支派遣軍軍醫部長

廣東博愛會醫院長殿

別紙南支参通丁第一〇三二號第一ノ二ニ基ク
廣東市内邦人接客業者ニ對スル健康診斷及
検黴ハ自今左記ノ要領ニ依リ貴院ニテ之カ実施
ヲ担當相成度

左　記

一、健康診斷ハ毎月一回検黴ハ毎週一回之ヲ実施ス

ルモノトス

二、健康診斷ニハ慢性傳染病ノ早期發見ニ重点ヲ指向シ尿検査要スレハ喀痰検査及血液検検(黴毒反應)ヲ実施スルモノトス

三、有疾者ハ努メテ之ヲ收容入院治療トスルモノトス

四、検査成績ハ別紙様式ニ依リ週末統合ノ上本職及軍ト憲兵隊、領事館ニ提出スルモノトス
検査所見上取締等ニ関スル参考意見アラバ附記スルモノトス

五、検査醫官ノ氏名検査実施日、割ハ本職宛豫メ通報スヘシ

六　実施ノ細部ニ関シテハ直接憲兵隊領事館
警察ト連絡協定スルモノトス
追而実施ニ関シ勤務力収容力等ニツキ意見
アラハ速ニ申出ラレ度申添フ

別紙第六

通　報

昭和十四年八月十七日
於廣東

一、軍ハ最近軍慰安所以外ノ接客業者取締ニ關スル事項ヲ定メ南支參通牒第一〇二號關係各部隊ニ通牒セリ其ノ中直接軍人軍屬ニ關スル事項左ノ如シ

イ、女給ノ賣淫行爲ハ之ヲ禁止スルト共ニ之カ取締ヲ勵行シ禁ヲ犯スモノアルトキハ營業禁止等嚴重ニ處分ス

ロ、軍特種慰安所從業婦以外ノ支那娼婦ハ之ヲ其ノ區域内ニ集結シ軍人軍屬ノ之等ニ接スルコトヲ嚴禁ス就中蛋民船等ニ出入シ水上接客

91

業婦ニ接スルコトハ危險ヲ伴フヲ以テ日本人全般ニ對シ之ヲ嚴禁ス

右ハ畢竟軍人軍屬ノ花柳病豫防ノ實績ヲ向上センカ為メ引イテ戰力ノ低下ヲ防止セントスル意圖ナルヲ以テ各部隊ハ右ノ規則ヲ嚴守セシムル如ク指導相成度又之ト併行シテ精神教育ヲ徹底セシムルト共ニ花柳病豫防方法ノ實行ヲ必ス嚴守セシムル如ク指導シ両々相俟ツテ目下軍ノ最モ恥辱トスル花柳病ノ多發ヲ防止スルノミナラス更ニ之カ撲滅ヲ期シ度ヲ以テ以上ノ主旨ヲ具現スル如ク各隊ニ於テ特ニ御努力相成度

別紙第七

南支醫第八六六號

市内飲食店衛生巡視ニ關スル件通牒

昭和十四年八月十五日　南支派遣軍軍醫部長

今般市内飲食店ニ對シ軍ニ於テ衛生巡察ヲ實施シタル成績左記ノ如クニ付關係者ヲシテ之カ指導監督ニ努メシメ以テ軍自衛ニ協力方取計相成度

追テ別紙附表中△ヲ附シタルハ將来指導上特ニ留意スヘキモノト被存ニ付可然訓諭方相成度

左記

市内飲食店衛生巡察ノ件

八月二日中央憲兵分隊長望月少佐ノ協力ノ下ニ固中部隊防疫作業班一並檢疫班四ヲ以テ實施シタル衛生巡察所見ノ概要左ノ如シ

[문서 5]

모리카와부대 특종위안업무에 관한 규정(1939.11.14)

1939년(쇼와14) 11월 14일

모리카와[森川]부대 특종위안업두에 관한 규정

모리카와부대

제1 본 규정은 모리카와부대 경비지역 내 특종위안업무에 관하여 규정한다.

제2 특종위안소 개설의 취지는 장병들의 살벌한 기풍을 완화 조절함으로써 군기 진작에 일조함에 있다. 따라서 이를 장려 또는 선전하는 행위는 엄중한 단속을 필요로 한다.

제3 경비지역 내의 위안업무를 실시하기 위해 위원을 임명한다.

그 차출 및 임무분담은 [부표 제1]과 같다.

제4 경비대장은 위안업무를 감시 지도한다.

제5 위안소 및 식당 부근의 경계와 군기 풍기의 단속은 화룽진[華容鎭] 및 거뎬[葛店] 경비대장이 담당한다.

제6 위안소는 거뎬 및 화룽진에 설치한다.

제7 특종위안소에 필요한 경비는 모두 경영자가 부담한다. 그리고 경영자는 아래의 모든 항을 확실하게 실시해야 한다. 설치의 취지에 반하거나 또는 제 규정 이행이 불명확한 자는 경영을 정지하거나 퇴거를 명한다.

1. 지정된 계급 이외 사람의 출입을 엄수[9]해야 한다.
2. 영업시간을 엄수해야 한다.
3. 요금 및 소정 시간을 명확한 곳에 표시해야 한다.

---

[9] 문장이 이상하나 원문에 충실한 형태로 번역하였다. 내용적으로 자연스러운 문맥은 '지정된 계급 이외의 인물의 출입은 엄금한다'로 되어야 한다.

4. 입장권, 콘돔은 연대에서 발행한 위안 허가증, 요금과 교환하여 교부해야 한다.
5. 순찰자에게는 이용자의 개략적인 상황을 보고해야 한다.
6. 매주 토요일은 12시부터 개업하고 이날은 검역을 받아야 한다.
그리고 매월 제1, 제3 토요일은 공휴일로 하며, 제1 토요일은 건강검진을 받아야 한다.
7. 항상 위안소 내를 청결하게 하며 음식물 및 술과 안주의 판매를 금지한다.
8. 위안부는 몸을 청결하게 하고 항상 실내를 청소하며, 콘돔을 교부해 두어야 한다. 또한 세척 설비를 갖추고 이를 지키도록 감독해야 한다.
9. 성병검사실을 설치하고 불합격자는 격리수용하며 일반 병자는 자기 방에서 요양해야 한다. 단, 입구에는 그 취지를 표시해야 한다.
10. 경영자는 매일 매상표를 만들어 매주 월요일에 경비대장을 거쳐 연대본부에 보고해야 한다.
11. 위안부의 외출에 관해서는 연대장의 허가를 받아야 한다.

제8 위안소를 이용하려는 하사관 이하는 아래의 각호를 엄수해야 한다.
1. 연대에서 발행하는 위안 허가증을 휴대하고 입장권을 구입할 때 위안소 경영자에게 제출해야 한다. 본권은 1회에 한한다.
2. 음주 만취한 자는 입장을 금지한다.
3. 술을 반입하는 것을 금지한다.
4. 위안소 내에서 싸움을 해서는 안 된다.
5. 위안부에게 폭력적인 행동을 해서는 안 된다.
6. 이용 후에는 반드시 세척해야 한다.
7. 이용 시간을 엄수하고 다른 사람에게 폐를 끼쳐서는 안 된다.
8. 위안소 부근의 지나 거리에 들어가서는 안 된다.

제9 위안소는 아래의 시간 및 구분에 따라 이를 이용해야 한다.

제1, 제2, 거뎬 경비대 신뎬[新店] 경비대

제3, 제4, 화룽진 경비대

단, 제2의 개설 시간은 따로 알린다.

이용시간

병사 10 : 00~18 : 00

하사관 19 : 00~21 : 00

단, 토요일은 12시부터 개업한다.

제10 이용요금은 아래의 구분에 따른다.

장교 1시간 3엔

하사관 30분 1엔 20전

병사 30분 1엔

단, 콘돔은 경영자의 지불로 한다.

제11 영업을 정지할 때는 이를 입구에 표시하고 군인 군속의 출입을 엄금한다.

제12 위안소 설치 장소는 별지의 [부도 제1], [부도 제2]와 같다.

제13 각 부대의 이용날짜 배당은 따로 표시한다.

제14 각 부대의 식당 이용날짜는 위안소의 이용날짜와 같다.

제15 각 부대의 식당 경영자는 제7 및 제2, 제3, 제5항을 확실하게 실행해야 한다.

제16 식당은 영업시간과 판매품을 아래와 같이 정한다.

매일 10~21시까지

단, 제1 제3 토요일은 휴업한다.

과자 및 일반 음식물, 술 등.

[부표 제1]

모리카와부대 특종위안업무 위원

임무	차출 부대	관명
위안에 관한 업부 전반을 통제	연대	무라카미[村上] 대위
제1, 제2 위안소 및 식당의 경영 지도		나카시마[中島] 소위, 우치다[内田] 중위, 하라구치[原口] 준위
제3, 제4 위안소 및 식당의 경영 지도		고가[古賀] 중위, 후쿠다[福田] 중위
위안부의 검사 및 위생시설의 지도		군의관 각각

[부도 제1]

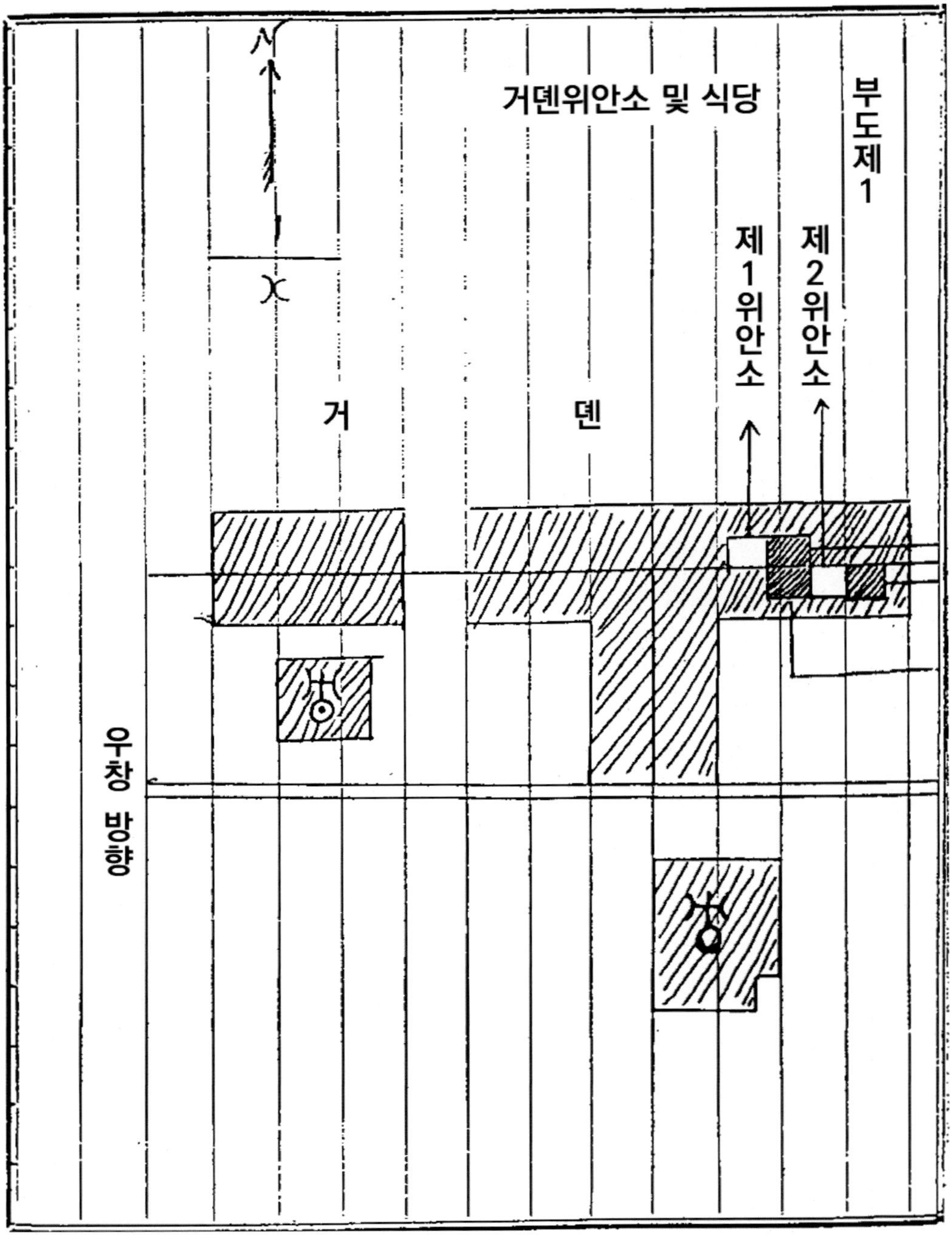

[부도 제2]

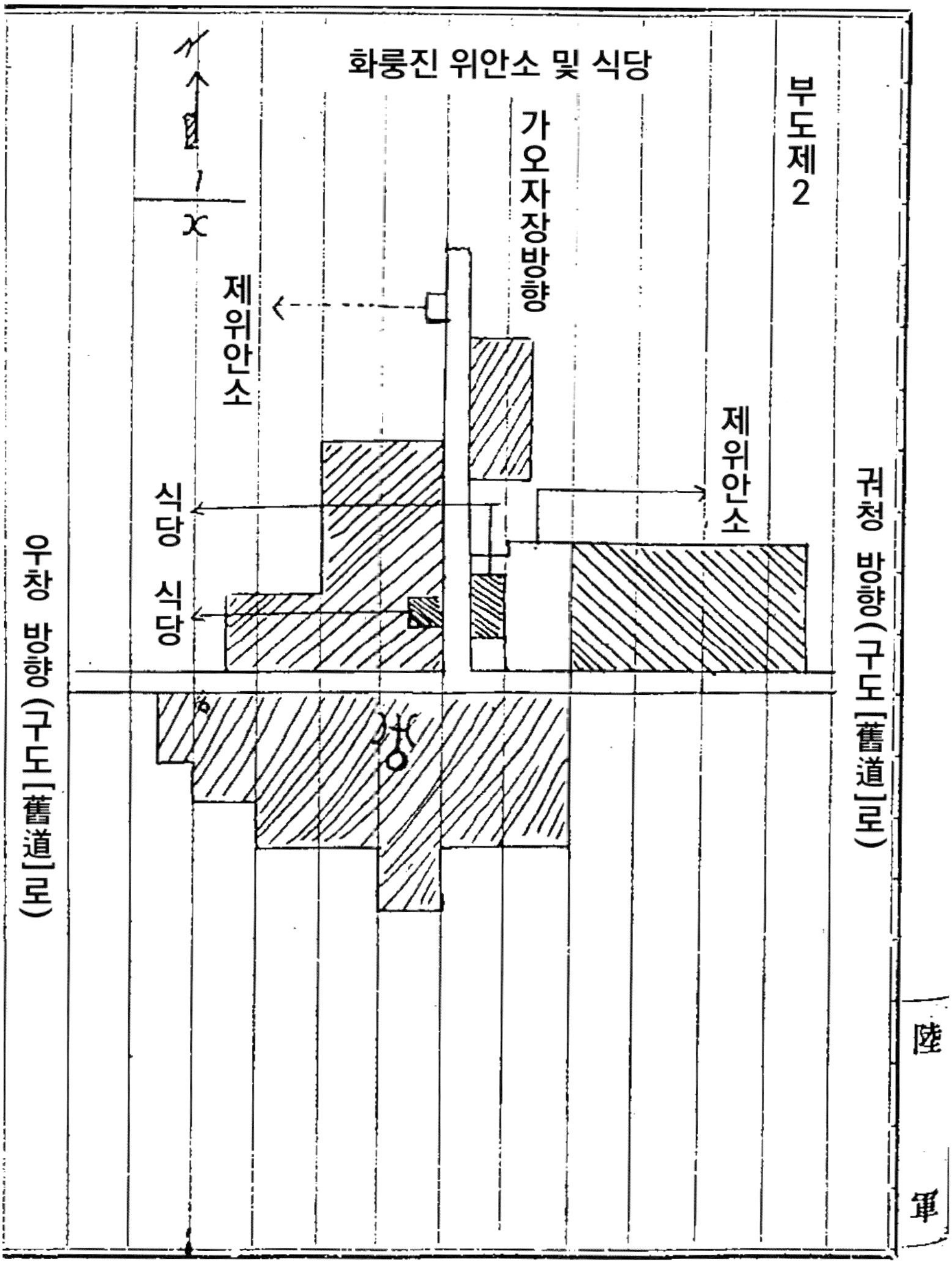
화룽진 위안소 및 식당
부도제2
가오자장방향
제위안소
제위안소
식당
식당
우창 방향(구도[舊道]로)
궈청 방향(구도[舊道]로)
陸
軍

森川部隊特種慰安業務ニ關スル規定［森川部隊長］（昭14・11・14）

昭和十四年十一月十四日

森川部隊特種慰安業務ニ關スル規定

森川部隊

第一　本規定ハ森川部隊警備地域内特種慰安業務ニ関シ規定ス

第二　特種慰安所開設ノ趣旨ハ将兵ノ殺伐ノ気風ヲ

緩和調節シ以テ軍紀振作ノ一助タラシムル在ニ在

リ従和調節シ以テ軍紀振作ノ一助タラシムルニ在リ

従テ之ガ奨励又ハ宣傳ニ随スルノ行為ハ厳ニ取締ヲ要

第三　警備地域内ノ慰安業務ヲ実施スル為委員ヲ任

命ス

其差異及任務分担附表第一ノ如シ

第四　警備隊長ハ慰安業務ヲ監督指導スルモノトス

第五　慰安所及食堂附近ノ警戒並ニ軍紀風紀ノ取締ハ

華容鎮及葛店警備隊長ノ担任トス

第六　慰安所ハ葛店及華容鎮ニ之ヲ設ク

第七　特種慰安所ニ要スル経費ハ一切経営者ノ負担トス

而シテ経営者ハ左ノ諸項ヲ確実ニ実施スベシ

東京 小澤納

設置ノ主旨ニ反シ又ハ諸規定ノ履行不確ナルモノハ
営業ヲ停止シ或ハ退去ヲ命ズ

1. 指定セラレタル階級以外ノ者ノ出入ヲ厳守スベシ

2 営業時間ヲ厳守スベシ

3 料金及所定時間ヲ明瞭ナル所ニ標示スベシ

4 入所券「サック」ハ聯隊ニテ発行スル慰安許可證ト
料金トヲ引換ニ交附スベシ

5 巡察者ニ対シテハ利用者概況ヲ報告スベシ

6. 毎週土曜日ハ一二〇〇ヨリノ開業トシ同日ハ検黴ヲ受クベシ
又毎月第三土曜日ハ公休日トシ第一土曜日ニハ健康
診断ヲ受クベシ

7 常ニ慰安所内ヲ清潔ニシ飲食物及酒肴ノ販
売ヲ禁ズ

陸軍

8. 慰安婦ハ身体ヲ清潔ニシ常ニ室内ヲ清掃シ且「サック」ヲ交附シ置クベシ又洗滌設備ヲ整ヘ之ガ励行ヲ監督スベシ

9. 検黴室ヲ設備シ不合格者ハ之ヲ隔離収容シ一般病者ハ自室ニ於テ保養セシムベシ但シ扉ハ其ノ旨標示スベシ

10 經営者ハ毎日ノ賣上表ヲ製作シ毎週月曜日警備隊長ヲ經テ聯隊本部ニ報告スベシ

11 慰安婦ノ外出ニ関シテハ聯隊長ノ許可ヲ受クベシ

第八、慰安所ヲ利用セントスル下士官以下ハ左ノ各號ヲ嚴守スベシ

1. 聯隊ニテ發行スル慰安許可證ヲ携行シ入所券購入ニ際シ慰安所經営者ニ之ヲ付スベシ本券ハ一回限リトス

2 飲酒酩酊セルモノハ入所ヲ禁ズ

3 飲食物ヲ持入ルヲ許サズ

4 慰安所内ニ於テ喧騒ナルベカラズ

5. 慰安婦ニ對シ粗暴ナル行動ヲナスベカラズ

6. 用済後ハ必ズ洗滌スベシ

7. 利用時間ヲ嚴守シ他人ニ迷惑ヲ及ボスベカラズ

8. 慰安所附近ノ支那街ニ立入ルベカラズ

第九 慰安所ハ左ノ時間及区分ニ依リ之ヲ利用スベシ

第一第二葛店警備隊　新店警備隊

第三第四華容鎮ノ警備隊

但シ第二ノ開設時期ハ別ニ示ス

利用時間

兵　一〇・〇〇 ― 一八・〇〇

下士官　一九・〇〇 ― 二一・〇〇

但シ土曜日ハ一二・〇〇ヨリ開業ス

第十 利用料金ハ左ノ区分ニ依ル

将校　一時間　三円〇〇

陸軍

下士官 三十分 一、二〇

兵 三十分 一、〇〇

但シ「サック」ハ経営者ノ支弁トス

第十一 営業ヲ停止シタルトキハ之ヲ入口ニ標示シ軍人軍属ノ立入ヲ厳禁ス

第十二 慰安所設置所別紙附図第一第二ノ如シ

第十三 各隊ノ利用日配当ハ別ニ示ス

第十四 各隊ノ食堂ノ利用日ハ慰安所ノ利用日ニ同ジ

第十五 各隊ノ食堂ノ経営者ハ第七及其ノ第乙第了第号項ヲ確実ニ実行スベシ

第十六 食堂ハ営業時間販売品ヲ左ノ如ク定ム

毎日 一〇・〇〇 ― 二一・〇〇迄

但シ第一第三土曜日ハ休業トス

菓子及一般飲食物酒等

陸軍

附表第一

森川部隊特種慰安業務分担

任務	差出部隊	官名
慰安ニ関スル業務ノ全般統制	隊本	村上大尉
第一第二慰安所及食堂ノ経営指導		中島少尉 内田中尉 原口准尉
第三第四慰安所及食堂ノ経営指導		古賀中尉 福田中尉
慰安婦ノ検査及衛生施設指導		軍医各

食堂 至華容館

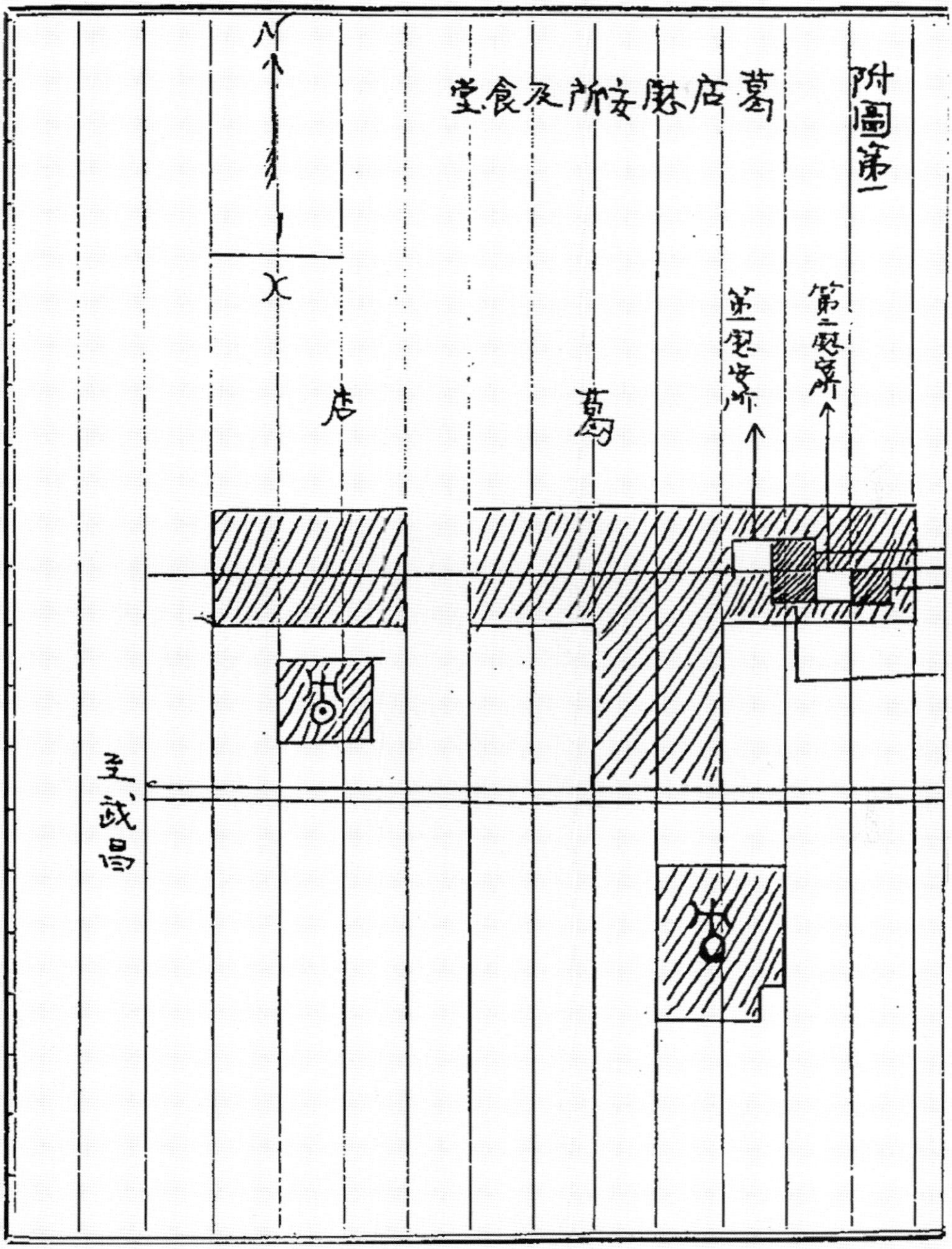
附圖第一
葛店慰安所及食堂
店
葛
第一慰安所
第二慰安所
至武昌

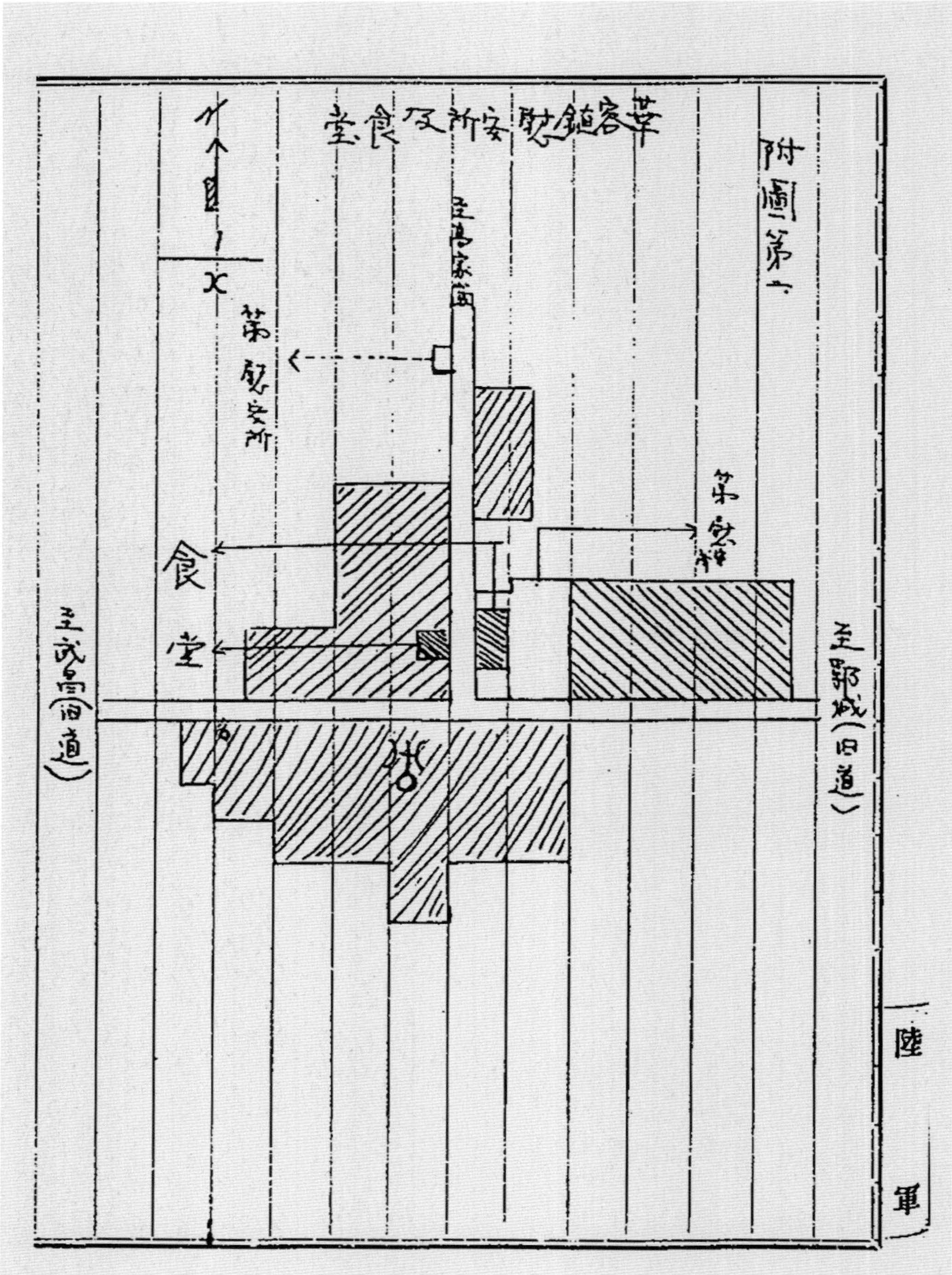
華容鎮慰安所及食堂
附圖第二
第一慰安所
第二慰安所
食
堂
至武昌(旧道)
至鄂城(旧道)
陸
軍

[문서 6]

다카모리부대 경비지구 내 지방상인의 영업에 관한 규정(1940.10.11)

1940년(쇼와15) 10월 11일

다카모리[高森]부대 특수위안업무규정

다카모리부대

다카모리부대 경비지구 내 지방상인의 영업에 관한 규정

제1 본 규정은 당 부대 경비지구 내 지방상인의 영업에 관한 건을 규정하여 장병들의 살벌한 기풍을 완화, 조정함으로써 군기를 확립하는 것을 목적으로 한다.

따라서 연대의 간부들은 누구라도 본 규정을 어기지 않도록 엄중하게 지도 감독해야 한다.

제2 지방상인 영업 허가를 받을 수 있는 사람은 다음 각 항에 해당하는 사람에 한정된다.

영사관 또는 헌병대의 신원증명서를 가지고 있는 사람으로서 군사령관, 병참사령관, 수송사령관 또는 병단장의 샹시[襄西]지구[10] 통행허가증, 기타 병단장의 거주허가증, 영업허가증을 가지고 있는 사람.

제3 지방상인의 영업별 및 그 범위는 다음 표준에 따라 허가한다.

1. 위안소

   위안부는 황군 1백 명에 대해 1명의 비율.

   위안소업 경영자는 3명.

2. 음식점 경영자는 4명.
3. 사진관 2명.

---

10) 후베이성 서북지역.

4. 시계점 1명.

5. 영업장소는 연·대대 본부 부근으로 제한한다.

6. 영업주와 사용인은 신원 확실한 사람으로서 항상 청결해야 한다.

7. 음식점의 여급은 각 영업주당 3명을 표준으로 한다.

8. 영업주의 사용인, 위안부, 여급은 모두 별지 양식에 따라 이력서를 경비대장에게 제출해야 한다.

제4 영업 관계자(사용인, 위안부, 여급 전부)의 산책행동구역은 별지에 첨부한 지도의 범위로 한다.

제5 영업자의 감독, 지도, 검사를 위해 별표대로 임원(役員)을 임명한다.

제6 영업자의 인원, 화물 기타 일체의 운반은 각 자영업자가 실시하고 그 경비는 전부 영업자가 부담한다.

또한 영업자의 시설에 필요한 모든 재료, 물자의 구입 등에 관해서는 선무반(宣撫班)을 통해 구입한다.

제7 선무반은 상술한 재료, 물자 등의 구입을 영업주로부터 의뢰받았을 때에는 유지회(維持會)를 통해 편의를 제공한다.

제8 영업자는 임원(役員)의 지도, 감독, 검사를 받고 다음과 같이 절대 복종해야 한다.

1. 영업주, 그 가족, 사용인부, 여급은 매월 15일의 공휴일 오후에 군의에게 건강진단을 받아야 한다.

2. 위안부는 매월 1일, 10일, 20일 오전 8시부터 군의에게 건강진단 및 성병검사를 받아야 한다.

제9 군의는 상기 진단 및 성병검사의 결과를 경비대장에게 보고하고 모든 본인 및 영업주에게 통보한다.

또한 병자에 대해 적절한 방법으로 치료를 해야 한다.

제10 영업자는 불합격자가 있을 때에는 그를 한 방에 모으고 접객을 금지시키고 그 방에 표시한다.

제11 음식점 영업자는 식중독 방지를 위해 매일 그날 음식물의 소량을 의무실에 제출한다. 의무실은 위 음식물을 24시간 보관해 둔다.

제12 공휴일 및 청결법

각 영업자는 모두 매월 15일을 공휴일로 하여 영업을 중지하고 거주지 내외의 청결법을 실시해 군의의 점검을 받아야 한다.

제13 영업주는 매월 매상액을 별지 양식에 따라 다음달 5일까지 경비대장에게 보고한다.

제14 위안소를 이용하고자 하는 하사관 이하는 다음 각 항을 엄격히 지켜야 한다.

1. 위안소 이용허가증을 휴대하고 화권(花劵)을 구입할 때 현금과 함께 영업자에게 보여준다.

   상기 허가증은 연대본부에서 발행한다.
2. 위안소 내에는 음식을 만들거나 또는 음식물을 휴대하는 것을 금한다.
3. 위안부 및 영업자에 대한 난폭한 말과 행동을 금한다.
4. 이용 시간을 엄격히 지키고 타인에게 폐를 끼쳐서는 안 된다.
5. 영업자는 기타 위안부, 여급 등에 대한 모든 대차(貸借)관계를 엄격히 금지한다.

제15 위안소를 이용할 수 있는 매일의 시간은 다음과 같다.

병사는 10시부터 17시까지

하사관은 17시부터 22시까지

준사관 이하는 가능한 한 22시부터

제16 위안소의 요금을 당분간 다음과 같이 정한다.

	30분	1시간
병사	1.00 (엔)	2.00 (엔)
하사관	1.20 (엔)	2.40 (엔)
준사관 이하		3.00 (엔) 24시 이후 10.00 (엔)

비고

1. 팁 등은 일체 교부하지 않는다.
2. 콘돔은 영업자가 부담한다.
3. 황군 이외의 사람은 접객을 엄격히 금한다.

제17 각 부대의 이용일 할당은 별지와 같다.

다만 공휴일에 해당하는 경우에는 이용을 금한다.

제18 음식점의 영업시간은 다음과 같다.

매일 10시부터 24시까지로 한다.

공휴일 기타 영업 관계자의 건강진단 등은 위안소에 준한다.

제19 영업자는 특히 친절하고 정중해야 하고 항상 청결에 주의를 기울여 여러 조항을 엄격히 지켜야 한다.

만약 여러 조항을 지키지 않을 때에는 영업을 정지하거나 혹은 퇴거를 명령한다.

기타 불분명한 사항이 있을 때에는 임원(役員)에게 신청하여 결재를 받아야 한다.

제20 영업 개시는 10월 23일부터 허가한다.

1940년(쇼와15) 10월 11일

경비대장 다카모리[高森] 대좌

[부표 제1]

지방상인 영업자의 지도 감독 임원(役員)

지도감독	전반	무라카미[村上] 대위
	조수	아키야마[秋山] 준위
	경계	연대 본부 일직사관
	위생일반	가와노[河野] 중위
	물자 및 기타	선무반(宣撫班)

[부표 제2]

지방영업자 거주지 부근의 경계 및 군기, 풍기의 단속 규정

1. 본 근무에 복무하는 자는 연대 본부 일직사관의 지시를 받아 적[敵匪] 및 원주민[土民] 등이 접근하지 못하게 한다.

   기타 군기, 풍기를 단속한다.

2. 편성 및 복무 기간 기타

   장 하사관 1

   보초병 1 병사 6

   복무시간은 매일 09 : 30부터 다음날 아침 기상 시까지로 한다.

   같은 시간 임무가 해제된다.

3. 각 부대는 다음과 같은 구분에 의해 전항의 근무자를 차출한다.

기(記)

차출부대	1일부터 10일까지	11일부터 20일까지	20일부터 월말까지
연대본부	○		
제1대대		○	
제2대대			○
연대단열(段列)	○		

비고

근무자는 매일 각 부대에서 교대 복무한다.

[부표 제3]

각 부대의 이용일 배당표

부대명	이용일(요일)
연대본부	토
제1대대본부(대대행위(行委) 제외)	토
제1중대	일
제2중대	월
제3중대	화
제1대대단열(段列)	수
제1대대행위(行委)	목
제2대대본부(대대행위(行委) 제외)	토
제4중대	화
제5중대	월
제6중대	일
제2대대단열(段列)	수
제2대대대행위(行委)	목
연대단열(段列)	금

비고

1. 매월 15일의 공휴일에 해당하는 부대는 이용을 중지하는 것으로 한다.

[부표 제4]

영업주 이름

제1위안소	홍원영(弘原榮)
음식점	최금석(崔金石)
사진관	후지카와 사네요시[藤川實義]

[부표 제5]

제 몇 위안소 몇 월 분 매상액 보고

년　　월　　일　　　　　　영업주　　누구㊞

예명	준사관 이상		하사관		병사		합계
	인원	매상액	인원				
누구	3	9.00	5	7.50	6	6.00	22.50
누구	1	10.00	7	4.50	5	5.00	19.50

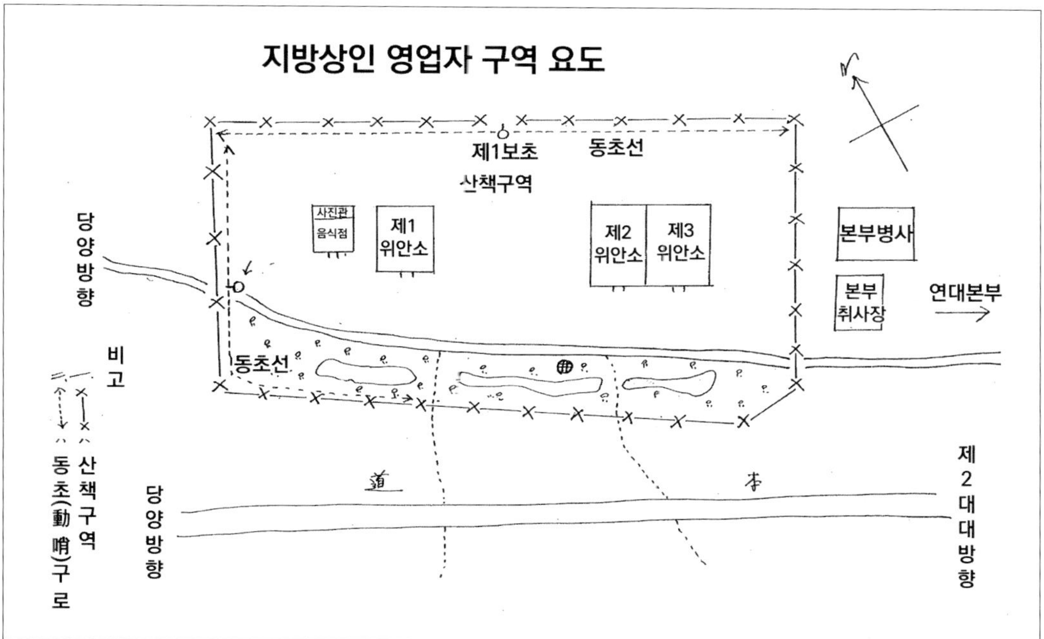

昭和十五年十月十一日

高森部隊特殊慰安業務規定

高森部隊

高森部隊警備地区内地方商人ノ
営業ニ関スル規定

第一 本規定ハ當部隊警備地区内ニ地方商人ノ営業ニ関スル件ヲ規定シ将兵ハ殺伐ノ氣風ヲ緩和調制シ以テ軍紀ヲ確立セシムルヲ以テ目的トス

從ツテ聯隊ノ幹部タルモノハ何人ト雖モ本規定ヲ犯サシメザルガ如ク嚴ニ指導監督スルヲ要ス

第二 地方商人ノ営業ヲ許可シ得ルハ左ノ各項ニ該當スル者ニ限ル

領事館若クハ憲兵隊ノ身元證明書ヲ有スル者ニシテ軍司令官兵站司令官仝輸送司令官若クハ兵團長ノ裏面地区通行許可證其ノ他兵團長ノ居住許可證営業許可證ヲ有スルモノ

陸軍

第三 地方商人ノ營業別及其範圍ハ左ノ標準ニ依リ之ヲ
許可ス

1. 慰安所
慰安婦ハ皇軍一〇〇名ニ對シ一名ノ割合
慰安所業經營者ハ　三名

2. 飲食店經業者ハ　四名

3. 寫眞屋　二名

4. 時計屋　一名

5. 營業場所ハ聯大隊本部附近ニ限ル

6. 營業主ノ使用人ハ身元確實ナル者ニシテ常ニ清潔ナ
ルヲ要ス

7. 飲食店ノ女給ハ各營業主ニ三名ヲ標準トス

8. 營業主ノ使用人、慰安婦、女給共ニ別紙樣式ニ依リ
履歴書ヲ警備隊長ニ提出スルモノトス

陸軍

第四 營業關係者（使用人、慰安婦、女給共）ノ散歩行動區域ハ別紙附圖ノ範圍トス

第五 營業者ノ監督指導檢査ノ為別表ノ通リ役員ヲ任命ス

第六 營業者ノ人員、荷物其ノ他一切ノ運搬ハ各自營業者ニ於テ實施シ其ノ經費ハ一切營業者ノ負擔トス
又營業者ノ施設ニ要スル諸材料物資ノ購入等ニ關シテハ宣撫班ヲ通シ購入スルモノトス

第七 宣撫班ハ如上ノ諸材料物資等ノ購入ヲ營業主ヨリ願出テタルトキハ維持會ヲ通シ便宜ヲ取リ計フモノトス

第八 營業者ハ役員ノ指導監督檢査ヲ受ケ之ニ絶對服從スルコト左ノ如シ

一、營業主、同家族、使用人夫、女給ハ毎月十五日ノ公休日午後ハ軍醫ノ健康診斷ヲ受クルモノトス

又慰安婦ハ毎月一日、十日、二十日ノ午前八時ヨリ軍医ノ健康診断及検黴ヲ受クルモノトス

第九 軍医ハ右診断及検黴ノ結果ヲ警備隊長ニ報告スルト共ニ本人及営業主ニ通報ス

又病人ニ対シテハ適宜ノ方法ヲ以テ施療ヲ行フモノトス

第一〇 営業者ハ不合格者アリタルトキハ之ヲ一室ニ遷メ接客ヲ禁ゼシメ自室ニ標示スルモノトス

第一一 飲食店営業者ハ食中毒防止ノ為毎日其ノ日ノ飲食物ノ少量ヲ医務室ニ提出スルモノトス

医務室ハ右検食物ヲ二十四時間保管シ置クモノトス

第一二 公休日及清潔法

各営業者ハ一斉ニ毎月十五日ヲ以テ公休日トシ営業ヲ中止シ居住地内外ノ清潔法ヲ実施シ軍医ノ点検ヲ受クルモノトス

第一三 營業主ハ毎月ノ賣上高ヲ別紙様式ニ依リ翌月五日
迄ニ警備隊長ニ報告スルモノトス

第一四 慰安所ヲ利用セントスル下士官以下ハ左ノ各項ヲ嚴
守スベシ

1. 慰安所利用許可證ヲ携行シ花券ヲ購入スル際現金ト
共ニ營業者ニ差出スモノトス
右許可證ハ駐隊本部ニ於テ發行ス

2. 慰安所内ニ於テハ飲食スルコトヲ得ス又飲食物ヲ携行
スルコトヲ禁ス

3. 慰安婦及營業者ニ對シ粗暴ノ言動ヲ禁ズ

4. 利用時間ヲ嚴守シ他人ニ迷惑ヲカクベカラズ

5. 營業者其ノ他慰安婦女給等ニ對スル一切ノ貸借關係
ヲ嚴禁ス

第一五 慰安所ヲ利用シ得ル毎日ノ時間左ノ如シ

陸軍

兵ハ 一〇〇〇ヨリ 一七〇〇迄
下士官ハ一七〇〇ヨリ 二〇〇〇迄
准士官以上ハ成ル可ク 二〇〇〇ヨリ

第一六 慰安所ノ料金ヲ當分ノ間左ノ如ク定ム

	三十分	一時間	
兵	一円〇〇	二円〇〇	
下士官	一、二〇	二、四〇	
准士官以上	―	三、〇〇	二十四時以降 一〇、〇〇

備考

1. チップ等ハ一切交付セザルモノトス
2. サックハ營業者ノ負擔トス
3. 皇軍以外ノ者ハ接客ヲ嚴禁

第一七、各隊ノ利用日ハ當分別紙ノ如シ
但シ公休日ニ當リタル場合ハ利用ヲ禁ズ

第一八、飲食店ノ營業時間左ノ如シ
毎日一〇〇〇ヨリ二四〇〇迄トス
公休日其ノ他營業関係者ノ健康診斷等慰安所ニ準ス

第一九、營業者ハ常ニ懇切丁寧常ニ清潔ニ注意シ諸條項ヲ嚴守スルモノトス
若シ諸條項ヲ守ラサルトキハ營業ヲ停止シ或ハ退去ヲ命ス
其ノ他不明事項アルトキハ從前ニ申出デ決裁ヲ受クルモノトス

第二〇、營業開始ハ十月十三日ヨリ許可ス

昭和十五年十月十日

警備隊長 高森大佐

附表第一

地方商人営業者ノ指導監督役員

監督指導	
全般	村上大尉
助手	秋山准尉
警戒	聯隊本部日直士官
衛生一般	河野中尉
物資其ノ他	宣撫班

附表二

地方営業者居住地附近ノ警戒及

軍紀風紀ノ取締規定

一、本勤務ニ服スルモノハ聯隊本部日直士官ノ区處ヲ受ケ

敵匪及土民等ヲ近寄ランメス ヘシ

其ノ他軍紀風紀ノ取締ニ任スルモノトス

二、編成及服務期間其ノ他

長	下士官	一
歩哨掛	一	兵 大

服務時間ハ毎日ロ九ニヨリ翌朝起床時限迄トシ

同時任務解除トス

三、各隊ハ左記区分ニヨリ前項勤務者ヲ差出スモノトス

陸軍

記

差出部隊	一日ヨリ十日迄	十一日ヨリ二十日迄	二十一日ヨリ月末迄
聯隊本部	○		
第一大隊		○	
第二大隊			○
聯隊段列	○		

備考

勤務者ハ毎日各隊ニ於テ交代服務セシムルモノトス

陸軍

附表三

各隊ノ利用日配當表

部隊名	利用日（曜）
聯隊本部	土
第一大隊本部（第大行李）	土
第一中隊	日
第二中隊	月
第三中隊	火
第一大隊段列	水
第一大隊大行李	木
第二大隊本部（第大行李）	土
第四中隊	火
第五中隊	月
第六中隊	日
第二大隊段列	水
第二大隊大行李	木
聯隊段列	金

備考

一　毎月十五日ノ公休日ニ當リタル部隊ノ利用ヲ中止スルモノトス

附表第四

營業主名

第一慰安所	弘原榮
飲食店	崔金石
寫眞屋	藤川寶義

陸軍

附表五

第何慰安所何月分賣上高報告

年月日

營業者 何某 ㊞

藝名	准尉以上 人員	准尉以上 賣上高	下士官 人員	下士官 賣上高	兵 人員	兵 賣上高	合計
何某	三	九〇〇	五	七五〇	六	六〇〇	二二五〇
何某	一	一〇〇〇	七	四五〇	五	五〇〇	一九五〇

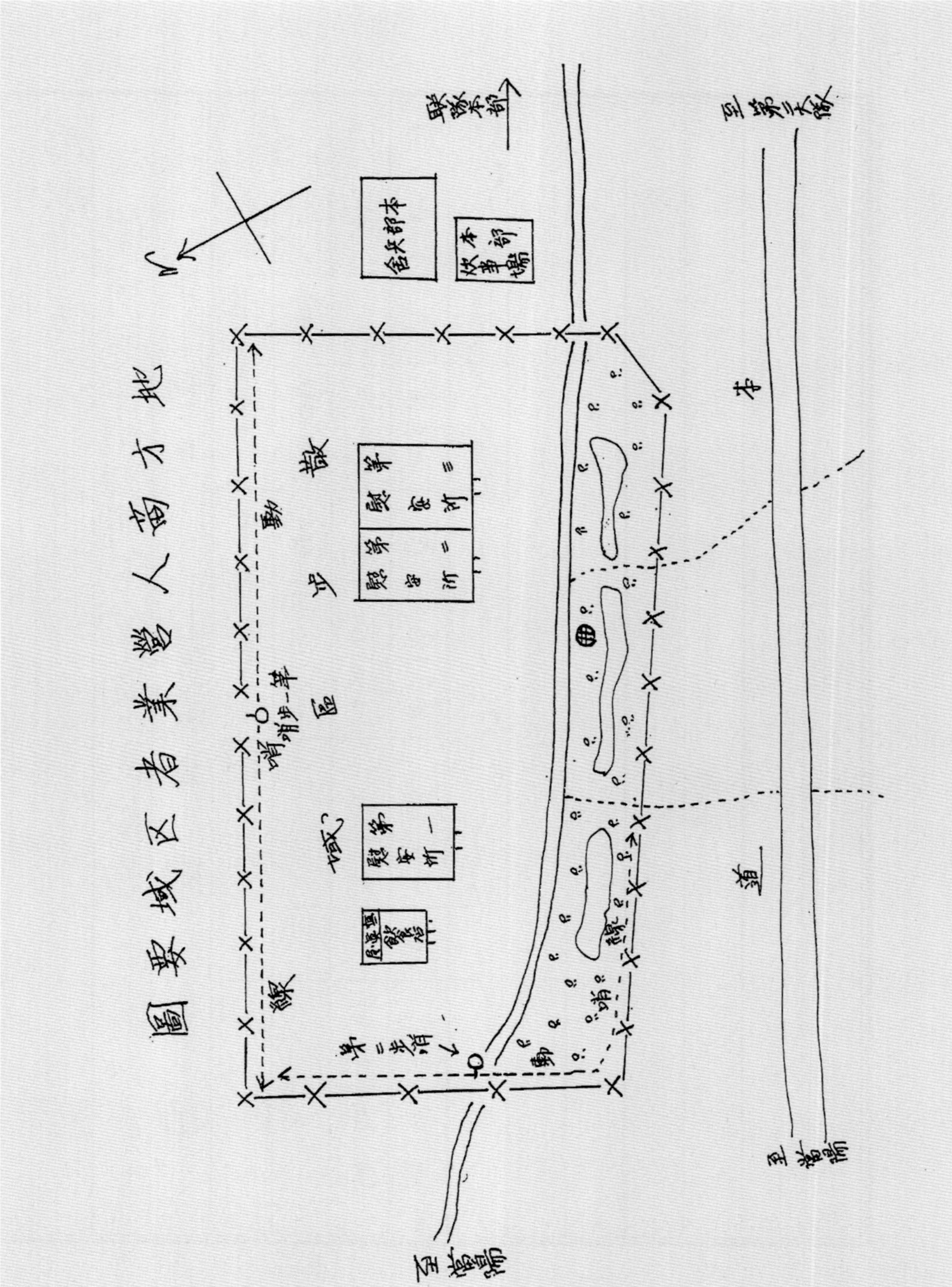

[문서 7]

상황 보고(1942.7.6)

1942년(쇼와17) 7월 6일

상황 보고

둥안[東安]헌병분대

3. 복무[11]

1) 군사경찰

건군의 본의와 관내 주둔부대의 현황에 비추어 보아 예방경찰의 목적 달성을 주안으로 한 중점목표를 아래와 같이 지향한다.

(가) 군인 군속의 비위 범죄 예방

(나) 군에 대한 각종 유해 행위 배제

(다) 군의 의도와 행동을 감추고 엄호

2) 군 사상동향 사찰

A. 범죄 비위 예방

(가) 주둔부대의 증강에 따라 범죄와 비위가 많이 발생하는 경향이 있으므로 각 부대장과 밀접하게 연계하여 순찰, 내정, 시찰, 연락, 그 외 필요한 수단을 구사하여 항상 군인 군속의 심적 동향에 대해서 진상을 파악하고 그 겉과 속을 자세하게 관찰하여 예방경찰의 목적을 달성함과 동시에 적어도 황군의 본의(本義)를 어지럽히는 사상을 가진 자 혹은 행위를 하는 자에 대하여 단호하게 이를 척결 배제

11) 표지 다음 페이지의 내용이 3으로 시작하는 것으로 보아 자료 앞부분이 결락된 것으로 판단된다.

하려는 생각을 가지고 적극적으로 복무하고 있다.

(나) 군인 군속과 밀접한 관계가 있는 주둔지 부근의 실상 가운데 군 관계 청부업자 상인 및 군인 군속 출입가옥 등에 대한 기초 조사를 정비하고 이에 대한 경계와 감시를 주도면밀히 하여 범죄 비위의 원인이 될 우려가 있는 조짐의 조기 발견에 힘써 때를 놓치지 않고 적절한 처치를 하여 군의 옹호에 유감이 없도록 한다.

B. 군기 보호

(가) 군부 관계 상인, 사진 인쇄업자, 여관 요리점 등에 대해서는 신원조사를 실시하여 이에 대한 기초 조사를 완비하고 항상 사상동향, 생활, 교우관계, 신용 정도를 내탐함과 동시에 적시에 방첩 검사를 실시하여 비밀서류 물건의 분실을 방지하고 동시에 방첩 간담회 등을 개최하여 이의 지도에 임하고 있다.

(나) 전신전화회사, 전업(電業)회사, 만항(萬航)회사에 대해서는 헌병의 지도 아래에 방첩 규정을 책정하도록 해서 일일이 방첩 검사에 입회하여 지도가 적절한지 아닌지의 적부를 감독하고 방첩 관념의 앙양에 힘써 각 회사들이 적극적으로 헌병에 연락하고 양호한 상태다.

(다) 일반부대에 대해서도 외출한 곳에서 군인 군속의 언동을 내사하여 부대 부근에서 방첩에 해가 되는 분실 물건의 회수, 군사 수송 시에 방첩 단속에 임하는 것 이외에 부대장에게 연락하여 방첩에 관한 교육을 실시하는 등 자대 방첩 관념을 앙양하고 군의 의도와 행동을 숨기는데 협력한다.

(라) 후린선[虎林線] 여행자와 철도 종업원에 대한 철도 방첩에 관해서는 사열(査閱) 제11, 12, 13 반원과 정차장 단속 근무자를 철도경호대와 밀접하게 연계하여 철저를 기함과 동시에 철도방첩 간담회 등을 개최하도록 하고 의견을 개진하여 군기 보호에 임한다.

(마) 특별지역규정에 따른 각종 증명서 발급에 관해서는 군부의 요망에 따라 헌병이 둥안[東安] 군인회관, 군 특수위안소, 전보 · 전화국 관계자에 대해서는 신분증명서를, 군 공사 청부업자에 대해서는 여행증명서를 발급하고 엄하게 단속하고 있다.

(바) 군인 군속의 호구 조사에 관해서는 규정에 따라 각 부대장과 밀접하게 연락을 유지하고 순조롭게 실시되고 있어 확실하게 정리하고 있다.

(사) 국민방첩에 관해서는 관계기관과 협력하여 방첩단체를 조직하여 방첩 표어, 포스터 모집 선전 등을 실시하고 또한 접객업자에 대한 간담회를 개최하여 이의 보급 철저에 힘쓰고 있다.

(아) 둥안[東安] 시내 마차꾼, 인력거꾼, 그중에서 군 관계 노무자에 대해서는 관계기관과 협력하여 방첩 관념을 보급하고 특히 주운 물건에 대한 신고를 강조하여 이에 힘쓴 자들에게는 표창을 하는 등의 방법에 의해 상당한 성과를 올리고 있다.

C. 군사시설 자원의 보호

(가) 야전 제17 화물 병기, 자동차의 3보급 제창(諸廠)에 대해서는 헌병 하사관 각 1명을 전속 파견.[12]

(다)[13] 군기 풍기를 엄하고 바르게 하기 위해 주둔지 사령부 주창 아래 각 부대장이 이른 시기에 간담회를 개최하기 위한 준비를 하고 있는 중이다.

(라) 특수위안부 시설에 대해서는 군의 요구에 기초하여 헌병은 적극적으로 감독 지도에 임하고 있으며 이러한 요구에 응하여 상당한 성과를 올리고 있다.

그러나 이러한 종류의 업무는 자칫하면 각종 폐해를 동반할 수 있다는 점을 고려하여 준위에게 전담시켜 비위의 예방에 유의하고 있다.

(마) 경무기관과의 연락은 매우 원활하게 이루어져 각자 지위를 존중함과 동시에 서로 협력하여 부족한 점을 매워 진실로 헌경(철) 일체의 결과를 올리고 있으며 나아가 각 기관의 장이 서로 모여 친목회를 조직하여 여러 번 회합을 개최하여 정신적인 융화에 노력하고 있다.

4. 교육

1) 교육현황

A. 예정 및 계획

---

12) 이하 자료 결락.

13) 한국어 '가나다'와 같은 일본어의 순서는 'イロハ'로 이어져야 한다. 그런데 앞 페이지에서 'イ'로 시작된 것이 다음 페이지에서 'ハ'로 이어지고 있다. 즉 중간에 'ロ'에 해당하는 부분이 결락되었다고 판단된다.

둥안 헌병분대 업무분장표

1942년(쇼와17) 6월 15일
조사 작성 : 둥안헌병분대

주업무 및 담당자	분담 업무
분대장 이시모리[石森] 대위	1. 인사에 관한 사항 1. 근무 명과(命課)에 관한 사항 1. 복무의 기획 통제에 관한 사항 1. 경비 동원에 관한 사항 1. 기 비밀도서에 관한 사항 1. 기밀원에 관한 사항 1. 부대장과의 연락에 관한 사항 1. 경무기관의 통제 구처(區處)에 관한 사항 1. 중요한 섭외사항에 관한 사항
반장 히비야[日比野] 준위	1. 인사의 보조에 관한 사항 1. 교육에 관한 사항 1. 관인(官印)의 보관에 관한 사항 1. 내무 지도에 관한 사항 1. 명령 전달에 관한 사항 1. 분대 역사에 관한 사항 1. 공적에 관한 사항 1. 고용인 감독에 관한 사항 1. 특수 위안부에 관한 사항
조수 하야카와[早川] 오장	1. 기 비밀 도서의 취급 보조에 관한 사항 1. 비치 도서의 보관에 관한 사항 1. 공적 서류의 취급에 관한 사항 1. 일보(日報)에 관한 사항
서무 가와무라[河村] 오장	1. 서무사항 1. 병기에 관한 사항 1. 금전 경리에 관한 사항 1. 마사(馬事)에 관한 사항
서무 나가토모[長友] 병장	1. 피복에 관한 사항 1. 물품에 관한 사항 1. 소모품에 관한 사항
주임 스가노[菅野] 조장	1. 경무반의 통제지도에 관한 사항 1. 복무 계획에 관한 사항 1. 군사경찰에 관한 사항 1. 경위 업무에 관한 사항

		1. 유치인의 출입 감시에 관한 사항 1. 복무 성과 재촉에 관한 사항
경무	오노야[小屋] 군조	1. 군사사법경찰에 관한 사항 1. 현금 취급에 관한 사항 1. 군 주보 군인회관 종업원의 단속에 관한 사항
	시게야마[重山] 오장	1. 군사사법감찰에 관한 사항 1. 호구 신고에 관한 사항
	이노우에[井上] 오장	1. 군대 출입 상인의 신분조사에 관한 사항 1. 관사지역 출입 신문배달, 오물청소, 세탁소 등의 조사에 관한 사항
	마쓰이[松井] 오장	1. 군 특수 위안시설에 관한 사항 1. 지문 사무에 관한 사항 1. 각종 증명서 발급에 관한 사항
	나카이즈미[中泉] 병장 나카자와[中澤] 병장	1. 경미한 철도사고에 관한 사항 1. 승강 군인 군속의 단속에 관한 사항 1. 역 관계 기초조사에 관한 사항 1. 철도 방첩에 관한 사항
	마쓰모토[松本久] 병장	1. 경찰 사고록의 정리에 관한 사항 1. 유치인 소지품 감수에 관한 사항 1. 서류의 정서 정리에 관한 사항
	마쓰모토[松本松] 병장 가와시마[河嶋] 병장 다카나가[高永] 병장 사사키[佐々木] 병장	1. 접수에 관한 사항 1. 유치인 감시에 관한 사항 1. 순찰에 관한 사항 1. 각종 단속에 관한 사항 1. 호위 경위에 관한 사항 1. 기타 특별한 명령에 관한 사항
특고	주임 가쿠다[角田] 조장	1. 특고반의 통제지도에 관한 사항 1. 복무계획에 관한 사항 1. 방첩 기초조사의 사□에 관한 사항 1. 사대 기초조사의 사□에 관한 사항 1. 복무성과의 재촉에 관한 사항
	쓰보이[坪井] 군조	1. 공산당원의 정첩에 관한 사항 1. 비적 첩보에 관한 사항 1. 일만군(日滿軍)에 대한 사병공작에 관한 사항 1. 첩자 첩서원 정첩에 관한 사항
		1. 국경통로 간도의 검열 검색에 관한 사항

			카와다[川田] 군조	1. 동안 부근에 산재한 부락의 정첩에 관한 사항 1. □첩 용의자의 정첩에 관한 사항 1. 전시 유해분자의 정첩에 관한 사항
			조노엔[上之薗] 군조 쓰바키칸[椿舘] 오장	1. 군과 일반 요주의 인물의 동향 내사에 관한 사항 1. 시국에 따른 민심의 동향 내사에 관한 사항 1. 경제계의 추이 및 교란공작의 경방에 관한 사항 1. 기타 중요 사회사항 발생 시 반응 내사에 관한 사항
			우치다[内田] 오장 무로오카[室岡] 오장	1. 군 공사 잡부업자, 종업원, 공원의 동향 내사에 관한 사항 1. 간도 대책에 관한 사항
			아마다[天田] 오장 히메노[姫野] 오장	1. 군사 여러 시설 그 외 경비를 요하는 물건에 대한 첩서 방위에 관한 사항 1. 군 관계 회사 공장 및 방첩 단체에 관한 사항
			아오가키[青柿] 오장	1. 부대가 사용하는 마차부, 목수, 그 외 잡역부의 동향 내사에 관한 사항 1. 인쇄업자, 사진업자의 단속 및 동향 내사에 관한 사항
			시게다[茂田] 오장 요시다[吉田繁] 오장	1. 군 이외의 라디오 청취자의 조사 및 무전 불법 시설 탐사에 관한 사항 1. 각종 명부의 정리에 관한 사항 1. 방첩자료의 보관 출납에 관한 사항 1. 서류의 정서 및 정리에 관한 사항
			요시다[吉田邦] 병장	1. 통신관계에 관한 사항
			사토[佐藤] 병장	1. 시가지 자동차, 마차부의 동향 내사에 관한 사항 1. 여관 음식점의 방첩 지도에 관한 사항
			오무라[大村] 헌병보	1. 조선 만주인 계통의 소련 용의자 정첩에 관한 사항 1. 조선 계통의 사상동향 내사에 관한 사항
			가나자와[金澤] 헌병보	1. 조선 만주인 계통의 소련 용의자 정첩에 관한 사항 1. 종교단체의 동향 내사에 관한 사항
			유[劉] 헌병보	1. 만주인의 사상동향 내사에 관한 사항 1. 만주 계통의 경제 조사에 관한 사항
			마[馬] 헌병보	1. 만주인 계통의 소련 용의자 정첩에 관한 사항 1. 음식점, 여관 행상인의 동향 내사에 관한 사항 1. 간도대책에 관한 사항
			오쓰기[大月] 군조	1. 자동차 공장, 첩서 방위에 관한 사항 1. 자동차 공장 종사원 주변 지구 주민 등의 동향 내사에 관한 사항

			오가와[小川] 오장	1. 화물 창고 첩서 방의에 관한 사항 1. 화물 창고, 군 공장, 수송 군기 보호에 관한 사항 1. 종사원 □□의 동향 내사에 관한 사항
			세키다[関田] 오장	1. 병기창 첩서 방위어 관한 사항 1. 병기창 군기 보호어 관한 사항 1. 종사원 및 주변 지구 주민의 동향 내사에 관한 사항
			오타[太田] 오장 오카다[岡田] 병장	1. 사열 제12반 복무에 관한 사항 1. 역 관계자의 동향 내사에 관한 사항
			사와노[澤野] 병장 고시사카[御子柴] 병장	1. 사열 제13반 복무에 관한 사항 1. 전기구, 공무구 관계자의 동향 내사에 관한 사항
			아베[阿部] 오장 마에다[前田] 병장	1. 사열 제11반 복무어 관한 사항 1. 기관구 자동차구 관계자의 동향 내사에 관한 사항
비 고	본 표와 같이 분담업무를 정하지만 바쁘거나 한가함에 따라 서로 협력한다. 서로 관련되거나 담당이 불명확한 사항이 발생한 경우는 임시로 별도 명함.			

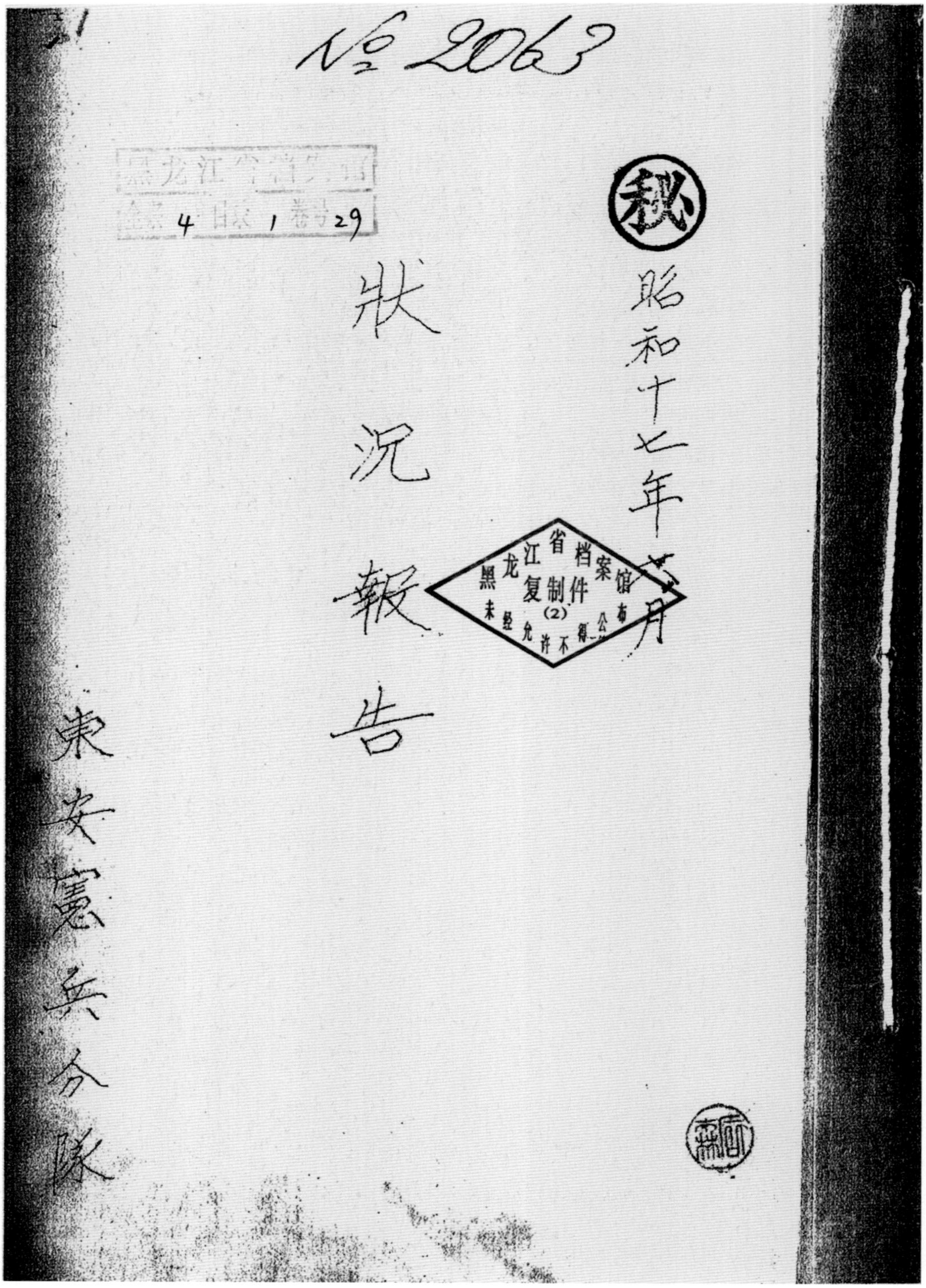

No. 2063

黑龙江省档案馆
全宗 4 目录 1 卷号 29

秘

昭和十七年六月

狀況報告

黑龙江省档案馆
复制件
(2)
未经允许不得公布

東安憲兵分隊

服スルノ士風ヲ一段ト振作ス

三、服務

(一)軍事警察

建軍ノ本義並ニ管内駐屯部隊ノ現況ニ鑑ミ豫防警察ノ目的達成ヲ主眼トシ重点目標ヲ左ノ如ク指向ス

(イ)軍人軍属ノ非違犯罪ノ警防

(ロ)軍ニ對スル各種有害行為ノ排除

(ハ)軍ノ企圖並行動ノ秘匿掩護

34

(二)軍思想動向査察

犯罪非違ノ警防

(イ)駐屯部隊ノ増強ニ伴ヒ犯罪非違ハ多ク發ノ傾向ニアルヲ以テ各部隊長ト密接ナル連繫ノ下ニ巡察、内偵、視察、連絡、其他必要ナル手段ヲ講シ常ニ軍人軍属ノ心的動向ニ對スル眞相ヲ把握シ其ノ表裏ヲ仔細ニ觀察シ豫防警察ノ目的ヲ達成スルト共ニ苟クモ皇軍ノ本義ヲ紊ルカ如キ思想ヲ有スルモノ或ハ行為アルモノニ對シ

テハ断乎トシテ之ヲ剔抉排除スルノ着意ノ下ニ
積極的ニ服務シアリ

(ロ)軍人軍属ト密接ニ関係アル駐屯地附近ノ實相就中軍関係請負業者商人及軍人軍属出入家屋等ニ對スル基礎調査ヲ整備之カ警視ヲ周密ニシ犯罪非違ノ誘因トナル虞アル事象ノ早期發見ニ努メ機ヲ失セス適切ニ處置シ以テ軍ノ擁護ニ遺憾ナカラシム

(ハ)軍機保護

36

(三)軍部關係商人、寫眞印刻業者及旅館料理店等ニ對シテハ身元調査ヲ實施ノ上之カ基礎調査ヲ完備シ常ニ思想動向生活、交友狀況、信用ノ程度ヲ内偵スルト共ニ適時防諜檢査ヲ實施シ機秘密書類物件ノ散逸ヲ防止スルト共ニ防諜懇談會等ヲ開催シ之カ指導ニ任シアリ

(四)電信電話會社、電業會社、滿航會社ニ對シテハ憲兵ノ指導下ニ防諜規定ヲ策定セシメ屡々

37
20

防諜檢査ニ立會シ之カ指導ノ適否ヲ監督シ防諜觀念ノ昂揚ニ努メアルカ各會社共積極的ニ憲兵ニ連絡シ良好ノ狀態ニアリ

(八)一般部隊ニ對シテモ外出先ニ於ケル軍人軍屬ノ言動內査、部隊附近ニ於ケル防諜上有害ナル散逸物件ノ回收軍事輸送時ニ於ケル防諜取締ニ任スル外部隊長ニ連絡防諜講話ヲ實施スル等自隊防諜觀念ヲ昂揚シ軍ノ企圖並ニ行動ノ秘匿ニ協力ス

38

(ニ)虎林線旅行者並ニ鐵道從業員ニ對スル鐵道防諜ニ關シテハ査閲第十一、十二、十三班員並停車場取締勤務者ヲシテ鐵道警護隊ト密接ニ連繫シ徹底ヲ期スルト共ニ鐵道防諜、懇談會等ヲ開催セシメ意見ヲ開陳シ軍機保護ニ任ズ

(ホ)特別地域規定ニ據ル各種證明書ノ發給ニ關シテハ憲兵ニ於テ軍部ノ要望ニ基キ東安軍人會館、軍特殊慰安所、電報、電

話局關係者ニ對シテハ身分證明書ヲ軍工事
請負業者ニ對シテハ旅行證明書ヲ發給シ嚴
ニ取締ヲ勵行シアリ
(ハ)軍人、軍屬戶口調査ニ關シテハ規定ニ基キ各部
隊長ト密接ニ連絡ヲ保チ順調ニ實施セラレアリテ
確實ニ整理セラレアリ
(ト)國民防諜ニ關シテハ關係機關ト協力防諜團
体ヲ組織スルト共ニ防諜標語「ポスター」募集宣
傳等ヲ實施シ或ハ接客業者ニ對スル懇談會ヲ

開催之カ普及徹底ニ努メアリ

(チ)東安市内馬車夫人力車夫就中軍部就労苦力ニ對シテハ関係機関ト協力防諜観念ノ普及特ニ拾得物件届出ヲ強調シ励行者ヲ表彰スル等ノ方法ニ依リ相當ノ成果ヲ擧ゲアリ

三、軍事施設資源ノ保護

(イ)野戦第一七貨物兵器自動車ノ三補給諸廠ニ對シテハ憲兵下士官名一ヲ専属派遣同

ヲ擧ケアリ

(ハ)軍紀風紀嚴正ノ爲駐屯地司令部主宰ノ下ニ各部隊長ヲ以テ近ク懇談會ヲ開催スヘク準備中ナリ

(ニ)特殊慰安婦ノ施設ニ對シテハ軍ノ要望ニ基キ憲兵ハ積極的ニ監督指導ニ任シ以テ之カ要望ニ應ヘ相當ノ成果ヲ擧ケアリ

然レ共此種服務ハ動モスレハ各種弊害伴フモノアルニ鑑ミ准尉ヲシテ專任セシメ非違ノ警防

66

二留意ス

(ホ)警務機関トノ連絡ハ極メテ圓滑ニ實施セラレ各々其ノ位ヲ尊重スルト共ニ互ニ協力シテ其ノ不足ヲ補ヒ真ニ憲警(鐵)一体ノ實ヲ擧ケアルカ更ニ各機関ノ長ニ於テ相謀リ親睦會ヲ組織シ屡屡ゝ會合ヲ催シ精神的融和ニ努メアリ

四 教　育

(一)教育ノ現況

ノ豫定及計画

附表第三

東安憲兵分隊業務分担表

昭和一七、六、一五調製
東安憲兵分隊

業務及担任者	分担業務
分隊長	一、人事ニ関スル事項、 一、勤務命課ニ関スル事項、 一、教育ニ関スル事項、 一、服務ノ企画統制ニ関スル事項、 一、通譯勤務員ニ関スル事項、 一、機秘密図書ニ関スル事項、 一、機密費ニ関スル事項、 一、部隊長トノ連絡ニ関スル事項、 一、警務機関ノ統制区処ニ関スル事項、 一、重要ナル渉外事項ニ関スル事項、
班長 日比野准尉	一、人事ノ補助ニ関スル事項、 一、教育ニ関スル事項、 一、官印ノ保管ニ関スル事項、 一、内務指導ニ関スル事項、 一、命令ノ諸達ニ関スル事項 一、分隊歴史ニ関スル事項 一、功績ニ関スル事項、 一、雇傭人ノ監督ニ関スル事項、 一、特[illegible]ニ関スル事項
助手 早川伍長	一、機秘密図書ノ取扱補助ニ関スル事項、 一、備付図書ノ保管ニ関スル事項、 一、功績書類ノ取扱ニ関スル事項 一、日報ニ関スル事項、
庶務 河村伍長	一、庶務事項、 一、兵器ニ関スル事項 一、金銭ノ経理ニ関スル事項 一、馬事ニ関スル事項
長友兵長	一、被服ニ関スル事項 一、物品ニ関スル事項、 一、消耗品ニ関スル事項、 一、書類ノ発送ニ関スル事項

右

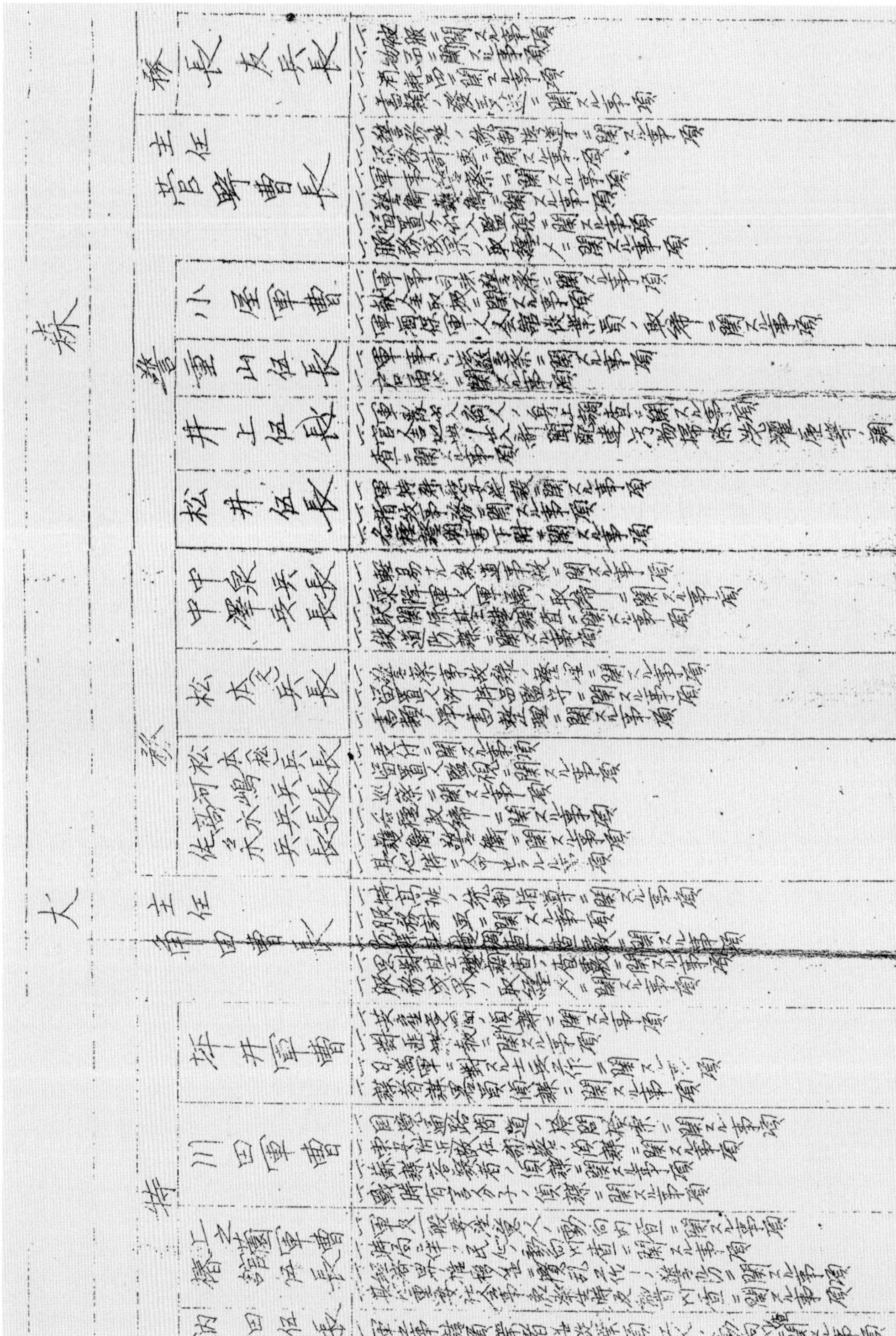

特高	担任者	業務
		一、戰時有害分子ノ偵諜ニ関スル事項
	上之薗軍曹 權舘伍長	一、軍及一般要注意人ノ動向内査ニ関スル事項 一、時局ニ伴フ民心ノ動向内査ニ関スル事項 一、経済界ノ推移並ニ攪乱工作ノ警防ニ関スル事項 一、其ノ他重要社会事象発生時及警備内査ニ関スル事項
	内田伍長 室岡兵長	一、軍ノ土木請負業者並從業員工人ノ動向内査ニ関スル事項 一、間道對策ニ関スル事項
	矢田伍長 狩野兵長	一、軍事諸施設其他要警備物件ニ對スル諜略防衛ニ関スル事項 一、軍関係会社工場並防諜団体ニ関スル事項
	青柿伍長	一、部隊使用馬車夫、大八工其他雑役夫ノ動向内査ニ関スル事項 一、印判業者、寫眞業者ノ取締並動向内査ニ関スル事項
	浅田兵長 吉田(繁)兵長	一、軍以外「ラヂオ」聴取者ノ調査並無電不法施設ノ探査ニ関スル事項 一、各種名簿ノ整理ニ関スル事項 一、防諜資料ノ保管収集ニ関スル事項 一、書類ノ淨書並整理ニ関スル事項
	吉田(邦)兵長	一、通信文検閲ニ関スル事項
	佐藤兵長	一、市街洋車、馬車夫ノ動向内査ニ関スル事項 一、旅館飲食店ノ防諜指導ニ関スル事項
	大村憲兵補	一、鮮満人ノ通ゼル容疑者偵諜ニ関スル事項 一、鮮系思想動向内査ニ関スル事項
	金澤憲兵補	一、鮮満人ノ通ゼル容疑者偵諜ニ関スル事項 一、宗教團体ノ動向内査ニ関スル事項
	劉憲補	一、満人ノ思想動向内査ニ関スル事項 一、満系ノ経者調査ニ関スル事項
	馬憲補	一、満人ノ通ゼル容疑者偵諜ニ関スル事項 一、飲食店旅館行商人ノ動向内査ニ関スル事項 一、間道對策ニ関スル事項
	大月軍曹	一、自動車廠諜略防衛ニ関スル事項 一、自動車廠從業員周辺住民ノ動向内査ニ関スル事項
	小川伍長	一、貨物廠諜略防衛ニ関スル事項 一、貨物廠軍需輸送軍機保護ニ関スル事項 一、從業員、苦力ノ動向内査ニ関スル事項
	関田伍長	一、兵器廠諜略防衛ニ関スル事項 一、兵器廠軍機保護ニ関スル事項 一、從事員並周辺住民ノ動向内査ニ関スル事項
	太田伍長 岡田兵長	一、查問第十三班服務ニ関スル事項 一、駅関係者ノ動向内査ニ関スル事項
	澤野兵長 御子柴兵長	一、查問第十五班服務ニ関スル事項 一、電氣工務区関係者ノ動向内査ニ関スル事項
	向部伍長 前田兵長	一、查問第十二班服務ニ関スル事項 一、機関区自動車区関係者動向内査ニ関スル事項

備考 表ノ如ク分担業務ヲ定ムルモ業務ノ関ニ應シ相互協力スルモノトス
尚相互関聯シ又ハ担任不明ノ事項発生ノ場合ハ臨機別命ス

[문서 8]

영외시설 규정(보병 219연대 경비대 제7중대)(1943)

재규정철, 보병 219연대 경비대 제7중대

1943년(쇼와18)

영외시설 규정

1. 총칙

제1조 본 규정은 1942년(쇼와17) 7월 인집참밀(仁集參密) 제294호 영외시설 확충요강에 기초하여 영외시설의 건설 · 경영 · 이용 · 감독 등 사단에서 실시해야 하는 사항에 관하여 그 요령을 정한 것이다.

영외시설에 관한 건축, 물건의 비치, 음식물의 보급 또는 매각, 종업원의 고용, 시설 내의 단속 등에 관해 본 규정에서 정하지 않은 사항은 육군영선(營繕)사무규정, 야전주보규정, 그 외 각 관계 법규에서 정하는 바에 따른다.

제2조 본 규정에서 영외시설이라 함은 영외 주보, 특수위안소, 가이코샤[偕行社][14] 또는 그 외의 지방단체 등의 독지가에 의해 개설한 군인 위안시설을 말한다.

제3조 영외시설은 본 규정에서 특별히 규정하는 경우를 제외하고 당해 주둔지에서 고급선임 부대장(이하 관리부대장이라 칭함)이 관리하고 경영 또는 지도감독을 맡도록 한다.

(중간 생략)

---

14) 일본의 공익재단법인의 하나로 구 일본군 간부, 군속 고등관, 육상자위대와 항공자위대 간부의 친목조직. 전전에는 육군의 장교와 준사관의 친목 · 상조 · 학술연구 조직으로 설립된 단체였다.

3. 특수위안소

제19조 중대 이상의 주둔지에서 해당 지역의 정황에 따라 이를 필요로 할 경우에는 위생적이고 저렴한 위안을 위해 군인 군속 전용의 특수위안소를 개설할 수 있다.

제20조 특수위안소는 부대에서 직영하거나 위탁경영하는 것으로 한다.

제21조 특수위안소의 건물은 경미한 경우에는 경리부장이 별도 경비로 이를 실시하고 관리부장이 수탁 경영자에게 무상으로 대여한다. 이후의 유지는 수탁 경영자의 부담으로 한다.

제22조 특수위안소의 경영에 필요한 음식품 등은 야전 주보품을 불하할 수 있으며 상세한 것은 군의(軍醫)부장이 이를 정한다.

제23조 특수위안소의 경영에 필요한 약품, 방호용품 등은 관물을 교부할 수 있으며 상세한 것은 군의(軍醫)부장이 이를 정한다.

제24조 사단 사령부 소재지의 특수위안소의 관리 경영 등에 대해서는 전항 이외에 별도로 정하는 바에 따른다.

(이하 생략)

隊長	將校	准士下士官

極秘

営外施設規定

一、総則

第一條 本規定ハ昭和十七年七月仁集参密第二九四號営外施設擴充要綱ニ基キ営外施設ノ建設経営利用監督等師団ニ於テ実施スベキ事項ニ関シ其要領ヲ定ムルモノトス

営外施設ニ関スル建築、物件ノ備付飲食品ノ補給又ハ拂下従業員ノ雇傭ノ施設内ノ取締等ニ関シ本規定ニ定メサル事項ハ陸軍営繕事務規程、野戦酒保規定其他各関係法規ノ定ムル所ニ據ルモノトス

第二條 本規定ニ於テ営外施設ト稱スルハ営外酒保特殊慰安所偕行社及其他ノ地方団体等ハ篤志ニ依リ開設シタル軍人慰安施設ヲ謂フモノトス

第三條 営外施設ハ本規程ニ於テ特ニ定メタル場合ヲ除クノ外

1858

4

当該駐屯地ニ於ケル高級先任ノ部隊長（以下管理部隊長ト称ス）管理シ経営又ハ指導監督ニ任スルモノトス

二部隊以下同一地ニ駐屯スル場合ニ於テハ前項ノ管理部隊長ハ各関係部隊ヨリ委員ヲ差出サシメ委員制度ノ下ニ之ヲ管理セシムルコトヲ得ルモノトス

第四條 各地区警備隊長ハ当該警備地域ニ於ケル営外施設ヲ統轄シ各駐屯地ノ実情ニ即應スル所要ノ施設ヲ擴充整備シテ之カ均霑ヲ圖リ且経営利用監督等ニ関シ良全ヲ保持セシムルモノトス

第五條 営外施設ハ下級将校下士官兵ニ対スルモノニハ特ニ重点ヲ置キ施設スルモノトス

第六條 営外施設ハ下士官兵用ト将校准士官用トハ区別シテ之ヲ施設共用セシメサルモノトス

1859

9

又ハ請負経営セシムル場合経営困難ナルモノニアリテハ師団長ノ認可ヲ受ケ恤兵金又ハ酒保資金ヲ以テ補助金ヲ交付スルコトヲ得ルモノトス前項ノ補助金ハ各地区警備隊長ニ於テ当該地区内各部隊ヨリ供出セシメ尚不足スル場合ハ師団長ニ具申スルモノトス

三 特殊慰安所

第十九條 中隊以上ノ駐屯地ニシテ該地ノ情況ニ依リ之ヲ必要トスル場合ニ於テ衛生的且廉價ナル慰安ノ爲軍人軍属専用ノ特殊慰安所ヲ開設スルコトヲ得ルモノトス

第二十條 特殊慰安所ハ部隊ニ於テ直営セス委托経営セシムルモノトス

第二十一條 特殊慰安所ノ建物ハ軽微ナル程度ニ於テ経理部長別途経費ヲ以テ之ヲ実施シ管理部長ヨリ受托経営者ニ無

1864

10

償貸與スルモノトシ爾後ノ保續ハ受託経営者ノ負担トス

第二二條 特殊慰安所ノ経営ニ必要ナル飲食品等ハ野戦酒保品ヲ拂下グルコトヲ得ルモノトシ其細部ハ軍医部長之ヲ定ムルモノトス

第二三條 特殊慰安所ノ経営ニ必要ナル薬品防護用品等ハ官物ヲ交付スルコトヲ得ルモノトシ其細部ハ軍医部長之ヲ定ムルモノトス

第二四條 師団司令部所在地ニ於ケル特殊慰安所ノ管理経営等ニ就テハ前條ニ依ルノ外別ニ定ムル所ニ依ルモノトス

四 偕行社

第二五條 偕行社ハ将校ノ団結ヲ鞏固ニシ相互親睦ヲ醇フシ学術ノ研究ヲ旨トス共ニ其便宜ヲ図ルヲ目的トシ当分ノ間師団司令部所在地ニノミ開設スルモノトス

第二六條 偕行社ニ附設スベキ事項ハ宿泊部隊慰安部食堂部酒保部ノ四部トシ各部隊毎ニ所要ノ娯楽ノ設備ヲ附帯スルモノトス

1865

[문서 9]

군인클럽 이용규정(1944.5)

1944년(쇼와19) 5월

군인클럽 이용규정(軍人俱樂部利用規定)

파집단(波集团)[15] – 직병단(直兵团)[16] – 중산경비대[中山警備隊]

(대장 아시카와[足川] 중좌)

군인클럽 이용규정

제1장 총칙

제1조 본 규정은 군인클럽의 이용에 관하여 필요한 사항을 규정한다.

제2조 본 규정 가운데 제1군인클럽은 식당, 제2군인클럽은 위안소를 말한다.

제3조 부대 부관(副官)은 군인클럽의 업무를 통할 · 감독 · 지도하여 원활하고 확실한 운영을 한다.

제4조 부대소속 군의관은 군인클럽의 위생시설 및 위생시설의 실시상황, 그리고 가족 · 가업부 · 사용인의 보건, 조리 · 식단 등의 위생에 관한 업무를 담당한다.

제5조 부대소속 군 주계관(主計官)은 군인클럽의 경리(經理)에 관한 업무를 담당한다.

제6조 제2군인클럽 이용 구분 및 요금표는 별지와 같다.

---

15) 제23군.

16) 독립보병 제13여단.

제2장 제1군인클럽

제7조 제1군인클럽의 음식물은 해당 영업주가 조리한 것과 주보[酒保] 물품으로 제한한다.

제8조 다음에 해당하는 자는 군인클럽의 이용을 금지한다.

1. 소정의 복장을 갖추지 않은 자.
2. 제7조 이외의 음식물을 휴대한 자.
3. 타인에게 폐를 끼치는 자.

제9조 제1군인클럽에서 연회나 회식을 하고자 할 때에는 전날까지 부관에게 통보하여 영업주와 교섭한다.

제10조 제1군인클럽에서 이용자가 기물을 파손한 경우에는 정당한 가격을 지불한다.

제11조 제1 군인클럽에서 부대나 기타 장소로 음식물을 반출하거나, 급사부(給仕婦)의 출장 접대를 요구하는 것을 불허한다. 단 연회나 기타 이유로 인해 이를 하고자 하는 자는 사전에 경비대장의 허가를 받도록 한다.

제12조 제1군인클럽의 영업시간은 10시부터 24시까지로 한다.

제3장 제2군인클럽

제13조 제2군인클럽에서 음식을 먹는 것은 불허한다.

제14조 요금은 현금으로 선(先) 지불한다.

제15조 기녀의 출장 접대는 원칙적으로 불허한다.

제16조 다음에 해당하는 자는 제2군인클럽의 이용을 금한다.

1. 소정 시간 이외에 이용하려는 자.
2. 소정의 복장을 갖추지 않은 자.
3. 만취한 자.
4. 다른 이에게 폐를 끼칠 우려가 있는 자.
5. 제17조 이외의 자 및 이와 동반한 자.

제17조 군인클럽 이용은 군인 군속에 한한다. 단 제1군인클럽에 한하여 장교가 동반하는 경우에는 지방인도 이를 허가한다.

제4장 잡건(雜件)

제18조 이용자는 방첩에 관하여 세심한 주의를 기울여야 한다.

제19조 이용자는 영업주, 기부(妓婦), 시설 및 기타 군인클럽에 관하여 부당한 것을 보거나 들으면, 부대 부관에게 통보한다.

제20조 이용자 중 본 규정을 준수하지 않는 자는 즉시 이용을 금지하고 이후에도 외출을 금한다.

<table>
<tr><th colspan="5">제2군인클럽 이용 시간표</th></tr>
<tr><th>구별 / 명칭</th><th>병사</th><th>하사관 및 군속</th><th>장교 및 준사관</th><th></th></tr>
<tr><td rowspan="2">이용시간</td><td>09 : 30부터</td><td>16 : 00부터</td><td>20 : 30 이후</td><td rowspan="2"></td></tr>
<tr><td>15 : 30까지</td><td>20 : 00까지</td><td>영업시간 내</td></tr>
</table>

<table>
<tr><th colspan="9">제2군인클럽 요금표</th></tr>
<tr><th colspan="9">화대[玉代]</th></tr>
<tr><th rowspan="2">요금 / 구분 / 계급</th><th colspan="2">30분 단위</th><th colspan="2">1시간 단위</th><th colspan="2">밤 후반 단위[17]</th><th colspan="2">히룻밤</th></tr>
<tr><th></th><th>기녀</th><th>창기</th><th>기녀</th><th>창기</th><th>기녀</th><th>창기</th><th>기녀</th></tr>
<tr><td>장교</td><td rowspan="3"></td><td rowspan="3">11.00</td><td rowspan="3"></td><td rowspan="3">17.00</td><td rowspan="3"></td><td rowspan="3">40.00</td><td colspan="2" rowspan="3">밤 후반 시간 요금과 24 시까시 시간 화대를 더한 것으로 함</td></tr>
<tr><td>준사관</td></tr>
<tr><td>군속</td></tr>
<tr><td>하사관</td><td></td><td>9.00</td><td></td><td>11.00</td><td></td><td></td><td colspan="2" rowspan="2"></td></tr>
<tr><td>병사</td><td></td><td>6.00</td><td></td><td>9.00</td><td></td><td></td></tr>
</table>

비고 : 본 요금은 추베이촨[儲備券][18]으로 지불하는 것으로 함.

17) 24시부터 새벽까지.

18) 중일전쟁 당시 왕징웨이[汪精衛] 정권의 중앙은행에서 발행한 지폐.

軍人倶樂部利用規定［中山警備隊（在広東）］（昭19・5）

昭和十九年五月

軍人倶樂部利用規定

波集団ノ直兵団

中山警備隊

（隊長足川中佐）

軍人倶樂部利用規定

第一章 總則

第一條 本規定ハ軍人倶樂部ノ利用ニ関シ必要ナル事項ヲ規定ス

第二條 本規定中第一軍人倶樂部ト稱スルハ食堂ヲ第二軍人倶樂部ト稱スルハ慰安所トス

第三條 部隊副官ハ軍人倶樂部ノ業務ヲ統轄監督指導シ円滑確実ナル運營ヲ為スモノトス

第四條 部隊附醫官ハ軍人倶樂部ノ衛生施設及

衛生施設ノ實施状況並ニ家族、稼業婦
使用人ノ保健、調理、献立等ノ衛生ニ関ス
ル業務ヲ担任ス

第五條　部隊附主計官ハ軍人倶楽部ノ經理ニ関
スル業務ヲ担任ス

第六條　第二軍人倶楽部ノ利用区分並ニ料金表
別紙ノ如シ

第二章　第一軍人倶楽部

第七條　第一軍人倶楽部ニ於ケル飲食物ハ該営業

主ノ調理セルモノ及酒保品ニ限ル

第八條 左ノ者ハ軍人俱樂部ノ利用ヲ禁ス

1 所定ノ服裝ヲナサヽル者

2 第七條以外ノ飲食物ヲ携行セル者

3 他人ニ迷惑ヲ及ホス者

第九條 第一軍人俱樂部ニ於テ宴會又ハ會食ヲ行ハントスルトキハ前日迄ニ副官ニ通報シ營業主ニ交渉スルモノトス

第十條 第一軍人俱樂部ニ於テ利用者器物ヲ破

損シタル場合ハ正當ノ價格ヲ支辨スルモノトス

第十一條 第一軍人倶樂部ヨリ部隊其ノ他ノ場所ニ飲食物ノ搬出給仕婦ノ出花ヲ要求スルコトヲ許サス 但シ宴會其ノ他ノ理由ニヨリ之ヲ為サントスル者ハ豫メ警備隊長ノ許可ヲ受クルモノトス

第十二條 第一軍人倶樂部ノ營業時間ハ一〇〇〇ヨリ二四〇〇ノ間トス

第三章 第二軍人倶樂部

第十三條 第二軍人倶樂部ニ於ケ飲食スルコトヲ許サス

第十四條　料金ハ現金先払トス

第十五條　妓女ノ出花ハ原則トシテ之ヲ許サス

第十六條　左記ノ者ハ第二軍人倶樂部ノ利用ヲ禁ス

1 所定時間以外ニ利用セントスル者

2 所定ノ服裝ヲ爲サヽル者

3 著シク酒氣ヲ帶ヒタル者

4 他ニ迷惑ヲ及ホス慎レアル者

5 第十七條以外ノ者及之ヲ同伴セル者

第十七條　軍人倶樂部ノ利用ハ軍人軍屬ニ限ル但シ第一軍人倶樂部ノミ將校ノ同伴セル場合

ハ地方人ト雖モ之ヲ許可ス

第四章 雑件

第十八條 利用者ハ防諜ニ関シテ細心ノ注意ヲ拂フヘシ

第十九條 利用者ハ營業主、妓婦、施設其ノ他軍倶樂部ニ関シ不當ナルコト見聞セハ部隊副官ニ通報スルモノトス

第二十條 利用者ニシテ本規定ヲ遵守セサル者ハ直ニ利用ヲ禁止スルト共ニ爾後外出ヲ禁ス

第二軍人倶樂部利用時間表

名称 区別	兵	下士官軍屬	將校准士官
利用時間	自〇九三〇 至一五三〇	自一六〇〇 至二〇〇〇	二〇三〇以降 營業時間内

第二軍人倶樂部料金表

料金 区分 階級	玉代 三〇分仕切 娼妓妓女	玉代 一時間仕切 娼妓妓女	玉代 後半夜仕切 娼妓妓女	玉代 終夜通シ 娼妓妓女
將校 准士官 軍屬	一二、〇〇	一五、〇〇	四〇、〇〇	後半夜仕切料金ト二十四時迄ノ時間花代ヲ加ヘシモノ
下士官	九、〇〇	一二、〇〇		
兵	六、〇〇	九、〇〇		

備考
本料金ハ儲備券標トス

[문서 10]

군인클럽 규정(1942.7.7)

1942년(쇼와17) 7월 7일

마스바테 섬 경비대 일일명령철(日命綴)

(방위연수소(防衛研修所) 도서관)

군인클럽 규정[軍人俱樂部規定]

1. 군인클럽은 군인(군속 포함)의 위안을 구하는 곳으로 한다.
2. 사용 배당일 할당은 다음과 같다.

일요일	대대본부(大隊本部), 행리(行李)[19]
월요일	제11중대
화요일	기관총중대, 보병포대
수요일	위생대
목요일	공병대, 치중대(輜重隊), 무선(無線)
금요일	체육대, 통신, 탄약반
토요일	오전 검사

3. 사용 시간은 다음과 같이 정한다.

병사	10 : 00 ~ 16 : 30
하사관	17 : 00 ~ 19 : 30

4. 위안요금은 다음과 같다.

하사관, 병사	1페소[比] 50센타보[仙]
장교	2페소[比] 50센타보[仙]

단, 실시는 1회로 하고 그 시간은 40분 이내로 한다.

19) 전투와 숙영에 필요한 물품을 운반하는 부대.

40분씩 늘어날 때마다 1페소씩 증액한다.

5. 클럽에서 준수해야 하는 사항은 다음과 같다.

1) 위안을 구하고자 하는 자는 반드시 접수처에서 번호표를 받아 그 순서를 지키고, 요금은 위안부에게 건네줄 것.

2) 규정을 엄수하고 공중도덕을 중시 여겨 타인에게 폐를 끼치지 말 것.

3) 예방법은 콘돔과 예방약(1묶음에 5전)을 위안부한테 수령하여 반드시 실행하고, 화류병에 걸리지 않을 것.

4) 경솔한 언동을 삼가고 방첩에 주의할 것.

5) 위안소에서는 음주를 금함.

6) 만취 후 폭행 등의 행위가 없도록 할 것.

7) 매주 토요일 낮 시간은 검징 진단 휴업으로 함.

6. 기타

1) 클럽에 가는 하사관, 병사는 중대장[독립 소대장, 공병대는 치중소대장(輜重小隊長)]이 발행한 외출증을 휴대한 자로 하고, 2명 이상이 동행해야 한다. 단, 도중에 시내에서 배회하지 말 것.

2) 복장은 약식복장으로 하며, 검을 차고 각반(脚絆)을 맬 것.

⑯

昭和一七、七

マスバテ島警備隊日命綴

1

軍人倶楽部規定

一、軍人倶楽部ハ軍人軍屬(含)ノ慰安ヲ求ムル所トス

二、使用配当日割左ノ如シ

日曜日　○隊本部　行李

月曜日　第十一中隊

火曜日　機関銃中隊　歩兵砲隊

水曜日　衛生隊

木曜日　工兵隊　輜重隊　無線

金曜日　教育隊　通信、彈藥班

土曜日　午前検査

三、使用時間ヲ左ノ通リ定ム

兵　一〇、〇〇 ― 一六、三〇

下士官　一七、〇〇 ― 一九、三〇

四、慰安料左ノ如シ

下士官兵　下比五〇弘（ザッパの中）
将校　ニ比五〇弘
但シ實施ハ一回トシ其時間ハ四十分以内トス
四十分増ス毎ニ一比宛増額トス

時間
順序ノ

五、倶楽部ニ於テ守ルベキ件左ノ如シ
1、慰安ヲ求メントスルモノハ必ズ受付ニ於テ番號札ヲ受ケ其順序ヲ守リ料金ハ慰安婦ニ渡スコト
2、規定ヲ厳守シ公徳ヲ重ンジ他人ニ迷惑ヲ及ボサザルコト
3、「サック」及予防薬（一組五銭）ハ之ヲ慰安婦ヨリ受領シ豫防法ハ必ズ實行シ花柳病ニ罹ラザルコト
4、不用意ノ言動ヲ慎ミ防諜ニ注意スルコト
5、慰安所ニ於テハ飲酒ヲ禁ズ

2

6 酩酊ノ上暴行等ノ行為アルベカラザルコト
7 毎週土曜日昼間ハ健康診断休業トス
六、其ノ他
1 倶楽部ニ到ル下士官兵ハ中隊長（独立小隊長「工兵隊ハ輜重小隊長」）ノ発行スル外出証ヲ携行スルモノトシ二人以上同行シ且途中市内ヲ漫歩セザルコト
2 服装ハ略装ニシテ帯剣シ巻脚絆ヲ穿ツ

[문서 11]

위안소(아세아회관, 제1위안소) 규정 송부의 건(1942.11.22)

15-2 호외

위안소(아세아회관, 제1위안소) 규정 송부의 건

1942년(쇼와17) 11월 22일

발신 : 군정감부(軍政監部) 비사야 지부 일로일로 출장소

수신 : 일로일로 헌병분대

제목의 건 별지와 같이 송부한다.

이상

위안소 규정(제1위안소, 아시아회관)

1. 본 규정은 필리핀 군정감부(軍政監部) 비사야 지부 일로일로 출장소 관리지구 내의 위안소 실시에 관한 사항을 규정한다.
2. 위안소의 감독 지도는 군정감부가 이를 관장한다.
3. 경비대 의관은 위생에 관한 감독 지도를 담임한다.
   접객부의 성병검사는 매주 화요일 15시부터 실시한다.
4. 본 위안소를 이용할 수 있는 자는 제복을 착용한 군인 군속으로 제한한다.
5. 위안소 경영자는 아래 사항을 엄수해야 한다.
   1) 가옥 침구의 청결 및 햇빛소독.
   2) 세척 소독 시설의 완비.
   3) 콘돔을 사용하지 않는 자의 유흥 방지.
   4) 병에 걸린 위안부의 접객 금지.

5) 위안부의 외출 엄중 단속.

6) 매일 목욕 실시.

7) 규정 이외의 유흥 방지.

8) 영업자는 매일 영업 상태를 군정감부에 보고할 것.

6. 위안소를 이용하려는 자는 아래의 사항을 엄수해야 한다.

1) 방첩의 절대 엄수.

2) 위안부 및 업주에게 폭행 협박 행위를 하지 말 것.

3) 요금은 군표로 선 지급할 것.

4) 콘돔을 사용하고 또 세척을 확실하게 실행하여 성병 예방에 만전을 기할 것.

5) 필리핀 군정감부 비사야 지부 일로일로 출장소장의 허가 없이 위안부와 동반 외출하는 것을 엄금함.

7. 위안부의 산책은 매일 오전 8시부터 오전 10시까지로 하고 그 외에는 필리핀 군정감부 비사야 지부 일로일로 출장소장의 허가를 받아야 한다. 또 산책구역은 별표에 따른다.

8. 위안소 사용은 외출 허가증(또는 이를 대신할 수 있는 증명서) 휴대자에 한한다.

9. 영업시간 및 요금은 별지에 따른다.

[별표 1] 산책구역

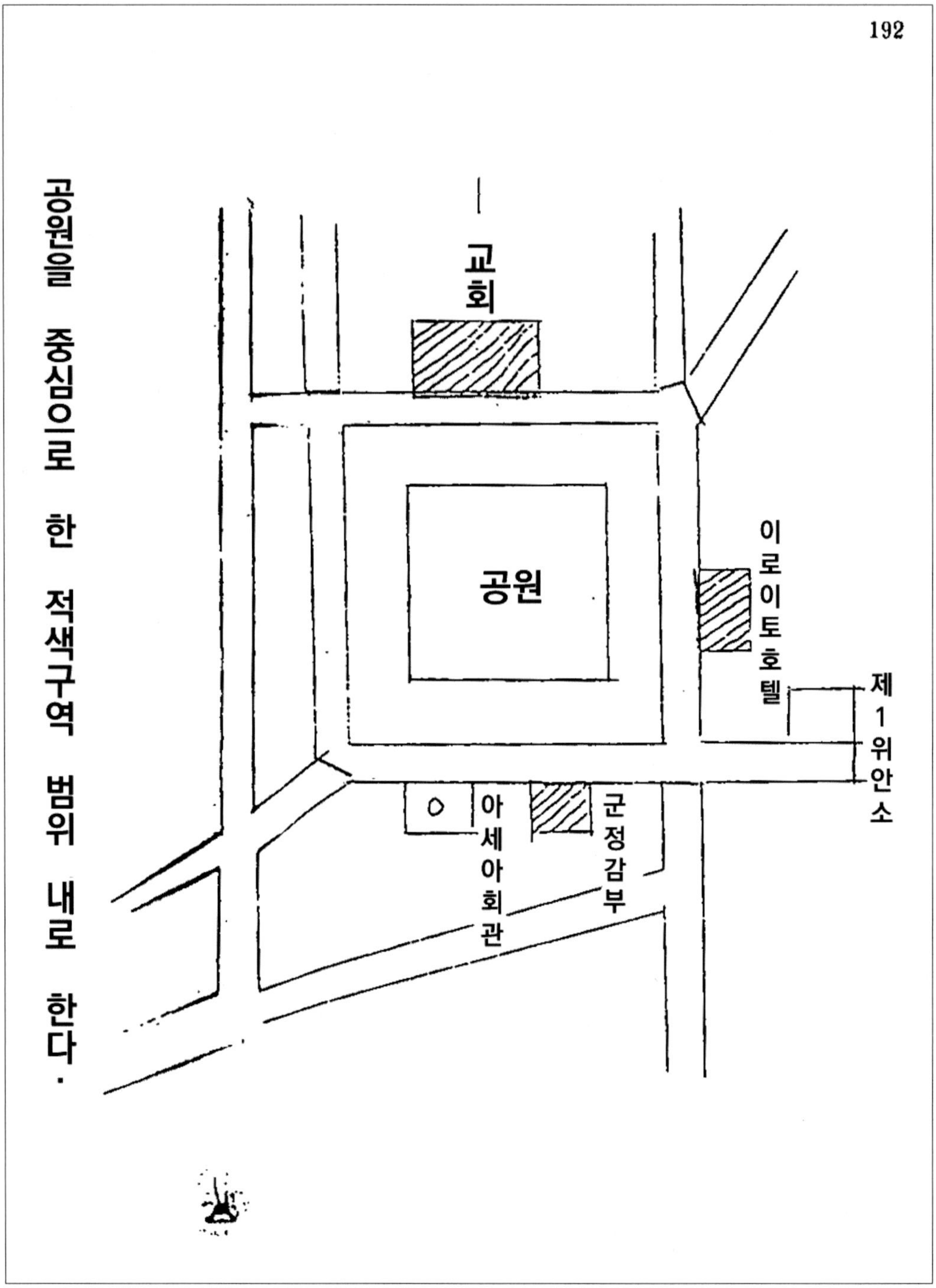

[별표 2]

영업시간 및 요금표					
구분	영업시간	휴식시간	요금		비고
			제1위안소	아세아회관	
병사	9 : 00~16 : 00	30분	1.00	1.50	
하사관, 군속	16 : 00~19 : 00	30분	1.50	2.50	
견습사관, 장교	19 : 00~24 : 00	1시간	3.00	6.00	

187

慰安所規定送付ノ件 ［軍政監部ビサヤ支部イロイロ出張所］（昭17・11・22）

15-2

号外

慰安所（亜細亜会館 第一慰安所）規定送付ノ件

昭和十七年十一月二十二日

軍政監部ビサヤ支部イロイロ出張所

イロイロ憲兵分隊 御中

首題ノ件別紙ノ如ク送付ス

以上

慰安所規定（第一慰安所 亜細亜會館）

一、本規定ハ比島軍政監部ビサヤ支部イロイロ出張所管理地区内ニ於ケル慰安所實施ニ関スル事項ヲ規定ス

二、慰安所ノ監督指導ハ軍政監部之ヲ管掌ス

接客婦ノ検黴ハ毎週火曜日拾五時ヨリ行フ

三、警備隊醫官ハ衛生ニ関スル監督指導ヲ担任スルモノトス

四、本慰安所ヲ利用シ得ベキモノハ制服着用ノ軍人軍属ニ限ル

五、慰安所経営者ハ左記事項ヲ厳守スベシ

1、家屋寝具ノ清潔並日光消毒

2、洗滌消毒施設ノ完備

3、「サック」使用セザル者ノ遊興拒止

190

4. 患婦接客禁止

5. 慰安婦外出ヲ厳重取締

6. 毎日入浴ノ實施

7. 規定以外ノ遊興拒止

8. 營業者ハ毎日營業状態ヲ軍政監部ニ報告ノ事

六、慰安所ヲ利用セントスル者ハ左記事項ヲ嚴守スヘシ

1. 防諜ノ絶對嚴守

2. 慰安婦及楼主ニ對シ暴行脅迫行為ナキ事

3. 料金ハ軍票トシ前拂トス

4. サツクヲ使用シ且洗滌ヲ確實ニ實行シ性病豫防ニ萬全ヲ期スコト

5. 比島軍政監部ビサヤ支部イロイロ出張所長ノ許可ナクシテ慰安婦ノ連出シハ堅ク禁ズ

七、慰安婦散歩ハ毎日午前八時ヨリ午前十時マデトシ其ノ他ニアリテハ比島軍政監部ビサヤ支部イロイロ出張所長ノ許可ヲ受クベシ尚散歩区域ハ別表一ニ依ル

八、慰安所使用ハ外出許可証(亦ハ之ニ代ルベキ証明書)携帯者ニ限ル

九、営業時間及料金ハ別紙二ニ依ル

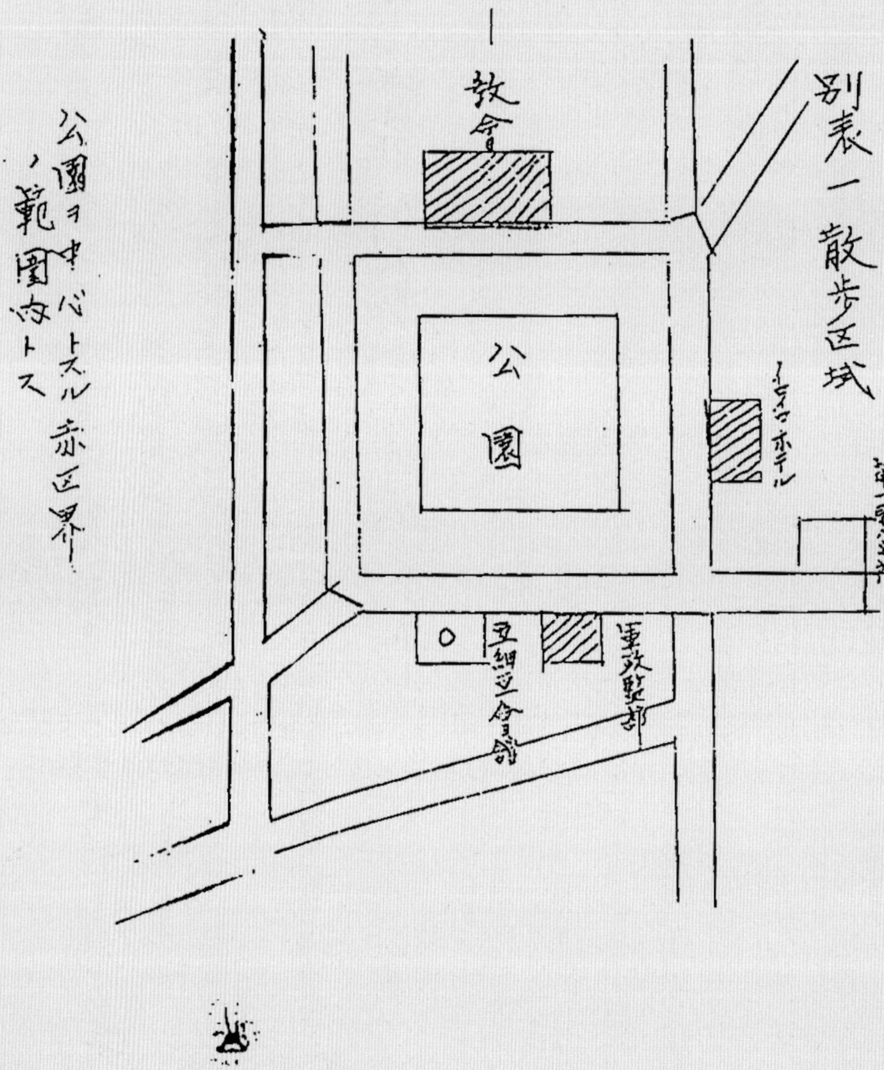
別表一 散歩区域
教会
公園
ホテル
公園ヲ中心トスル赤区界ノ範囲内トス

別表二

営業時間及料金表

区分	営業時間	遊興時間	料金 第一慰安所	料金 亜細亜会館	備考
兵	自九・〇〇 至一六・〇〇	三〇分	一・〇〇	一・五〇	
下士官 軍属	自一六・〇〇 至一九・〇〇	三〇分	一・五〇	二・五〇	
見習士官 将校	自一九・〇〇 至二四・〇〇	一時間	三・〇〇	六・〇〇	

[문서 12]

주둔지 위안소 규정(1943.5.26)

주둔지 위안소 규정

1943년(쇼와18) 5월 26일

만달레이(Mandalay) 주둔지 사령부

목차

주둔지 위안소에 관한 규정

제1장 총칙

제1조 본 규정은 주둔지 위안소에 관하여 필요한 사항을 규정한다.

제2조 위안소는 일본군인 군속이 사용함을 원칙으로 하나, 군인 군속의 사용에 지장을 주지 않는 한도에서 아래의 각 사항을 엄수한다는 전제로, 당분간 만달레이 주재 일본인은 24시 30분 이후에 한하여 특별히 등루(登樓)를 허가한다. 따라서 24시 30분 이전에 입실하는 것을 엄금한다.

아래

1. 군인 군속의 유흥을 방해하지 않을 것.

2. 규칙에 위반하거나 또는 풍기를 문란케 하는 행위를 하지 말 것.

3. 등루 시각 이전에 예약을 엄금함.

4. 요금은 전부 장교의 금액으로 함.

5. 앞의 각 조항에 위배되는 자에 대하여는 허가증을 뺏은 이후 출입을 금지하는 것 외에 그 행위의 여하에 따라서 그 상사(商社)는 말할 것도 없이 일본인 전부를 금지할 수 있음.

   단, 오지 등에서 온 사람으로 앞에서 말한 시간 이후에 등루할 수 없는 특별한 사정에 한하여, 일본인 회장이 자기의 책임으로 그때마다 예정 시간, 자격, 성명 등을 기입한 증명서를 본인에게 교부하고, 그것을 업소 주인에게 명시하여 개업 시간 내에 적절히 등루하는 것이 가능함.

제3조 본 규정에서 장교는 준사관, 견습사관 및 고등문관과 그와 같은 대우를 받는 촉탁에게, 하사관은 판임문관, 그와 같은 대우를 받는 촉탁 및 고원(雇員)에게, 병사는 대우를 정하지 않은 촉탁과 동(同) 고원 및 고용인에게 적용한다.

제4조 위안소에서 발생한 군기 풍기 및 비위행위에 대한 단속은 순찰 장교 또는 주둔지 사령부 오락계 장교 하사관이 시행하는 것을 원칙으로 한다.

제5조 위안소 사용일은 하사관·병사는 각 부대 외출일로 한다.

제6조 위안소에 출입할 수 있는 하사관·병사는 외출증을 가지고 있는 자에 한한다. 더불어 부대에서 규정하는 부대 표식 및 계급장을 붙여야 하며, 위안소 내에 게시된 주의사항을 엄수해야 한다.

제7조 위안소에서 영업자 또는 위안부에게 부당한 취급을 받는다거나 또는 금전 등의 강요를 받는 경우에는 즉시 그 요지를 소속 대장(隊長)을 통하여 주둔지 사령부에 보고하는 것으로 하며, 어떠한 경우에도 구타 폭행 등의 행위는 없어야 한다.

제8조 위안소 내에서 규정을 이행하지 않는 자는 즉시 그 사용을 금지할 뿐만 아니라, 주둔지 회보로 일반 고지하고 필요하다면 해당 부대의 사용을 일시적으로 정지할 수 있다.

제2장 경영

제9조 위안소의 요금은 군이 정한 군표로 하고, 그 외의 물품으로는 할 수 없다.

제10조 위안소의 사용 시간 및 요금은 별지 제1에 따르나 상황에 따라서 변경될 수 있다.

제11조 위안소 경영자는 각 위안부 방의 입구 및 보기 쉬운 곳에 나무로 만든 패에 위안부의 예명 및 합격, 불합격을 게시하여 두어야 한다.

제12조 설비비 및 환자의 치료비는 전부 경영자의 부담으로 하나, 영선(營繕)[20]에 관한 간단한 설비는 군에서 실시한다.

제13조 경영자는 그달 매상액을 다음달 5일까지 별지 제2의 양식에 따라 주둔지 사령부에 제출한다.

제14조 화물창 등에서 교부를 받아야 하는 조미품류와 기타 필수품은 소요 1개월 전에 주둔지 사령부에 청구한다.

제3장 위생

제15조 위안소에는 반드시 소독소를 경영자가 설치한다.

제16조 소독소의 소독 설비는 관수기(灌水器)에 1만 배의 과망간산칼륨[過マン剝] 액을 채워 두도록 한다.

제17조 콘돔(성비고, 星秘膏[21])을 사용하지 않는 자는 유흥을 할 수 없도록 한다.

제18조 유흥자 및 그 상대방은 매회 소독소에서 확실하게 소독을 실시한다.

제19조 경영자는 위안부의 건강에 대하여 특별히 주의하여 영업 개시 전에 위안부로 하여금 군이 실시하는 일반 신체검사 및 국부 검사를 받도록 한다.

제20조 매주 1회 위안부의 신체검사를 실시하고 그 정도에 따라 아래와 같이 구분하여 그 증표를 위안부에게 소지하도록 한다.

아래

합격 영업을 허가받은 자

20) 건물 및 시설의 수리.

21) 성병을 예방하기 위해 사용한 연고.

불합격　　　　휴업해야 하는 자

제21조 경영자(위안부)는 군인 군속이 매주 검사 성적 제출을 요구할 때에 이를 거부할 수 없다.

제4장 잡칙 및 기타

제22조 관리부대는 별지 제3의 위안소 주의사항을 영업소에 게시한다.

제23조 위안부가 외출할 때에는 경영자의 증인(証印)이 있는 타출증(他出証)을 휴대해야 한다.

[별지 제1]

위안소 사용시간 및 유흥요금표

구분	시간		유흥시간	유흥요금	
병사	부터	10 : 00	30분	1엔	50
	까지	17 : 00			
하사관	부터	17 : 00	40분	2	00
	까지	21 : 00			
장교	부터	21 : 00	50분	3	00
	까지	24 : 00			
	부터	24 : 00	숙박	8	00
	까지	익(翼) 8 : 00			
비고	상사(商社) 관계 사용자는 규정 제2조를 엄수해야한다.				

[별지 제2]

자(自) 월 일 　　　　　　　　　　위안소명

위안소 매상액 보고

지(至) 월 일 　　　　　　　　　　경영자성명 　　㊞

구분	유흥인원	매상액		적요
장교				
하사관				
병사				
계				
비고	현재 있는 위안부 성명을 본란에 기입한다.			

[별지 제3]

위안소에서 군인 군속 기타 사용자가 지켜야 할 주의사항

1. 대일본제국 군인 군속 및 일본인이라는 것을 자각하여 그 위신을 실추하는 행위를 하지 않을 것.
2. 특히 방첩에 주의할 것.
3. 위안소에서 사용하는 통화는 '루피' 또는 '달러' 군표로 할 것.
4. 요금은 규정 요금표에 따라 현금으로 사전에 지불한 후 유흥을 할 것.
5. 과도하게 음주한 자는 유흥을 하지 말 것.
6. 종업원(위안부를 포함)에게 거칠고 난폭한 행동을 하지 말 것.
7. 곤돔(성비고)을 반드시 사용하고 확실하게 세척하여 성병 예방에 완선을 기할 것.
8. 규정된 시간을 엄수할 것.

쇼와 년 월 일 만달레이(Mandalay) 주둔지 사령부 인(印)

駐屯地慰安所規定「「マンダレー」駐屯地司令部」（昭18・5・26）

駐屯地慰安所規定

昭和十八年五月二十六日
「マンダレー」駐屯地司令部

目次

駐屯地慰安所ニ關スル規定

第一章 總則

第一條 本規定ハ駐屯地慰安所ニ關スル必要ナル事項ヲ規定ス

第二條 慰安所ハ日本軍人軍屬ニ於テ使用スルヲ本則トスルモ軍人軍屬ノ使用ニ支障ヲ與ヘサル限度ニ於テ左記各項ヲ嚴守ノ上當分ノ中「マンダレー」在住ノ日本人ハ二四、三〇以降ニ限リ特ニ登樓ヲ許可ス從ツテ二四、三〇以前ニ於ケル立入リハ之ヲ嚴禁ス

左記

1. 軍人軍屬ノ遊興ヲ妨害セサルコト
2. 規則ニ違反シ又ハ風紀ヲ紊スカ如キ行爲ヲナササルコト
3. 登樓時刻以前ニ於ケル豫約ヲ嚴禁ス。

4、料金ハ總テ將校ノ額トス
5、前各項ニ違背セル者ニ對シテハ許可證ヲ引上ケ爾後立入ヲ禁止スル外其ノ行爲ノ如何ニ據リテハ其ノ商社ハモトヨリ日本人全部ヲ禁止スルコトアルヘシ
但シ奥地等ヨリノ來緩者ニシテ右ノ時間以降ニ登樓シ得サル特別ノ事情アルモノニ限リ日本人會長ハ自己ノ責任ヲ以テ其ノ都度豫定時間資格氏名等ヲ記入セル證明書ヲ本人ニ交付シ之ヲ樓主ニ明示スルニ依リ開業時間內適宜登樓スルコトヲ得

日本人會長
村田八郎

右記處理ナク
1、將校ノ引率
2、將校、下士官兵ノ同行
3、不合格者ヘノ登樓

第三條 本規定ニ將校トアルハ准士官見習士官及高等文官同待遇囑託ニ又下士官トアルハ判任文官同待遇囑託同雇員ニ兵トアルハ待遇ヲ定メサル囑託同雇員及傭人ニ適用ス

第四條 慰安所ニ於ケル軍紀風紀及非違行爲ノ取締リハ巡察將校又ハ駐屯地司令部娛樂係將校下士官ヲ以テ

テ行フヲ本則トス

第五條 慰安所使用日ハ下士官兵ニアリテハ各隊外出日トス

第六條 慰安所ニ出入スル下士官兵ハ外出証ヲ有スルモノニ限リ且ツ部隊ノ規定セル部隊標識及階級章ヲ附スルモノトシ慰安所内ニ掲示シアル注意事項ヲ厳守スルモノトス

第七條 慰安所ニ於テ営業者又ハ慰安婦ヨリ不當ノ取扱ヲ受クルカ或ハ金銭等ノ強要ヲ受ケタル場合ハ直チニ其ノ旨ヲ所属隊長ヲ経テ憲兵地司令部ニ報告スルモノトシ如何ナル場合ト雖モ殴打暴行等ノ所為アルヘカラス

第八條 慰安所内ニ於テ規定ヲ履行セサル者ハ直チニ其ノ使用ヲ禁止スルノミナラス憲兵地會報ヲ以テ警

告知シ要スレハ當該部隊ノ使用ヲ一時停止スルコトアリ

第二章 經營

第九條 慰安所ニ於ケル料金ハ軍ノ定ムル軍票ニ依ルモノトシ其ノ他ノ物品ヲ以テナスコトヲ得ス

第十條 慰安所ノ使用時間及ヒ料金ハ別紙第一ニ據ルモ状況ニ依リ変更スルコトアリ

第十一條 慰安所經營者ハ各慰安婦室ノ入口並ニ見易キ箇所ニ木札ヲ以テ慰安婦ノ藝名及合不合格ヲ掲示シ置クモノトス

第十二條 設備費及患者ノ治療費ハ總テ經營者ノ負擔トスルモ營繕ニ關スル簡單ナル設備ハ軍ニ於テ實施スルコトアリ

第十三條 經營者ハ其ノ月ノ賣上高ヲ翌月五日迄ニ別紙第二

ノ様式ニ據リ駐屯地司令部ニ提出スルモノトス

第十四條 貨物廠等ヨリ交付ヲ受クヘキ調味品類其ノ他ノ必需品ハ所要一ケ月前ニ駐屯地司令部ニ請求スルモノトス

第三章 衛生

第十五條 慰安所ニハ必ス消毒所ヲ経営者ニ依リ設置スルモノトス

第十六條 消毒所ノ消毒設備ハ灌水器ニ一萬倍ノ過マンガン酸加里液ヲ満タシ置クモノトス

第十七條 「サツク」(星秘膏)ヲ使用セサル者ハ遊興セシメサルモノトス

第十八條 遊興者及其ノ相方ハ毎回消毒所ニ於テ確實ニ消毒ヲ行フモノトス

第十九條 慰安婦ノ健康ニ就イテハ経営者ハ特ニ注意シ営業開始前慰安婦ヲシテ軍ノ實施スル一般身体検査及局部検査ヲ受ケシムルモノトス

第二十條 毎週一回慰安婦ノ身体検査ヲ實施シ其ノ程度ニ依リ左ノ如ク區分シ其ノ証票ヲ慰安婦ニ所持セシムルモノトス

左　記

合格　営業ヲ許可セラレタル者

不合格　休業スヘキ者

第二十一條 経営者(慰安婦)ハ軍人軍属ヨリ毎週ノ検査成績ノ提示ヲ要求セラレタル時ハ之ヲ拒ムコトヲ得ス

第四章 雜則及其ノ他

第二十二條 管理部隊ハ別紙第三ノ慰安所注意事項ヲ営業

第二十二條 所ニ掲示スルモノトス
慰安婦ノ他出ニ際シテハ經營者ノ証印アル他出証
ヲ携行セシムルモノトス

別紙第一

慰安所使用時間及ビ遊興料金表

區分	時間	遊興時間	遊興料金
兵	自一〇〇〇 至一七〇〇	三十分	一円五〇
下士官	自一七〇〇 至二一〇〇	四十分	二〇〇
將校	自二一〇〇 至二四〇〇	五十分	三〇〇
將校	自二四〇〇 至翌八〇〇	泊リ	八〇〇
備考	商社関係使用者ハ規定第二條ヲ厳守スルモノトス		

別紙第二

自 月 日
至 月 日 慰安所賣上高報告

慰安所名
経営者氏名 ㊞

区分	遊興人員	賣上高	摘要
将校			
下士官			
兵			
計			

備考 一 現在スル慰安婦名ヲ本欄ニ記入スルモノトス

293

別紙第三

慰安所ニ於ケル軍人軍屬其他使用者ノ守ル可キ

注意事項

一、大日本帝國軍人軍屬及日本人タル事ヲ自覺シ其ノ威信ヲ失墜スルカ如キ行爲ヲナサヽルコト
二、特ニ防諜ニ注意スルコト
三、慰安所ニ於テ使用スル通貨ハ「ルピー」又ハ「ドル」軍票タルヘキコト
四、料金ハ規定料金表ニヨリ現金ニテ豫メ支拂ヒタル後遊興ヲナスヘキコト
五、過度ノ飲酒者ハ遊興セサルコト
六、從業員（慰安婦ヲ含ム）ニ對シ粗暴ノ振舞ヲナサヽルコト
七、「サック」（星秘膏）ヲ必ス使用シ確實洗滌ヲ行ヒ性病予防ヲ完全ナラシムルコト
八、規定ノ時間ヲ嚴守スルコト

昭和　年　月　日　「マンダレー」駐屯地司令部

印

[문서 13]

군정규정집(1943.11.11)

군정규정집(軍政規定集)

1943년(쇼와18) 11월 11일 제3호
말레이[馬來] 군정감부(軍政監部)

말레이 감달(監達) 제28호
위안시설 및 여관 영업단속규정 제정의 건 시달

부내(部內) 일반

위안시설 및 여관 영업단속규정을 다음과 같이 정한다.
1943년(쇼와18) 11월 11일

말레이 군정감

위안시설 및 여관 영업단속규정

제1장 총칙

제1조 본 규정은 군인 군속과 일반 방인을 대상으로 한 위안시설 및 여관의 정비와 영업단속에 관한 사항을 규정한다.

제2조 본 규정의 운영에 대해서는 항상 군과 긴밀한 연락을 유지하고 협조하기 위해 노력해야 한다.

제3조 위안시설 및 여관은 군인 군속과 일반 방인의 사기를 앙양하고 일본인으로서의 품

격을 유지하는 것을 주안으로 한다.

제4조 위안시설은 처리상 다음과 같이 구분한다.

1. 오락시설(영화, 연극, 연기, 독서, 음악, 운동)
2. 음식시설(다방, 식당, 요리점)
3. 특수위안시설(위안소)

제5조 위안시설은 특히 하사관 이하의 정조(情操)교육을 조성하는 견실한 오락시설의 정비를 우선적으로 하며, 음식시설 및 특수위안시설은 필요한 최소한도로 하며, 또한 주사를 부리기 쉬운(예를 들면 일본식 카페와 같은) 시설은 이를 피하도록 한다.

제6조 음식시설 및 특수위안시설(위안소)은 그 영업장소 등을 고려하여 현지인에 대한 문화시책에 악영향을 미치지 않도록 노력해야 한다.

제7조 위안시설의 경영자는 방인으로 한정하는 것을 원칙으로 하지만 종업원은 가능한 한 현지인을 활용하고 방인의 사용은 필요한 최소한도에 그치게 해야 한다.

제8조 위안시설 영업을 다음과 같이 구분한다.

1. 군 전용
   일반인의 출입 이용을 허가하지 않는 것.
2. 군 이용
   일반인의 출입 이용을 허가하나 특히 군인 군속에 대해 이용의 편리를 제공하는 것.
3. 기타의 영업
   앞에 명시된 것 이외의 것.

제9조 군 전용 및 군 이용의 인정은 군에서 한다.

제10조 본 규정에서 군이라는 것은 제2사단장 또는 제2사단장이 지시하는 독립수비대장을 말한다.

제11조 해군 소관에 속하는 위안시설 및 여관은 군정기관에서 관여하지 않는 것으로 한다.

제2장 영업처리

제12조 아래의 사항은 지방장관이 처리해야 한다.

1. 영업의 허가, 금지, 정지.

2. 영업의 양도 및 영업소 이전의 허가.

3. 가업부(稼業婦)의 취업 및 취업 장소 변경의 허가.

4. 영업자 및 가업부의 폐업 허가.

제13조 지방장관은 군 전용 및 군 이용의 인정과 취소가 필요하다고 인정될 때에는 그 사유를 적어서 군정감에게 보고해야 한다.

제14조 군정감은 앞 조항의 보고를 받았을 때에는 의견을 첨부하여 군에 요청해야 한다.

제15조 지방장관은 영업자 및 종업원의 전업 전적(転籍)에 관한 허가 신청을 받았을 때는 실정을 조사한 뒤 의견을 첨부하여 군정감에 전달해야 한다.

제16조 지방장관은 방인 영업경영자 및 종업원을 초청할 필요가 있다고 인정되는 때에는 관계자의 초청 증명원에 그 사유를 적어서 군정감에게 보고하고 그 결정을 받아서 처리해야 한다.

제17조 군정감은 앞 조항의 보고를 받았을 때에는 의견을 첨부하여 군에 신청해야 한다.

제18조 지방장관은 영업 처리에 관하여 아래의 각 호에 준거해야 한다.

1. 개설에 관해 군의 요청 또는 군정감의 지시가 있을 때는 가옥설비의 대여 등을 알선하고 또한 적산에 관계된 것일 때는 적산관리의 여러 규정에 따라 처리해야 한다.

2. 영업의 정비와 더불어 영업자 및 종업원의 처분에 관하여 군의 요청이 있을 때는 그 요청에 따라 처리해야 한다.

제19조 본 규정에 따라 허가하는, 일반 방인 전용으로 제공하는 여관의 경영자는 방인으로 한정한다.

제20조 군 전용 및 군 이용점의 판매가격, 대금, 서비스 요금 등은 별도로 정한 바에 따른다.

제21조 지방장관은 위안시설 및 여관의 영업자와 종업원에 대해 매월 1회 건강진단을 시행해야 한다.

앞의 조항 외에 가업부에 대해 매주 1회 성병검사를 시행해야 한다.

제22조 지방장관은 일반 위생관리에 관하여 필요할 때에는 관계 군대에 원조를 요구할 수 있다.

제3장 감독

제23조 지방장관은 각 영업자 및 종업원에 대해 말레이 감달(監達) 제29호 위안시설 및 여관 영업준수규칙(이하 준수규칙이라고 칭함)을 잘 시행하고 있는지를 단속해야 한다.

제24조 새로운 영업을 허가하려고 할 때에는 준수규칙을 지킬 것을 허가조건으로 하고, 기존 시설 영업에 대해서는 이에 근거하여 조치해야 한다.

제25조 지방장관은 영업 개설을 함에 있어 공안풍속 및 위생상 문제없도록 영업소의 구조 설비를 갖추게 해야 한다.

제26조 지방장관은 위안시설 및 여관 영업자 명부와 가업부 명부(양식은 적당히)를 비치하고 이동이 있을 때마다 정리해야 한다.

앞의 조항 외에 가업부에게 증표(양식은 적당히)를 교부하여 취업 중에는 그것을 휴대하도록 해야 한다.

제27조 지방장관이 군 전용과 군 이용 영업의 허가 여부 및 금지 처분을 하고자 할 때에는 그 사유를 적어서 군정감에게 보고해야 한다.

앞 조항 이외의 처분도 특별한 사정이 있을 때 역시 동일하다.

제28조 지방장관은 본 규정에 따라 처리하였던 사항은 그때마다 군정감에게 보고해야 한다.

제29조 본 규정 시행을 위하여 필요한 단속 사항은 지방장관이 그것을 정할 수 있다.

제4장 잡칙

제30조 지부에서 종래 실시되었던 사항으로 본 규정에 반하는 것은 점차 본 규정에 따라서 조치해야 한다. 다만 장부와 같이 지장이 없는 경우에 한하여 종래의 것을 이용할 수 있다.

부칙

본 규정은 1943년(쇼와18) 12월 1일부터 시행한다.

1943년(쇼와18) 10월 5일 말레이 감달 제24호 위안시설 및 여관 영업단속규정은 폐지한다.

말레이 감달 제29호

위안시설 및 여관 영업준수규칙 제정의 건 시달

부내(部內) 일반

위안시설 및 여관 영업준수규칙을 다음과 같이 정한다.

1943년(쇼와18) 11월 11일

말레이 군정감

위안시설 및 여관 영업준수규칙

제1조 위안시설 및 여관 영업자는 군 및 군정감부에서 별도로 지시하는 사항 외에는 본 (규)칙을 준수해야 한다.

제2조 위안시설 영업자는 영업의 구분에 따라 점포 앞에 보기 쉬운 곳에 부표 제1호의 표식을 걸어야 한다. 단, 군관계가 아닌 점포는 이에 해당되지 않는다.

제3조 종업원을 고용 또는 해고할 경우에는 그 때마다 부표 제2호 양식에 따라 관할 지방장관에게 제출해야 한다. 단, 멀리 떨어진 지역의 경우에는 관할 경찰서를 경유하는 것이 가능하다.

제4조 영업자는 부표 제3호 및 제4호 양식 종업원 명부를 비치하여 이동이 있을 때마다 정리해 두어야 한다.

제5조 영업자는 각 영업 종별마다 조합을 조직하여 관할 지방장관의 허가를 받아야 한다.

제6조 영업자가 가업부를 고용할 경우에는 별책 예기 · 작부 고용계약규칙에 따른 고용계약을 정하여 관할 지방장관의 허가를 받아야 한다.

제7조 영업자는 다음의 사항을 준수해야 한다.

1. 외부에서 볼 수 있는 장소에서 부녀자가 손님과 서로 희롱, 또는 이상한 복장, 또는 볼썽사나운 자태를 위하지 않게 할 것.
2. 부녀자가 유흥을 권유하지 못하게 할 것.
3. 부녀자가 손님을 따라 외출하지 못하게 할 것.
4. 사교댄스를 하지 못하게 할 것.
5. 여관에서는 부인을 객실에 출입시키지 말 것.
6. '레코드' 및 악기류는 17시 이후부터 23시까지 사용해도 문제없으나, 퇴폐적인 가사 음악류의 연주 및 확성기를 비치하지 말 것.
7. 영업소는 항상 청결하게 하여 위생상 문제가 없도록 할 것.
8. 종업원의 보건 위생상 필요한 설비를 갖추고, 또 헛된 비용을 절약하게 하여 견실한 생활을 하도록 항상 지도 감독할 것.
9. 영업시간은 12시부터 24시까지로 함.
10. 객실(특수위안소를 제외한) 및 장식등의 전부 및 옥외 조명등의 대부분은 24시에 소등할 것.
11. 어떠한 명분을 불문하고 손님에게 소정 이외의 요금을 청구하지 말 것.

제8조 영업자는 소정의 판매가격 요금, 서비스 요금, 기타 이에 준하는 것을 각 객실에 게시해 두어야 한다.

제9조 영업자 및 종업원은 지방장관이 지시한 바에 따라 건강진단을 받아야 한다. 가업부는 전항 이외에 성병검사를 받아야 한다.

제10조 영업자 및 종업원은 군의 위생 순찰에서 지시 주의를 받을 경우 이에 따라야 한다.

제11조 가업부는 취업 인가를 받지 않으면 취업할 수 없다.

성병검사 결과 병독에 감염되었다고 인정되는 자는 완전히 치료되었다고 인정할 때까지 취업할 수 없다.

제12조 영업자 및 종업원은 군정감의 허가를 받지 못한다면 전업 전적을 할 수 없다.

앞 조항의 허가신청은 관할 지방장관을 경유해야 한다.

제13조 영업자 및 가업부가 폐업하고자 할 경우에는 관할 지방장관에게 출원하여 허가를 받아야 한다.

제14조 경영자는 영업을 개시할 때 적산(敵産)에 대해서는 적산관리인으로서 소요의 정리를 해야 한다.

앞 조항의 적산은 비적산 물건(物件)과 구분 정리하는 것으로 한다.

제15조 병참여관에서 일반인을 숙박하게 하는 경우에는 규정요금 외 다음의 금액을 징수해야 한다.

1. 장관대우 5엔

1. 좌관대우 4엔

1. 위관대우 3엔

앞 조항의 징수액은 군정감에게 납부해야 한다.

제16조 영업자(병참여관의 일부 위탁 경영에 속한 것을 제외한)는 현금출납 장부(양식은 적당히)를 준비하고, 필요에 따라 보조 장부를 준비하여 매일 수입과 지출을 명확하게 해야 한다.

제17조 영업자(특수위안시설 영업 제외)는 다음 각 호의 결산서를 관할 지부 경무부를 경유하여 군정감에게 제출해야 한다.

1. 매월 부표 제5호 수지계산서(收支計算書)

2. 6개월마다 부표 제6호 자산부채내역표(資産負債內譯表)

제18조 특수위안시설(위안소) 영업자는 매월 부표 제7호의 수지계산서를 다음달 10일까지 관할 지부 경무부를 경유하여 군정감에게 제출해야 한다.

제19조 영업자는 본 (규)칙 이외의 지방장관의 지시, 명령을 준수해야 한다.

부칙

본 규칙은 1943년(쇼와18) 12월 1일부터 시행한다.

[부표 제1호]

1. 군 전용

2. 군 이용

크기

세로 80cm

가로 30cm

정도를 넘지 않도록 할 것

[부표 제2호]

종업원 고용(해고) 신고서

본적	주소	성명	성별	연령	종족별	종업의 종별	고용연월일	해고연월일

쇼와[昭和] 년 월 일

영업소

영업자 ㊞

주(시) 장관 귀하

[부표 제3호]

1. 종업원 명부(제1)

쇼와 년 월 일기(起)

종업원 명부

옥호(屋號)

영업자

[부표 제4호]

종업원명부(제2)

구분			
종업종별			
성명			
연령			
성별			
종족별			
주소 / 본적			
고용(해고) 연월일 — 고용			
고용(해고) 연월일 — 해고			

[부표 제5호]

수지계산서

쇼와[昭和] 년 월분

업종(業種) 옥호(屋號) 성명(氏名)

수입				지출			
과목	적요	금액		과목	적요	금액	
군지불숙박료	명분(名分)			영 업 료			
군지불식사료	명분(名分)			노 무 비			
일반인 지불 숙 박 료				급 료	인		
요 리 수 입				임 금	인		
음 료 수 입				수 당	인		
화대 총수입				음 료 구 입			
접대료 수입				재 료 구 입			
잡 수 입				예 기 지 불			
				접 대 료 급사환급액 (給仕割戻額)			
				제 공 과			
				납 부 금			
				잡 비			
(공제 손실)				(공제 이익금)			
	합계						
				합 계			

주의 1. 요리점, 찻집, 여관 등 업종에 따라 과목을 적당히 취사(取捨)하고, 또한 신설하는 것도 가능
2. 영업 비중에는 경영자 소유의 부동산(제 설비를 포함함)의 상각(償却)을 포함함.

이상의 신고서를 제출합니다.

쇼와 년 월 일

오른쪽(영업자 성명)

말레이 군정감 귀하

[부표 제6호]

자산부채내역표

쇼와[昭和]　　　년　　　월 현재

업종(業種)　　옥호(屋號)　　성명(氏名)

자산				부채			
과목	적요	금액		과목	적요	금액	
고 정 자 산				자　　본			
영업용설비집기				자 기 자 금			
				차 입 자 금			
개 업 비				외상 매입금			
대 부 금				종업원 예금			
외상 매출금				기　　타			
재 고 자 금							
예　　금							
현　　금							
기　　타							

위의 신고서를 제출합니다.

쇼와　　　년　　　월　　　일

오른쪽(영업자 성명)

말레이 군정감 귀하

[부표 제7호]

수지계산서

쇼와[昭和] 년 월 현재

클럽 명 영업자 성명

수입				지출			
과목	적요	금액		과목	적요	금액	
화대총수입				화 대 (가업부에게 환급)			
잡 수 입				식 재 료 비			
				광 열 비			
				위 생 비			
				조 합 비			
				십 세			
				급 료			
				건물 수리비			
				비 품 비			
				삽 비			
				본 월 이 익			

비고 1. 투자액(가업부에게 대여한 전차금(前借金) 및 개업까지 특별히 필요한 경영)

(가) 당초의 금액

(나) 현재까지 회수된 금액

전월까지 회수액

본월 회수액

계

(다) 공제 미회수액

계

2. 인원수 (가) 직업여성 명 (나) 기타 사용인 명

위의 신고서를 제출합니다.

쇼와 년 월 일

오른쪽 성명 ㊞

말레이 군정감 귀하

자산부채내역표 설명사항

1. 본 표의 감정과목은 업태의 주요 항목에 관하여 설정한 것으로 지정 이외의 자산 부채에 대해서는 경영자가 그 성질을 명확하게 하여 과목을 구분 설정하고, 각 감정과목의 월말 현재 금액을 계상한다.
2. 고정자산에는 개업을 위해 필요한 건물 및 공작물의 신축, 구조 변경 등에 필요한 금액을 계상한다.
3. 영업용 설비 집기는 당해 과목의 초도조변액(初度調弁額)을 계상하고 별도로 정한 원가상각법에 따른다.
4. 개업비에는 개업할 때까지의 종업원 급료 및 여비 기타 여러 비용을 계상한다.
5. 대부금에는 종업부(従業婦)에게 대부한 채권액을 계상한다.
6. 외상 매출금[売掛金]에는 월말 현재의 미수입금을 계상한다.
7. 외상 매입금[買掛金]에는 매입한 여러 재료에 대한 미지불금을 계상한다.
8. 손익계산상 제 공과 및 지불 이자 등에 대해서 기간 계산을 한 예비비에 대해서는 이를 부채로 계상하는 것으로 한다.
9. 고정 자산의 감가상각은

여관 　　　　년 　　　　요리점 　　　　년

[별책]

예기, 작부 고용계약규칙

제1조 영업자 예기 작부(이하 가업부라고 칭함)를 고용하고자 할 때는 그 계약을 다음의 표준에 따라서 해야 한다.

단, 종래의 계약 중인 가업부의 이익에 속하는 것으로 그 계약을 계속하고자 할 경우에는 이를 따르지 않는다.

1. 가업부의 영업 수익에서 강제 저축을 공제한 잔고의 취득 비율은 다음에 근거해야 한다.

(가) 가업부의 영업 수익 배당 비율

채무 잔액	고용주 소득	본인 소득
1,500엔 이상	6할 이내	4할 이상
1,500엔 미만	5할 이내	5할 이상
채무 없음	4할 이내	6할 이상

(나) 전차금(前借金) 및 별도의 차금(借金)은 전부 무이자로 한다.

제2조 가업부에게 속한 다음의 비용과 물품은 고용주의 부담으로 한다.

1. 거실, 찬장, 의류 옷장, 소독용 기구
2. 침구 한 벌
3. 식비, 등화
4. 소독약품
5. 건강진단에 필요한 비용

제3조 고용주는 가업부의 매달 영업 수익의 3/100을 지방장관이 지정한 우편국에 가업부 본인의 명의로 저금하여 가업부가 폐업할 때 본인에게 교부하는 것으로 한다.

제4조 가업부의 배당 소지금으로 하는 전차금 변제는 매월 그 소득의 2/3 이상으로 하며 잔금은 가업부의 자유다.

제5조 영업에 기인하는 임신, 분만 및 질병에 필요한 각종 비용은 고용주와 가업부가 절반씩 부담하며, 그 외의 이유에 기인하는 것은 가업부의 부담으로 한다. 단 이 경우에도 고용주는 위로금으로 적당한 보조를 하는 것으로 한다.

제6조 유객이나 기타 가업부에게 직접 주는 금품은 전부 가업부의 소득으로 한다.

제7조 유흥비의 미지불은 전부 영업주의 부담으로 한다.

제8조 가업부가 폐업할 경우에 고용주는 영업 당일까지 벌어들인 금액을 정산해야 한다.

제9조 가업부가 본 계약 체결의 날로부터 만 6개월 이내에 고용주의 뜻에 반하여 해약을 하고자 하는 경우에는 고용주에게 상당액의 위약금을 보상하는 것으로 한다. 단, 그 금액은 관할 지방장관의 승낙을 얻어 결정해야 한다.

제10조 고용주는 양식 제1호의 대차계산 장부 및 양식 제2호의 영업수익 일기장 각 2통을 조제하여 각 1통을 가업부에게 교부하여 매월 말 계산하고 정리하여 두어야 한다.

제11조 가업부가 한 번에 별도로 100엔 이상을 빌리고자 할 경우에는 관할 지방장관의 허

가를 받아야 한다.

제12조 다음의 경우에는 대차계산 장부 및 영업수익 일기장을 관할 지방장관에게 제출하여 검열을 받아야 한다.

1. 가업부의 개업 · 취업소의 변경 또는 폐업을 하고자 할 경우.
2. 별차금(別借金)의 인가를 받고자 할 경우.
3. 계약을 변경하고자 할 경우.
4. 분실, 훼손 등에 의해 장부를 변경하고자 할 경우.

제13조 본 (규)칙에서 정한 사항 이외의 고용관계를 계약하고자 할 경우에는 그때마다 관할 지방장관의 인가를 받아야 한다.

제14조 본 (규)칙을 시행하는 때에 계약을 하는 자는 본 (규)칙에 따라 계약하는 것으로 간주한다. 단 가업부의 불이익이 되는 사항은 본 (규)칙에 적합한 것으로 변경해야 한다.

[양식 제1호]

쇼와 년 월 일기

대차계산부
(貸借計算簿)

군진(專)(이(利))용

(옥호)

영업자 성명

예명

성명

대차계산부(貸借計算簿)

년월일	대차이유	대차금액	변제금액	공제현재액	고용주印	가업부印

[양식 제2호]

쇼와 년 월 일기(起)

영업수익일기장

[稼高日記帳]

군진(専)(이(利))용

(옥호)

영업자 성명

예명

성명

영업수익일기장

월분

월 일	영업수익(稼高金額)	인(印)
1일		
2일		
3일		
4일		
5일		
6일		
7일		
8일		
9일		
10일		
11일		
12일		
13일		
14일		
15일		
16일		
17일		
18일		
19일		
20일		
21일		
22일		
23일		
24일		
25일		
26일		
27일		
28일		
29일		
30일		
31일		
합계		

월말계산	
강제저축금	
오른쪽 누계	
가업부 수익금	
오른쪽 중간변제금	
공제잔금	

軍政規定集

昭和十八年十一月十一日　馬來軍政監部

第　三　號

馬來監達第二八號

慰安施設及旅館營業取締規程制定ノ件達

部内一般

慰安施設及旅館營業取締規程左ノ通定ム

昭和十八年十一月十一日　馬來軍政監

慰安施設及旅館營業取締規程

第一章　總則

第一條　本規程ハ軍人軍屬並ニ一般邦人ヲ對象トスル慰安施設及旅館ノ整備並ニ營業取締ニ關スル事項ヲ規定ス

第二條　本規程ノ運用ニ當リテハ常ニ軍ト緊密ナル連絡ヲ保持シ之ガ協調ニ努ムベシ

第三條　慰安施設及旅館ハ軍人軍屬並ニ一般邦人ノ志氣ヲ昂揚シ日本人タルノ品格ヲ保持スルコトヲ主眼トス

第四條　慰安施設ハ處理上之ヲ左ノ如ク區分ス

一　娯樂施設（映畫、演劇、演技、讀書、音樂、運動）

二　飲食施設（喫茶、食堂、料理屋）

三　特殊慰安施設（慰安所）

第五條　慰安施設ハ特ニ下士官以下ノ教育情操ヲ助成スル堅實ナル娯樂施設ノ整備ヲ第一義トシ飲食施設及特殊慰安施設ハ必要ノ最少限度ニ止メ且ツ酒亂ニ陷リ易キ（例ヘ

一

ハ日本式カフエー〔ノ如キ〕施設ハ之ヲ避クルモノトス

第六條　飲食施設及特殊慰安施設（慰安所）ハ其ノ營業場所等ヲ考慮シ現地人ニ對スル文化施策ニ惡影響ヲ及ホサザル如ク努ムベシ

第七條　慰安施設ノ經營者ハ邦人ニ限定スルヲ本則トスルモ從業員ハ爲シ得ル限リ現地人ヲ活用シ邦人ノ使用ハ必要最少限度ニ止ムルモノトス

第八條　慰安施設營業ヲ左ノ如ク區分ス

一　軍專用

一般人ノ出入利用ヲ許サザルモノ

二　軍利用

一般人ノ出入利用ヲ許スモ軍人軍屬ニ對シ特ニ利便ヲ與フルモノ

三　其ノ他ノ營業

右以外ノモノ

二

第九條　軍專用及軍利用ノ認定ハ軍ニ於テ行フ

第十條　本規程ニ於テ軍トアルハ第二師團長又ハ第二師團長ノ指示スル獨立守備隊長ヲ謂フ

第十一條　海軍ノ所管ニ屬スル慰安施設及旅舘ハ軍政機關ニ於テ關與セザルモノトス

第二章　營業處理

第十二條　左記事項ハ地方長官ニ於テ處理スベシ

一　營業ノ許可、禁止、停止

二　營業ノ讓渡及營業所移轉ノ許可

三　稼業婦ノ就業及就業所變更ノ許可

四　營業者及稼業婦ノ廢業許可

第十三條　地方長官ニ於テ軍專用及軍利用ノ認定竝ニ取消ノ要アリト認メタルトキハ其

ノ事由ヲ具シ軍政監ニ報告スヘシ
第十四條　軍政監前條ノ報告ヲ受ケタルトキハ意見ヲ附シ軍ニ要請スルモノトス
第十五條　地方長官ニ於テ營業者及從業員ノ轉業轉籍ニ關スル許可申請ヲ受理シタルトキハ實情調査ノ上意見ヲ附シ軍政監ニ進達スヘシ
第十六條　地方長官ニ於テ邦人ノ營業經營者及從業員呼寄ノ要アリト認メタルトキハ關係者ノ呼寄證明願ニ其ノ事由ヲ具シ軍政監ニ報告シ其ノ決定ヲ得テ處理スベシ
第十七條　軍政監前條ノ報告ヲ受ケタルトキハ意見ヲ附シ軍ニ申請スルモノトス
第十八條　地方長官ハ營業處理ニ關シ左ノ各號ニ準據スヘシ
一　開設ニ關シ軍ノ要望又ハ軍政監ノ指示アルトキハ家屋設備ノ貸與等ヲ斡旋シ且ツ敵産ニカカルモノナルトキハ敵産管理ノ諸規定ニ依リ處理スルコト
二　營業ノ整備並ニ營業者及從業員ノ處分ニ關シ軍ノ要望アルトキハ其ノ要望ニ從ヒ處理スルコト
第十九條　本規程ニ依リ許可スル一般邦人ノ專用ニ供スベキ旅館ノ經營者ハ邦人ニ限ル
第二十條　軍專用及軍利用店ノ販賣價格、代金、サービス料等ハ別途定ムル所ニ依ル
第二十一條　地方長官ハ慰安施設及旅館ノ營業者並ニ從業員ニ對シ毎月一回健康診斷ヲ行フベシ
前項ノ外稼業婦ニ對シ毎週一回檢黴ヲ行フベシ
第二十二條　地方長官ハ一般衛生管理ニ關シ必要アルトキハ關係軍隊ニ援助ヲ求ムルコトヲ得

三

第三章 監督

第二十三條 地方長官ハ各營業者及從業員ニ對シ馬來監達第二十九號慰安施設及旅館營業遵守規則（以下單ニ遵守規則ト稱ス）ノ勵行ニ付取締ヲ行フベシ

第二十四條 新ニ營業ヲ許可セントスルトキハ遵守規則ノ勵行ヲ許可條件トシ既設營業ニ對シテハ之ニ據ラシムル如ク措置スベシ

第二十五條 地方長官ハ營業開設ニ當リテハ公安風俗及衛生上支障ナキ樣營業所ノ構造設備ヲ爲サシムベシ

第二十六條 地方長官ハ慰安施設及旅館營業者名簿並ニ稼業婦名簿（樣式適宜）ヲ備付ケ異動ノ都度整理スベシ

前項ノ外稼業婦ニ對シ證票（樣式適宜）ヲ交付シ就業中之ヲ攜帶セシムルモノトス

第二十七條 地方長官ニ於テ軍專用及軍利用營業ノ許否並ニ禁止處分ヲナサントスルトキハ其ノ事由ヲ具シ軍政監ニ稟申スベシ

前項以外ノ處分ニ於テモ特別ノ事情アルトキ亦同ジ

第二十八條 地方長官ハ本規程ニ依リ處理シタル事項ハ其都度軍政監ニ報告スベシ

第二十九條 本規程施行ノ爲必要ナル取締事項ハ地方長官之ヲ定ムルコトヲ得

第四章 雜則

第三十條 支部ニ於テ從來實施セル事項ニシテ本規程ニ反スルモノハ漸次本規程ニ據ル如ク措置スベシ但シ簿冊ノ如キ支障無キ限リ從來ノモノヲ用ユルコトヲ得

附則

本規程ハ昭和十八年十二月一日ヨリ之ヲ施行ス

昭和十八年十月五日馬來監達第二十四號慰安施設及旅館營業取締規程ハ之ヲ廢止ス

馬來監達第二九號

慰安施設及旅館營業遵守規則制定ノ件達

部内一般

慰安施設及旅館營業遵守規則左ノ通定ム

昭和十八年十一月十一日

馬來軍政監

慰安施設及旅館營業遵守規則

第一條 慰安施設及旅館營業者ハ軍及軍政監部ノ別ニ指示スル事項ノ外本則ヲ遵守スベシ

第二條 慰安施設營業者ハ營業ノ區分ニ從ヒ店頭見易キ個所ニ附表第一號ノ標識ヲ揭クベシ但シ軍關係ニ非ザルモノハ此ノ限リニ在ラズ

第三條 從業員ヲ雇入レ又ハ解雇シタルトキハ其都度附表第二號樣式ニ依リ所轄地方長官ニ屆出ヅベシ但シ遠隔ノ地ニアリテハ所轄警察署ヲ經由スルコトヲ得

第四條 營業者ハ附表第三號及第四號樣式ノ從業員名簿ヲ備付ケ異動ノ都度整理シ置クベシ

第五條 營業者ハ各營業種別毎ニ組合ヲ組織シ所轄地方長官ノ認可ヲ受クベシ

第六條 營業者稼業婦ヲ雇入レタルトキハ別册藝妓、酌婦、雇傭契約規則ニ基キ雇傭契約ヲ定メ所轄地方長官ノ認可ヲ受クベシ

五

六

第七條　營業者ハ左ノ事項ヲ遵守スヘシ

一　外部ヨリ見透シ得ル場所ニ於テ婦女子ヲシテ客ト戯レ或ハ異様ノ服裝又ハ見苦シキ姿態ヲナサシメザルコト

二　婦女子ヲシテ遊興ヲ勸誘セシメザルコト

三　婦女子ヲシテ客ニ随伴外出セシメザルコト

四　社交ダンスヲ行ハシメザルコト

五　旅館ニ於テハ婦人ヲ客室ニ出入セシメザルコト

六　「レコード」及樂器類ハ十七時以降二十三時迄ノ使用差支ヘナキモ頽廢的ノ歌詞音樂類ノ演奏及擴聲器ノ備付ヲナサザルコト

七　營業所ハ常ニ清潔ニシ衛生上遺憾ナキヲ期スルコト

八　從業員ノ保健衛生上必要ナル設備ヲナシ又冗費ヲ節約セシメ堅實ナル生活ヲナサシムル様常ニ指導監督スルコト

九　營業時間ハ十二時ヨリ二十四時迄トス

一〇　客室（特殊慰安所ヲ除ク）及裝飾燈ノ全部並ニ屋外照明燈ノ大部ハ二十四時ニ滅燈スルコト

一一　何等ノ名義ヲ以テスルヲ問ハズ客ニ所定以外ノ料金ヲ請求セザルコト

第八條　營業者ハ所定ノ販賣價格料金サービス料其他之ニ準ズルモノヲ各客室ニ掲示シ置クヘシ

第九條　營業者及從業員ハ地方長官ノ指示シタル所ニ依リ健康診斷ヲ受クヘシ稼業婦ハ前項ノ外檢黴ヲ受クヘシ

第十條　營業者及從業員ハ軍ノ衛生巡察ヨリ指示注意ヲ受ケタルトキハ之ニ從フヘシ

第十一條　稼業婦ハ就業認可ヲ受クルニ非ザレバ就業スベカラズ
撿黴ノ結果病毒感染セリト認メラレタル者ハ全治ノ認定アル迄就業スベカラズ
第十二條　營業者及從業員ハ軍政監ノ許可ヲ受クルニアラザレバ轉業轉籍ヲ爲スコトヲ得ズ
前項ノ許可申請ハ所轄地方長官ヲ經由スベシ
第十三條　營業者及稼業婦ニシテ廢業セントスルトキハ所轄地方長官ニ願出許可ヲ受クベシ
第十四條　經營者ハ營業開始ニ當リ敵産ニ付テハ敵産管理人トシテ所要ノ整理ヲ爲スベシ
前項ノ敵産ハ非敵産物件ト區分整理スルモノトス

第十五條　兵站旅館ニ於テ一般人ヲ宿泊セシメタルトキハ規定料金ノ外左ノ金額ヲ徴收スベシ
一　將官待遇　五圓
一　佐官待遇　四圓
一　尉官待遇　三圓
前項ノ徴收額ハ軍政監ニ納付スベシ
第十六條　營業者（兵站旅館ニシテ一部ノ委託經營ニ屬スルモノヲ除ク）ハ現金出納簿（樣式適宜）ヲ備ヘ尙所要ニ應シ補助簿ヲ備ヘ日日收支ヲ明確ナラシムベシ
第十七條　營業者（除特殊慰安施設營業）ハ左ノ各號ノ決算書ヲ所轄支部警務部經由ノ上軍政監ニ提出スベシ
一　毎月附表第五號ノ收支計算書
二　六ケ月毎ニ附表第六號ノ資産負債内譯表

七

第十八條　特殊慰安施設（慰安所）營業者ハ每月附表第七號ノ收支計算書ヲ翌月十日迄ニ所轄支部警務部經由ノ上軍政監ニ提出スベシ

第十九條　營業者ハ本則ノ外地方長官ノ指示命令ヲ遵守スベシ

附　則

本規則ハ昭和十八年十二月一日ヨリ之ヲ施行ス

八

附表第一號

一 軍・専用

軍
専
用

二 軍利用

軍
利
用

大キサ
縦八十粍
横三十粍
程度ヲ超
ヘザルコ
ト

九

附表第二號

從業員雇入(解雇)屆

本籍	
住所	
氏名	
性別	
年齡	
種族別	
從業ノ種別	
雇入年月日	
解雇年月日	

昭和　年　月　日

營業所

營業者　印

州(市)長官殿

一〇

附表第三號

一 從業員名簿（其ノ一）

昭和　年　月　日起

從業員名簿

屋號

營業者

二

附第表四號

從業員名簿（其ノ二）

從業種別	氏名	年齡	性別	種族別	本籍住所	雇入（解雇）年月日	雇入解雇

三

附表第五號

收支計算書

昭和　　年　　月分

業種　　　屋號　　　氏名

收入			支出		
科目	摘要	金額	科目	摘要	金額
軍支拂宿泊料	名分		營業費		
同 食事料	名分		勞務費		
一般人支拂宿泊料			給料	人	
料理收入			賃金	人	
飲料收入			手當	人	
花代總收入			飲料購入		
接待料收入			材料購入		
雜收入			藝妓支拂		
			接待料給仕割戾額		
			諸公課		
			納付金		
			雜費		
(差引損失)			(差引益金)		
	合計				
			合計		

一三

注意　1. 料理店喫茶店旅館等業種ニヨリ科目ヲ適宜取捨シ又ハ新設スルコトヲ得

2. 營業費中ニハ經營者所有ノ不動産(諸設備ヲ含ム)ノ償却ヲ含ム

以上御届ニ及候也

昭和　　年　　月　　日

右(營業者氏名)

[illegible]

馬來軍政監殿

附表第六號

資産負債内譯表

昭和　　年　　月現在

業種　　　屋號　　　氏名

資産			負債		
科目	内譯	金額	科目	内譯	金額
固定資産			資本		
營業用設備什器			自己資金		
			借入資金		
開業費			買掛金		
貸付金			從業員預金		
賣掛金			何〃		
棚卸資金					
預金					
現金					
何〃					

一四

右御屆ニ及候也

昭和　　年　　月　　日

右(營業者氏名)

馬來軍政監殿

附表第七號

收支計算書

昭和　　年　　月　　分

何々倶樂部　　　　營業者氏名

收入			支出		
科目	摘要	金額	科目	摘要	金額
玉代總收入			玉代（稼業婦ニ拂戻）		
雜收入			賄費		
			光熱費		
			衛生費		
			組合費		
			家賃		
			給料		
			營繕費		
			備品費		
			雜費		
			本月利益		

備考 1.投資額（稼業婦ニ貸與シタル前借金及開業迄ニ特ニ要シタル經費）

（イ）當初ノ金額

（ロ）現在迄ニ回收シタル額

前月迄ノ回收額

一五　本月回收額

計

（ハ）差引未回收額

2.人員數　　（イ）稼業婦　　名　　（ロ）其他使用人　　名

右御屆ニ及候也

昭和　　年　　月　　日

右何々　　（印）

馬來軍政監殿

資産負債内譯表説明事項

一、本表ノ勘定科目ハ業態ノ主要項目ニ就キ設定シタルモノナルヲ以テ指定以外ノ資産負債ニ對シテハ經營者ニ於テ其ノ性質ヲ明確ナラシムベク科目ヲ區分設定シ各勘定科目ノ月末現在高ヲ計上スルモノトス

二、固定資産ニハ開業ノ爲ニ要シタル建物及工作物ノ新築模様替ヘ等ニ要シタル金額ヲ計上ス

三、營業用設備什器ハ當該科目ノ初度調辨額ヲ計上シ別ニ定ムル原價償却法ニ依ル

四、開業費ニハ開業ニ至ル間ニ於ケル從業員ノ給料及旅費其他ノ諸掛ヲ計上ス

五、貸付金ニハ從業婦ニ對シテ貸付ヲ爲シタル債權額ヲ計上ス

六、賣掛金ニハ月末現在ニ於ケル未收入金ヲ計上ス

七、買掛金ニハ仕入シタル諸材料品ニ對スル未支拂金ヲ計上ス

八、損益計算上諸公課及支拂利子等ニ對シ期間計算ヲナシタル引當金ニ對シテハ之ヲ負債ニ計上スルモノトス

九、固定資産ノ減價償却ハ

旅館　年　料理屋　年

(別冊)

藝妓、酌婦雇傭契約規則

第一條　營業者藝妓酌婦(以下稼業婦ト稱ス)ヲ雇入レントスルトキハ其ノ契約ヲ左記標準ニ依リ爲スベシ

但シ從來ノ契約中稼業婦ノ利益ニ屬スルモノニシテ其ノ契約ヲ存續セントスルトキハ此ノ限リニ在ラズ

一　稼業婦ガ稼業ニ依ル收益金ヨリ強制貯金ヲ控除シタル殘高ノ收得歩合ハ左記ニ據ルベシ

(イ)稼業婦稼高ノ配當歩合

債務殘額	雇主所得	本人所得
千五百圓以上	六割以內	四割以上
千五百圓未滿	五割以內	五割以上
無借金	四割以內	六割以上

(ロ)前借金及別借金ハ總テ無利息トス

第二條　稼業婦ニ關スル左ノ費用及物品ハ雇主ノ負擔トス

一、居室、戶棚、衣類箪笥、消毒用器具
二、寢具一式
三、食費、燈火
四、消毒藥品
五、健康診斷ニ要スル費用

第三條　雇主ハ稼業婦ノ毎月稼高ノ百分ノ三ヲ地方長官ノ指定スル郵便局ニ稼業婦本人ノ名義ヲ以テ貯金シ稼業婦廢業ノ時本人ニ交付スルモノトス

第四條　稼業婦ノ配當所得金ヲ以テスル前借金返濟ハ毎月其所得ノ三分ノ二以上トシ殘金ハ稼業婦ノ自由トス

第五條　稼業上ニ起因スル妊娠分娩及疾病ニ要スル諸費用ハ雇主、稼業婦折半負擔トシ其ノ他ニ起因スルモノハ稼業婦ノ負擔トス但シ此ノ場合ニ於テモ雇主ハ見舞金トシテ適當ノ補助ヲナスモノトス

第六條　遊客其他ヨリ稼業婦ニ於テ直接收受シタル金品ハ總テ稼業婦ノ收得トス

第七條　遊興費ノ不拂ハ總テ營業主ノ負擔トス

第八條　稼業婦廢業シタルトキハ雇主ハ稼業當日迄ノ稼高ヲ精算スベシ

一七

第九條　稼業婦ガ本契約締結ノ日ヨリ滿六ケ月以内ニ於テ雇主ノ意ニ反シテ解約セントスルトキハ雇主ニ對シ相當額ノ違約金ヲ補償スルモノトス但シ其ノ金額ハ所轄地方長官ノ承認ヲ得テ決定スベシ

第十條　雇主ハ樣式第一號ノ貸借計算簿及樣式第二號ノ稼高日記帳各二通ヲ調製シ其ノ各一通ヲ稼業婦ニ交付シ毎月末計算ノ上整理シ置クベシ

第十一條　稼業婦一時ニ別借百圓以上爲サントスルトキハ所轄地方長官ノ認可ヲ受クベシ

第十二條　左ノ場合ニ於テハ貸借計算簿及稼高日記帳ヲ所轄地方長官ニ提出シ檢閲ヲ受クベシ

一、稼業婦ノ開業就業所ノ變更又ハ廢業セントスルトキ

二、別借金ノ認可ヲ受クルトキ

三、契約ヲ變更セントスルトキ

四、亡失、毀損等ニ依リ帳簿ヲ變更セントスルトキ

第十三條　本則ニ定メタル事項以外ノ雇傭關係ヲ契約セントスルトキハ其ノ都度所轄地方長官ノ認可ヲ受クベシ

第十四條　本則施行ノトキ契約シアルモノハ本則ニ依リ契約シタルモノト看做ス但シ稼業婦ノ不利益トナル事項ハ本則ニ適合スル如ク變更スベシ

昭和　年　月　日起

貸借計算簿

營業者氏名

軍專(利)用

藝名

(屋號　　)

氏名

貸借計算簿

二〇

年月日	貸借理由	貸借金額	返済金額	差引現在高	雇主印	稼業婦印

昭和　年　月　日起

稼高日記帳

營業者氏名

軍事(利)用　　藝名

(屋號　　)　　氏名

二

稼高日記帳

三月分

月日	稼高金額	印	月日	稼高金額	印
一日			十二日		
二日			十三日		
三日			十四日		
四日			十五日		
五日			十六日		
六日			十七日		
七日			十八日		
八日			十九日		
九日			二十日		
十日			二十一日		
十一日			二十二日		

日			
二十三日			
二十四日			
二十五日			
二十六日			
二十七日			
二十八日			
二十九日			
三十日			
三十一日			
合計			

月末計算			
強制貯金			
右累計			
稼業婦収得金			
右ノ中返済金			
差引残金			

二三

[문서 14]

해군위안소 이용내규(1945.3.18)

1945년(쇼와20) 1월 11일

스튜어트 포대(砲臺) 현상 보고

스튜어트 포대장

해군 소위 하라다 구니이치[原田国市]

해군위안소 이용내규

호외

1945년(쇼와20) 3월 18일

제12특별근거지대 사령부

당분간 해군위안소 이용내규를 다음과 같이 정한다.

1. 해군위안소 관리, 경영은 해군사령부에서 일괄하여 이를 수행한다.
2. 가옥은 업자에게 무상으로 대여하는 것으로 하며, 가구와 각종 물품 등은 필요 최소한도로 일시적으로 대여한다.
   업자는 대여물건의 보관에 책임을 진다.
3. 업자는 청결, 정돈을 우선시 하며 위생에 관해서는 사령부의 지시에 따른다.
   군의장(軍醫長)은 매월 2 번째, 4 번째 화요일에 건강진단을 실시하고 그 결과를 보고하여 불합격자는 영업을 정지시킨다.
4. 해군위안소를 쓰루노 이에[鶴ノ家], 가메노 이에[亀ノ家], 마쓰노 이에[松ノ家], 다케노 이에[竹ノ家], 우메노 이에[梅ノ家] 5개로 한다.

5. 쓰루노 이에[鶴ノ家], 가메노 이에[亀ノ家](준사관 이상용)의 이용에 관하여 다음과 같이 정한다.

(가) 시간 및 요금

시간	요금	기사(記事)
24시 이후	15엔 00	
단시간	7엔 00	24시 이전 약 1시간을 표준으로 함

(나) 이용자의 범위

(1) 해군 준사관 이상 및 같은 대우를 받는 자.

(2) 판임 1등 대우 이상의 해군 문관, 군속.

(3) 상사(商社)는 사령부에서 허가받은 자.

(4) 그 외 특별히 사령부에서 허가받은 자.

(디) 기디

위안소 내에서 음식을 금지한다.

6. 마쓰노 이에[松ノ家](하사관, 병사용)의 이용에 관하여 다음과 같이 정한다.

(가) 시간 및 요금

시간	하사관	병사	기사(記事)
30분	3엔 00	2엔 00	

(나) 이용자의 범위

해군 하사관 및 병사.

(다) 기타

(1) 위안소 내에서 음식을 금지한다.

(2) 21시부터 23시까지 준사관은 이를 이용할 수 있다.

단, 요금은 단시간(1시간 이내) 5엔으로 한다.

7. 다케노 이에[竹ノ家](시설부대원용)의 이용에 관하여 다음과 같이 정한다.

(가) 시간 및 요금

시간	요금	기사(記事)
1시간 이내	5엔 00	

(나) 이용자의 범위

시설부대원.

(다) 기타

위안소 내에서 음식을 금지한다.

8. 우메노 이에[梅ノ家](시설부 이외의 군속, 상사 관계자용)의 이용에 관하여 다음과 같이 정한다.

(가) 시간 및 요금

시간	요금	기사(記事)
1시간 이내	5엔 00	

(나) 이용자의 범위

시설부 이외의 군속 및 상사 관계자.

(다) 기타

위안소 내에서 음식을 금지한다.

9. 각 위안소에서 요금 지불 등에 관한 것은 아래를 따른다.

(가) 사령부에서 위안소 사용권을 발행하여 이것을 각 부대[정(艇), 부(部), 소(所)]에 별도로 정한 표준에 따라서 배부한다.

(나) 이용자는 본권을 구입(요금은 전항에서 정해진 것을 따름)하고 위안소에서 상대 업자에게 건넨다.

(다) 각 부대[정(艇), 부(部), 소(所)]의 장은 앞의 요금을 전부 정리하여 별지 양식 조서와 함께 보름마다 주계장(主計長) 앞으로 송부한다.

(라) 업자에 대한 지불은 매월 1개월 간 매상액에서 각종 생활비 및 기타를 공제한 후 지급한다.

(마) 위안소 내에서는 현금 지불은 일체 금지한다.

10. 매월 8일은 정기 휴일로 한다.

11. 이용자와 업자는 모두 가옥 및 비치품 등을 소중하게 다루며, 훼손하거나 잃어버리는 일 등이 없도록 주의해야 한다.

12. 부적합하다고 인정될 경우에는 해당 업주의 영업을 정지하거나 또는 해당 이용자의 출입 금지를 명령할 수 있다.

[별지]

<table>
<tr><td colspan="8">○월 전/후반월 위안권 조서 ○○대</td></tr>
<tr><td colspan="2" rowspan="2">권별(劵別)
매잔별(賣殘別)</td><td colspan="3">준사관 이상</td><td>하사관용</td><td>병사용</td><td>계</td></tr>
<tr><td>제1종</td><td>제2종</td><td>제3종</td><td></td><td></td><td></td></tr>
<tr><td rowspan="2">매각</td><td>수량</td><td></td><td></td><td></td><td></td><td></td><td></td></tr>
<tr><td>금액</td><td></td><td></td><td></td><td></td><td></td><td></td></tr>
<tr><td colspan="2">남은 수량</td><td></td><td></td><td></td><td></td><td></td><td></td></tr>
</table>

海軍慰安所利用内規 [第12特別根拠地隊司令部] (昭20・3・18)

號外

昭和二十年三月十八日

第十二特別根拠地隊司令部

兵務主任(印)

当分ノ間海軍慰安所利用内規ヲ左ノ通定ム

一 海軍慰安所ノ管理経営ハ海軍司令部ニ於テ一括之ヲ行フ

家屋ハ業者ニ無償貸与スルモノトシ家具調度品等ハ必要最少限一時貸与ス

業者ハ貸与物件保管ノ責ニ任ズルモノトス

二 業者ハ清潔整頓ヲ旨トシ衛生ニ関シテハ司令部ノ指示ニ従フモノトス

軍医長ハ毎月第二、第四木曜日ニ健康診断ヲ行ヒ其ノ結果ヲ報告スルモノトシ不合格者ハ営業ヲ停止セシム

四 海軍慰安所ヲ別チテ鶴ノ家、亀ノ家、松ノ家、竹ノ家及梅ノ家ノ五トス

五 鶴ノ家亀ノ家(准士官以上用)ノ利用ニ関シ左ノ通定ム

(イ) 時間及料金

時間	料金	記事
二四〇〇以降	一五円〇〇	二四〇〇以前ハ約一時間ヲ標準トス
終時間	七円〇〇	

(ロ) 利用者ノ範囲

(一) 海軍准士官以上及同待遇者

(二) 判任一等待遇以上ノ海軍文官、軍属

(三) 商社ハ司令部ニ於テ許可セラレタル者

(四) 其ノ他特ニ司令部ニテ許可セラレタル者

(ハ) 其ノ他

慰安所内ニ於ケル飲食ヲ禁止ス

六 松ノ家（下士官兵用）ノ利用ニ関シ左ノ通定ム

(イ) 時間及料金

時間	下士官	兵	記事
三〇分	三円〇〇	二円〇〇	

(ロ) 利用者ノ範囲

海軍下士官兵

(ハ) 其ノ他

(一) 慰安所内ニ於ケル飲食ヲ禁止ス

(ニ)[illegible]准士官ハ之ヲ利用スルコトヲ得

但シ料金ハ各時間(一時間以内)五円〇〇トス

七 竹ノ家(施設部隊員用)ノ利用ニ関シ左ノ通定ム

(イ) 時間及料金

時間	料金	記事
一時間以内	五円〇〇	

(ロ) 利用者ノ範囲

施設部隊員

(ハ) 其ノ他

慰安所内ニ於ケル飲食ヲ禁止ス

八 梅ノ家(施設部以外軍属用)ノ利用ニ関シ左ノ通定ム

(イ) 時間及料金

時間	料金	記事
一時間以内	五円〇〇	

(ロ) 利用者ノ範囲

施設部以外ノ軍属並ニ商社関係員

(ハ) 其ノ他

慰安所内ニ於ケル飲食ハ禁止ス

九 各慰安所ニ於ケル料金支払等ニ関シテハ左ニ依ル

(イ) 司令部ニ於テ慰安所使用券ヲ発行シ之ヲ各隊(施設部所)ニ別ニ定ムル

標準ニ依リ配付ス

(ロ)利用者ハ本券購入(料金ハ前項所定通)ノ上慰安所ニ於テ相手業者ニ手交ス

(ハ)各隊(班、部、所)長ハ右料金ヲ取纏メ別紙様式調書ト共ニ半月毎ニ主計長ヘ送付スルモノトス

(ニ)業者ニ対スル支払ハ毎月一ヶ月間ニ於ケル稼高ヨリ生活諸費其ノ他ヲ控除ノ上支給ス

(ホ)慰安所内ニ於テハ現金支払ハ一切禁止ス

(ヘ)毎月八日ハ定休日トス

二、利用者業者共ニ家屋其ニ備付品等ノ取扱ヲ丁寧ニシ毀損亡失等ナキ様留意ノコト

三、不都合アリト認メタル場合ハ該業主ヲシテ営業停止又ハ当該利用者ノ出入禁止ヲ命ズルコトアリ

(終)

(別紙)

期 慰安券調書 ○○隊

[illegible]	准士官以上 第一種	准士官以上 第二種	准士官以上 第三種	下士官用	兵用	計
枚数						
金額						
摘要						

[문서 15]

진중일지(독립혼성 제15연대 제8중대 조제)(1944.11.1~1944.11.30)

1944년(쇼와19) 11월 1일부터

1944년(쇼와19) 11월 30일까지

진중일지

독립혼성 제15연대 제8중대 조제(獨立混成第15聯隊第8中隊調製)

일직하사관 요시다[吉田] 군조(軍曹)

대대 인원 변화 없음.

수령명령(발췌) : 이에지마[伊江島] 지구대 명령(11월 9일 1600 이에지마)

서일명 제80호(西日命制80號) 4. 일직 및 순찰 장교는 아래 표대로 복무해야 함.

월일	일직 장교	순찰 장교
2.13		나카자와[中澤] 소위
2.15	다케다[竹田] 중위	
2.19		와타나베[渡邊] 중위

회보

1. 금후 휴일을 다음과 같이 실시한다.
   수요일 제8중대 야포
2. 휴일에 근무, 봉사가 있을 시에는 각 부대는 오전, 오후 모두 약 반수의 병력을 진지 구축에 차출한다.
3. 자기 중대 휴일에 오후 진지 구축에 차출되는 자에 한해서 9시부터 11시 30분까지 외출할 수 있다.

4. 휴일의 외출 시각은 일반적으로 13시 이후, 병사는 16시까지, 하사관은 18시까지로 한다. 단, 하사관의 위안소 사용은 16시 이후로 한다.
5. 군료(軍療) 및 위안소는 매일(금요일은 제외) 9시 30분부터 18시까지 개설한다. 단, 오전중의 사용은 휴일배당 중대의 병사들 중 오후 작업에 출장한 사람만으로 하고, 상세한 것은 중대에서 지시한다.
6. 하사관 이하는 자기 배당 휴일에 군료위안소를 사용하고, 다른 날에는 외출 및 사용을 엄금한다.
7. 일반적으로 공적인 이유 이외의 외출을 금한다. 공용자는 준위 이상의 증명서 또는 공용 완장을 착용할 필요가 있다.

   단, 준위 이상의 군료 또는 위안소 이용은 일일점호 후.

獨立混成第一五聯隊第八中隊陣中日誌（昭19・11・9）

425

自昭和十九年十一月一日
至昭和十九年十一月三十日

本文附表紙共三十五枚

陣中日誌

獨立混成第十五聯隊第八中隊

〔前略〕

要領命令（移牒込）
四日命第八〇號

日直下士官・吉田軍曹

大隊人員異状ナシ

伊江島地區隊命令　十一月九日　伊江島　六〇〇

四、日直並ニ巡察將校左ノ通服務スベシ

月日	日直將校	巡察將校
二ノ三		中澤少尉
二ノ五	竹田中尉	
〃ノ九		渡邊中尉

會報

一、爾今休日ヲ左記ノ如ク實施スベシ

左記

水曜日　第八中隊　野砲

二、休日ノ日勤勞奉仕アル際ハ各隊ハ午前午後共約半數ノ兵力ヲ陣地構築ニ差出スベシ

三、自己中隊休日ニ當リ午後陣地構築ニ出場スル者ニ限リ
自一九〇〇
至二一三〇 ノ間外出セシムルコトヲ得
四、休日ノ際ニ於ケル外出時刻ハ一般ニ一三〇〇以降兵ニ在リテハ一六〇〇迄下士官ニ在リテハ一八〇〇迄トス但シ下士官ノ慰安所ノ使用ハ一六〇〇以降トス
五、軍療及慰安所ハ毎日（金曜日ヲ除ク）〇九三〇－一八〇〇迄開設セシム但シ午前中ノ使用ハ休日配當中隊ノ兵員中午後作業ニ出場スル者ノミトシ中隊ニ於テ細部ハ指示スベシ
六、下士官以下ハ自己配當休日ニ軍療慰安所ヲ使用シ其他ノ日ニ於ケル外出並ニ使用ハ嚴禁ス
七、一般ニ公用以外ノ外出ヲ禁ス 公用者ハ准尉以上ノ證明書又ハ公用腕章ヲ附シアルヲ要ス
且准尉以上ノ軍療並ニ慰安所ノ利用ハ日夕點呼後

[以下略]

[문서 16]

연합군 최고사령관 연합군번역통역부 조사보고서 제120호(1945.11.15)[22]

연합군 최고사령관

연합군 번역통역부

조사보고서

제목: 일본군의 편의위락시설	색인 가이드 번호 제6310호 문서의 문헌 색인 제1228호
발행일: 1945년 11월 15일	제120호

요약:

1. 본 보고서는 일본군이 군인들을 위해 운영한 편의위락시설에 관하여 연합군번역통역부가 1945년 3월 31일까지 확보한 정보를 포함하고 있다.
2. 군대의 유형과 주둔지에 따라 편의위락시설의 운영에 상당한 차이가 있기 때문에 주보(canteen store)의 구매 가능 여부 또는 무료배급 문제와 관련한 규칙에 대해서는 확인하지 않았다.
3. 공연(show), 영화, 게이샤 연회(geisha entertainment), 위안소(brothels)와 같은 오락거리의 군인 이용 가능 여부에 대한 정보도 제시한다.
4. 야전신문, 회보(bulletins), 라디오 등을 통해 병사에게 전달되는 전쟁뉴스의 양을 참고로 언급한다.

HNB/SRE/CHR/vb	시드니 매쉬버(Sidney F. Mashbir)
배포 H	대령. 통신대.
	조정관

출처: 입수자료

전쟁포로의 진술

정보는 대한 적절한 평가 필요함

22) ATIS(Allied Translator And Interpreter Section) Supreme Commander for the Allied Powes/Researh Report No.120/Amenities in the Japanese Armed Forces 소장처: 국립문서기록관리청(NARA), (출처: 국사편찬위원회 전자사료관 사료철 AUS043_57_00C0411) 이 문서 전체에 대한 번역은 국사편찬위원회가 간행한 『남서태평양지역 총사령부 연합군번역통역부』에서도 살펴볼 수 있다.

목차

쪽수[23)]

23) 쪽수는 원문을 그대로 번역하였다. 따라서 원문의 본래 쪽수를 말한다.

도해

표 쪽수

제Ⅰ부 주보

(생략)

제Ⅱ부 오락

5. 일반

수집된 정보에 비추어 보면 일본군은 체육설비를 제공하는 데 그다지 많은 노력을 기울이지는 않는 듯하다. 한 전쟁포로는 자신이 아는 한 일본군에서는 체계적인 체육활동이 이루어지지 않았다고 진술했는데, 증거에 따르면 후방 지역 부대에서는 체육대회를 열었기 때문에 이러한 진술이 전적으로 사실은 아님을 알 수 있다. 전방 지역에서 체육 프로그램을 운영했다는 의견을 뒷받침할만한 증거는 거의 존재하지 않는다. 전방 지역에는 어떠한 체육설비도 설치되지 않아 운동경기에 참여하려면 임시 설비를 사용해야 하는 것으로 보인다.

일본군이 병사들에게 이따금 영화를 상영해 주려고 한다는 것을 보여주는 증거가 있다. 영화를 많이 상영하지 않는 것은 분명해 보이며 병사들에게 보여준 영화의 종류에 대한 정보는 거의 존재하지 않는다. 한 일본 군인은 진저 로저스(Ginger Rogers)가 출연한 영화를 보기 위해 연합군 방어선에 잠입하여 영화 관람에 대한 간절한 열망을 보이기도 했다.

미국의 미군위문협회(American United Service Organization) 공연단과 유사하게 일본군도 병사들의 오락을 위한 조직을 운영하고 있다. 이러한 조직들이 전방 지역을 순회하지는 않는 것으로 판단되며, 남서태평양 제도에 몇 차례 방문한 바 있으나 연합군의 폭격으로 인해 곧 일본으로 귀환했다.

일본군은 전방 지역에 위안소(brothels)를 설치하여 일종의 오락거리를 제공하고 있다. 한 전쟁포로는 부대의 규모가 크면 위안소가 즉시 실치된다고 말했다. 일본군 위안소의 위안부는 대부분 일본인, 한국인 및 중국인으로 구성된다. 일본군이 지체 없이 위안소를 설치하고 있으나 수요가 공급을 크게 상회하고 있는 것으로 보인다. 이러한 문제로 인해 사병들이 위안소를 이용하기는 거의 불가능하고 장교들만 이용할 수 있는 상황이었다.

위안소의 소유 및 관리 주체에 대해서는 전쟁포로들 사이에서 상당한 의견 차이가 나타난다. 남서태평양 지역에서 확보한 몇몇 위안소 관련 규정과 버마에서 위안소를 운영했던 한 전쟁포로의 진술을 바탕으로 위안소는 개인이 소유하되 군이 감독한다는 것을 알 수 있다. 확보된 정보에 따르면 남서태평양 지역의 일본군 성병 발병률은 현저히 낮다.

일본 군인들은 고국에 있을 때 휴가를 받는 것이 일반적이나, 남서태평양 지역의 경우 휴가나 교대복무에 관한 정책이 마련되어 있지 않다는 증거가 존재한다.

(a) 1942년 11월 9일 오이비(Oivi)에서 체포된 전쟁포로인 제144보병연대 소속 육군 상등병 츠노 케이신(Tsuno, Keishin)(JA 145033)은 다음과 같이 진술했다.

"일본군은 도박을 엄금하고 있으며, 일부 일본 군인의 도박행위가 발각되었을 때 카드를 압수했다."

(연합군번역통역부 심문보고서, 일련번호 제34호, 5쪽)

(b) 1944년 2월 12일 시르즈웨야(Sirzweya)에서 체포된 전쟁포로인 제112보병연대 소속 육군 일등병 토미타 토마오키(Tomita, Tomaoki)는 다음과 같이 진술했다.

"병사들이 부른 노래에 대해 말하자면, 대부분 일본의 각 지역에서 유명한 노래를 불렀기 때문에 널리 알려져 있는 노래라고 할만한 것은 없었다."

(요청 시 출처 제공 가능)

(중간 생략)

8. 게이샤와 연예단

a. 본국

(1) 1942년 3월에서 5월 사이에 작성된 일기에서 발췌. 일기 작성자 및 소속 부대 미상.

"3월 29일. 우타구아라(Utaguara)의 소녀클럽(Young Girls' Club)이 위문을 위해 방문했다. 쌀, 떡, 오렌지, 초밥과 사케를 가져왔다. 모두가 이들의 친절에 깊이 감사했다."

"4월 5일. 시카 초(Shika Cho)에서 100여 명이 위문단으로 방문했다. 4월 16일. 36명이 위문하러 왔다."

(연합군번역통역부 회보, 제245호, 2쪽)

(2) 1943년 7월 8일 뉴조지아(New Georgia)에서 체포된 전쟁포로인 이등병조 나가마 미츠토(Nagama, Mitsuto)는 다음과 같이 진술했다.

"키사라주(Kisarazu) 비행장과 기타 여러 비행장에서 미군위문협회와 유사한 순회 공연단을 보았다. 공연 출연자들은 모두 전문가였고 여자들은 예뻤다. 이 공연단은 담배, 필기용지, 사탕을 나눠줬다. 순회하면서 군인들에게 여흥을 제공하는 게이샤는 본 적이 없다. 라바울에서는 이러한 종류의 공연단을 전혀 보지 못했고 해외에서 활동했다는 이야기를 들은 적도 없으니 공연단이 해외로 나가지는 않은 것으로 보인다."

(남태평양지역 사령부 심문보고서, 일련번호 제02004호, 8쪽)

b. 팔라우(Palau)

기루와(Giruwa)에서 체포된 전쟁포로인 임시도로 건설부대(Provisional Road Construction Unit) 소속 해외근무 민간인 노동자 오하라 쇼소쿠(Ohara, Shosoku)(JA 145346)는 다음과 같이 진술했다.

"펠리에루(Pelielu)에는 맥주집 한두 곳을 제외하면 아무런 오락시설이 없었기 때문에 오락시설, 상점, 극장, 위안소가 위치한 코로르(Koror)에서 휴일을 보내는 경우가 많았다. 가끔 아라카베산(Arakabesan)에 가기도 했다."

(연합군번역통역부 심문보고서, 일련번호 제101호, 8쪽)

c. 남서태평양 지역

(1) 1944년 3월 23일 토로키나(Torokina) 지역에서 체포된 전쟁포로인 제6야전포병연대 소속 일병 요시다 카즈오(Yoshida, Kazuo)는 다음과 같이 진술했다.

"1943년 여름 몇몇 일본 여배우가 일본군을 위문하고자 라바울에 방문했다. 이 공연단이 에르벤타(Erventa)의 항공대 대원들과 일부 장교들도 위문했다고 들었다. 내가 알고 있는 위문단 여배우들의 이름은 타카미네 미예코(Takamine, Miyeko), 야나키 사꼬(Yanaki, Sakko) 정도다. 이들은 에르벤타에 2~3일 머문 후 미국의 폭격으로 인해 일본으로 귀국했다."

(남태평양 사령부 심문보고서, 일련번호 제01459호, 36쪽)

(2) 1944년 4월 6일에 부겐빌(Bougainville)에서 체포된 전쟁포로인 제23보병연대 소속 상등병 키시모토 하치로(Kishimoto, Hachiro)는 다음과 같이 진술했다.

"중국에서는 정치인, 퇴역군인 및 기타 단체들이 설립한 (아마도 미군위문협회와 비슷한) 소위 전쟁위문단(Entertainment War Relief Group)이 여러 전투부대에 파견되었다. 위문단은 보통 게이샤를 동반하고 무대에서 공연을 펼쳤다. 유명 배우, 가수 및 코미디언이 군인들에게 즐거움을 주었으나 부겐빌까지 오지는 않았다."

(남태평양지역 사령부 심문보고서, 일련번호 제01122호, 3쪽)

9. 위안소

a. 규정

(1) 마닐라

(a) 마닐라 병참지구대(Manila District Line of Communication Squad) 소속 육군중좌 오니시(Onishi)가 1943년 2월에 발행한 '마닐라의 인가 음식점 및 위안소에 관한 규칙(Rules for Authorized Restaurants and Houses of Prostitution in Manila)'이라는 제목의 장정본 소책자.[24)]

제1부 총칙

1. 본 규정에서 언급하는 인가 음식점이란 마닐라지구 병참담당관(officer in charge of Manila

24) 본 문서에 동봉된 종이 뭉치에 기록되어 있는 위안소 검역에 관한 경찰 보고서의 번역문은 실제 원본의 일부는 아니나 본 문서의 내용과 관련이 있으므로 부록 2로 첨부한다.

sector line of communications duties)이 군사령관의 승인을 받아 군인 및 군속 민간인의 식사 장소로 지정한 시설을 의미한다. 위안소(houses of relaxation)란 마닐라지구 병참담당관이 군사령관의 승인을 얻어 지정한 장소로서 군인 및 군속 민간인의 여흥을 위해 여급(게이샤와 접대부)을 둔다.

2. 업주(manager)는 마닐라지구 병참담당관의 허가를 얻은 경우에만 시설을 폐쇄하거나 영업을 중단할 수 있다.
3. 업주가 어려움을 겪는 경우 마닐라지구 병참담당관은 시설을 폐쇄하거나 영업을 일시적으로 정지시킬 수 있다. 이 경우 업주는 일체의 손실 또는 불편사항에 대한 보상 신청서를 제출한다.
4. 인가 음식점과 위안소는 군인과 군속 민간인만 이용할 수 있다.

제2부 영업

5. 인가 음식점 또는 위안소를 운영하고자 하는 자는 다음의 서류를 마닐라지구 병참담당관에게 제출해야 한다. 어느 정도의 사업 경험을 보유한 일본인에 한해 업주가 될 수 있다.
   a. 개업 허가 신청서(부록 A의 서식 1) 3통
   b. 사업계획서(부록 A의 서식 2) 3통
   c. 서약서(부록 A의 서식 3) 3통
   d. 이력서 3통
6. 개업 허가를 받은 자는 즉시 필요한 종업원의 인원을 결정하고 종업원 명단(부록 A의 서식 4) 3부, 종업원 이력서 1부 및 여급(게이샤와 접대부) 인가 신청서(부록 A의 서식 5) 3부를 제출한다. 준비가 완료되면 마닐라지구 병참담당관에게 통지하고 시설 점검 및 종업원 검진 후에 영업을 시작할 수 있다.
7. 업주가 시설에서 근무하는 종업원을 변경하기를 원하는 경우 마닐라지구 병참담당관의 허가를 얻어야 한다. 퇴소를 원하는 여급(게이샤와 접대부)은 정해진 신청서(부록 A의 서식 6)를 제출해야 한다. 여급(게이샤와 접대부)과 기타 종업원을 교체하는 경우 교체 허가 신청서(부록 A의 서식 7)를 제출한다.
8. 여급(게이샤와 접대부), 하녀(maids) 및 기타 종업원을 증원하고자 하는 업주는 이를 마닐

라지구 병참담당관에게 통지한다. 의무당국의 검진 일시는 매번 고지된다. 검진이 완료되면 검진기록은 이력서 또는 신분증명서와 함께 마닐라지구 병참담당관에게 제출된다. 누구든 시설에 합류하기 위해서는 사전 허가를 받아야 한다.

9. 인가 음식점 및 위안소로 사용하는 장소와 건물에 대하여 마닐라지구 병참담당관의 승인을 얻어야 한다. 향후 규정을 준수하지 못하는 업주는 추방될 수 있다. 군이 관리하는 가옥에 대한 일체의 수리계획은 모두 마닐라지구 병참담당관에게 통지한다.

10. 원칙적으로 여급(게이샤, 접대부, 하녀)은 계약기간 종료 시 재고용될 수 있다(해당 규정은 1년 이상 해외에 체류하지 않은 자에게는 적용되지 않는다). 고용 상태를 유지하기를 원하는 경우 이를 마닐라지구 병참담당관에게 알리고 승인을 구한다. 의무당국은 누구든 건강상의 이유로 접대를 중단하는 것이 적합하다고 판단되면 이를 병참담당관에게 통지한다. 병참담당관은 이들의 본국 송환을 위한 편의를 제공한다.

11. 위안소 업주는 다음 사항을 준비한다.
    a. 모든 침실에 침구 구비
    b. 모든 침실 및 대기실에 타구(唾具) 설치
    c. 화장실 및 기타 지정된 장소에 소독장치와 의약품 구비
    d. 대기실에 규정 및 요금표 게시
    e. 대기실 및 개인실에 여급(게이샤와 접대부) 명단 게시(질병이 있는 여급의 이름은 붉은 색으로 표기). 이와 별도로 고객을 위한 오락 및 휴식 설비의 설치와 기타 위안 수단의 개설을 장려한다.

제3부 운영

12. 업주는 군인이나 군속 민간인이 아닌 모든 자의 출입을 거부한다. 인가 음식점 및 위안소에서 장교와 고위직, 이병, 하급 및 기타 군속 민간인을 위한 별도의 시설을 제공한다. 그러나 21시 이후에는 (특별한 개인을 제외하고) 하사관, 사병, 하급 및 기타 군속 민간인을 위한 시설을 장교 및 고위직 군속 민간인이 사용한다.

13. 업주는 위안소 이용객에게 군표를 받아 '위안권(relaxation-tickets)'으로 교환해 주고 여급이 받은 '위안권'을 모두 기록한다.

14. 인가 음식점 및 위안소의 영업시간은 다음과 같다.

a. 음식점

– 하사관, 사병, 하급 및 기타 군속 민간인: 10시부터 22시까지

– 장교 및 고위직 군속 민간인: 10시부터(22시 또는 24시까지 [명확하지 않음])

b. 위안소

– 24시까지

15. 인가 음식점 및 위안소의 요금은 마닐라지구 병참담당관이 군의 승인을 받아 결정한다. 요금은 부록 A의 서식 8에서 찾아볼 수 있다. 업주와 종업원은 규정된 요금 이외의 요금을 청구하지 않는다.

16. 여급이 얻는 수입의 절반은 업주에게 배분된다.

17. 위안소 업주는 수익 일계표(부록 A의 서식 9)를 바탕으로 수입을 관리해야 하며 모든 소득의 할당내역을 기록한다.

인가 음식점 및 위안소 업주는 다음과 같은 보고서를 작성한다.

– 인가 음식점: 일일 보고서(부록 A의 서식 10)

– 위안소: 일일 보고서(부록 A의 서식 11)

18. 업주는 매월 말일 마닐라지구 병참담당관에게 영업현황 보고서를 제출한다. 이 보고서의 양식은 부록 A의 서식 12 및 서식 13에서 확인할 수 있다.

19. 여급(게이샤와 접대부)을 위한 음식, 조명, 장작, 목탄 및 침구에 대한 비용은 업주가 부담한다. 여급은 의복, 미용, 화장품 등에 소요되는 비용을 스스로 부담한다. 그러나 과로로 인해 발생한 질병에 따르는 의료비는 업주가 70%, 여급이 30%를 지불한다. 특정한 질병이 과로에 기인하는가의 여부는 군의(軍醫)의 진단을 바탕으로 판단한다.

20. 업주는 행실이 불량한 고객의 성명과 소속 부대명을 마닐라지구 병참담당관에게 보고한다.

21. 업주는 여급(게이샤와 접대부)의 저금을 가능한 범위에서 최대한 장려한다. 금액은 1개월에 30엔으로 제한해야 한다. 특수한 이유를 제시할 수 있는 경우를 제외하고 해당 상한액을 증액하지 않아야 한다.

a. 사전에 특수한 이유의 목적을 마닐라지구 병참담당관에게 제시하고 승인을 받아야 한다.

b. 특수한 이유를 월간 보고서의 '비고'란에 기재한다.

c. 업주는 안전한 관리를 위해 소득내역서 및 일체의 증액에 대한 이유를 서면으로 기술한 증빙자료를 작성하여 월간 보고서와 함께 마닐라지구 병참담당관에게 제출한다.

d. 보수를 가불 받지 않은 자의 저금액을 월간 보고서에 기입한다.

e. 입원치료로 인해 상당액의 의료비가 발생한 자는 소득내역서와 함께 질병의 종류, 치료 일수 및 소요 비용을 보고한다.

f. 특정 질병이 과로에 기인하는가의 여부는 군의의 진단을 바탕으로 판단한다.

22. 종업원에게 한 달에 한 번 휴일을 줄 수 있다. 모든 휴가제공 현황을 마닐라지구 병참담당관에게 보고한다.

제4부 위생

23. 여급은 보통 지정된 장소에서 일주일에 1번 군의에게 검진을 받는다. 게이샤가 아닌 여급은 한 달에 2번 검진을 받는다. 기타 종업원은 한 달에 1번 검진을 받는다. 이러한 검진에 따르는 비용은 업주가 부담한다. 때에 따라 하녀 등 기타 종업원에 대한 검진도 필요할 수 있다.

24. 군의는 각 검진 후에 건강상태에 대하여 필요한 보고서(부록 A의 서식 14)를 작성하고 날인한다.

25. 검진을 통과하지 못하거나 부적격 진단을 받은 경우 치료기간 중 손님 접대를 금지한다.

26. 성병(매독, 임질, 연성하감, 4일열 매독)에 관한 통상적 검진 및 진단과 별도로 세균검사를 실시할 수 있다. 이와 동시에 특히 결핵, 전염병(트라코마), 전염성 피부병 등에 대한 전수검사를 실시할 수 있다.

27. 위안소 업주는 성병 예방기구를 제공하고 여급(게이샤와 접대부)과 고객이 사용하게 한다.

28. 위안소 업주는 다음과 같은 성병 예방대책을 시행할 책임을 보유한다.

a. 소독제(농도 1/2000의 과망간산칼륨 용액 또는 0.5% 크레졸 비누용액)를 용기에 담아 화장실과 기타 지정된 장소에 비치한다.

b. 위안소 내부와 외부를 각별히 청결하게 유지하며 생활용품을 구비한다.

c. 여급은 위안소의 (세척 및 소독이) 필요한 곳을 매주 세척하고 소독한다.

d. 콘돔 사용을 거부하는 경우 여급과의 접촉을 금지한다.

e. 여급의 생리기간 중 성교를 금지한다.

f. 매일 목욕한다.

g. 여급의 방에 바셀린을 구비한다.

h. 청결한 침구만을 사용하며 자주 공기를 쐬어준다. 여분의 침구를 제공한다. 흰색 이불과 흰색 베갯잇을 사용하고 청결한 상태로 유지한다. 더불어 기타 모든 위생 조치를 취할 것을 권고한다.

I. 실내조명과 환기에 각별한 주의를 기울인다.

제5부 규율

29. 질서 유지를 위해 마닐라지구 병참담당관은 장교(군의)로 하여금 수시로 시설을 점검하도록 지시한다. 필요한 경우 헌병대의 지원을 요청한다.

30. 여급(매춘부와 접대부)은 병참담당관의 허가 없이 지정된 구역을 벗어날 수 없다. 또한 위안소 외부에서의 성교를 금지한다. 여급이 군인 또는 군속 민간인을 위한 만찬에 참석하기 위해서는 마닐라지구 병참담당관의 허가를 받아야 한다.

31. 위안소 업주는 특별히 지정된 자들을 제외하고 손님에게 식품이나 주류를 제공하지 않는다.

32. 위안소 시설을 이용하려는 자는 주류를 일체 반입할 수 없다.

33. 특별히 지정된 경우를 제외하고 위안소 내에서 식품 또는 주류의 판매를 허용하지 않는다.

34. 다음과 같은 항목에 해당하는 경우 위안소 출입 또는 위안소 시설 이용이 거부될 수 있다.

a. 주취자

b. 주류 소지자

c. 기타 악영향을 미칠 수 있는 자

35. 음식점을 이용하는 경우 다음과 같은 규정을 준수해야 한다.

a. 1인당 맥주 2병(4잔)까지만 허용한다.

b. 질서를 유지하기 위해 적절한 조치를 취할 것이며 군인으로서 부적절한 행동은 용인하지 않는다.

c. 모든 비품을 주의하여 취급한다.

d. 군 문제에 대해 대화를 나누지 않는다.

e. 계산서는 군표로 지불한다.

36. 위안소를 이용하는 경우 다음과 같은 규정을 준수해야 한다.

a. 요금은 군표로 선불한다.

b. 군인과 군속 민간인으로서 적절하지 않은 고성방가 혹은 기타 유사한 행위를 금지한다.

c. 성교 시 콘돔 또는 기타 예방기구를 사용해야 한다. 질병을 예방하기 위해 세척이 적절히 이루어지도록 더욱 주의를 기울여야 한다.

d. 여급에게 입맞춤을 하지 않는다.

e. 군사 보안 조치를 준수해야 한다.

37. 이러한 규정을 위반하면 영업 허가를 철회한다.

제6부 특별클럽(special clubs)에 관한 규정

1. 본 규정은 마닐라지구 내 특별클럽에 적용된다.
2. 특별클럽이란 마닐라지구 병참담당관의 감독 아래 장교와 고위직 군속 민간인이 이용할 수 있도록 군사령부의 승인을 받아 설치한 식료품점, 식당 및 위안소를 의미한다.
3. 특별클럽은 세 가지 유형으로 구분된다.

a. 식당과 객실 시설을 구비한 특별클럽

b. 식당과 '위안(relaxation)' 시설을 구비한 특별클럽

c. 식당 시설만 구비한 특별클럽

4. 장교와 고위직 군속 민간인(그리고 고위직 군속 민간인으로 간주되는 자)만이 특별클럽 시설을 이용할 수 있다. (a) 유형에 해당하는 클럽은 좌관급 이상의 해군 장교(naval officers of field grade and up)가 이용하며, (c) 유형에 해당하는 클럽은 해군 장교 및 해군의 고위직 군속 민간인이 이용한다.
5. 위에서 언급한 자 외에는 특별클럽을 이용할 수 없다.

6. 따라서 특별클럽을 이용하고자 하는 자는 본인이 장교 또는 고위직 군속 민간인이거나 그와 동동한 지위를 보유함을 증명할 수 있도록 준비해야 한다.
7. 업주는 본인의 지위를 증명할 준비를 갖추지 못한 자의 클럽 시설 이용을 거부한다.
8. 현지 주민의 클럽 이용을 방지하기 위해 마닐라지구 병참담당관은 지정한 장교들이 헌병대의 협조를 얻어 고객의 신분을 확인하도록 지시할 수 있다. 특별클럽을 이용하고자 하는 경우 요청에 따라 신분을 증명할 수 있도록 준비한다.
9. 특별클럽에서 만찬회를 개최하고자 하는 경우 소속부대 대표자의 성명을 사전에 통지하고 만찬회 예정 일시에 관한 신고서를 준비한다.
10. 정해진 시간으로부터 1시간 내에 만찬회가 열리지 않는 경우 시간이 이미 배정되어 있어도 계약을 취소하고 해당 시간을 다른 신규 희망자에게 할당할 수 있다.
11. 마닐라지구 병참담당관은 원칙적으로 미성년자를 게이샤나 접대부로 고용하는 것을 허용하지 않는다. 그러나 특정한 상황에서는 미성년자를 하녀로 고용할 수 있다. 미성년자를 게이샤, 접대부 또는 하녀로 고용할 때에는 마닐라지구 병참담당관의 허가를 받아야 한다.
12. 업주가 미성년자의 고용 허가를 신청하는 경우 마닐라 병참 당직 장교와 협력하여 처리한다.
13. 영업시간은 24시(음식점은 23시)까지로 한다.
14. 특별클럽의 이용요금은 별지에 표기한다.
15. 기타 모든 규정은 인가 음식점 및 위안소에 관한 규정과 동일하다.

(연합군번역통역부 문서번호 제17910호, 기존에 번역되지 않음)

(b) 마닐라 육군 항공보급대(Manila Army Air Depot)가 보유하고 있었으며 '기밀'로 분류된 1944년 8월 14일부터 1944년 10월 14일까지의 명령 및 회보 초안의 등사물과 필사물 제본철에서 발췌한 내용이다.

"다음의 규칙에 따라 에이 하우스(Air House, Kokuso)의 이용을 허용한다.

1. 고객은 의무실에서 건강증명서와 위생대를 받아야 한다.
2. 요금은 아래와 같다.

(40분 시간권)

– 사병: 1.50엔

– 하사관: 2.50엔

– 군속 민간인: 4.00엔

3. 요일과 시간

a. 요일

수요일: 본부 소속 하사관 이상. 행정반의 절반인 1, 2, 3, 4 행정반.

일요일: 전투부대 소속 하사관 이상. 취사병. 행정반의 절반인 5, 6, 7, 8 행정반.

b. 시간

사병: 12시부터 17시까지

하사관: 12시부터 19시까지

4. 다음과 같은 규칙을 엄격히 준수한다.

a. 군의 위엄을 지켜야 한다. 군사기밀의 보안에 유념해야 한다.

b. 폭력이나 주취행위, 또는 위안소 종업원에 대한 일체의 부당한 요구가 없어야 한다.

c. 위안소에서의 식사 또는 음주를 금지한다.

d. 처방된 용제로 필요한 소독조치를 취해야 한다.

5. 위의 규칙을 위반하는 경우 누구든 향후 위안소 출입을 허용하지 않는다."

(연합군번역통역부 회보 제1863호, 8쪽)

(2) 남부지구

(상하이지역에 소재하는 것으로 추정되는) 남부지구 경비대본부(South Sector Guard Headquarters)가 발행한 남부지구 특별위안소(the Special South Sector Brothel) 이용규정 및 운영규정.

(a) 남부지구 숙영지(billet) 내 특별위안소 이용규정

1. 본 규정은 남부지구 숙영지에 개설된 위안소를 이용할 때 적용된다.
2. 군인, 군속 민간인 또는 특별허가를 받은 이가 아닌 자, 주취상태에서 폭력행위를 범하

는 자와 타인에게 폐를 끼치거나 위험한 자는 해당 위안소의 이용을 금지한다.

3. 위안소에서 연회를 개최하거나 주류 또는 음식물을 소지하는 행위를 금지한다.
4. 숙영지 사령관이 인가한 장교 외에 누구도 위안소를 검문할 수 없다.
5. 요금은 다음의 도표(〈표 4〉)와 같이 정한다.

〈표 4〉 남부지구 숙영지 내 위안소 고정 요금

계급	시간	요금			비고
		일본인	조선인	중국인	
장교 및 준위	1시간	3엔	3엔	2엔 50전	1. 하룻밤은 22시부터 다음날 오전 6시까지이다. 2. 1시간 이상 머무르는 자는 시간당 2배의 요금을 지불한다.
	하룻밤				
	24시부터	10엔	10엔	7엔	
	22시부터	15엔	15엔	10엔	
하사관	1시간	2엔 50전	2엔 50전	2엔	
	30분	1엔 50전	1엔 50전	1엔	
병사	1시간	2엔	2엔	1엔 50전	
	30분	1엔 50전	1엔 50전	1엔	

주: 1. 군속 민간인은 지위에 따라 고정요금을 지불한다.
2. 고객은 위안소 업주나 위안부(prostitutes)에게 위에서 제시한 요금 이상의 금액을 지불하지 않는다.

6. 영업시간은 다음과 같이 정한다.
   - 병사: 10시부터 16시까지
   - 하사관: 16시 10분부터 18시 40분까지

   단, 영외거주 하사관을 위해 20시 30분까지 영업한다.

   단, 군속 민간인은 각자의 지위에 따라 위의 시간표를 따른다.
7. 각 부대의 요일별 일정은 다음과 같다.

   일요일: 연대본부, 연대직할부대

   월요일: 제1대대, 제4야전병원

   화요일: 제2대대, 기타 부대

   수요일: 연대본부, 연대직할부대, 제3대대

   목요일: 제1대대(단, 오전에는 검진 종료 후에 이용)

금요일: 제2대대, 제4야전병원

토요일: 제3대대

단, 휴일에는 위의 일정을 전적으로 따르지는 않는다.

8. 기본적으로 모든 하사관과 병사의 하룻밤 이용을 허용하지 않는다.
9. 매월 첫 번째 목요일을 위안부의 공식적 휴일로 정한다.
10. 매주 목요일 오전에 연대본부의 선임 군의관(senior medical officer)이 제3항에 따라 위안부에 대한 성병검사 및 건강검진을 실시한다. 선임 군의관은 상황에 따라 대대 군의관 1명을 지명하여 검진을 실시할 수 있다.
11. 검진 담당관은 '특별위안소의 성병검사에 관한 규정(제6사단 군의관 훈령 제105호 및 방문부대에 대한 특별위안소 감독에 관한 제13-16항의 특별규정)'에 의거하여 성병검사를 실시한다. 검진 담당관은 방문부대에 대한 위안소 감독에 관한 규정 제13-18항에 따라 의료장비를 설치하고 관리 감독한다.
12. 검진 담당관은 각 성병검사의 결과를 숙영지 사령관에게 보고한다. 보고서 서식은 도표 2(〈표 6〉 참고)와 같다.
13. 위안부는 다음과 같은 양식의 허가증을 소지한다.

영업허가증
________ 위안소 위안부(entertainer) 성명
위의 사람이 영업을 허가받았음을 증명함.
남부지구 숙영지 사령관

14. 무인가 위안부(prostitutes)의 영업은 엄격히 금지한다.
15. 위안소에서는 예방도구와 콘돔을 항상 사용한다. 이러한 도구를 사용하지 않는 것이 발견되면 업주와 해당 위안부는 물론 손님도 엄격하게 처벌받는다.

(b) 남부지구 숙영지 특별위안소 운영 규정

1. 업주는 방문부대를 위한 특별위안소 감독규정과 남부지구 숙영지 특별위안소 이용규정을 엄격히 준수한다. 나아가 위안소의 영업을 관장하는 규정을 엄격히 준수한다.
2. 위안소에서 일하는 여성이 부적절하거나 규정에 위배되는 행동을 하는 경우 해당 종업원의 영업을 정지하거나 해고한다.
3. 위안소 이용규정에 따라 위안부(prostitutes)는 매주 목요일 오전에 성병검사를 받고, 업주와 그의 가족도 한 달에 2번(첫 번째 및 세 번째 목요일) 검진을 받는다.
4. 군의관에게 부적격 판정을 받은 위안부의 방 입구에 '부적격'이라고 표기한 벽서를 붙인다.
   위안부는 휴식을 취하며 건강을 회복하고, 허가가 내려질 때까지 접객을 금지한다.
5. 업주는 다음과 같은 물품을 준비한다.
   - 콘돔, 바셀린, 침구 : 각 침실
   - 타구 : 각 침실 및 대기실
   - 세면도구와 약품 : 화장실 및 지정된 장소
   - 요금표 : 대기실
   - 위안부 명단 : 대기실
6. 위안부가 고객에게 식품, 다과 및 기타 물품을 판매하는 것을 엄격하게 금지한다.
7. 업주와 위안부는 다음과 같은 사항을 엄격히 준수한다.
   a. 농도 1/2000 이상의 과망간산칼륨 용액 또는 0.5% 크레졸 비누용액을 소독제로 사용하며, 이러한 소독제를 물컵이나 물그릇에 담아 화장실과 지정된 장소에 비치한다.
   b. 위안소의 내부와 외부를 각별히 청결하게 유지하며, 물품을 적절히 배치한다.
   c. 위안부는 매번 음부를 씻는다.
   d. 콘돔을 사용하지 않는 경우 접촉을 허용하지 않는다.
   e. 월경 기간에 고객의 입실을 허용하지 않는다.
   f. 매일 빠짐없이 목욕한다.
   g. 청결한 침구를 사용하고 항상 햇빛으로 침구를 소독한다. 청결한 흰색 이불과 베갯잇을 사용하며, 주의를 기울여 기타 위생조치를 취한다.

8. 위안부와 업주는 위안부가 얻은 수익을 균등하게 나눈다.

9. 위안부의 식비, 광열비 및 침구비는 업주가 부담한다. 그러나 의복비, 미용비, 화장비 및 기타 잡비는 위안부 본인이 부담한다. 단, 영업과정에서 발생한 질병의 치료비는 위안부와 업주가 균등하게 나누어 부담한다.

10. 첨부된 표의 양식에 따라 업주는 서식 1(〈표 5〉 참고)과 같은 영업 내역서(work statement)(2부)를 개인별로 작성하여 매주 토요일 숙영지 사령관에게 제출한다.

11. 업주는 영업행위 시 다음과 같은 서류를 제출한다.
   a. 허가 신청서 : 서식 3(〈표 7〉 참고)
   b. 계약서 : 서식 4(〈표 8〉 참고)
   c. 종업원 명단 : 서식 5(〈표 9〉 참고)

(남태평양지역 사령부 번역문서, 일련번호 제0129호, 항목 1033, 1~7쪽)

〈표 5〉 서식 1. 영업 내역서

위안소 영업현황 보고서

월 일 부터
월 일 까지

위안소 업주 성명(날인) 인
위 안 부 성명(날인) 인

구 분		병 사		하사관		군속 민간인		장 교		총 계	
월	일	인원	요금	인원	요금	인원	요금	인원	요금	인원	요금

배분액 업주 엔 전 날인 인 위안부 엔 전 날인 인

(3) 타클로반(Tacloban)

제본된 등사판 인쇄물에서 마츠나가군(Matsunaga Force)이 발행한 날짜 미상의 '타클로반 위안소 규정(Tacloban Brothel Regulations)'이라는 글을 발췌했다. 소유자의 성명이나 소속 부대는 표기되어 있지 않다.

1. 본 규정은 타클로반의 위안소 운영에 적용되는 사항이다.
2. 본 규정에서 언급하는 '위안소'는 필리핀 여성(공인 매춘부)을 동원하여 운영하는 특별위안소를 말한다.
3. 주둔군 사령관과 부관이 위안소의 감독과 관리에 대한 통제권을 가지며, 일본인 조합들(Japanese associations)로 하여금 위안소를 운영하게 한다.
4. 군의관은 위생문제에 관한 감독과 관리를 책임진다. 위안부(women)는 5일에 1번 오전에 검진을 받는다.
5. 군인과 군속 민간인만이 이러한 위안소를 이용할 수 있다.
6. 위안소 운영자는 다음과 같은 규정을 엄격히 준수해야 한다.
   a. 침구의 청결과 정돈 및 일광소독.
   b. 성병 예방을 위한 세척시설 완비.
   c. 식품 또는 음료 판매 금지.
   d. 콘돔 미사용자의 이용 금지.
   e. 유병 위안부(diseased women)의 영업 금지.
   f. 규정에서 벗어나는 행위 금지.
   g. 부관에 대한 위안소 운영자의 일일 영업현황 보고.
7. 위안소를 이용하고자 하는 경우 다음과 같은 사항을 엄격히 준수해야 한다.
   a. 통상복을 착용한다.
   b. 주취자나 난잡한 행동을 하는 자의 위안소 출입을 금지한다.
   c. 음식물 또는 주류의 휴대를 금지한다.
   d. 위안소의 여성(women) 또는 위안소 업주에게 폭력을 행사하거나 강압적인 행동을 해서는 안 된다.

e. 요금은 군표(war notes)로 선불한다.

f. 콘돔을 사용하고 철저히 씻음으로써 성병 예방을 위한 조치를 이중으로 취한다.

〈표 6〉 서식 2. 검진 보고서

검진기록	위안소 명	
검진일시	월 일 시 분 ~ 시 분	
피검진자		
판정	통과자 성명	유병 성명
환자 성명	병명	비고
요시코(예시)	( )기 매독	
야스코(예시)	경관임질	
기타 참고사항		
검진담당관 군의관 성명	계급	날인 ㊞

〈표 7〉 서식 3. 허가 신청서

군 특별위안소 업주의 영업 허가 신청서

본거주지
현거주지

위안소명
성 명
생년월일

아래와 같이 귀 지구에서 위안소 영업 허가를 즉하고자 첨부한 계약서와 함께 신청서를 제출합니다.

1. 영업장소
2. 개업일자
3. 위안부 명단
4. 자본금

년 월 일
19-
신청인 성 명 날인 ㊞

남부지구 숙영지 사령관 귀하

〈표 8〉 서식 4. 계약서

계약서
오늘 군 특별위안소의 영업 허가서를 수령함에 따라 소정의 규정을 지키고 일체의 불편사항 초래를 지양하라는 지시사항을 엄격히 준수하며, 군의 편의를 위해 영업의 일시정지나 중단에 대한 명령이 내려지면 그러한 명령에 따르는 것에 동의합니다.
년 월 일 19- 성 명 날인 ㉐
남부지구 숙영지 사령관 귀하

〈표 9〉 서식 5. 종업원 명단

성 명	부쿠토 쿤 (Bukuto Kun) (?)	쿄 탄슈 (Kyo Tanshu) (불확실)	리코란 (Rikoran)	야마가와 리요시 (Yamagawa Riyoshi)
생년월일 (연령)	1919년 11월 7일	1913년 6월 18일	1926년 9월 30일 (19세)	1905년 1월 8일
이전 직업	매춘부(prostitute)	요리사	면직공장 여공	음식점
이전 거주지	부코(Buko) 키타 시센로 (Kita Shisen St.)	한커우(Hankow) 충샨로(Chungshan St.)	상하이(Shanghai) 난킹로(Nanking St.)	항쇼우(Hanshow) 초세이로(Chosei St.) (소리 나는 대로)
본 적	조선(Korea) 케이쇼 난도 (Keisho Nando)	조선(Korea) 호쿠세이군(Hokuseigun) (소리 나는 대로) 케이키도(Keikido)	수초우(Soochow) (비고 : 수-초우) 추세이가(Chusei St.) (소리 나는 대로)	야마가타켄 (Yamagata Ken) 아쿠미-군(Akumi-gun)
현 직업	내연의 처	점원	공인 위안부	교환원
예명 (stagename)			타츠코	

8. 하사관과 병사가 위안소를 이용할 수 있는 시간과 요일 및 위안소 영업시간과 이용요금은 별도로 표시한다.
9. 본 계획은 1942년 6월 20일자로 시행한다.

10. 이러한 계획이 시행됨과 동시에 본 규정이 효력을 발휘한다.

타클로반 외곽지역에 있는 위안소도 동일한 규정을 따른다.

하사관의 위안소 이용 시간은 13시에서 24시까지, 병사는 13시에서 18시까지다.

- 월요일 : 병사
- 화요일 : 하사관
- 수요일 : 병사
- 목요일 : 하사관
- 금요일 : 병사
- 토요일 : 하사관
- 일요일 : 병사와 하사관, 병사는 17시까지, 하사관은 17시에서 20시까지

요금 :

- 병사 : 1엔 50전
- 하사관 : 2엔
- 장교 : 3엔

(기준 시간은 1시간)

비고 :

1. 위안소를 이용하는 하사관과 병사는 (특별) 외출허가증을 소지해야 한다.
2. 군속 민간인은 다른 시간대에 위안소를 이용해야 하며 하사관과 동일한 요금을 적용한다.

(연합군번역통역부 문서번호, 제214101호, 98, 99쪽)

(4) 브라우엔(Brauen)

1944년 8월에 브라우엔 지구 위안소가 발행하고 제114비행장대대(Airfield Battalion)가 사본을 제작한 '위안소 규정(Brothel Regulations)'이라는 제목의 필사물 및 등사물 제본철의 일부.

1. 본 위안소는 타클로반 지구 항공지구(Tacloban Sector Air Sector) 사령관의 감독하에 브라우엔 도심에 개설된다.

2. 위안소 이용대상은 각 부대가 발급한 진단서와 피임용구를 모두 소지한 군인과 공군 및 관련 부대의 군속 민간인으로 제한한다. 그러나 이 지구의 지상부대원이 해당 위안소의 이용을 신청하는 경우 지구 사령관의 인가를 받아 위원회의 자문을 거쳐 이용을 허가할 수 있다.
3. 다음의 장교들이 위안소를 담당하고 제98비행장대대가 위안소의 운영을 책임진다.

감독: 타클로반 항공지구 사령관

위원회 위원장: 아라키 타카시(Araki, Takashi), 제98비행장대대장

위원: 이시카와 카츠미(Ishikawa, Katsumi) 주계관

군의관 유키 야스유키(Yuki, Yasuyuki) 대위

제98비행장대대 부관 사와이(Sawai)

제98비행장대대 사카이 노보루(Sakai, Noboru) 소위

제94비행장대대 군의관 소다 쇼지(Soda, Shoji) 소위

제98비행장대대 키쿠치 단(Kikuchi, Dan) 소위(주계관)

4. 위안소를 이용할 때에는 사전에 위원회가 마련한 위안권(brothel card)을 사용하고 다음과 같이 요금을 지불한다.

a. 시간권(40분)

- 병사: 1엔 50전
- 하사관: 2엔 50전
- 군속: 4엔
- 장교: 5엔

b. 하룻밤 이용권(23시 이후가 하룻밤 숙박에 해당한다)

5. 각 부대의 지정 요일은 다음과 같다.

- 월요일: 제98비행장대대 항법항공대
- 화요일: 제114비행장대대 항공통신대
- 수요일: 카제(KAZE)부대
- 목요일: 비행장 관리건설 지구대 본부
- 금요일: 제114비행장 대대
- 토요일: 제98비행장 대대

– 일요일 : 카제부대

단, 장교는 매일 19시 30분 이후 위안소를 이용할 수 있다.

6. 각 부대에 배정된 요일의 이용 시간대는 다음과 같이 할당한다.
   - 병사 : 12시부터 17시까지
   - 하사관 : 12시부터 19시까지
   - 장교 : 19시 30분 이후
7. 위안소를 이용할 때에는 다음과 같은 사항을 엄격히 준수해야 한다.
   a. 군인의 위엄을 지키고 군 기밀을 유지한다.
   b. 위안소 종업원에게 규정에서 벗어나는 사항을 요구하지 않으며, 술에 취하거나 난동을 부리지 않는다.
   c. 위안소에서의 취식 및 음주 행위를 금지한다.
   d. 위안소를 방문한 후에는 처방된 살균제를 사용하여 규정에 따라 소독한다.
8. 전술한 일체의 규정을 위반하는 경우 향후 위안소 출입을 금지한다.

(연합군번역통역부 문서번호 제16683호, 53쪽)

(5) 라바울(Rabaul)

라바울의 해군 위안소에 관한 지시사항이 포함되어 있는 잡철에서 날짜는 미상이며 제15대공방어부대(Antiaircraft Defense Unit)가 소유한 '라바울 해군위안소 관련 유의사항(Precautionary items pertaining to the Navy brothels)'을 발췌했다.

1. 해군위안소(특별위안소, special warehouses)는 다음과 같다. 아래의 표 참고.
   a. 히가시 위안소(Higashi Rashunso) (해군 준사관 이상)
      타케이시 위안소(Takeishi Unit) (해군 하사관)
      키타 위안소(Kita Rashunso) (군속 및 노무자)
   b. 제1토코와소(Tokowaso) (고위 관리)
      제2토코와소(판임관급 관리)
      제3토키와소(Tokiwaso) (노무자 및 수송대원)

2. 영업시간

타케이시 위안소 및 제2토코와소는 8시부터 18시까지 운영하나, 판임관급 관리들만 다음날 오전 6시까지 머무를 수 있다.

3. 요금(〈표 10〉 참고)

〈표 10〉 라바울 위안소 요금

<table>
<tr><td colspan="2">구분</td><td colspan="2">여성 1명
(30분)</td><td colspan="2">여성 1명
(1시간)</td><td colspan="2">하룻밤
(22시부터 6시까지)</td></tr>
<tr><td rowspan="3">타케이시
위안소,
제2토코와소</td><td rowspan="2">하사관 및
관리</td><td>일본인</td><td>조선인</td><td>일본인</td><td>조선인</td><td>일본인</td><td>조선인</td></tr>
<tr><td>2엔 50전</td><td>2엔</td><td>4엔</td><td>3엔 50전</td><td>10엔</td><td>10엔</td></tr>
<tr><td>수병</td><td>2엔</td><td>1엔 50전</td><td>3엔 50전</td><td>3엔</td><td></td><td></td></tr>
<tr><td colspan="8">비고: 하룻밤 이용은 판임관급 관리에 한함.</td></tr>
</table>

4. 특별위안소에서의 음주행위를 금지한다.
5. 유흥을 즐기려는 자는 창구에서 티켓을 구매하고 여급의 'B' 티켓과 교환한다.
6. 여급은 콘돔을 사용하지 않는 경우 유흥을 거절한다.
7. 각자 콘돔을 휴대해야 한다(주보에서 구할 수 없는 경우 위안소에서 수병을 대상으로 한 통당 10전에 판매하는 콘돔을 구매할 수 있다).
8. 하사관과 수병은 특별위안소를 출입할 때 군복을 착용한다.
9. 여급이 전술한 일체의 규정을 위반하는 경우 영업할 권리가 취소된다.

(연합군번역통역부 시사번역, 제100호, 78쪽)

b. 버마(Burma)

(1) 1944년 8월 10일 와잉마우(Waingmau) 인근에서 처 및 군 위안부 20명과 함께 전쟁포로로 체포된 민간인 위안소 업주가 진술한 내용이다.

"이 전쟁포로와 그의 처, 그리고 처제는 조선 경성(Keijo)에서 음식점을 운영하며 어느 정도 돈을 벌었으나 매출이 하락하자 보다 많은 돈을 벌 기회를 찾다가 조선에서 버마로

'위안부'를 데려가기 위한 허가를 경성의 육군사령부에 요청했다. 육군사령부가 제안한 내용이었고 그와 같이 조선에 거주하던 여러 일본인 '사업가'들에게 같은 제안이 이루어졌다.

조선인 여성 22명을 매수하고 여성들의 성격, 용모 및 연령에 따라 가족에게 300~1,000엔을 지불했다. 여성 22명의 연령은 19세부터 31세까지 다양했다. 이 여성들은 그의 재산이 되었고, 일본군은 이들에게서 어떠한 이익도 창출하지 못했다. 조선의 일본군사령부는 일본군의 모든 사령부에게 전하는 서신을 쥐어주었다. 이 서신은 수송, 식량, 의료처치 등 그가 필요로 할 수 있는 모든 지원을 제공해 줄 것을 요청하는 내용을 담고 있었다.

이 전쟁포로와 그의 처는 음식점 운영을 처제에게 맡기고 여성 22명과 함께 1942년 7월 10일 조선인 여성 703명, 그리고 그와 같은 저열한 인격을 지닌 일본인 남녀 약 90명과 함께 부산에서 출항했다. 이들은 호송선 7척의 호위를 받으며 4,000톤 규모 여객선을 타고 바다를 건넜다. 군사령부가 무료 항행권을 제공했지만 항해 중 모든 식사대금은 그가 지불했다. 대만에 기항하여 싱가포르로 향하는 여성 22명을 태웠고 상가포르에 기항했을 때 다른 배로 환승하여 1942년 8월 20일 랑군(Rangoon)에 도착했다.

랑군에서는 각각 20~30명으로 구성된 그룹으로 나뉘어 버마 각지로 흩어졌다. 각 그룹은 연대, 단위부대 또는 편대에 배속되어 각각 별도의 위안소를 운영했다. 그가 이끄는 그룹은 제114보병연대에 배치되었다. 이들은 고웅구(Goungoo), 메이크틸라(Meiktila) 및 메이묘(Maymyo)에서 몇 개월간 영업을 한 후(1943년 1월경) 미치나(Myitkyina)에 도착했다. 이미 2개의 위안소가 설치되어 있던 미치나에 위안소가 추가되면서 위안소 총 3개소에 여성 63명이 머무르게 되었다. 쿄에이(Kyoei)로 알려진 그의 위안소에는 조선인 여성 22명이 있었다. 킨스이(Kinsui) 위안소에는 조선인 여성 20명이 있었다. 모모야(Momoya) 위안소에는 중국인 여성 21명이 있었는데, 조선인 여성들과 같은 조건으로 광둥(Canton)에서 매수된 이들이었다. 후방 지역의 위안소에는 일본인 여성들이 있었다. 예를 들면, 메이묘 소재 위안소 8개소 중 2곳에 일본인 여성들이 배치되어 있었다. 그러나 전방 지역의 경우 일본인 여성이 전무했다.

'모든 위안부'는 다음과 같은 계약조건으로 고용되었다. 위안부는 자신의 총수입 중 50%를 받았고, 교통비, 식비 및 의료비는 무료였다. 교통비와 의료비는 군 당국이 부담했고, 식료품은 위안소 업주가 군 보급대의 지원을 받아 구입했다. 업주는 의복, 생필품 및 사치품을 과도하게 높은 가격으로 위안부에게 판매함으로써 추가적인 이익을 얻었다. 위안부가 자신의 가족에게 지불된 금액과 그에 대한 이자를 전액 상환하면 조선으로 자유롭게 귀국할 수 있게 되고, 이 경우 자유로운 몸이 되었다고 간주했을 것이다. 그러나 1943년 6월 제15군사령부가 채무를 상환한 위안부들을 귀국시키려고 했지만 전쟁 상황으로 인해 그의 그룹 중 단 한 명도 현재까지 귀국을 허가 받지 못했고, 앞서 말한 조건을 충족하고 귀국을 희망하던 한 위안부는 맥없이 설득당해 잔류했다.

이 전쟁포로의 위안소에서 위안부 1명의 최대 총수입은 한 달에 약 1,500엔, 최소 총수입은 한 달에 300엔이었으며, 해당 위안소의 규칙에 따라 위안부는 업주에게 매달 최소 150엔을 지불해야 했다.

요금과 시간표는 연대의 지시에 따라 정해졌고, 장교, 하사관과 병사가 같은 시간대에 마주치지 않도록 시간표가 짜여졌다. 시간표는 엄격하게 준수되었다. 하사관과 병사는 일주일에 1번, 장교는 원하는 만큼 위안소를 이용할 수 있었다. 요금은 티켓 제도를 통해 지불되었다. 위안부는 약 2평방인치 크기의 마분지에 위안소의 이름, 연대의 인증도장 및 요금을 기입한 티켓을 소지하고 있었다. 그가 운영하던 위안소의 경우 처음에 다음과 같은 시간표를 게시해 두었다.

- 병사 : 10시부터 15시. 요금 1엔 50전
- 하사관 : 15시부터 17시. 요금 3엔
- 장교 : 21시부터 23시 59분. 요금 5엔
- 장교 : 23시 59분부터 아침까지. 요금 20엔

그러나 추후 마루야마(Maruyama) 대령의 명령에 따라 요금이 다음과 같이 하향 조정되었고 시간표는 변경되지 않았다.

- 병사 : 1원 50전
- 하사관 : 2엔
- 장교 : 5엔
- 장교 : 자정에서 아침까지 10엔

제114보병연대 연대본부 소속 연락장교인 나가스에(Nagasuc) 대위가 이 위안소를 관리했다. 제114보병연대 대원과 동행하는 경우 다른 연대 소속 병사도 위안소를 방문할 수 있었지만 통상적으로 제114보병연대 본부대원 2명이 위안소에 배치되어 출입자들의 신원을 확인했다. 헌병도 위안소를 순찰했다. 매일 80~90명의 하사관과 병사, 그리고 장교 10~15명이 위안소를 이용했다.

위안소에서 병사들에게 주류(현지 제품)를 자유롭게 판매했으나, 헌병요원들이 과도한 음주나 싸움이 발생하지 않도록 관리했다. 통제했음에도 불구하고 과음자가 발생하면 헌병이 위안소 밖으로 끌어냈다. 싸움이 벌어지기도 했으며, 이 경우에도 유사한 방식으로 제압했다.

메이묘(Maymyo)에서도 유사한 규정이 시행되었으나 주둔하는 부대의 수가 많았기 때문에 일부 위안소는 부대별 방문요일을 지정해 두었다. 예를 들어, 일본인 위안부가 있는 다이이치 후루사(Dai Ichi Furusa) 위안소의 일정표는 다음과 같았다.

- 일요일: 제18사단 사령부 참모단
- 월요일: 제18사단 기갑연대
- 화요일: 제18공병연대
- 수요일: 주간에 의료검진 실시 후 자유 시간. 저녁에는 장교 전용으로 운영
- 목요일: 제18사단 의무대
- 금요일: 제18포병 정비연대
- 토요일: 제18사단 수송연대

또 다른 위안소인 스이코엔(Suiko En)은 장교 전용 위안소였다.

피임도구를 사용해야 한다는 엄명이 내려졌다. 따라서 성병이 발병하면 온전히 병사들 스스로의 부주의로 인한 것이었다. 그가 미치나에서 위안소를 운영하던 1년 반의 시간 동안 성병 발병 건수는 6건 뿐이었고, 제18사단 제2야전병원 군의관에게 보내져 치료를 받았다. 제114보병연대의 병사들 중 성병에 걸린 사례가 몇몇 있었지만, 이로 인해 연대본부와 문제를 겪지는 않았다.

위안소에 머무는 동안 병사들이 군대와 관련된 주제로 이야기를 하는 경우는 드물었으며 병사들은 군인으로서의 일상에서 벗어나고 싶어 했다. 흥미로운 군사기밀을 엿들을 수 있는 기회는 전혀 없었는데, 그는 이것이 헌병이 상주하고 있어 병사들이 이야기하고 싶은 내용이 있다한들 자유롭게 말하기를 두려워했기 때문이라고 생각했다. 병사들이 불평했던 사항은 주로 장교들에 대한 불만, 부족한 보급품과 향수병이었다.

위안부들이 연합군의 몇몇 선전전단을 본 적은 있어도 읽지는 않았는데, 한 위안부는 미치나의 절망적인 상황을 그린 전단의 내용을 기억했고 당시에는 전단의 내용을 믿지

않았다고 한다. 위안부들은 전방 방송을 전혀 들은 바 없었지만 위안소를 찾은 병사들이 '라디오 방송'에 대해 공공연히 이야기하던 것을 기억했다.

7월 31일 자정 즈음 미치나에 위치한 3곳의 위안소에서 일하던 여성 63명과 위안소 업주 등이 미치나에서 철수하기 시작했다. 위안부들은 민간인 복장 위에 진한 녹색 군복을 입고 있었다. 이들은 작은 배 10척에 나눠 타고 이라와디(Irrawaddy) 강을 건넜다. 남아있던 군대의 대다수도 이미 미치나를 떠난 상태였지만 병자와 부상자들은 남겨졌다. 위안부들은 이에 대해 '이들을 데리고 강을 건넌다 해도 걸을 수가 없었기 때문에 함께 강을 건너는 것은 소용이 없었고, 빠져나갈 수 있기를 바라며 강 아래로 띄워 보내는 것이 나았다'고 말했다. 위안부들은 와잉마우(Waingmaw) 북쪽에 내려 8월 4일까지 정글에서 머무르다가 후퇴하는 군대의 뒤를 따라 걷기 시작했다. 8월 7일 소규모 접전에 휩쓸리면서 혼돈 속에 뿔뿔이 흩어졌다.

중국인 위안부 20명은 정글에 남아 중국군에 의탁했다. 약 20명의 조선인 위안부 일행은 일본군의 뒤를 따랐다. 8월 19일에 계속해서 절망스럽게 일본군을 뒤따르고 있던 소규모 조선인 위안부 무리를 목격한 전쟁포로가 있다. 이 전쟁포로의 일행은 버려진 현지 주민의 집에 몸을 숨기고 이틀간 머물렀으며, 그곳에서 전쟁포로는 뗏목을 만들려고 했다. 그의 일행에는 부상당한 일본군 1명이 포함되어 있었다. 8월 10일, 영국군 장교의 지휘하에 몇몇 카친족(Kachins)이 집을 포위했고 이들은 결국 포로로 잡혔다. 원래 63명이었던 위안부 일행 중 4명은 이동 중에 사망했고 2명은 일본군으로 오인 받아 총탄에 목숨을 잃었다."

(동남아시아 번역통역부 심문회보, 제2호, 1944년 11월 30일자, 10~13쪽)

(2) 명목상 육군군조 무선통신 하사관이었으나 5년에 걸친 복무기간의 대부분을 취사장이나 훈련장에서 보낸, 교육 수준이 높은 23세의 전쟁포로가 작성한 편지에서 발췌한 내용이다.

"전우들이 미치나에서 전투를 이어가는 동안 마루야마 대령은 기의 매일 방공호에서 위안부들과 즐거운 시간을 보냈다. 나중에 대령은 부상군인들보다 위안부들이 먼저 강을 건널 수 있도록 조치했다. 이는 사실이다."

(요청 시 출처 제공 가능)

(3) 1944년 2월 10일 렛웨뎃(Letwedet)에서 체포된 전쟁포로인 제112보병연대 소속 육군 상등병 미츠이 준초쿠(Mitsui, Junchoku)는 위안소(Iansho, house of relaxation)에 들어가 본 적이 없다고 강력히 주장하면서도 위안소 시설에 대해서는 잘 알고 있는 듯했으며 다음과 같은 정보를 제공했다.

"각 사단에는 5-6개의 위안소가 부속되어 있었다. 위안소에는 일본인 여성뿐만 아니라 조선인 여성들도 있었다. 1시간 동안 여흥을 즐기는 데 드는 비용은 장교는 5엔, 하사관은 4엔, 병사는 3엔이었다. 콘돔을 의무적으로 사용해야 했고 위안부들은 정기적으로 검진을 받았다."

(요청 시 출처 제공 가능)

(4) 1944년 2월 12일 신즈웨야(Sinzweya)에서 체포된 전쟁포로인 제112보병연대 소속 육군 일등병 토미타 토모아키(Tomita, Tomoaki)가 진술한 내용이다.

"여흥에 대해 말하자면 위문단(Imondan)은 있었지만 랑군 보다 전방으로는 오지 않았다. 아크애브(Akyab)에는 조선인과 일본인 위안부가 있었다. 위안부 중 일부는 흐파라빈(Hparabyin)으로 보내졌고 알레창야우(Alechangyaw)까지 보내지기도 했지만 이 위안부들은 장교들만 이용할 수 있었다. 이것이 병사들을 매우 분노하게 만들었다."

(요청 시 출처 제공 가능)

(5) 1944년 2월 7일 콰온(Kwaon) 능선에서 체포된 전쟁포로인 제55산악연대 소속 육군오장 이마무라 마사유키(Imamura, Masayuki)가 진술한 내용이다.

"비번인 일요일에는 으레 위안소를 찾았다. 장교는 주중 어느 시간이든 위안소를 이용할 수 있었으나, 장교들을 위한 별도의 시설이 마련되어 있는 경우가 많았고 장교가 이용하는 위안소에는 종종 일본인 여성들이 있었을 것으로 생각한다. 병사를 위한 위안소의 경우 보통 조선인 여성들이 배치되어 있었다."

"단속 대상 위안소에서는 음식이나 음료를 제공하지 않았다. 병사가 1시간에 2엔을 지불하고 티켓을 사면 콘돔을 1개씩 나누어 주었다. 또한 신청을 하면 부대본부에서도 콘돔을 받을 수 있었다."

"위안부들은 일주일에 1번 검진을 받았으나 병사들도 부대본부에 신청하면(미국의 ET 튜

브에 사용하는 것과 유사한) 연고를 얻을 수 있었다."

(요청 시 출처 제공 가능)

c. 수마트라

1942년 11월 11일 파파키(Papaki) 다리 근처에서 체포된 전쟁포로인 제228보병연대 소속 육군 일등병 이시구로 키요이치(Ishiguro, Kiyoichi)(JA 145044)가 진술한 내용이다.

"벨라완(Belawan)에 위치한 공식 군위안소에서 나루몬다(Narumonda) 출신의 현지인 여성 2명과 중국인 여성 6명이 일하고 있었다. 성병을 예방하기 위해 상당히 많은 노력이 기울여졌다."

(연합군번역통역부 심문보고서, 일련번호 제42호, 10쪽)

d. 남서태평양 지역

(1) 1942년 11월 29일 기루와(Giruwa)에서 체포된 전쟁포로인 제144보병연대 소속 일등병 미야지 치카라(Miyaji, Chikara)(JA 145045)가 진술한 내용이다.

"내가 알기로는 라바울에 위치한 2개의 위안소에 조선인 및 일본인 여성 약 100명이 배치되어 있었다."

(연합군번역통역부 심문보고서, 일련번호 제35호, 8쪽)

(2) 1943년 3월 21일 트로브리안 섬(Trobriand Islands)에서 체포된 전쟁포로인 제50대공포연대 소속 육군 상등병 코지마 마사오(Kojima, Masao)(JA 100029)가 진술한 내용이다.

"육군이 위안소를 제공하기는 했지만 병사 약 2,000명당 겨우 1명의 여성이 할당되는 꼴이어서 장교들만 이용할 수 있었다."

(연합군번역통역부 심문보고서, 일련번호 제175호, 10쪽)

(3) 1943년 3월 6일 뉴기니(New Guinea) 해안에서 체포된 전쟁포로인 제50독립대공포대대 소속 육군 상등병 아오키 요시오(Aoki, Yoshio)(JA 145427)가 진술한 내용이다.

"라바울에는 약 20개의 위안소가, 코코포(Kokopo) 지역과 나머지 지역에는 5개의 위안소가 설치되어 있었다. 위안부는 모두 일본인 여성들이었고 장교들이 주요 고객이었다. 병사가 출입하기는 매우 어려웠다. 장교는 5엔, 병사는 1엔을 요금으로 지불했다."

(연합군번역통역부 심문보고서, 일련번호 제99호, 15쪽)

(4) 1944년 2월 22일 카비엥(Kavieng)에서 체포된 전쟁포로이자 예인선 나가우라(Nagaura)호 소속 해군 일등병조 마에카와 야스오(Maekawa, Yasuo)가 진술한 내용이다.

"라바울의 위안부들은 폭격의 위험 때문에 내가 떠나기 수개월 전에 이미 다른 곳으로 보내진 상태였다."

(남태평양지역 사령부 심문보고서, 일련번호 제0895호, 10쪽)

(5) 1943년 1월 7일 쿠무시(Kumusi) 강에서 체포된 전쟁포로인 제41연대 소속 육군군조 카사하라 히로시(Kasahara, Hiroshi)(JA 145153)가 진술한 내용이다.

"마닐라와 다바오(Davao)에 위치한 위안소에 조선인 여성들이 수용되어 있었다. 군의 인가를 받은 위안소였지만 위안소에서 발생한 수익은 업주에게 돌아갔을 것이다."

(연합군번역통역부 심문보고서, 일련번호 제78호, 7쪽)

(6) 제124보병연대 제7중대 소속 미요시(Miyoshi)가 1941년 12월 8일부터 1943년 1월 6일까지 쓴 일기에서 발췌한 내용이다.

"1942년 6월 9일. 상륙했다. 유루카와 식민회사(Yurukawa Colonization Company)의 사무실은 아주 넓고 위안소도 많이 설치되어 있다. 중국 남부를 떠난 후 처음으로 기모노를 입고 양산을 든 일본인 여성들을 보았다. 이보다 더 즐겁고 기쁜 일이 있을까? 군 위안부인 이 여성들은 우리보다 한발 앞서 상륙해 있었다. 우리는 달리아오(Daliao)라는 마을로 들어갔다. 시골풍의 마을이었다. 많은 일본인들이 환영해주었다. 마치 일본의 시골마을에서 환대 받는 듯한 느낌이었다. 소대별로 다른 집을 숙소로 사용했고 나는 오사카 시장(Osaka Bazaar) 2층에 머물렀다. 전등과 수도도 이용할 수 있었고 옆집은 자전거 가게였다. 평화로운 밤을 보냈다.”

(연합군번역통역부 회보, 일련번호 제1483호, 20쪽)

(이하 중간 생략)

제V부 결론

1. 일본 육군과 해군은 보급 가능 지역에 주둔하는 군대를 위해 주보를 설치한다.
2. 일본 육군은 군인들에게 통상적으로 배급되는 식량에 더하여 사탕 및 초콜릿류, 담배, 맥주, 사케 등을 무료로 보급하는 것으로 보인다.
3. 위문품은 군인들에게 무료로 지급되며, 육군이 지급하는 것과 민간 자선단체가 제공하는 것 등 두 가지 종류로 나뉜다.
4. 신체 단련 활동이 일본 군인의 생활에서 큰 부분을 차지하는 것은 분명하나, 남서태평양 지역에서는 체육 프로그램을 운영하기 위한 조치를 거의 취하지 않고 있다.
5. 전방 지역인 남서태평양 지역의 일본 군인들에게는 영화와 순회공연이 사실상 제공되지 않고 있다.
6. 군인이 대규모로 주둔하고 있는 곳이라면 어디에나 엄격한 규정에 의거하여 군 당국이 인가한 위안소가 설치되어 있다.
7. 이러한 위안소에 수용되어 있는 위안부들(inmates)은 정기적으로 성병검사를 받는다.
8. 남서태평양 지역에 주둔하는 일본군의 휴가나 교대복무에 대한 방침이 규정되어 있지 않다.
9. 소수의 부대가 병사를 위한 야전소식지를 발행하고 있으나. 전반적으로는 회보나 구전(口傳) 뉴스만이 일본 군인들에게 전달된다.
10. 남서태평양 지역에는 병사들이 들을 수 있는 라디오가 거의 없지만 장교는 라디오를 소지하거나 이용할 수 있다.
11. 전방 지역에서는 병사들이 우편물을 보내거나 받을 수 있는 방법이 거의 없다.

【부록 A】 마닐라 위안소의 필수 양식

[서식 1]

군 인가 음식점 또는 위안소 개업 허가 신청서

본국주소 :

현주소 :

성명 :

생년월일 :

인가 음식점(위안소)을 개업하고자 사업계획서, 서약서 및 이력서를 동봉하여 개업 허가 신청서를 제출합니다.

일자 :

신청인 성명 및 날인 :

마닐라지구 병참담당관 귀하

[서식 2]

사업계획서

a. 자본금 :   엔

b. 동업자 :   (유/무)

c. 객실 수 :   실

d. 사업장소 :

e. 여급(게이샤와 접대부) 명단(국적 표시할 것 [일본인/대만인/필리핀])

f. 종업원(게이샤, 하녀, 접대부, 기타 종업원) 집결 예정일

일자 :

성명 및 날인 :

마닐라지구 병참담당관 귀하

[서식 3]

서약서

인가 음식점 (위안소) 개업 허가를 취득함과 동시에 모든 규칙 및 규정을 준수하고 일체의 소란도 용인하거나 유발하지 않으며 군의 편의에 따른 명령에 의해 영업을 종료하거나 일시 정지하는 것에 동의하기로 서약합니다.

일자 :

업주 성명 및 날인 :

마닐라지구 병참담당관 귀하

[서식 4]

종업원 명단

성 명	생년월일	성별	예명	본국주소	가불금	지위
야마시타 카츠야스 (Yamashita, Kazuyasu)						업주
야마모토 하루코 (Yamamoto, Haruko)						접대부
야마시타 타츠 (Yamashita, Tatsu)						주(主)여급
이타츠 스에이치 (Itatsu, Sueichi)						사무원
나가히데 히데 (Nagahide, Hide)						사환

일자 : 위 전원의 날인

마닐라지구 병참담당관 귀하

[서식 5]

여급(게이샤와 접대부) 인가 신청서

본국 거주지 :

성명 :

일자 :

예명 :

필리핀 입국일자 :

위 게이샤(접대부)의 인가 신청서를 제출합니다. 계약서와 동의서를 동봉하오니 확인해 주시기 바랍니다.

일자 :

신청인 성명 및 날인 :

업주 성명 및 날인 :

마닐라지구 병참담당관 귀하

[서식 6]

여급(게이샤와 접대부)의 퇴소 허가 신청서

본국 거주지:

현주소:

성명:

생년월일:

예명:

다음 사항을 첨부하여 퇴소 허가 신청서를 제출합니다.

(a) 사유:

(b) 예정 행선지:

(c) 강제 저축액:

(d) 기타 저축액:

일자:

신청인의 성명과 날인:

업주의 성명과 날인:

마닐라지구 병참담당관 귀하

[서식 7]

여급(게이샤와 접대부) 등의 교체 허가 신청서

다음 게이샤, 접대부 등의 교체 허가 신청서를 제출합니다.

1. 인적사항 :

성명	생년월일	성별	예명	본국 거주지	현 거주지	지위

2. 사유 :
3. 후임자 :

성명, 현 거주지, 본국 거주지 :

일자 :

업주의 성명 및 날인 :

마닐라지구 병참담당관 귀하

[서식 8]

인가 위안소 요금표			
	고객	시간	요금
필리핀인 여성 고용 위안소	병사	40분	1엔 50전
	하사관	40분	2엔 50전
	그 외	1시간	4엔
		하룻밤	8엔
일본인 여성 고용 위안소	병사	40분	2엔
	하사관	40분	3엔
	그 외	1시간	5엔
		하룻밤	10엔
비고: 1. '고객'란의 '그 외'에는 하사관 외의 군인(및 군속 민간인)이 포함된다. 2. '하룻밤'은 23시 이후부터이다. 3. '요금'은 상한액이다. 업주는 정당한 이유가 인정될 경우 요금을 할인할 수 있다.			

[서식 9]

수익 일계표							
	고객	시간	인원	요금	소계	총계	수익 할당
일자	병사						
	하사관						
	장교						
	군속 민간인						

[서식 10] (〈서식 10〉으로 표기되어 있지는 않으나 문서의 구조상 10번째 서식임이 분명함)

<table>
<tr><td rowspan="12">일자

음식점

일수

객실
번호

성명</td><td rowspan="3">항목 \ 품목</td><td rowspan="3">단위</td><td rowspan="3">단가</td><td rowspan="3">계
(음식)</td><td rowspan="3">계
(금액)</td><td colspan="5">고객</td></tr>
<tr><td>병사
(군속민간인)</td><td colspan="4">성명</td></tr>
<tr><td>하사관
(군속민간인)</td><td colspan="4">성명</td></tr>
<tr><td></td><td></td><td></td><td></td><td></td><td rowspan="5">성명 :

장교

군속민간인
(고위직)</td><td>소속
부대</td><td>계급</td><td>성명</td><td>인원</td></tr>
<tr><td></td><td></td><td></td><td></td><td></td><td></td><td></td><td></td><td></td></tr>
<tr><td></td><td></td><td></td><td></td><td></td><td></td><td></td><td></td><td></td></tr>
<tr><td></td><td></td><td></td><td></td><td></td><td></td><td></td><td></td><td></td></tr>
<tr><td></td><td></td><td></td><td></td><td></td><td></td><td></td><td></td><td></td></tr>
<tr><td></td><td></td><td></td><td></td><td></td><td></td><td></td><td></td><td></td><td></td></tr>
<tr><td></td><td></td><td></td><td></td><td></td><td></td><td></td><td></td><td></td><td></td></tr>
<tr><td></td><td></td><td></td><td></td><td></td><td></td><td></td><td></td><td></td><td></td></tr>
<tr><td></td><td></td><td></td><td></td><td></td><td>성명</td><td></td><td></td><td></td><td></td></tr>
</table>

[서식 11]

<table>
<tr><td>(일자)</td><td colspan="6">위안소 일일 보고서 (날인)
객실번호 :</td></tr>
<tr><td rowspan="4">영업
보고</td><td>고객</td><td>시간</td><td colspan="2">인원</td><td>금액</td><td>총계</td></tr>
<tr><td>병사</td><td></td><td colspan="2"></td><td></td><td></td></tr>
<tr><td>하사관</td><td></td><td colspan="2"></td><td></td><td></td></tr>
<tr><td>그 외
(장교와 군속 민간인)</td><td></td><td colspan="2"></td><td></td><td></td></tr>
<tr><td colspan="2">총계</td><td></td><td colspan="2"></td><td></td><td></td></tr>
<tr><td>정원</td><td>(인원)</td><td colspan="2" rowspan="5">발병 건수</td><td rowspan="5"></td><td colspan="2" rowspan="5">종업원의 과부족</td></tr>
<tr><td>근무인원</td><td>(인원)</td></tr>
<tr><td>유병인원</td><td>(인원)</td></tr>
<tr><td>휴가인원</td><td>(인원)</td></tr>
<tr><td>기타</td><td>(인원)</td></tr>
<tr><td colspan="7">비고 :</td></tr>
</table>

[서식 12]

(일자) **월간 영업보고서**

객실 번호

(1부)　　　　　　　　　　담당자 성명 및 날인

<table>
<tr><td colspan="3">지 출</td><td colspan="3">수 입</td><td rowspan="14">비고 :
영업비는 사업운영에 직접적으로 필요한 비용이며, 자산 구입비는 영업비에 일체 포함되지 않는다.</td></tr>
<tr><td colspan="2">구분</td><td>금액</td><td rowspan="4">영
업</td><td>금월 영업소득</td><td>금액</td></tr>
<tr><td rowspan="3">유
입</td><td>전월 잉여금</td><td></td><td>소　계</td><td></td></tr>
<tr><td>금월 소득</td><td></td><td></td><td></td></tr>
<tr><td>소 계</td><td></td><td>순 잔액과의 차액</td><td></td></tr>
<tr><td colspan="2">영 업 비</td><td></td><td colspan="2">소　계</td><td></td></tr>
<tr><td colspan="2">소　계</td><td></td><td colspan="2">순 손실</td><td></td></tr>
<tr><td colspan="2">순 이익</td><td></td><td colspan="2"></td><td></td></tr>
<tr><td colspan="2">총　계</td><td></td><td colspan="2"></td><td></td></tr>
</table>

<table>
<tr><td>구분</td><td>비 목</td><td>금액</td><td>비고</td><td>비 목</td><td>금액</td><td>비고</td></tr>
<tr><td rowspan="3">영업비
항목</td><td></td><td></td><td></td><td></td><td></td><td></td></tr>
<tr><td></td><td></td><td></td><td></td><td></td><td></td></tr>
<tr><td></td><td></td><td></td><td>소계</td><td></td><td>총계</td></tr>
</table>

(2부)

위안소 월간보고서

월 :　　　(수입)　　　　　　　　　　업주

위안소 번호, 성명 및 날인

<table>
<tr><td>게이샤
지급액</td><td colspan="2">총수익</td><td colspan="2">게이샤
할당금</td><td colspan="2">부재</td><td colspan="2">가불 후
잔액</td><td colspan="2">저금액</td><td rowspan="3">비고</td></tr>
<tr><td></td><td></td><td></td><td></td><td></td><td></td><td></td><td></td><td></td><td></td><td></td></tr>
<tr><td></td><td></td><td></td><td></td><td></td><td></td><td></td><td></td><td></td><td></td><td></td></tr>
</table>

[서식 13]

(일자) 월간 식품 수령 및 판매 전표

(특별클럽 음식점에만 해당)

객실번호 : 성명 : 날인 :

<table>
<tr><th colspan="13">유입</th><th colspan="5">판매</th></tr>
<tr><th rowspan="3">수령품목</th><th rowspan="3">수량</th><th rowspan="3">단가</th><th colspan="2">전월 이월</th><th colspan="2">금월</th><th colspan="2">소계</th><th colspan="2">금월 지출</th><th colspan="2">순 차액</th><th rowspan="3">판매품목</th><th rowspan="3">수량</th><th rowspan="3">단가</th><th colspan="2">금월</th></tr>
<tr><th>계</th><th>계</th><th>계</th><th>계</th><th>계</th><th>계</th><th>계</th><th>계</th><th>계</th><th>계</th><th>계</th><th>계</th></tr>
<tr><th>식품</th><th>금액</th><th>식품</th><th>금액</th><th>식품</th><th>금액</th><th>식품</th><th>금액</th><th>식품</th><th>금액</th><th>식품</th><th>금액</th></tr>
<tr><td></td><td></td><td></td><td></td><td></td><td></td><td></td><td></td><td></td><td></td><td></td><td></td><td></td><td></td><td></td><td></td><td></td><td></td></tr>
<tr><td></td><td></td><td></td><td></td><td></td><td></td><td></td><td></td><td></td><td></td><td></td><td></td><td></td><td></td><td></td><td></td><td></td><td></td></tr>
<tr><td></td><td></td><td></td><td></td><td></td><td></td><td></td><td></td><td></td><td></td><td></td><td></td><td></td><td></td><td></td><td></td><td></td><td></td></tr>
<tr><td></td><td></td><td></td><td></td><td></td><td></td><td></td><td></td><td></td><td></td><td></td><td></td><td></td><td></td><td></td><td></td><td></td><td></td></tr>
</table>

[서식 14]

<table>
<tr><td colspan="5">검진표</td><td colspan="3">번호</td></tr>
<tr><td colspan="5">성명 :</td><td colspan="3">연도 :</td></tr>
<tr><td colspan="8">위안소 명 :</td></tr>
<tr><td>검진일자</td><td>진단</td><td></td><td></td><td></td><td></td><td></td><td></td></tr>
<tr><td></td><td></td><td></td><td></td><td></td><td></td><td></td><td></td></tr>
<tr><td></td><td></td><td></td><td></td><td></td><td></td><td></td><td></td></tr>
<tr><td></td><td></td><td></td><td></td><td></td><td></td><td></td><td></td></tr>
<tr><td></td><td></td><td></td><td></td><td></td><td></td><td></td><td></td></tr>
<tr><td colspan="8">병참대 배속 군의관 날인 :
일자 :
마닐라지구 병참대</td></tr>
<tr><td colspan="8">비고 : 1. 검진은 매주 실시한다.
2. 진단 내용은 월경상태인 경우에만 적용된다.</td></tr>
</table>

【부록 B】 마닐라 위안소에 대한 경찰보고서

마닐라지구 병참대가 배포한 1944년 2월 7일자 위생점검에 관한 경찰보고서

"모든 업주 귀하.

모든 업주는 금월 위생점검에 관한 다음의 경찰보고서를 숙지하여 필요한 개선조치를 취할 것을 권고한다.

전반적 소견:

1. 음식점과 특별클럽

- 주방의 청소 상태는 전반적으로 만족스러우나 방충대책을 개선해야 한다.
- 도마의 관리 상태는 전반적으로 불만족스럽고 도마를 무분별하게 사용하고 있다.
- 식기를 더욱 철저하게 세척해야 한다. 화장실 청소 횟수를 늘리고 개선해야 한다.

2. 위안소

- 위생규칙에 대한 주의가 매우 부족하며 위생조치를 취하지 않은 경우가 많았다. 많은 이들이 동일한 문제를 거듭하여 지적한 바 있다.
- 화장실과 세면실이 전반적으로 청결하지 않으며 세면실의 조명이 적절하지 않다.
- 종업원들의 건강을 지키기 위해서는 목욕실에 대한 관리와 식당의 청결상태를 개선해야 한다. 스스로의 이익 외에는 관심을 두지 않고 오로지 수익을 얻기 위해 위안소를 운영하고 있는 업주들이 많다. 업주들은 게이샤, 하녀 또는 여급의 복지에 무관심하며 이들의 건강이나 생계는 물론이고 목욕시설과 같은 문제에도 신경을 쓰지 않는다. 업주들의 이기적인 처사를 관리할 필요가 있다."

<table>
<tr><th>유형</th><th colspan="2">게이샤와 여급의 건강검진</th><th>시설명</th><th>업주</th><th>등급</th><th>경찰 보고</th></tr>
<tr><td rowspan="4">모든 군인 및 선원 대상</td><td rowspan="4">피검자 수 120</td><td rowspan="4">환자 수 8</td><td rowspan="4">여명클럽 (Dawn Club)</td><td rowspan="4">노무라 야스조 (Nomura, Yasuzo)</td><td>A</td><td>객실 청소 및 정돈 우수.</td></tr>
<tr><td>B</td><td>이불보, 베갯잇 및 기타 침구의 청결 상태는 중간 수준이나, 품질이 취약하며 개선 필요.</td></tr>
<tr><td>B</td><td>대기실과 복도의 청결 수준은 만족스러우나 개선의 여지 있음.</td></tr>
<tr><td>B</td><td>화장실 청소가 완벽하지 않음.</td></tr>
<tr><td rowspan="4">위안소</td><td rowspan="4">38</td><td rowspan="4">3</td><td rowspan="4">제2위안소</td><td rowspan="4">우라가와 타로 (Uragawa, Taro)</td><td>B</td><td>객실 청소 및 정돈은 겨우 양호하다고 할 만한 수준.</td></tr>
<tr><td>B</td><td>침구의 세탁 상태는 만족스러움.</td></tr>
<tr><td>B</td><td>대기실과 복도의 청소 및 정돈 상태 불만족.</td></tr>
<tr><td>B</td><td>화장실 청소는 만족스러우나 비품이 완비되어 있지 않음.</td></tr>
<tr><td rowspan="4">위안소</td><td rowspan="4">34</td><td rowspan="4">4</td><td rowspan="4">제3위안소</td><td rowspan="4">쿠리하라 이네 (Kurihara, Ine)</td><td>A</td><td>객실 청소 및 정돈 양호.</td></tr>
<tr><td>A</td><td>이불보와 베갯잇의 세탁 상태 전반적으로 상당히 양호.</td></tr>
<tr><td>A</td><td>대기실 및 복도 청소 상태 우수. 아래와 같은 새로운 청소용품이 눈에 띄었고, 청소 상태가 다른 곳의 본보기가 될 만함.
용품 : 등유-4고(1고=0.318파인트) 및 초 3개.
방법 : 등유와 초를 섞어 함께 끓여 식힌 후 헝겊에 묻혀 바닥을 닦는다.
결과 : 빛이 날만큼 청소 결과가 훌륭하고 바닥 광택효과가 뛰어남. 한번만 닦아도 놀라울 정도의 결과를 얻을 수 있음.</td></tr>
<tr><td>B</td><td>화장실 청소 및 세면실 비품 양호.
종업원 목욕시설에 보다 많은 관심 필요.</td></tr>
<tr><td rowspan="3">위안소</td><td rowspan="3">65</td><td rowspan="3">8</td><td rowspan="3">제4위안소</td><td rowspan="3">쿠다카츠 타로 (Kudakatsu, Taro)</td><td>B</td><td>객실 청소 및 정돈 양호.</td></tr>
<tr><td>B</td><td>이불보와 베갯잇의 세탁 상태 전반적으로 상당히 양호.</td></tr>
<tr><td>C</td><td>대기실 및 복도 청소 상태 우수. 아래와 같은 새로운 청소용품이 눈에 띄었고, 청소 상태가 다른 곳의 본보기가 될 만함.
용품 : 등유-4고(1고=0.318파인트) 및 초 3개.
방법 : 등유와 초를 섞어 함께 끓여 식힌 후</td></tr>
</table>

유형	게이샤와 여급의 건강검진		시설명	업주	등급	경찰 보고
						헝겊에 묻혀 바닥을 닦는다. 결과: 빛이 날만큼 청소 결과가 훌륭하고 바닥 광택효과가 뛰어남. 한번만 닦아도 놀라울 정도의 결과를 얻을 수 있음.
					B	화장실 청소 및 세면실 비품 양호. 종업원 목욕시설에 보다 많은 관심 필요.
병사와 하사관 대상	59	3	제5위안소	야노 마츠요 (Yano, Matsuyo)	C	객실 청소 및 정돈 중간 수준.
					C	이불보 및 베갯잇 상태 불결.
					B	대기실과 복도의 청소 및 정돈은 만족스러우나 흡연 시설 부재.
					B	화장실과 세면실의 청소 및 비품 만족.
병사와 하사관 대상	76	3	제6위안소	슈 로쿠린 (Shu, Rokurin)	B	객실 청소 및 정돈 중간 수준.
					C	이불보 및 기타 침구 상태 불결.
					C	대기실 및 복도 청소 상태 매우 불량.
					B	화장실과 세면실의 청소 및 비품 만족.
병사와 하사관 대상	38	4	제7위안소	니시오카 미츠타로 (Nishioka, Mitsutaro)	B	객실 청소 및 정돈 중간 수준.
					A	침구의 청결을 유지하기 위해 특별한 관심을 기울이고 있으며, 이를 위해 특별히 세탁부를 고용. 환경 매우 우수. (비고: 이하 판독 불가)
					B	대기실 및 복도의 청소 상태는 만족스러우나 흡연시설 부재.
					B	화장실과 세면실의 비품 및 청소 만족.
병사와 하사관 대상	52	3	제8위안소	우치무라 마사오 (Uchimura, Masao)	B	객실 정리 및 청소 만족.
					C	이불보 및 베갯잇 불결.
					C	대기실 청소 상태가 불만족스럽고 재떨이 미비. 주방이 욕실과 너무 가깝고 방충을 위한 확실한 위생조치 필요.
					C	화장실 및 세면실 청소 불만족.
병사와 하사관 대상	49	2	국화 위안소 (Chrysan-themum House)	타카노, 키카노 (Takano, Kikano)	C	경찰 도착 시 업주 부재. 종업원이 근무시간이 정해져 있지 않음. 영업방침이 상당히 불만족스러움.
					C	화장실 및 세면실 매우 불결하며 청소하기 위한 노력을 기울이지 않음.

유형	게이샤와 여급의 건강검진		시설명	업주	등급	경찰 보고
					C	객실과 복도가 불결하고 대기실만 청소된 상태. 침구가 불결하며 상당한 주의 필요.
병사와 하사관 대상	80	1	후지 화원 (Fuji Flower GArden)	와타나베 사타로 (Watanabe, Sataro); 우치무라 세이이치 (Uchimura, Seiichi); 미야케 히로시 (Miyake Hiroshi)	B	복도와 대기실을 제외하고 청소 상태는 전반적으로 만족.
					B	객실을 제외하고 청소 상태는 전반적으로 만족. 침구 세탁 상태 만족.
					B	전반적으로 만족.
위안소	80	1	빛나는 화원 (Shining Flower Garden)	하나이, 키카타로 (Hanai, Kikataro)	B	객실 청소 및 정돈 만족.
					B	침구 세탁 상태 만족.
					B	대기실과 복도를 청소한 것이 분명하나 약간의 추가적 노력 필요.
					A	화장실과 세면실 비품이 특히 청결하며 상태가 우수함.
위안소	48	5	미쿠니 클럽 (Mikuni Club)	우라 진 (Ura, Jin)	B	각 객실은 대체로 상태가 양호하고 정돈되어 있으나, 일부 객실의 청소 상태 불만족. 벽장과 탈의실에 주의를 기울여야 함.
					B	침구 세탁 상태 만족.
					C	대기실과 복도에 재떨이가 구비되어 있지 않으며 재가 여기저기 떨어져 있음.
					B	화장실과 세면실의 비품 및 청소 상태 만족.
위안소	89	6	데이지 정원 (Daisy Garden)	카와 츠타우와 야나키 츠타우 (Kawa-Yanaki, Tsutau)	B	객실 청소 및 정돈 만족.
					B	침구 세탁 상태 만족.
					C	대기실과 복도 불결. 재떨이 미비.
					C	화장실 및 세면실 매우 불결하며 즉시 개선 필요. 위생 규칙 미준수.
					B	객실 청소 및 정돈 만족.
					C	침구 상태 불결하며 품질 취약.

유형	게이샤와 여급의 건강검진		시설명	업주	등급	경찰 보고
						상당한 개선 필요.
위안소	46	1	코켓트 클럽 (Coquette Club)	스사이 아키라 (Shusai, Akira)	C	대기실과 복도가 욕실에 너무 근접해 있으며 집기가 부실하고 불결함. 즉각적 개선 조치 권고. 종업원들이 위생규칙 미준수.
위안소	49	2	술고래 화원 (Drunkard's Flower Garden)	스사이 아키라	C	객실 청소 및 정돈 불만족.
					B	세탁 및 침구 상태 중간 수준.
					B	대기실 및 복도 청소 만족.
					C	화장실 및 세면실의 청소와 비품상태는 만족스러우나 종업원들이 담배꽁초와 재를 창문 밖으로 버리는 버릇이 있으며 주의 필요.
병사와 하사관 대상	80		결정수 클럽 (Crystal Water Club)	미츠야마 나리미치 (Mitsuyama, Narimichi)	B	객실 청소 및 정돈 만족.
					B	침구 세탁 상태 만족.
					C	대기실과 복도, 특히 계단 근처가 불결함.
					A	화장실과 세면실의 청소 및 비품 상태 훌륭함.
병사와 하사관 대상	61	9	여명클럽	토요가와 코넨 (Toyogawa, Konen)	B	객실 청소 및 정돈 만족.
					B	이불보와 베갯잇을 3일에 한번 교체하는 것으로 보이는데 2일마다 교체해야 함.
					C	대기실 및 복도 청소 불만족. 재떨이 거의 없음.
					B	화장실과 세면실 청결하나 2층 세면대에 소독제 미비. 용기 또한 즉시 수리 필요.
특별클럽 (장교와 고위 군속 민간인)	71	1	해화빌라 (Sea-Flower Villa)	나카가미 미노루 (Nakagami, Minoru)	C	주방에 대한 위생조치가 충분하지 않아 벌레가 많음. 도마 사용과 관리 무분별함.
					C	식사 장소가 매우 불결함. 청소하려는 노력을 하지 않음.
					B	대기실, 복도 및 개별 객실의 청소상태는 만족스러우나 화장실 관리 개선 필요.

유형	게이샤와 여급의 건강검진		시설명	업주	등급	경찰 보고
특별클럽 (장교와 고위 군속 민간인)	32	4	지저귀는 참새 궁전 (Chirping Sparrow Palace)	나카가미 미노루 (Nakagami, Minoru)	A	주방 설비 및 청소 상태 매우 양호. 검사 전 방충조치를 취했고 철저하게 시행한 것으로 보임.
					B	도마 관리 강태 불만족. 식사 장소 개선 필요. 화장실 관리 상태 불만족.
특별클럽 (장교와 고위 군속 민간인)	16	1	넓은 소나무 (Wide Pine)	요시다 하루 (Yoshida, Haru)	A	주방 설비 상당히 양호.
					B	도마 사용 및 관리 상당히 모범적. 식사 장소와 욕실 청결함.
					B	화장실 청소는 어느 정도 개선의 여지 있음.
특별클럽 (장교와 고위 군속 민간인)			둥근 진주 (Round Pearl)	테라오 시게루 (Terao, Shigeru)	C	주방에 벌레가 많음. 도마 관리 상태 부적절. 음식을 주방에서 2층과 3층으로 운반하는 승강기와 맥주와 사케를 마시는 2층의 바 (bar)는 화장실과 너무 가까워 벌레가 많지만 조치가 취해지지 않음. 식당에 앉아있는 사람들 간 간격이 지나치게 좁음. 식당이 불결하고 벌레가 많음.
					A	화장실과 세면실은 청결하며 잘 관리되어 있음.
식당 (병사와 하사관)			도쿄 식당 (Tokyo Restaurant)	타카오카 하루요시 (Takaoka, Haruyoshi)	B	주방은 청결하나 도마 관리 상태 불만족.
					C	2층의 맥주와 사케바 불결. 바닥 청소 상태가 적절하지 않고 벌레가 많음.
					A	식당의 청소 및 비품 상태 상당히 양호.
					B	화장실 청소 만족.
식당 (병사와 하사관)			아시아 식당(Asia restaurant)	친 세키세이 (Chin, Sekisei)	C	주방은 정리되어 있지 않고 청소도 거의 되어 있지 않음. 도마를 관리하지 않고 무분별하게 사용하고 있음.
					C	하녀들의 방이 불결하며 상당한 주의 필요.
					B	화장실과 식당의 청소 및 비품 상태 만족.
식당 (병사와 하사관)			미야코 식당 (Miyako Restaurant)	아카마 마츠타로 (Akama, Matsutaro)	B	주방은 청결하나 도마 관리 상태 불만족.
					B	식당 청소 및 설비 만족.
					B	화장실 청소 상태 만족.

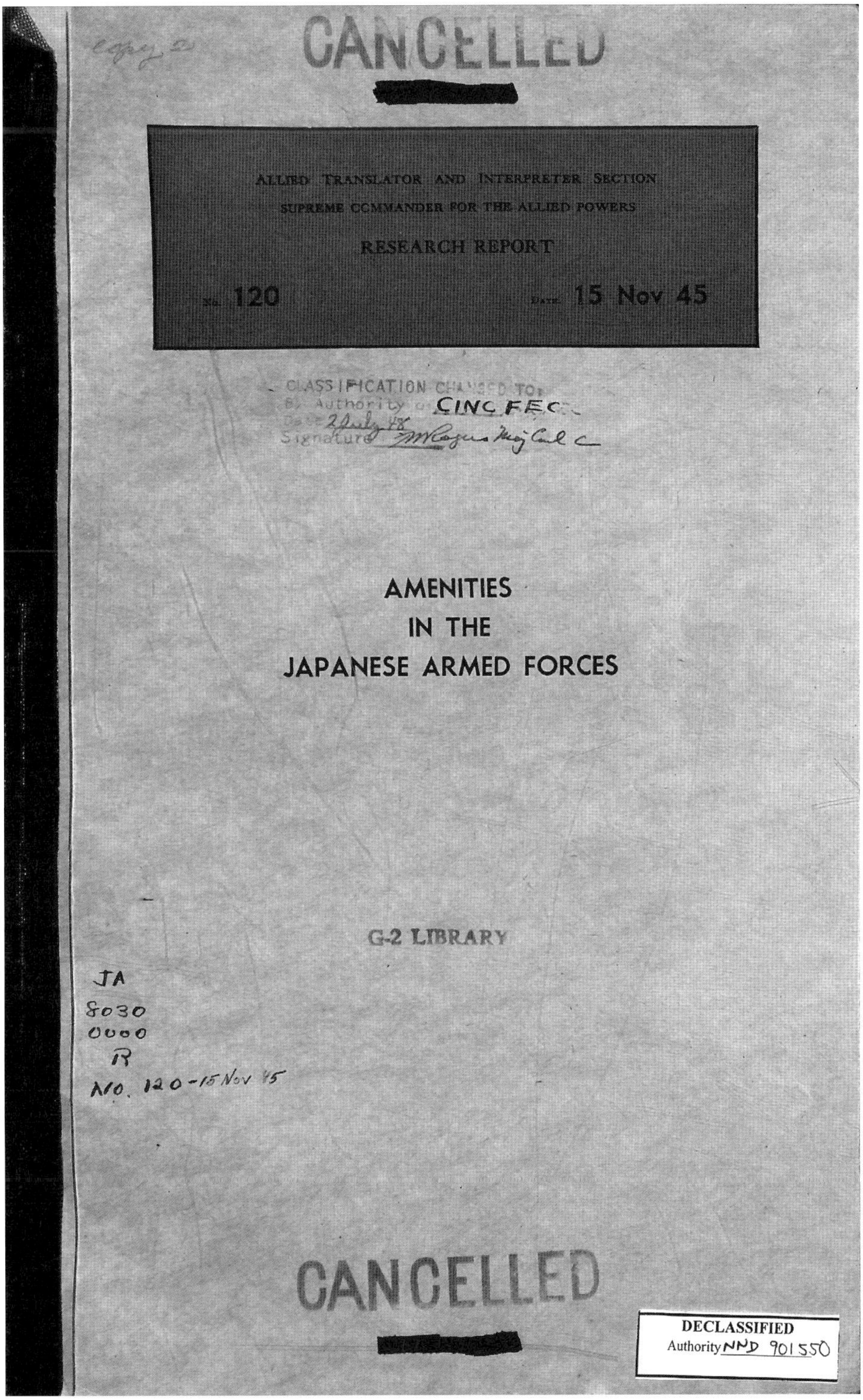

CANCELLED

ALLIED TRANSLATOR AND INTERPRETER SECTION
SUPREME COMMANDER FOR THE ALLIED POWERS

RESEARCH REPORT

No. 120 DATE 15 Nov 45

CLASSIFICATION CHANGED TO:
By Authority of CINC FEC
Date 2 July 48
Signature [illegible]

AMENITIES IN THE JAPANESE ARMED FORCES

GENERAL HEADQUARTERS
SUPREME COMMANDER FOR THE ALLIED POWERS

A.P.O. 500
15 November 1945

Published for the information of all concerned.
By command of General MACARTHUR:

R. K. SUTHERLAND
Lieutenant General, United States Army,
Chief of Staff.

OFFICIAL:
C. A. WILLOUGHBY,
Major General, G. S. C.,
Asst. Chief of Staff, G-2.

ALLIED TRANSLATOR AND INTERPRETER SECTION
SUPREME COMMANDER FOR THE ALLIED POWERS

RESEARCH REPORT

SUBJECT: AMENITIES IN THE JAPANESE ARMED FORCES

I. G. No. 6310
B.I.D. No. 1228

DATE OF ISSUE 15 November 1945

No. 120

SUMMARY:

1. This report covers information available at ATIS up to 31 March 1945 on amenities furnished by the Japanese to their armed forces.

2. There has been no attempt to establish the existence of rules regarding the availability for purchase or gratuitous issue of canteen stores, since there is a great variation, depending upon the type of troops and the area, in the handling of amenities.

3. Information has also been given as to the availability to the troops of such amusements as shows, movies, geisha entertainment, and brothels.

4. References are quoted regarding the amount of war news passed on to troops by field newspapers, bulletins, and radios.

HNB/SRE/CHR/vb

Distribution H

SIDNEY F. MASHBIR
COLONEL. S.C
CO-ORDINATOR

SOURCES: Captured Documents.
Statements of Prisoners of War.

(INFORMATION SHOULD BE ASSESSED ACCORDINGLY)

RESTRICTED

CONTENTS

RESTRICTED

ILLUSTRATIONS

Section I. CANTEEN STORES

1. GENERAL

The Japanese Army establishes canteens for their personnel. At present, there is little information available regarding canteens located in rear areas. Those canteens of which information is available apparently do not carry many articles. Tobacco, sake and beer appear to be their main items for sale. The Navy canteens seem to be better stocked than those of the Army.

The Japanese apparently have a gratuitous issue for their soldiers. Information shows that here the main items of issue are sweets, cigarettes and beer. Naturally this issue has ceased in areas where the Japanese have been by-passed.

Comfort bags are items which are received by Japanese soldiers and it appears that they are greatly appreciated. According to prisoners of war, there are two types of these bags: those received from civilian organizations and those received from the Army. Comfort bags contain both luxuries and necessities. In CHINA, these bags were received regularly but few have reached the South West PACIFIC Area. Apparently, Formosans and civilians are not included in the distribution of comfort bag gifts.

2. POST EXCHANGES AND SHIP STORES

a. Army

(1) Prisoner of War YAMADA, Chiyokasu (JA 145233), Leading Private, member of 170 Infantry Regiment, captured GIRUWA, 15 January 1943, stated:

"Beer and tobacco had been available to troops in the regimental canteen at RABAUL. The tobacco had been brought by the regiment from FRENCH INDO CHINA where it was manufactured by the 'Black Horse' and 'Kotoba' Companies."
(*ATIS Interrogation Report, Serial No. 93, page 10*)

(2) Extract from notebook, dated 10 December 1943, listing names and quantities of provisions and canteen articles received by 141 Infantry Regiment, 65 Brigade:

"Among the provisions listed are polished rice, polished barley, ordinary canned goods, beans and pickled apricots, sugar, soy sauce, fresh and dried vegetables, pickles, potatoes, seaweed, squashes, canned tomatoes, canned oranges, etc. Among the canteen articles listed are soap, loin cloths, sake, beer, tobacco, matches, cookies, etc."
(*ATIS Bulletin No. 744, page 6*)

(3) Extract concerning 18 Army Field Canteen Regulations from file of miscellaneous correspondence, covering period 15 August 1943—17 April 1944, belonging to 27 Field Motor Transport Depot, dated 29 October 1943.

"Classification of field canteens. 18 Army Canteen Bulk Store is different from the other canteens of all forces. This is the only source of supply for all canteens and is located at the 27 Field Freight Depot.

"Articles dealt with. For the time being, these are confined to military uniforms, tobacco or cigarettes, sweets, etc., and articles for the pacification of natives. Due to the present transport difficulties, supplies to all canteens have been reduced to the minimum.

"Price list of articles for the pacification of natives."

Article	Amount	Selling Price
Lap-lap	1.5 m	5.000
Jungle knife	1	8.000
Razor blade	1	0.150
Ornament	1	1.000
Saucepan (Large)	1	5.000
Saucepan (medium)	1	3.000
Saucepan (small)	1	1.500
Salt	1 kg	0.500
Cigarette	each	0.250
ASUTAMU	1	0.500

(*ATIS Bulletin No. 1013, page 8*)

(4) Extract from letter, dated 12 March, year not stated, sent by Technician YAMANAKA to 14 Field Air Repair Depot:

"In closing, the men here are showing signs of fatigue due to the lack of canteen goods, and I am sure they would regain their spirits if some such articles were sent out from JAPAN, since there is also a shortage in your area."
(*ATIS Bulletin No. 1114, page 2*)

(5) Summaries of extracts, giving a list of canteens, from a binder of intendance letters received by 15 Field Antiaircraft Unit from Chief of Staff, KWANTUNG Army, Subject: "Instructions concerning the control of issuing canteen goods to men living outside camp." Summary gives dates of letters from KWANTUNG Intendance Department.

FULARCHI Canteen	14 June 1940
FEITE (?) Canteen	10 July 1940
YENCHI Canteen	10 July 1940
TSITSIHAR Canteen	27 August 1940
LUNGCHEN Canteen	13 September 1940
CHENGKAOTZE (?) Canteen	14 December 1940
TUNHAU Canteen	24 December 1940
HAILAN Canteen	26 January 1941
LIACYANG Canteen	23 April 1941
TIEHLING Canteen	23 April 1941
HAICHENG Canteen	23 April 1941
NENCHIANG Canteen	10 May 1941
SZUPINGKAI Canteen	11 June 1941
LINKOU Canteen	16 June 1941
PINGYANG Canteen	1 July 1941
PAMIENTUNG Canteen	5 July 1941
DAIREN Canteen	9 July 1941
SHANSHENFU (?) Canteen	28 October 1941
TUMEN Canteen	8 January 1942
CHINING (?) Canteen	19 January 1942
HSINGSHAN (?) KWANTUNG Army Canteen	25 March 1942
PAICHENGTZE Canteen	9 April 1942
TAIYINGHO (?) SECTOR Canteen	16 April 1942
TUNGSUI (?) Canteen	16 April 1942
SIACHENGTZE Canteen	21 April 1942

(*SOPAC Translation, Serial No. 01996, page 17*)

(6) Prisoner of War, Superior Private, member of 51 Infantry Regiment, captured UYUMPOK, 13 April 1944, stated:

"Japanese soldiers in FRENCH INDO CHINA had special Army canteens (GUNSHUHO) established for their benefit. There, they could eat and buy whatever they wanted at extremely low prices. Many Japanese civilians had come from JAPAN to run these canteens and some had brought their families too."
(*Source available on request*)

b. Navy

(1) Prisoner of War SUZUKI, Ryozaburo (JA (USA) 100044), Second Class Engineer Petty Officer, Boiler Room Talker, member of Destroyer YUGUMO, rescued at sea, 7 October 1943, stated:

"Sake and beer were procurable aboard naval vessels every day from 1600 to 1900 hours, directly after evening meal."
(*ATIS Interrogation Report, Serial No. 358, page 30*)

(2) Prisoner of War WAJIMA, Jutaro (JA (USA) 100045), Superior Petty Officer, Torpedo Rating, member of Destroyer YUGUMO, captured near KOLOMBANGARA, 7 October 1943 stated:

"Besides being Petty Officer in Charge of No. 2 Torpedo Mount, was also in charge of ship's store, which sold sake, beer, cider, candy, tobacco., towels, shirts, trousers, paper, ink, pens, etc. Store opened after breakfast and after lunch for purchases of towels, trousers, paper, pens, etc. from 1730-1800 and from 2000-2100 hours for the purchase of other things. Prices ranged as follows:

" Cigarettes

Cherry Brand	15 sen (10 cigarettes)
Homari Brand	4 sen (20 cigarettes)
Golden Bat Brand	5 sen (10 cigarettes)
Hikari Brand	10 sen (10 cigarettes)

" Candy

Bean cakes	10 sen
Hard candy	10 sen

" Miscellaneous—Biscuits 10 sen, peanuts 10 sen, cider 23 sen, a bottle of beer 37 sen, and sake 2 yen for two liters.

" Sake and beer were sold only once or twice a week. A special ration was issued after long cruises or engagements."
(*ATIS Interrogation Report, Serial No. 434, page19*)

(3) Prisoner of War KAWAYOSHI, Noboru (JA 145599), Civilian Employee, member of 14 Pioneer Unit (Naval), captured BUSU RIVER, 20 September 1943, stated:

"In RABAUL a great variety of articles was available. Any quantity of cigarettes could be purchased. Cigarette prices were as follows:

Brand	Price to Troops	Price in JAPAN
Homari (20 cigarettes)	4 sen	not sold
Hikari (10 cigarettes)	8 sen	18 sen
Cherry (10 cigarettes)	10 sen	20 sen
Bat (10 cigarettes)	4 sen	15 sen

"Beer (30 sen a bottle), sake, cider, and various types of sweets were also available. Beer and sake were sold freely and each man could buy two or three bottles at a time, when supply was available. There was usually sufficient to go round."
(*ATIS Interrogation Report, Serial No. 293 page 9*)

(4) Price list of canteen articles for sale by SASEBO 5 Special Naval Landing Party, captured BUNA MISSION, 8 January 1943, is given in Figure 1. (*ATIS Current Translations No. 23, page 45*)

Article	Price (Yen)	Article	Price (Yen)	Article	Price (Yen)
Sake (TOJIMAN)	1.700	Salmon, canned	.600	Taido shoe polish	.600
Sake (OZEKI)	2.000	JINTAN (sen sen) medium size	.260	Pineapple, canned	.500
Asahi beer	.400	WAKAMOTO (yeast)	1.200	Kwao (brand) soap	.110
Kirin cider	.220	Plum (brand) meat extract	1.000	Laundry soap	.300
Homari (cigarettes)	.050	White cotton socks	.220	Victor fountain pen #1	2.000
Hikari (cigarettes)	.080	Grey socks	.280	Victor fountain pen #2	1.800
Kinshi (cigarettes)	.050	Striped shirts	1.200	Facial tissue	1.000
Milk	.550	Inner soles	.050	Writing paper	.070
Handkerchiefs	.170	Garters	.720	Military post cards (100 cards)	.250
Drops, candy	.100	Rain coat buttons	.030	Envelopes	.050
Caramels	.100	Black or white suit buttons	.070	Small note-books	.060
Fruit rice jelly	.100	Clothes pins	.030	Loose leaf note-books	.040
Yokan (sweet bean paste)	.110	Safety pins	.070	Raito Ink	.270
5 colored candy drops	.110	White thread	.130	Kikushi brand ink (Red)	.120
Homari sugar candy	.100	Paste	.110	Japanese ink	.140
Biscuits	.100	Clasps	.050	Penholder	.050
Pears, canned	.550	Pocket knife	.130	Pen points	.030
White peaches, canned	.550	Scissors	.220	Pencil	.050
Crab, canned	.700	Rubber soles	.340	Voucher	.050
Striped under shirts	1.200	Rubber heels	.230	Tooth picks	.110
Knitted trunks	4.200	Prophylactics	.030	Tooth pick box	.080
Bleached cotton	.970	Note-books	.120	Clothes brush	.280
Towels	.220	Lion (tooth) powder	.110	Shoe brush	.200
Face towel	.220	Lion (tooth) paste	.180	Soap box	.230
Loin cloth	.150			Writing pad	.150
White scarf	.330				

Figure 1—CANTEEN PRICE LIST OF SASEBO SPECIAL NAVAL LANDING PARTY

3. GRATUITOUS ISSUE

a. Officers

(1) Extract from diary of Probationary Officer YUMIDE, presumably of IBARAGI Prefecture, unit not stated:

"13 April 1943. Received rations, beer, candies, cigarettes, etc. Had drinking party at officers club.

"30 April. About 2300 hours, embarked and headed toward ERVENTA, BOUGAINVILLE Island.

"1 May. 0600 hours, arrived our objective.

"5 May. Today is SEKKU (Annual Festival for Boys) and I have been drinking sake for four consecutive days."

(*ATIS Bulletin No. 340, page 3*)

(2) A prisoner of war, a leading seaman, on the Destroyer YUGUMO, captured off VELLA LAVELLA, 7 October 1943, stated:

"The men were given sake on Sundays, and the officers had it a little more frequently."

(*SOPAC Interrogation Report, Serial No. 0211, page 29*)

b. Enlisted Men

(1) Prisoner of War HORIGUCHI, Takeki (JA 145434), Superior Private, member of 115 Regiment captured near PORT HENNESSY, 9 March 1943, stated:

"Once a week every soldier serving away from JAPAN received gratis from government, 40 cigarettes, one bag of cakes, and one-third pint of sake or one pint of beer."

(*ATIS Interrogation Report, Serial No. 128, page 7*)

(2) Prisoner of War KOBORI, Masuo (JA 145633), member of 115 Infantry Regiment, captured BAINDUANG, 23 October 1943, stated:

"A weekly free issue of one-half pound sweets, 60 to 80 Homari cigarettes and either about one pint of sake or one bottle of beer was made in NEW BRITAIN. On occasions there was an issue of tinned fruit juice in lieu of sweets. Further purchases could be made from canteen. These provisions were in dumps and constantly guarded but this did not prevent petty thefts, mostly of sweets."

(*ATIS Interrogation Report, Serial No. 309, page 6*)

(3) Extract from diary of First Class Private KAWANUMA, Maokichi, unit not stated. Dated 23 November 1942–10 February 1944:

"1 January 1943. At KOKOPO, beer, oranges and cigarettes were issued to our platoon (34 men)."

(*ATIS Bulletin No. 1006, page 3*)

(4) Extract from a diary captured on GUADALCANAL, no name, dated 2 June 1942 to 15 November 1942:

"2 November 1942. Tomorrow two or three bottles of beer will be distributed, even at the first line for the purpose of celebrating the auspicious occasion of Emperor MEIJI's Anniversary."

(*USAFISPA Translation, Item No.* 260, page 1)

(5) Prisoner of War ICHIHARA, Kinichi (JA (USA) 147004), First Class Private, member of 53 Infantry Regiment, captured SUMERU, 30 December 1943, stated:

"In CHINA, troops had received a free issue of 40 cigarettes per man per week. Others could be purchased cheaply. In South West PACIFIC Area, issue was approximately five per man per day."

(*ATIS Interrogation Report, Serial No. 362, page 9*)

(6) Extract of diary of TAKIZAWA, crew member of the No. 6 SHONAN MARU, captured KWAJALEIN Atoll:

"1 January 1944. Arrived at KWAJALEIN Island. Received four months' supply of sake which was more than we had expected and everyone was very happy."

(*JICPOA Translation, Item No. 7496, page1*)

(7) Extract from 30 page handwritten field diary, for June 1943, belonging to 1 Battalion, 238 Infantry Regiment at CAPE MOEN and BOIKEN:

"28 June (Monday) fine. CAPE MOEN. Additional supplies such as sake, sugar, candy, and tobacco were received today."

(*ATIS Current Translations No. 100, page 41*)

(8) Extract from handwritten file of transmitted orders, presumably of 1 Maintenance Company, 22 Airfield Battalion. Dated 29 March—28 August (presumably 1943).

"10 July. Tomorrow the 11th, from 0600 hours, a ceremony and distribution of the tobacco sent by His Majesty will take place. All company commanding officers will assemble in front of headquarters, accompanied by their highest ranking noncommissioned officers. Dress will be informal simple field uniform. Ribbons will be worn."

(*ATIS Enemy Publications No. 83, page 22*)

(9) Extract from pencil written notebook and diary belonging to OTANI, Moriichi, of South Seas Expeditionary Force. Entries dated 19 December to 26 November, presumably 1942 and 1943 respectively.

"22 June. About one quart of sake for each man was distributed. Everyone was in good spirits."

(*ATIS Bulletin No. 590, page 14*)

4. COMFORT BAGS

a. Army

(1) *Receipt of Comfort Bags.*—

(a) Prisoner of War ISHIGURO, Kiyoichi (JA 145044), First Class Private, member of 228 Infantry Regiment, captured PAPAKI BRIDGE, 11 November 1942, stated:

"He received a comfort bag while in Hospital at CANTON."

(*ATIS Interrogation Report, Serial No. 42, page 8*)

(b) Prisoner of War NAITO, Haruji (JA 145564), First Class Private, member of 66 Infantry Regiment, captured KOMIATUM, August 1943, stated:

"Had received comforts bags from home also from Army. Latter were of two types. Type A was received every month and included soap, toilet paper and post cards. Type B came every two months and included loin cloths and towels."

(*ATIS Interrogation Report, Serial No. 290, page 10*)

(c) Prisoner of War ARITA, Kazo (JA 145935), Superior Private, member of 144 Infantry Regiment, captured OIVI, 15 November 1942, stated:

"At RABAUL he received a comfort bag containing edibles, paper, etc, but no cigarettes."

(*ATIS Interrogation Report, Serial No. 39, page 8*)

(d) Prisoner of War NAKAMURA, Ryoki (JA (USA) 147449), Second Class Petty Officer, member of 2 Transport Unit, captured JACQUINOT BAY, 23 April 1944, stated:

"He had received comfort bags on two occasions from Women's National Defense Society. Last time he had received a comfort bag was in December 1943 while in NEW BRITAIN, and it contained games, writing and toilet paper, jelly beans, and salt fish."

(*ATIS Interrogation Report, Serial No. 501, Section 13*)

(e) Extract from diary belonging to First Class Private KAWANUMA, Naokichi, unit not stated, dated 23 November 1942–10 February 1944, entry made while in NEW BRITAIN:

"31 January 1943. Received comfort bag from TOKYO."
(*ATIS Bulletin No. 1006, page 3*)

(f) Prisoner of War ISHIKAWA, Iwamatsu (JA(USA)147004), First Class Private, member of 53 Infantry Regiment, captured at SUMERU, 30 December 1943, stated:

"Comfort bags were received in CHINA, but none in the South West PACIFIC Area."
(*ATIS Interrogation Report, Serial No. 362, page 9*)

(g) Prisoner of War SATO, Susumu (JA(USA) 147143), Sergeant Major of 141 Infantry Regiment, captured at TALASEA, 16 March 1944, stated:

"While in RABAUL, received one comfort bag."
(*ATIS Interrogation Report, Serial No. 475, Section 13*)

(h) Prisoner of War HATORI, Fumichiro (JA (USA)147018), Corporal, member of the 238 Regiment, captured near ARARI, 5 February 1944, stated:

"Received many comfort bags in CHINA, but none in NEW GUINEA."
(*ATIS Interrogation Report, Serial No. 467, Section 13*)

(2) *Non-receipt of Comfort Bags.*—

(a) Prisoner of War KIBA, Hisao (JA (USA) 147586), Second Lieutenant, member of 68 Independent Field Antiaircraft Battalion, captured HOLLANDIA, 2 May 1944, stated:

"He had received no packages or comfort bags."
(*ATIS Interrogation Report, Serial No. 489, Section 13*)

(b) Prisoner of War NAGASAKU, Mikio (JA (USA)147459), First Class Private, member of 68 Independent Field Antiaircraft Battalion, captured HOLLANDIA, 22 April 1944, stated:

"He had received no comfort bags."
(*ATIS Interrogation Report, Serial No. 468, Section 13*)

(c) Prisoner of War YOSHIDA, Hiroshi (JA 145648), Sergeant Major (Pilot), member of the 248 Air Regiment, captured near LAE, 12 November 1943, stated:

"He had received no comfort packages while in the South West PACIFIC Area."
(*ATIS Interrogation Report, Serial No. 404, page 13*)

b. Formosans and Civilians

(1) Prisoner of War SUKIMOTO, Yoshitaka, Formosan laborer, captured on GREEN ISLAND, 7 March 1944, stated:

"He had never received any gifts in way of comfort bags of any sort."
(*SOPAC Interrogation Report, Serial No. 01230, page 29*)

(2) Prisoner of War YAMAGUCHI, Masahiro (JA 145158), Medical Orderly, captured SOPUTA, 6 December 1942, stated:

"He had received no mail or comfort bags since leaving JAPAN."
(*ATIS Interrogation Report, Serial No. 41, page 8*)

4

Section II. AMUSEMENTS

5. GENERAL

It appears from information gathered that the Japanese do not make too great an effort to furnish athletic equipment to their troops. One prisoner of war stated that as far as he knew there was no organized athletics in the Japanese Army. Evidence appears to indicate that this is not entirely true because in rear areas the troops have athletic meetings. There is little evidence to support the theory that an athletic program is carried out in forward areas. In fact it appears that no athletic equipment is carried to these areas and that any participation in games must be done with make-shift equipment.

Evidence seems to indicate that the Army makes an attempt to provide occasional movies for the troops. They apparently do not furnish movies to any great degree and there is little information as to the type of movies shown the troops. One Japanese soldier was apparently rather eager to see a movie, because he infiltrated the Allied lines to see a picture in which Ginger Rogers was playing.

The Japanese apparently have organizations similar to American United Service Organization shows which are for the entertainment of their troops. It appears that these units do not travel to forward areas. They made several appearances in the South West PACIFIC Islands but soon returned to JAPAN due to Allied bombings.

The Japanese insure one form of amusement by locating their brothels in forward areas. One prisoner of war has stated that brothels are immediately established where there are any large number of troops. Majority of the women of the Japanese brothels are Japanese, Koreans, and Chinese. Although the Japanese apparently waste no time in establishing their brothels, it appears that the demand greatly exceeds the supply. This condition practically excludes the enlisted personnel, and only officers are able to take advantage of these places of business.

There appears to be quite a bit of difference of opinion among prisoners of war as to who owns and controls the brothels. The statement of a prisoner of war, who was a brothel owner in BURMA, and several lists of brothel regulations, which have been captured in South West PACIFIC Area, indicate that brothels are privately owned but under military supervision. Information available indicates that the venereal rate among Japanese troops in South West PACIFIC Area is exceedingly low.

Japanese troops are usually granted leave when in the homeland but evidence indicates that they have no policy of leave or rotation in the South West PACIFIC Area.

(a) Prisoner of War TSUNO, Keishin (JA 14-5033), Superior Private, member of 144 Infantry Regiment, captured OIVI, 9 November 1942, stated:

„Gambling is strictly prohibited in the Japanese Army, and when it was discovered that some of the Japanese soldiers were gambling, cards were taken away from them."

(*ATIS Interrogation Report, Serial No. 34, page 5*)

(b) Prisoner of War TOMITA, Tomaoki, First Class Private, member of the 112 Infantry Regiment, captured at SIRZWEYA, 12 February 1944, stated:

"As for the songs the troops sang, there were none that could be said to be in general use since most sang those which were popular in their own part of JAPAN."

(*Source available on request*)

6. ATHLETICS

(a) "According to a petty officer second class, the 'SHUKAI SHO' (probably mess hall or day room) on KWAJALEIN had magazines, phonographs, ping-pong sets, record and radio sets. At the headquarters of 6 Base Force, sake and cigarettes were available. Volleyball was popular.

"A seaman first class complained about the lack of recreational facilities on KWAJALEIN in spite of the equipment listed above and the fact that he was able to see movies on Sundays. As a Catholic, he attended masses regularly on Sundays. According to this prisoner of war, the recreation room at SASEBO, where he took his basic training, was poor, while that of YOKOSUKA impressed him favorably because it offered a variety of food and drinks and had waitresses, baths, movies and stage shows."

(*A-160 30 August 1944, pages 6-7*)

(b) Extract from handwritten routine order issued 7 June 1942, by 55 Transport Regiment:

"Baseball games by TAKAMORI Force."

(*ATIS Bulletin No. 151, page 2*)

(c) Prisoner of War TSURUTA, Masatoshi (JA(USA)147102), Second Lieutenant (Medical Officer), member of 141 Infantry Regiment, captured TALASEA Area, stated:

"At RAKUME, athletic meetings, SUMO exhibitions and plays were sometimes arranged for entertainment of troops. Baseball was frequently played in PHILIPPINES but no sports equipment was brought to NEW BRITAIN. No recreational facilities in the field."

(*ATIS Interrogation Report, Serial No. 453, page 12*)

(d) Prisoner of War SASAYAMA, Jun (JA 145531), Sergeant, member of 50 Independent Antiaircraft Battalion, captured off TROBRIAND ISLANDS, 23 March 1943, stated:

"As far as he knew there were no organized athletics in the Japanese Army."

(*ATIS Interrogation Report, Serial No. 189, page 10*)

(e) Prisoner of War YAMADA, Toshio, First Class Private, member of the 124 Infantry Regiment, captured on GUADALCANAL, 9 February 1943, stated:

"There are organizations at home which buy and collect the latest popular records and send them to the camps. There are no such things as recreational halls in the Army. Each company has its own phonograph records, games,

magazines, etc. and the men borrow them for use during leisure time and return them to the orderly room when they are through."
(SOPAC Interrogation Report, Serial No. 02330, page 64)

(f) Prisoner of War KISHIMOTO, Hachiro, Superior Private, member of 23 Infantry Regiment, captured on BOUGAINVILLE, 6 April 1944, stated:

"On Bougainville, soldiers held amateur performances during the night and athletic meetings during the day. Since there are no facilities, the latter were obstacle courses, running and tree climbing races."
(SOPAC Interrogation Report, Serial No. 266, page 3)

(g) Prisoner of War YOSHIDA, Kazuo, Lance Corporal, member of 6 Field Artillery Regiment, captured TOROKINA Area, 23 March 1944, stated:

"At MAIKA, there was an enlisted men's library in the prisoner of war compound, consisting of magazines and books of general interest. The prisoners of war improvised games from articles available. Checkers and chess boards were used. In CHINA, there was no need for such amusements as leave was obtainable to go to nearby towns and cities where magazines and other luxuries could be bought."
(SOPAC Interrogation Report, Serial No. 01459, page 36)

(h) Summaries of extracts from a binder of intendance letters received by 15 Field Antiaircraft Unit from KWANTUNG Defense Army Intendance Section, subject: "Notification of the issuing of entertainment equipment for the first (or second) time to Forces which are newly established or having changed station." Numbers in brackets are those issued the first time. See Figures 2 and 3.
(SOPAC Translation, Serial No. 01996, pages 5, 6)

SUPPLY DISTRICT	FORCE	PHONOGRAPHS	CHESSBOARDS
HARBIN	16 Field Antiaircraft Defense Unit	1	
HARBIN	1 Field Searchlight Battalion	1	1
HARBIN	62 Line of Communication Sector Unit (Headquarters)		1
HARBIN	62 Line of Communication Sector Unit (Guard)	(1)	2
HARBIN	62 Line of Communication Sector Unit (Duty)	(1)	2
HARBIN	276 Independent Motor Transport Company	(1)	1
HARBIN	58 Independent Transport Unit	(1)	2
HARBIN	57 Independent Transport Unit	(1)	2
HSINKING	KWANTUNG Defense Army Headquarters		
HSINKING	11 Antiaircraft Unit	1	
HSINKING	(possibly) 278 Independent Motor Transport Company	(1)	1
MUKDEN	(possibly) 15 Field Antiaircraft Defense Unit	1	
MUKDEN	(possibly) 264 Independent Motor Transport Company	1	
MUKDEN	277 Independent Motor Transport Company	1	
MUKDEN	279 Independent Motor Transport Company	1	
MUKDEN	37 Casualty Cleaning Station	1	
MUKDEN	11 Line of Communication Medical Unit	1	1
MUKDEN	71 Line of Communication Hospital	(1)	3
MUKDEN	15 Line of Communication Veterinary Hospital	1	1
MUKDEN	72 Line of Communication Hospital	(1)	3
MUKDEN	7860 Force (Unidentified force stationed at HSIUNGYUEHCHENG)	1	3
DAIREN	14 Field Antiaircraft Defense Unit	1	
DAIREN	PORT ARTHUR Fort Antiaircraft Unit	1	
DAIREN	Temporary Group (or Line of Communication)		
DAIREN	57 Independent Transport Unit	1	1
Total		14	24

Figure 2. DISTRIBUTION OF ENTERTAINMENT EQUIPMENT— 24 JANUARY 1942

ATHLETICS

SUPPLY DISTRICT	FORCE	NO. OF CHARMS	NO. OF RECORDS ALBUMS
MUKDEN	1 Independent Garrison	1	
HSINKING	(possibly) 2 Independent Garrison	1	
ANGANGCHI	Formerly 3 Independent Garrison	1	
CHENGTE	9 Independent Garrison	1	
HARBIN	5 Independent Garrison	1	
PORT ARTHUR	Fortress Headquarters	1	
HSIUNG YUEH CHENG	HSIUNG YUEH CHENG Military Hospital		2
KUNGCHULUNG	KUNGCHULUNG Military Hospital		2
LIAOYANG	LIAOYANG 2 Hospital		2
CHINCHOW	CHINCHOW Army Hospital		1
HAICHENG	HAICHENG Army Hospital		1
MUKDEN	37 Casualty Clearing Station		1
KAIYUAN	11 Line of Communication Medical Unit		1
HSINMIN	15 Line of Communication Veterinary Hospital		1
CHINHSIEN	72 Line of Communication Hospital		1
HSIUNG YUEH CHENG	Unidentified (7860)		1
DAIREN	14 Field Antiaircraft Defense Unit		1
DAIREN	PORT ARTHUR Fort Antiaircraft Unit		1
LIAOYANG	1 LIAOYANG Military Hospital		1
CHOWSHUITZE	14 Line of Communication Veterinary Hospital		1
HARBIN	16 Field Antiaircraft Defense		1
HARBIN	1 Field Searchlight Battalion		1
WEITZEKOU	62 Line of Communication Sector Unit		2
WEITZEKOU	276 Independent Motor Transport Company		1
WEITZEKOU	58 Independent Transport Unit		1
CHOWKIA	57 Independent Transport Unit		1
HSINKING	11 Antiaircraft Unit		1
MENGCHIATAN	(possibly) 278 Independent Motor Transport Company		1
MUKDEN	(possibly) 15 Field Antiaircraft Defense Unit		1
MUKDEN	(possibly) 264 Independent Motor Transport Company		1
MUKDEN	277 Independent Motor Transport Company		1
MUKDEN	279 Independent Motor Transport Company		1

Figure 3. *NOTIFICATION OF THE ISSUING OF ENTERTAINMENT EQUIPMENT, 19 February 1942.*

7

7. MOVIES

(a) Prisoner of War YAMADA, Toshio, First Class Private, member of 124 Infantry Regiment, captured GUADALCANAL, 9 February 1943, stated:

"For morale purposes, the Japanese Army sends out motion picture caravans to Army stations. These have the necessary equipment to set up a projection unit at each camp. Traveling sound cars go about equipped with a phonograph, public address system, and the latest records."
(*SOPAC Interrogation Report, Serial No. 02330, page 64*)

(b) Prisoner of War KANAZAWA, Akira (JA 145535), Sergeant Major, member of 51 Field Engineer Regiment, captured TUTU, 8 April 1943, stated:

"51 Division carried a movie projector, and films were shown where electricity was available. During his stay in CANTON Area, his division saw movies, and stage shows were brought over."
(*ATIS Interrogation Report, Serial No. 289, page 33*)

(c) Prisoner of War MATSURA, Yakichi, Corporal, member of 143 Infantry Regiment, captured TATMAKHAL, 20 December 1943, stated:

"The only form of amusement for the soldiers in BURMA was supplied by Korean prostitutes. There are very few cinemas, no books, no talks or lectures. You came to BURMA to fight and to die, and but for an occasional visit to a brothel you are left to your own devices."
(*Source available on request*)

(d) Extract dated 26 December 1941, from handwritten routine orders belonging to 55 Transport Regiment:

"Theatricals to be held by SAKAMOTO Force (in GUAM)."
(*ATIS Bulletin No. 151, page 2*)

(e) Prisoner of War YOSHIDA, Kazuo, Lance Corporal, member of 6 Field Artillery Regiment, captured TOROKINA Area, 23 March 1944, stated:

"He had seen movies on one occasion on BOUGAINVILLE."
(*SOPAC Interrogation Report, Serial No. 01459, page 36*)

(f) Summary of mimeographed booklet entitled "General rules for inspection of movies", dated 12 April 1943, issued by Philippine Military Administration Inspectorate Department, kept by TACLOBAN Agency of same department:

"All movies to be shown in the PHILIPPINES are to be censored and approved by the Pacification Bureau of the Military Administration Inspectorate Department. The type, title, producer, length and summary of the picture are to be submitted to this bureau.

"Any pictures that endanger the respect or policies of the Imperial Army, threaten Japanese-Filipino or Japanese Axis cooperation, extol Communism, criminals or Americans are not to be shown or are to have the offensive portions cut.

"Regulations are given for submitting films for approval, and for the replies thereto. Diagrams of the application form and of the certificates of approval or disapproval of the films are given."
(*ATIS Bulletin No. 1757, page 7*)

(g) List of miscellaneous reels of captured Japanese films, all undated, captured LEYTE:

"Two reels of KODOMOGRAPH (newsreel for children) produced by ASAHI News.
"Three reels of Children's Newsreels.
"One reel entitled 'TOKYO OZUMO,' a filming of the SUMO wrestling contests.
"One reel entitled 'Young Students Walking Tour.'
"Six reels of film entitled 'The White Heron,' depicting a love drama of the late MEIJI Era.
"Two reels of films entitled 'Married Life' and 'Light and Shade' respectively, being modern type domestic dramas.
"A travelogue entitled 'HAKONE and FUJI', depicting a tour of the mountain districts.
"Four reels of film entitled 'Parent and Child Whale.'
"One reel of film entitled 'Life of a Snake.'
"One reel of unnamed war drama depicting advance of infantry in MALAYAN Campaign."
(*ATIS Bulletin No. 1669, Document No: 16806, page 6*)

(h) "Security. We don't take booking. A Prisoner of War recently captured in a PACIFIC Area told interrogators that he had been within the Allied perimeter several days previously. Questioned further, he said he had attended a cinema performance. The film, he contended, starred 'JINGA ROGARASU' He was able to give sufficient details of the trials and difficulties of the beautiful Ginger on the previous Tuesday evening, that left no room for doubt that he had, in fact, seen the film."
(*Australian Military Forces Weekly Intelligence Review, No. 109, page 14*)

8. GEISHA AND ENTERTAINMENT TROUPES

a. Homeland

(1) Extracts from diary dated March to May 1942, owner and unit unknown:

"29 March. The Young Girls' Club in UTAGUARA came to entertain us. They brought us rice, cake, oranges, SUSHI and Sake. We deeply appreciated their kindness.

"5 April. Approximately 100 people came from SHIKA CHO to entertain us. 16 April, 36 people came to entertain us."
(ATIS *Bulletin No. 245, page 2*)

(2) Prisoner of War NAGAMA, Mitsuto, Second Class Petty Officer, captured NEW GEORGIA, 8 July 1943, stated:

"While at KISARAZU and various other airfields he saw a traveling unit, something similar to our United Service Organization shows. He stated the performers were all professionals and the girls were pretty. These units gave away cigarettes, writing paper and candy. He stated he has not seen Geisha girls travelling and entertaining soldiers. He also stated that these units did not go out of the country as he has never seen anything like these units in RABAUL or heard of them being in foreign countries."
(*SOPAC Interrogation Report, Serial No. 02004, page 8*)

b. PALAU

Prisoner of War OHARA, Shosoku (JA 145346), Civilian Labor Oversea, member of Provisional Road Construction Unit, captured GIRUWA, stated:

"As there were no amusement facilities in PELIELU, with exception of one or two beer halls, prisoner of war spent his holidays mostly at

KOROR where they had places of amusements, shops, cinemas, and brothels: He occasionally went to ARAKABESAN."
(*ATIS Interrogation Report, Serial No. 101, page 8*)

c. South West PACIFIC Area

(1) Prisoner of War YOSHIDA, Kazuo, Lance Corporal, member of 6 Field Artillery Regiment, captured TOROKINA Area, 23 March 1944, stated:

"During the summer of 1943, several Japanese actresses arrived at RABAUL to entertain Japanese troops. Heard that same troupe came to entertain air corps personnel and some officers at ERVENTA. Names of actresses in troupe known to prisoner of war: TAKAMINE, Miyeko; YANAKI, Sakko. After staying two to three days at ERVENTA, they returned to JAPAN because of American bombing."
(*SOPAC Interrogation Report, Serial No. 01459, page 36*)

(2) Prisoner of War KISHIMOTO, Hachiro, Superior Private, member of 23 Infantry Regiment, captured BOUGAINVILLE, 6 April 1944, stated:

"In CHINA, the so-called Entertainment War Relief Groups (probably similar to American United Service Organization) organized by politicians, veterans of war, and other associations, were sent to various combat units. They usually brought Geisha girls with them and held stage shows. Famous actors, actresses, singers, and comedians visited soldiers to entertain but they had not come as far as BOUGAINVILLE."
(*SOPAC Interrogation Report, Serial No. 01122, page 3*)

9. BROTHELS

a. Regulations

(1) *MANILA*

(a) Bound printed booklet (1) entitled "Rules for Authorized Restaurants and Houses of Prostitution in MANILA", issued February 1943 by Lieutenant Colonel ONISHI, MANILA District Line of Communication Squad.

Part One—General Regulations

"1. In these regulations, authorized restaurants will be taken to mean those places designated by the Officer in Charge of MANILA Sector Line of Communications Duties, with the sanction of the army commanding general, as eating places for soldiers and army civilian employees. Houses of relaxation should be taken to mean those places designated by the Officer in Charge of MANILA Sector Line of Communications Duties, with the sanction of the army commanding general, which maintain hostesses (geisha or waitresses) for the entertainment of soldiers and army civilian employees.

"2. Managers may close down or suspend the operation of their establishments only with the permission of the officer in charge of MANILA Sector Line of Communications Duties.

"3. If and when the various managers meet with difficulties, the officer in charge of MANILA Sector Line of Communications Duties may either close the business or temporarily suspend it. In such cases, the managers will present a statement for recompense for any losses or for any other inconvenience.

"4. Authorized restaurants and houses of relaxation will be used only by soldiers and army civilian employees.

Part Two—Business Operation

"5. Persons planning to operate authorized restaurants or houses of relaxation must submit the following documents to the officer in charge of MANILA Sector Line of Communications Duties. Managers must be Japanese who have had some business experience.

"a. Application for permission to open business: three copies (Appendix A, Form No. 1).

"b. Statement of business plans: three copies (Appendix A, Form No. 2).

"c. Affidavit: three copies (Appendix A, Form No. 3).

"d. Personal history: three copies.

"6. Persons receiving permission to open business will thereupon determine the number of personnel needed, and will submit three copies of their business personnel list (Appendix A, Form No. 4), one copy of the personal histories of employees, and three copies of requests for authorization of the hostesses (geisha and waitresses) (Appendix A, Form No. 5). When preparations are complete, the Officer in Charge of MANILA Sector Line of Communications Duties will be informed, and business may commence after the inspection of the establishment and the physical examination of the employees.

"7. Managers intending to change the personnel of their establishments must secure the permission of the Officer in Charge of MANILA Sector Line of Communications Duties. Hostesses (geisha and waitresses) wishing to leave the establishments must submit a request therefore (Appendix A, Form No. 6). When the hostesses (geisha and waitresses) and other employees are to be replaced, a request for permission to do so must be submitted (Appendix A, Form No. 7).

"8. Managers intending to increase the number of hostesses (geisha and waitresses), maids and others will so inform the Officer in Charge of MANILA Sector Line of Communications Duties. The date and time for the physical examinations by the medical authorities will be announced for each occasion. On completion of the physical examinations, the examination charts together with copies of personal histories or identification papers will be submitted to the Officer in Charge of MANILA Sector Line of Communications Duties. Permission is necessary before anyone joins the establishment.

"9. The location of and the buildings used as authorized restaurants and houses of relaxation must have the approval of the Officer in Charge of MANILA Sector Line of Communications Duties. In the future, managers who cannot maintain discipline may be removed. The Officer in Charge of MANILA Sector Line of Communications Duties will be informed of any repairs contemplated for army-controlled houses.

(10) Hostesses (geisha, waitresses, maids) may, as a general rule, be re-hired at the expiration of their term of contract. (This does not apply to persons who have not been overseas at least a year). Those wishing to continue their employment will so notify the Officer in Charge of MANILA Sector Line of Communications Duties for his approval. When the medical authorities consider it suitable to discontinue the services

(1) The translation of a police report listing medical inspection of brothels consisting of a group of loose sheets which accompanied this document, although not actually part of the original, is relevant to the contents and has been reproduced as Appendix B.

of anyone for reasons of health, they will so inform the Officer in Charge of MANILA Sector Line of Communications Duties. The latter will facilitate the return home of such persons.

"11. Managers of houses of relaxation will make arrangements for the following:

"a. Bedding in all bedrooms.

"b. Cuspidors in all bedrooms and waiting-rooms.

"c. Sterilizers and medicines in lavatories and other designated places.

"d. Regulations and price charts in the waiting-rooms.

"e. Hostesses' (geisha and waitresses) name-certificates in waiting rooms and individual rooms. (Those of diseased hostesses will be marked in red.) Apart from the above, the establishment of entertainment and rest facilities for guests and the inauguration of other means of relaxation will be encouraged.

Part Three—Management

"12. Managers will refuse admission to all persons who are not soldiers or army civilian employees. Authorized restaurants and houses of relaxation will have separate facilities for officers and high ranking officers, privates, junior and other civilian officials and others. However, the facilities for noncommissioned officers, privates, junior and other civilian officials (except for special individuals) will be taken over by officers and high ranking civilian officials after 2100 hours.

"13. Managers will present guests of the houses of relaxation with a 'relaxation-ticket' in exchange for an army ticket, and will record all receipts of these 'relaxation-tickets' by the hostesses.

"14. Hours of operation for authorized restaurants and houses of relaxation are as follows:

"a. *Restaurants*.-

"Noncommissioned officers, privates, junior and other civilian officials—from 1000 hours to 2200 hours.

"Officers and high ranking civilian officials—from 1000 hours to (Not clear: either 2200 or 2400 hours).

"b. *Houses of relaxation*.- up to 2400 hours.

"15. Prices at authorized restaurants and houses of relaxation will be determined by the Officer in Charge of MANILA Sector Line of Communications Duties with the approval of the army. Prices are shown on Appendix A, Form No. 8. Managers and employees will demand no other prices than these.

(16) Half of the income of the hostesses will be allotted to the managers.

"17. Managers of houses of relaxation will be responsible for all income in accordance with the daily total earning, chart (Appendix A, Form No. 9), and will record the apportionment of all earnings.

Managers of authorized restaurants and houses of relaxation will make the following reports: authorized restaurants—daily report (Appendix A, Form No. 10); houses of relaxation—daily report (Appendix A, Form No. 11).

"18. On the last day of each month, managers will submit a report on business conditions to the Officer in charge of Manila Sector Line of Communications Duties. The form of this report is shown on on Appendix A, Forms No. 12 and 13.

"19. Expenses of food, light, firewood, charcoal and bedding for the hostesses (geisha and waitresses) are the responsibility of the managers. The hostesses will take care of their own expenses for clothing, hairdressing, cosmetics and the like. However, medical expenses for illnesses arising from overwork will be met seventy percent by the managers and thirty percent by the hostesses. The diagnosis of an army physician will be the basis for determining whether any particular illness is due to overwork.

"20. The names and assigned units of revellers guilty of misconduct will be reported by the managers to the MANILA Sector Line of Communications Office.

"21. As far as possible, managers will encourage the hostesses (geisha and waitresses) to save money. The amount should be limited to 30 yen per month. This amount should not be increased except for persons who can present special reason.

"a. The object of such special reasons must be presented beforehand to the Officer in Charge of MANILA Sector Line of Communications Duties for his approval.

"b. These reasons will be recorded under 'Notes' in the monthly report.

"c. A statement on income and other written evidence of the reasons for any such increases will be prepared by the managers and submitted to the MANILA Sector Line of Communications with the monthly report for safekeeping.

"d. The savings of those who do not draw their pay in advance will be recorded on the monthly report.

"e. Persons contracting considerable medical expense through hospitalization will report the type of their illness, the number of days under treatment and the expenses incident thereto, together with a statement of their income.

"f. The diagnosis of an army physician will be the basis for determining whether any particular illness is due to overwork.

"22. One holiday a month may be given to employees. This will be reported in all cases to the Officer in Charge of MANILA Sector Line of Communications Duties.

Part Four—Hygiene

"23. Hostesses will ordinarily be examined by an army physician once a week at a designated place. Hostesses who are not geisha will be examined twice a month. Other employees will be given a physical examination once a month. Expenses incident to these examinations will be taken care of by the managers. It may also be necessary at times to examine such other employees as maids.

"24. The army physicians will make the necessary reports on health after each examination (Appendix A, Form No. 14), and affix their seals thereto.

"25. Persons failing the physical examinations or receiving unfavorable diagnosis will be forbidden to entertain guests while under treatment.

"26 Apart from the usual examinations and diagnoses for venereal disease (syphilis, gonorrhea, soft chancre, quartan syphilis), bacteria examinations may also be carried out. Simultaneously, a complete physical examination, especially for tuberculosis, contagious diseases (trachoma), contagious skin diseases and the like, may be given.

"27. Managers of houses of relaxation will provide preventives for venereal disease, and have the hostesses (geisha and waitresses) and the guests make use of them.

"28. Managers of houses of relaxation will be responsible for providing the following measures of venereal disease prevention:

"a. Disinfectant (2000 strength potassium permanganate solution or 0.500 cresol soap solution) will be put in containers and left in the lavatories and other specified places.

"b. The houses will be kept particularly clean within and without and commodities will be provided.

"c. The hostesses will wash and disinfect the necessary portions of the houses weekly.

"d. Association with the hostesses will be forbidden to those who refuse to use condoms.

"e. Hostesses are forbidden to have intercourse during menstrual periods.

"f. Baths will be taken daily.

"g. Vaseline will be provided in the hostesses' rooms.

"h. Only clean bedding will be used, and it will be aired frequently. Extra bedding will be provided. White spreads and pillow covers will be used, and will be kept clean. Any other hygienic measure is also recommended.

"i. Particular attention will be paid to light and fresh air in the rooms.

Part Five—Discipline

"29. For the purpose of maintaining good order, the Officer in Charge of MANILA Sector Line of Communications Duties will have officers (army physicians) carry out inspections of the establishments from time to time. When necessary, the assistance of the military police will be enlisted.

"30. Hostesses (prostitutes and waitresses) may not leave the designated areas without permission from the line of communications officer. They are also forbidden to have intercourse beyond the pr mise of the houses of relaxation. They must have the permission of the Officer in Charge of MANILA Sector Line of Communications Duties to attend dinner-parties for soldiers or army civilian employees.

"31. Managers of houses of relaxation will not supply food or liquor to guests except for specially designated individuals.

"32. Persons about to use the facilities of the houses of relaxation will not be allowed to bring in any liquor.

"33. No selling of food or drink will be permitted within the houses of relaxation, except in specially designated cases.

"34. Entrance to or permission to use the facilities of the houses of relaxation may be refused the following persons:

"a. Intoxicated persons.

"b. Persons carrying liquor.

"c. Other persons who may exert bad influence.

"35. Persons frequenting the restaurants must observe the following regulations:

"a. Only two beers (four glasses) per person will be allowed.

"b. Effective measures will be used to preserve the peace, and no actions unbecoming a soldier will be countenanced.

"c. All furnishings will be handled with care.

"d. There will be no discussion of military matters.

"e. Bills will be paid with army tickets.

"36. Persons frequenting the houses of relaxation must observe the following regulations:

"a. Payment will be made in advance with army tickets.

"b. Boisterous or loud singing or any such other action unbecoming a soldier or an army civilian employee is forbidden.

"c. Condoms or other preventives must be used for intercourse. To prevent disease, further care most be taken to insure proper laundering.

"d. The hostesses will not be kissed.

"e. Military security measures must be observed.

"37. Infraction of these rules will entail withdrawal of permission to continue business.

Part Six—Regulations for Special Clubs

"1. These regulations refer to special clubs within the MANILA Sector.

"2. Special clubs will be taken to mean food-stores, restaurants and houses of relaxation established to serve officers and high-ranking civilian officials, under the supervision of the Officer in Charge of MANILA Sector Line of Communications Duties with the approval of army headquarters.

"3. Special clubs are divided into three categories:

"a. Those that provide both restaurant and room facilities.

"b. Those that provide restaurant and 'relaxation' facilities.

"c. Those that provide only restaurant facilities.

"4. Only officers and high-ranking civilian officials (and those regarded as high-ranking civilian officials) may use the facilities of these special clubs. Clubs in (a) category above are for the use of naval officers of field grade and up, and clubs of (c) category above are for the use of naval officers and high-ranking civilian officials of the navy.

"5. Special clubs will not serve persons other than those mentioned above.

"6. Person intending to use these special clubs must therefore be prepared to identify themselves as officers or high-ranking civilian officials or the equivalent of the latter.

"7. Managers will refuse the facilities of the clubs to those not prepared to so identify themselves.

"8. In order to preclude the use of the clubs by the local population, the Officer in Charge of MANILA Sector Line of Communications Duties may have his designated officers enlist the assistance of military police for purposes of identifying customers. Prospective customers will be prepared to identify themselves on demand.

"9. Person wishing to hold dinner-parties at the special clubs will announce in advance the names of the representatives of the forces to which they are assigned, and prepare a statement as to the date and time contemplated.

"10. In cases in which the dinner-party fails

to get under way within one hour after the designated time, the manager, even though the time is already allotted, may cancel the agreement and allot the time to any new takers.

"11. The Officer in Charge of MANILA Sector Line of Communications Duties, will, as a general rule, not permit the employment of minors as geisha or waitresses. In certain circumstances however, minors may be employed as maids. The permission of the Officer in Charge of MANILA Sector Line of Communications Duties is required for any employment of minors as geisha, waitresses or maids.

"12. When managers request permission to employ minors, the matter will be handled in conjunction with the duty officers of the MANILA Sector line of communications.

"13. Hours of business will be up to 2400 hours (up to 2300 hours for restaurants).

"14. Price lists for special clubs are given in separate sheet one.

"15. All other regulations will be identical with those for authorized restaurants and houses of relaxation."

(*ATIS Document No. 17910, not previously translated*)

(b) Extract from bound mimeographed and handwritten file of drafts of orders and bulletins belonging to MANILA Army Air Depot, dated 14 August 1944, to 14 October 1944, classified, "Secret".

"The use of the Air House (KOKUSO) will be permitted, subject to the following rules:

"1. Patrons must procure health certificate and sanitary sack from the dispensary.

"2. Prices will be as follows:
(Time card, 40 minutes)
Enlisted men - 1.50 yen
Noncommissioned officers - 2.50 yen
Civilian employees - 4.00 yen

"3. Days and hours
a. Days
Wednesdays
Noncommissioned officers and above, attached to headquarters.
Half of 1, 2, 3 and 4 Administrative Duty Squads.
Sundays
Noncommissioned officers and above, attached to working units.
Kitchen personnel.
Half of 5, 6, 7 and 8 Administrative Duty Squads.
b. Hours
Enlisted Men
From 1200 hours
To 1700 hours
Noncommissioned officers
From 1200 hours
To 1900 hours

"4. The following rules will be strictly observed:

a. The dignity of the military forces must be upheld. The security of military secrets must be borne in mind.

b. There must be no acts of violence or drunkenness, nor any unreasonable demands made of the house employees.

c. There must be no eating or drinking within the house.

d. Necessary antiseptic measures with the prescribed solution must be taken.

"5. Anyone violating the above rules will thereafter be denied entrance to the house."

(*ATIS Bulletin No. 1863, Page 8*)

(2) *South Sector Area.* Regulations governing the use of the Special South Sector Brothel and regulations governing the operation thereof, issued by South Sector Guard Headquarters (probably in SHANGHAI Area).

(a) *Regulations governing the use of the Special Brothel in the South Sector Billet.*-

"1. These regulations provide for the use of the brothel opened in the South Sector Billet.

"2. Those, other than military personnel, civilian employees, and persons with special permission, those who commit violence through intoxication, those who annoy others and are dangerous, are strictly forbidden to use this brothel.

"3. It is forbidden to hold banquets in the brothel, or to carry liquor or food thereto.

"4. Inspection of the brothel is prohibited to anyone except officers authorized by the billet commander.

"5. Rates are fixed as per the following chart (Figure 4).

Classification	Time	Rate			
		Japanese	Koreans	Chinese	Summary
Officers and warrant officers	1 hour	3.00	3.00	2.50	1. Overnight stay will be from 2200 until 0600 of the following morning. 2. Persons staying longer than one hour will pay double for each hour.
	Overnight stays				
	From 2400	10.00	10.00	7.00	
	From 2200	15.00	15.00	10.00	
Noncommissioned officers	1 hour	2.50	2.50	2.00	
	30 minutes	1.50	1.50	1.00	
Privates	1 hour	2.00	2.00	1.50	
	30 minutes	1.50	1.50	1.00	

Figure 4. Established Rates of South Sector Billet Brothel

Note: 1. Civilian employees will pay the fixed rates in accordance with their position.
2. Customers are not to pay more than the above fees to the brothel operators or to prostitutes.

"6. Business hours are fixed as follows:
Privates - from 1000 to 1600
Noncommissioned officers—from 1610 to 1840

"However, for noncommissioned officers living outside of the camp, it will be opened until 2030.

"However, civilian employees will follow the above schedule depending upon their position.

"7. Daily schedule of use for each force is as follows:

Sunday:	Regimental Headquarters, forces under direct control of regiment
Monday:	1 Battalion, 4 Field Hospital
Tuesday:	2 Battalion and other forces
Wednesday:	Regimental Headquarters, forces under direct control of regiment, 3 Battalion
Thursday:	1 Battalion (however, during the morning, it will be after the medical examination)
Friday:	2 Battalion, 4 Field Hospital
Saturday:	3 Battalion

"However, on holidays, this schedule will not be completely followed.

"8. All noncommissioned officers and privates will not generally be permitted to stay overnight.

"9. The first Thursday of each month will officially be made the day of rest for the prostitutes.

"10. The senior medical officer of regimental headquarters will conduct a venereal examination of the prostitutes and a physical inspection according to paragraph 3, on Thursday morning of each week.

"The senior medical officer may, depending upon the situation, designate a battalion medical officer to conduct the medical examination.

"11. The examining officer will hold a venereal examination in accordance with the regulations governing the venereal examination of special brothels (6 Division Medical Officer Instructions B #105, and special regulations, from paragraphs 13 to 16, governing the control of the special brothel to visiting units). He will install medical facilities in accordance with paragraphs 13 and 18 of regulations governing the control of the brothel to visiting units, and will supervise and control the same.

"12. The inspecting officer will report the results of the venereal examination each time to the billet commander. Report form as per Chart No. 2 (see Figure 6).

"13. The prostitute will possess licenses made as follows:

> BUSINESS LICENSE
>
> ——Brothel   Entertainer's name
>
> This is to certify that the above person is permitted to conduct business.
>
> SOUTH SECTOR BILLET COMMANDER

"14. Unlicensed prostitutes will be strictly prohibited from plying their trade.

"15. Prophylaxis and condoms will always be used in the brothel. If anyone is discovered not using them, the patron, naturally, the operator and the prostitute concerned will be severely punished.

(b) *Regulations Governing the Operation of the Special South Sector Billet Brothel.*-

"1. The operator will strictly observe the regulations governing the control of the Special Brothel for visiting units, and the regulations governing the use of the Special South Sector Billet Brothel. Moreover, these regulations governing the operation will be strictly observed.

"2. If a person working in the brothel conducts herself improperly or acts in a manner contrary to regulations, she will be suspended or dismissed from her business.

"3. In accordance with the regulations governing the use of the brothel, the prostitutes will be examined for venereal diseases every Thursday morning, and also the operator and his family will be given a physical examination twice a month (first and third Thursdays).

"4. Prostitutes found unfit by the medical officer will post a placard written 'Unfit' at the entrance to their rooms; they will rest and recuperate, and will be prohibited from making contacts until permission is granted.

"5. The operator will provide the following articles:
Condoms, vaseline, bedding
—each sleeping room
Cuspidors
—each sleeping room and ante-chamber
Washing utensils and medicines
—latrine and designated places
Rate chart
—ante-chamber
Name cards of prostitutes
—ante-chamber

"6. The sale of food, refreshments, and other articles by the prostitutes to patrons is strictly prohibited.

"7. The operator and prostitutes will strictly observe the following items:

"a. The disinfectant will be either a potassium permanganate solution having a strength of over 2000 or a 0.5 per cent cresol soap solution, which will be put in water cans or vessels and placed in latrines and designated places.

"b. The interior and exterior of the brothel especially will be kept clean and articles will be properly arranged.

"c. Prostitutes will wash their private parts each time.

"d. Anyone not using a condom will not be permitted contact.

"e. Patrons will not be admitted during menstrual periods.

"f. A bath will be taken every day without fail.

"g. Clean bedding will be used; moreover, sunlight will always be used to disinfect them; clean white cloth spreads and pillow covers will be used, and care will be taken in other sanitary measures.

"8. The prostitutes and the operator will

share equally the proceeds of the work done by the prostitutes.

"9. The prostitutes' board, light, fuel and bedding will be paid by the operator; but their clothes, hairdressing, cosmetics and other miscellaneous expenses will be paid by the prostitutes themselves. However, expenses for medical treatment for diseases acquired in the course of the work will be shared equally by the prostitutes and the operator.

"10. In accordance with the form in the annexed chart, the operator will make out a work statement (two copies) as per Chart No. 1 (See Figure 5) for each individual, and submit it to the billet commander every Saturday.

"11. When conducting business, the operator will present the following papers:

"a. Request for permission, Form in Chart No. 3 (See Figure 7).

"b. Contract Form in Chart No. 4 (See Figure 8).

"c. List of names of employees. Form in Chart No. 5 (See Figure 9)."

(SOPAC Translation, Serial No. 0129, Item No. 1033, pages 1-7)

From Month Day To Month Day		BROTHEL BUSINESS CONDITION REPORT								Name of Brothel Owner (Seal) Prostitute's Name (Seal)	
Classification		Private		Noncommissioned Officer		Civilian Employee		Officers		TOTAL	
Mo	Day	Person	Price	Person	Price	Person	Price	Person	Price	Person	Price
Amount Shared				Operator YEN SEN Seal				Prostitute YEN SEN Seal			

Figure 5. Chart No. 1, Work Statement.

(3) *TACLOBAN*. Portion of a bound mimeograph file, the section being entitled "TACLOBAN Brothel Regulations," undated, issued by MATSUNAGA Force, owner and unit not stated:

"1. These regulations set down the provisions for the operation of brothels in TACLOBAN.

"2. Places called 'brothels' in these regulations are special brothels operated with Filipino women (licensed prostitutes).

"3. The commanding officer and the adjutant of the garrison unit will have control over the supervision and direction of the brothels, and they will have Japanese associations operate them.

"4. The force medical officer will be responsible for the supervision and direction in matters of hygiene. The women will be examined every fifth morning.

"5. Only military personnel and army civilian employees may make use of these brothels.

"6. Those who operate the brothels must observe strictly the following provisions:

"a. Cleanliness and neatness of bedding, as well as its disinfection by sunlight.

"b. Perfection of facilities for prophylaxis by washing.

"c. Prohibition of added operation of food and drink shops.

"d. Prevention of indulgence by those not using a condom.

"e. Prohibition of activity by diseased women.

"f. Prevention of activity other than as regulated.

"g. Reporting by those operating the brothels to the adjutant on daily business conditions.

"7. Those who intend to make use of the brothels must observe strictly the following provisions:

"a. Dress shall be the liberty uniform.

"b. Those who are under the influence of liquor and those who are disorderly are prohibited from entering the brothels.

"c. Carrying of food or drink is prohibited.

"d. There will not be any acts of violence or coercion either against the women in the brothels or against the operators of the brothels.

"e. Payment will be made in war notes in advance.

"f. They will make assurance doubly sure in the prevention of venereal disease by making certain that they wash, in addition to using a condom.

EXAMINATION REGISTER		House Name			
Date of Examination	Month	Day	From To	Hour Hour	Minute Minute
Person Examined					
Decision	Passed Name	Diseased		Name	
Name of Diseased Person	Name of Disease	Remarks:			
YOSHIKO (Name used as example)	Stage Syphilis				
YASUKO (Name used as example)	Tracheal gonorrhea (頸管淋)				
Other matter for reference					
Examining Medical Officer	Army Medical Officer .... Rank xxxxxxxxxx Seal				

Figure 6—CHART NO. 2. MEDICAL INSPECTION REPORT FORM.

/

Application for Army's Special Brothel Operator's License.
Permanent Residence
Present Residence
Name of house ....
Name..........
Date of birth

I hereby make an application, with the contract attached herewith, to procure a license to operate a brothel in your sector as follows:

1. Place of business.
2. Opening date of business.
3. List of prostitutes.
4. Capital.

Year Month Day
19—
Applicant Name Seal

To: South Sector Billet Commander.

Figure 7—CHART NO. 3. APPLICATION FORM.

CONTRACT

On this date, I shall agree, upon receiving a license to operate the Army's Special Brothel, to observe strictly the prescribed regulations and the instructions to refrain from causing any inconveniences, and to comply to an order for suspending or discontinuing this business when called upon to do so for the convenience of the Army.

Year Month Day
19—
Name Seal

To: South Sector Billet Commander.

Figure 8—CHART NO. 4. CONTRACT FORM.

15

Name	BUKUTO KUN (?)	KYO TANSHU (Unclear)	RIKORAN	RIYOSHI YAMAGAWA
Date of Birth (Age)	Nov. 7, 1919	June 18, 1913	Sept 30, 1926 (19 years old)	Jan 8, 1905
Former Occupation	Prostitute	Cook	Female Cotton Mill Operator	Restaurant
Former Residence	KITA SHISEN St BUKO	CHUNGSHAN St HANKOW	NANKING St SHANGHAI	CHOSEI St (Phonetic) HANGSHOW
Permanent Residence	KEISHO NANDO KOREA	HOKUSEI-GUN (Phonetic) KEIKIDO KOREA	CHUSEI St (Phonetic) SOOCHOW (TN:SU-CHOW)	AKUMI-GUN YAMAGATA KEN
Occupation	Common Law Wife	Clerk	Licensed Prostitute	Operator
Stage Name			TATSUKO	

Figure 9—CHART NO. 5. LIST OF EMPLOYEES.

"8. The times and day when noncommissioned officers and enlisted men may go to brothels, as well as times when brothels will be open and prices to be charged is shown on a separate page.

"9. This plan will go into operation on 20 June 1942.

"10. These regulations are effective simultaneously with the beginning of the plan's operation.

"Brothels in areas outside TACLOBAN will conform to these regulations.

"Hours during which noncommissioned officers may go to brothels: 1300 to 2400; hours for enlisted men, 1300 to 1800.

Monday — Enlisted men
Tuesday — Noncommissioned officers
Wednesday — Enlisted men
Thursday — Noncommissioned officers
Friday — Enlisted men
Saturday — Noncommissioned officers
Sunday — Enlisted men and noncommissioned officers; until 1700 for enlisted men; 1700 to 2000 for noncommissioned officers.

"Charges:
For enlisted men — 1 yen. 50 sen.
For noncomissioned officers — 2 yen.
For officers — 3 yen.
(One hour shall be the standard time.)

"Notes:

"1. Noncommissioned officers and enlisted men going to brothels shall have leave passes (special).

"2. Use of brothels by Army civilian employees shall be during other hours, and fees shall be those for noncommissioned officers."

(*ATIS Document No. 214101, pages 98, 99*)

(4) *BURAUEN*. Portion of a bound handwritten and mimeographed file, the extract being entitled "Brothel Regulations", dated August 1944, issued by BURAUEN Sector Brothel, reproduced by 114 Airfield Battalion:

"1. This brothel is opening in BURAUEN Town, under the supervision of the TACLOBAN Sector Air Sector Commanding Officer.

"2. Use of the brothel is limited to military personnel or Army civilian employees of air and related forces who have both medical certificates issued by the various forces and contraceptives. However, requests for the use of the brothel by ground troops of this sector can be granted after consultation by the committee upon receipt of an authorization from the sector commanding officer.

"3. The following officers will be placed in charge of the brothel and 98 Airfield Battalion will be responsible for its operation:

Supervision — TACLOBAN Air Sector Commanding Officer
Committee Chairman — ARAKI, Takashi 98 Airfield Battalion Commanding Officer.
Committee Members — ISHIKAWA, Katsumi, Sector Paymaster. Captain YUKI, Yasuyuki, Sector Medical Officer, SAWAI, 98 Airfield Battalion Adjutant. Second Lieutenant SAKAI, Noboru, 98 Airfield Battalion. Second Lieutenant (Medical) SODA, Shoji, 94 Airfield Battalion. Second Lieutenant (Paymaster) KIKUCHI, Dan, 98 Airfield Battalion.

"4. Those making use of the brothel will use the brothel cards prepared beforehand by the committee and will pay the following fees:

"a Time cards (40 minutes)
Enlisted men — 1 yen 50 sen
Noncommissioned officers — 2 yen 50 sen
Army Civilian Employees — 4 yen
Officers — 5 yen

"b Overnight card (after 2300 constitutes a night's lodging).

"5. Days designated for the various units are as follows:

Monday — Navigation Air Force, 98 Airfield Battalion.
Tuesday — Air Signals Unit, 114 Airfield Battalion.
Wednesday — KAZE Force.
Thursday — Airfield Survey and Construction Unit Sector Headquarters.
Friday — 114 Airfield Battalion.
Saturday — 98 Airfield Battalion.
Sunday — KAZE Force.

However, officers may make use of the brothel after 1930 daily.

"6. Division of time on the days assigned to the various units is as follows:

Enlisted men — from 1200 to 1700
Noncommissioned officers — from 1200 to 1900
Officers — after 1930

"7. Those making use of the brothel must observe strictly the following provisions.

"a. Maintaining their generosity as military men and heeding the preservation of military secrets.

"b They must not make demands of those working in the brothel other than as regulated, and they must not be drunk or disorderly.

"c. Eating and drinking at the brothel is prohibited.

"d. After a visit to the brothel, they will disinfect themselves, in accordance with regulations, by means of the prescribed antiseptic solution.

"8. Access to the brothel will be denied in the future to those violating any of the foregoing provisions."

(*ATIS Document No. 16683, page 53*)

(5) ***RABAUL.*** Extract from file of miscellaneous items containing instructions regards to Navy brothel at RABAUL, undated, owner 15 Antiaircraft Defense Unit. "Precautionary items pertaining to the Navy brothel at RABAUL.

"1. The Navy brothels (special warehouses) are as follows: refer to a separate diagram.

"a. HIGASHI RASHUNSO (above Navy warrant officers), TAKEISHI-Unit (Navy petty officers), KITA RASHUNSO (employees and laborers).

"b. No. 1 TOKOWASO (senior officials).
No. 2 TOKOWASO (officials of HANNIN rank)
No. 3 TOKIWASO (workers and transport gang)

"2. Trading hours.

TAKEISHI Unit and the No. 2 TOKIWASO from 0800 to 1800. However, only officials of HANNIN rank can remain until 0600 the following morning.)

"3. Rates (See Figure 10).

Classification		One girl (for 30 minutes)		(One girl) (for an hour)		Over night from 2200 to 0600	
		Japanese	Korean	Japanese	Korean	Japanese	Korean
TAKEISHI Unit No. 2 TOKIWASO	Noncommissioned officers and officials	2.50	2.00	4.00	3.50	10.00	10.00
	Sailors	2.00	1.50	3.50	3.00		
Note: Overnight only for HANNIN officials.							

Figure 10. Rates of Rabaul Brothel.

"4. Drinking of liquor within the special warehouse is forbidden.

"5. Those who seek pleasure will purchase tickets at the window and exchange them for 'B' tickets with the hostess.

"6. Hostesses will refuse pleasure to those who do not use prophylactic rubbers.

"7. Each man must carry his own prophylactic rubbers. (In case of shortages at the canteens, there are some at the brothel for sailors of the unit at ten sen per package.)

"8. The uniform of petty officers and sailors, when entering and leaving the special warehouses, will be dress uniform.

"9. Violations of any of the above regulations by the hostesses will result in the withdrawal of their right to practice."

(*ATIS Current Translation No. 100, page 78*).

b. BURMA

(1) A prisoner of war, a civilian brothel-owner, captured with his wife and twenty army prostitutes near WAINGMAW on 10 August 1944, stated:

"Prisoner of war, his wife and sister-in-law had made some money as restaurant keepers in KEIJO, KOREA, but their trade declining, they looked for an opportunity to make more money and applied to Army Headquarters in KEIJO for permission to take 'comfort girls' from KOREA to BURMA. According to prisoner of war, the suggestion originated from Army Headquarters and was passed to a number of similar Japanese 'business men' in KOREA.

"Prisoner of war purchased 22 Korean girls, paying their families from 300 to 1000 yen according to the personality, looks and age of the girl. These 22 girls were of ages from 19 to 31. They became the sole property of prisoner of war and the Army made no profits from them. Headquarters, Korean Army gave him a letter addressed to all military headquarters of the Japanese Army, requesting them to furnish any assistance he might require, transport, rations, medical attention, etc.

"Leaving his sister-in-law to carry on the restaurant, prisoner of war and his wife, with their 22 girls, embarked at FUSAN on 10 July 1942 in a group of 703 girls, all Korean, and some 90 Japanese men and women, all of them of the same base sort as himself. They sailed on a 4000 ton passenger ship in a convoy of seven ships. Free passage tickets were provided by Army headquarters, but prisoner of war paid for all meals during the voyage. They called at FORMOSA, where 22 other girls bound for SINGAPORE were taken on board, and at SINGAPORE they transferred to another ship, arriving at RANGOON on 20 August 1942.

"At RANGOON they were divided into groups of 20 to 30 girls in each and dispersed to various parts of BURMA, each group being attached to various regiments, units or formations, so that each had its own brothel (s).

"Prisoner of war's group was attached to 114 Infantry Regiment. They spent some months at GOUNGOO, MEIKTILA, and at MAYMYO, following their trade, and then arrived at

MYITKYINA (about January 1943). There were already two brothels established in MYITKYINA, so altogether there were three brothels with 63 girls in all: prisoner of war's house, known as KYOEI, with 22 Korean girls.; the KINSUI house, with 20 Korean girls; and the MOMOYA house with 21 Chinese girls, who had been purchased from CANTON on the same conditions as the Koreans. There were Japanese girls in houses in the rear areas, as for example at MAYMYO where they formed two of the eight houses there, but none in the forward areas.

"Every 'comfort girl' was employed on the following contract conditions. She received fifty percent of her own gross takings and was provided with free passage, free food and free medical treatment. The passage and medical treatment were provided by the Army authorities, the food was purchased by the brothel owner with the assistance of the Army supply depots. The owners made other profits by selling clothing, necessities and luxuries to the girls at exorbitant charges. When a girl is able to repay the sum of money paid to her family, plus interest, she should be provided with a free return passage to KOREA, and then considered free. But owing to war conditions, no one of prisoner of war's group had so far been allowed to leave; although in June 1943, 15 Army Headquarters had arranged to return home those girls who were free from debt, and one girl who fulfilled these conditions and wished to return was easily persuaded to remain.

"In prisoner of war's house the maximum gross takings of a girl were around 1500 yen per month, the minimum around 300 yen per month, or by rule of the house, the girl had to pay to the brothel owner a minimum of 150 yen per month.

"The scale of charges and time-table was fixed by instructions from the regiment, the time-table being so contrived that officers, noncommissioned officers and men would not meet each other at the same time. The schedule was strictly adhered to; and noncommissioned officers and men were supposed to visit the brothel only once weekly, officers as often as they wished. Payment was made on a ticket system, the girl retaining the ticket, which was of cardboard about two inches square, bearing the name of the house, the regimental seal, and the price of the ticket. In prisoner of war's house the schedule was originally laid down as follows:

Soldiers	1000-1500 hours	charge 1.50 yen
Noncommissioned officers	1500-1700 hours	charge 3 yen
Officers	2100-2359 hours	charge 5 yen
Officers	2359 morning	charge 20 yen

"But on orders of Colonel MARUYAMA, the charges were later reduced as follows, the time-table remaining as before.

Soldiers	1.50 yen
Noncommissioned officers	2 yen
Officers	5 yen
Officers midnight-morning	10 yen

"The house was controlled by 114 Infantry Regiment, Captain NAGASUE of regimental headquarters being the liaison officer in charge. Usually two men of regimental headquarters were detailed to the house for the purpose of identification of those frequenting the brothel, although men of other regiments were permitted to visit the brothel if they happened to be in a party of 114 Infantry Regiment men. A military policeman was also on patrol duty at the house. The daily attendance at prisoner of war's house was 80 to 90 noncommissioned officers and men and 10 to 15 officers.

"In the brothels, liquors (local variety) were sold freely to the men, but the military police personnel took care that there was no excessive drunkenness or quarrels. If in spite of this control a man drank too much, the military policeman usually took him out of the house. Occasionally quarrels also broke out and were similarly suppressed.

"In MAYMYO similar regulations were in force, but owing to the large number of units stationed there, some of the houses had definite scheduled days for specific units. For example, a house of Japanese girls, the DAI ICHI FURUSA, had the following schedule:—

Sunday:—	18 Division Headquarters Staff
Monday:—	18 Division Cavalry Regiment
Tuesday:—	18 Engineer Regiment
Wednesday:—	Day-time medical inspection then free. Evenings, officers only
Thursday:—	18 Division Medical Unit
Friday:	18 Maintenance Artillery Regiment
Saturday:—	18 Division Transport Regiment

"Another brothel, the SUIKO EN, was reserved for officers only.

"There was a strict order for the use of contraceptives; so that according to prisoner of war, cases of venereal diseases were due only to the carelessness of the soldiers themselves. During the one and one-half years prisoner of war was running the house in MYITKYINA, there were only six cases of venereal disease, who were sent to the Medical Officer of 2 Field Hospital 18 Division for treatment. There were some cases of venereal disease among the soldiers of 114 Infantry Regiment, but prisoner of war never had any trouble with regimental headquarters on this score.

"During their visits to the brothels, troops rarely discussed military subjects, preferring to escape from their normal military surroundings. Prisoner of war said he never had a chance to overhear any interesting military secrets, and considered this was due to the presence of the military police, and that the men were afraid to talk freely, even if they had anything to say. The usual subjects of complaint among the men were criticisms of their officers, lack of supplies and homesickness.

"The girls had seen some Allied propaganda leaflets but had not read them, except that one girl remembered one about the hopeless situation in MYITKYINA which at the time she did not believe. They had not heard any Forward Broadcasts, but remembered the men openly discussing a 'radio broadcast'.

"On 31 July, about midnight a party of 63 girls from the three brothels in MYITKYINA, and the brothel owners, etc., began their evacuation from MYITKYINA. The girls wore dark green Army clothing on top of their civilian clothes. They crossed the IRRAWADDY in ten small boats. The majority of the remaining troops had already departed from MYITKYINA, but the sick and wounded were left behind. The girls remarked on this point 'It was no use to get them across, because once across these soldiers couldn't walk. It was better to float them down the river with the hope that they might get through.' They landed north of Waingmaw where they remained in the jungle until 4 August. The party then began to trek in the wake of the retreating troops. On 7 August, they became involved in a skirmish and in the confusion the party split up.

"The 20 Chinese girls remained behind in the jungle, and gave themselves up to Chinese troops. One party of about 20 Korean girls followed on in the wake of the Japanese troops, and were seen by another prisoner of war on 19 August, a small disconsolate group still following on. Prisoner of war's party took shelter in an abandoned native house where they remained for two days while prisoner of war tried to construct a raft; with them was a wounded Japanese soldier. On 10 August, the house was surrounded by a number of Kachins under the command of an English officer, and they were captured. Of the original party of 63 girls, four had died during the journey and two had been shot, mistaken for Japanese soldiers."

(*SEATIC Interrogation Bulletin No. 2, dated 30 November 1944, pages 10-13*)

(2) Extract from letter written by prisoner of war, a well-educated man of 23 years, nominally a sergeant wireless operator, who had spent the greater part of five years in service either in the cook house or under training:

"Brothers-in-arms

"While the fighting was still going on at MYITKYINA, Colonel MARUYAMA was having a good time with the comfort girls in the shelter-trench almost every day. Later he arranged that the girls should cross the river ahead of the wounded soldiers. This is the truth."

(*Source available on request*)

(3) Prisoner of War MITSUI, Junchoku, Superior Private, member of the 112 Infantry Regiment, captured LETWEDET, 10 February 1944. Although he vehemently maintains that he had never entered an IANSHO (House of Relaxation) he seems well-informed about their organization, and gives the following information;

"Each division had five or six IANSHO (House of Relaxation) attached. Korean women as well as Japanese women were to be found in them. The charges for an hour's entertainment were; officers 5 yen, noncommissioned officers 4 yen, and privates 3 yen. The use of preventives was compulsory and the women were medically examined periodically."

(*Source available on request*)

(4) Prisoner of War TOMITA, Tomoaki, First Class Private, member of 112 Infantry Regiment, captured SINZWEYA, 12 February 1944, stated:

"On the subject of entertainment, there had been parties of entertainment (IMONDAN) but they did not proceed further forward than RANGOON. There were Korean and Japanese prostitutes in AKYAB, and some had been brought up to HPARABYIN and even ALECHANGYAW, but they had been strictly reserved for officers, a fact that had greatly angered the troops."

(*Source available on request*)

(5) Prisoner of War IMAMURA, Masayuki, Corporal, member of 55 Mountain Regiment, captured KWAON Ridge, 7 February 1944, stated:

"Usually visited the brothel on Sundays which was his day off. Officers could visit brothels any time in the week, but usually there were separate institutions for them, and in these he believed there occasionally were Japanese girls. The staff of the soldiers' brothel was normally of Korean women.

"No food or drink was served in the regulated brothels and each man received a preventive when he bought his ticket which cost 2 yen per hour. In addition, troop headquarters issued preventatives on application.

"The women were medically examined once weekly but men could also obtain ointment (similar to that in American E T tubes) on application to troop headquarters."

(*Source available on request*)

c. SUMATRA

Prisoner of War ISHIGURO, Kiyoichi (JA 145044), First Class Private, member of 228 Infantry Regiment, captured near PAPAKI Bridge, 11 November 1942, stated:

"There was an official ARMY BROTHEL IN BELAWAN in which two native women from NARUMONDA and six Chinese women served. Great precautions were taken against venereal disease."

(*ATIS Interrogation Report, Serial No. 42, page 10*)

d. South West PACIFIC Area

(1) Prisoner of War MIYAJI, Chikara (JA 145045), First Class Private, member of 144 Infantry Regiment captured GIRUWA, 29 November 1942, stated:

"There were two brothels to his knowledge in RABAUL. They contained a total of about 100 Korean and Japanese girls."

(*ATIS Interrogation Report, Serial No. 35, page 8*)

(2) Prisoner of War KOJIMA, Masao (JA 100029), Sergeant, member of 50 Antiaircraft Regiment, captured TROBRIAND ISLANDS, 21 March 1943, stated:

"Although brothels were provided by the Army, there was only one woman to about 2000 troops; consequently, only officers were accommodated."

(*ATIS Interrogation Report, Serial No. 175, page 10*)

(3) Prisoner of War AOKI, Yoshio (JA 145427), Superior Private, member of 50 Independent Antiaircraft Battalion, captured off NEW GUINEA coast, 6 March 1943, stated:

"There were approximately 20 brothels in RABAUL, five in KOKOPO Area andt he remainder in town. Inmates were all Japanese women. The brothels were mainly patronized by the officers; men could rarely gain admittance. Prices were officers 5 yen and men 1 yen."

(*ATIS Interrogation Report, Serial No. 99, page 15*)

(4) Prisoner of War MAEKAWA, Yasuo, Petty Officer First Class, member of Tug NAGAURA, captured off KAVIENG, 22 February 1944, stated:

"Prostitutes in RABAUL had been sent away several months before he left because of the danger from bombing."

(*SOPAC Interrogation Report, Serial No. 0895, page 10*)

(5) Prisoner of War KASAHARA, Hiroshi (JA 145153), Sergeant, member of 41 Regiment, captured KUMUSI RIVER, 7 January 1943, stated:

"There were brothels in MANILA and DAVAO, containing Korean women. Although these establishments were authorized by the Army, prisoner of war thought that profits went to the proprietors."

(*ATIS Interrogation Report, Serial No. 78, page 7*)

(6) Extract from handwritten diary, dated 8 December 1941 to 6 January 1943, belonging to MIYOSHI, 7 Company, 124 Infantry Regiment:

"9 June 1942. We landed. The office of YURUKAWA Colonization Company is very large, and there are many warehouses. For the first time since leaving southern CHINA, we saw Japanese girls clad in kimono and holding a parasol. Can there be more pleasure and amusement for us than this? These girls, as Army prostitutes, had landed here one step ahead of us. We entered the town of DALIAO. The town was countrified. There were many Japanese who welcomed us. It was like a greeting in JAPAN when one returns to a country town. Each platoon quartered in a different house and I stayed on the second floor of OSAKA Bazaar. There were electric lights and running water. Next door was a bicycle shop. I spent the night in peace."
(ATIS Bulletin No. 1483, page 20)

10. LEAVE

a. Prisoner of War TOMITA, Tomoaki, First Class Private, member of 112 Infantry Regiment, captured at SIRZWEYE, 12 February 1944, stated:

"Absolutely no leave was granted while on active service and they were supposed to carry on until they dropped."
(Source available on request)

b. Prisoner of War TSURUTA, Masatoshi (JA (USA) 147102), Second Lieutenant (Medical officer), member of 141 Infantry Regiment, captured TALASEA Area, stated:

"He knew of no provisions for rotation replacement of troops in South West PACIFIC Area. Occasionally, if men could be spared, some troops might be sent back to JAPAN with ashes of fallen comrades. While in JAPAN, they might be given a short leave, according to sailing schedule, before their return. There was no hope of leave once troops proceeded overseas."
(ATIS Interrogation Report, Serial No. 453, page 12)

c. Prisoner of War SUZUKI, Yoshiichi (JA 145409), Superior Private, member of 102 Infantry Regiment, captured WAU, 16 February 1943, stated:

"A unit could pay a soldier before he went on leave. However, there was no leave from overseas and even in JAPAN leave was infrequent."
(ATIS Interrogation Report, Serial No. 125, page 8)

d. Prisoner of War UCHIBABA, Shigenobu (JA (USA) 145581), Superior Petty Officer, Pilot, member of 751 Naval Air Unit, captured at sea, HUON GULF, 22 September 1943, stated:

"At TINIAN, leave was granted once a week or every four days for periods of about four hours from 1500 hours to 1900 hours. Prisoner of war went to township and drank and enjoyed himself."

"At RABAUL squadron commander determined number of men going on leave and issued a corresponding number of leave passes. Names of men on leave were posted on a board.

"Each man carried his pass and presented it to guard at gate on leaving and picked it up on returning. This was the practice as far as prisoner of war knew. Prisoner of war never went on leave to RABAUL Township."
(ATIS Interrogation Report, Serial No. 359, page 12)

e. Extract from "Handbook for Naval Personnel" issued by Bureau of Naval Education, Ministry of Navy, October 1940, concerning shore leave and passes.

(1) *Section 1. Essential Regulation Concerning Shore Leave and Passes.—*

"1. Shore leave of petty officers and men are the following three:

"a. Shore leave for bathing.

"b. One watch shore leave.

"c. Special shore leave.

"2. Shore leaves for bathing are granted in turn, according to the following classification, from supper to breakfast the following morning.

"a. Those who are first class petty officers and have more than four stripes of good conduct insignia; two-thirds of the number of men.

"b. Petty officer not included above (men who have more than two stripes of good conduct insignia shall for this purpose correspond to petty officers); one half the number of men.

"c. Seamen first and second class (petty officers who do not have good conduct insignia correspond to seamen first and second class); One-fourth of the number of men.

"d. Apprentice seamen (except those who have served less than one year after the promotion): One sixth of the number of men.

"e. Instructor (limited to only those who are prescribed in the 'Rules for Education and Disposition of Trade Seamen'): Two-thirds of the number of men.

"f. Those who have done an extra (special) labor, regardless of the above rules.

"3. The one watch shore leave (pass) may be granted to half of the crew (two-thirds of those who come under the previous paragraphs (a) to (e) from noon to evening on Saturday and from after ceremonies or the time similar to this on Sundays, holidays, memorial days and other public holidays.

"However, shore leaves for bathing may be granted in succession to those who have a shore leave for bathing on that day.

"Those who come under the previous paragraph (a) to (e) and happen to be on shore leaves (pass) from Saturday noon to Monday morning successively, provided there is no ceremony or work.

"4. During holidays, the remaining crew may be granted shore leaves for bathing and one watch shore leave from January 1 to 3.

"However only less than one-half of the remaining crews of those who come under both paragraphs (a) to (e) will be granted shore leaves.

"5. Special shore leaves may be granted by permission of the commander in chief.

"6. While on leave, it is prohibited to leave a place from which you cannot return to your boat within one to two hours. (If the naval stations designate the areas, you must obey it). However, those who must travel on account of an unavoidable emergency, must first get the permission of officer in charge.

"7. Shore leaves are not ordinarily granted to patients who are on light duty or absent from duty.

(2) *Section 2. Procedure of Leave Request to Return Home.—*

"1. When a petty officer or a seaman must return home on account of serious illness, death or other unavoidable emergencies, his parents, or relatives must make an application (when seriously ill, inclose a diagnosis of the physician) and secure the approval of the mayor, block leader, village manager or any other authorities (For instance: police station) and he himself must make the request to his commanding officer. The commanding officer is authorized to grant, upon investigation, a furlough of not more than 14 days plus traveling time.

"2. In cases of emergency, one can apply for a leave upon receiving a telegram from his parents or relative to the officer in charge or to him. In such cases, the officer in charge will make necessary arrangements in accordance with paragraph No. 1. Thereafter, it is necessary to take proper procedure at the earliest possible date.

(3) *Section 3. Instructions While Traveling or on Shore Leave.*—

"1. When petty officers or men are en route to their new post or are unable to report to their post by the appointed date on account of an unavoidable accident, they must immediately report such by telegram to the officer in charge and also must obtain the following verifications and present them upon arrival:

"a. Matters concerning train or ship—a written verification from the captain or station master.

"b. In cases of injury or illness—a diagnosis of a physician.

"c. Other matters—verifications from mayor, district or village head. This also applies to men on shore leave.

"2. In case one's return is late and the ship he is attached to has left, he will report to the following and await orders.

"a. At naval stations—officer of the watch at the naval barracks.

"b. Minor naval station—adjutant of the station.

"c. Other places—local official.

"d. Foreign countries—consulate.

"3. If one is unable to return from the leave within the specified time on account of injury or illness, he should immediately forward his notice together with the doctor's diagnosis to the officer in charge. If the certificate does not reach in time, he will first send a telegram notifying this fact, and will send the certificate later.

"After full recovery and upon leaving his home, he will bring with him a chart of progress with the diagnosis and certificate from the mayor, district or village leader, and present them upon his arrival.

"4. While on shore leave one should be careful about health and attitude."

(*Fort Snelling MISLS Translation, Handbook for Naval Personnel, page 24—26*)

"f. Extract from printed handbook in six volumes, entitled "Consolidated Army Regulations." Unclassified, compiled by the Secretariat of the Army Department, published by KOBAYASHI, Matashichi, of the firm of SANRYUDO at KOJIMACHIKU, TOKYO, issued 30 June 1943, concerning leave and furlough for Army personnel:

(1) *Five Types of Leave.*—

Special leave (leave on urgent private affair)
Annual leave
Special leave (from foreign post)
Rest leave (after arduous duty)
Prize leave

(a) *Special Leave (Leave on Urgent Private Affair).*—

"1. Officers who wish to make military or scientific research abroad may receive one year leave exclusive of travel time.

"2. Officers and enlisted men may receive leave of fourteen days including travel time.

"3. Noncommissioned officers quartered within barracks may receive fourteen days, including travel time when a member of his family becomes seriously ill or dies.

"Extension of the leave for (2) and (3) may be permitted if necessary.

(b) *Annual Leave.*—"Officers, noncommissioned officers and also privates quartered out of barracks are entitled to 20 days leave per year, which can be taken all at once or it can be divided into several different times.

(c) *Special Leave (from Foreign Post).*—"Officers and enlisted men serving in foreign posts and quartered out of barracks who served two continuous years are entitled to thirty days leave per year including travel time.

"Enlisted men serving in foreign posts and quartered within barracks who served three continuous years are entitled to thirty days leave per year including travel time.

(d) *Rest Leave.*—After special duties and maneuvers, one to three days leave is permitted.

"Five days leave is permitted to those who served continuously for one year in KOREA, FORMOSA,SAKHALIN, KWANTUNG Provinces, and foreign countries.

(e) *Prize Leave.*—"One day leave is granted to privates (quartered within barracks) who have performed outstanding work.

(2) "Junior flying cadet of Army air and flying schools are entitled to twenty days leave aside from the aforementioned leaves."

(*ATIS Document No. 15741, Volume 2, Section 6*)

Section III. NEWS

11. GENERAL

Information is offered to show that the Japanese carry out strict censorship in the Army. It appears that the amount of news which is handed on to the troops is left to the decision of the unit commander. There are several cases where garrisons publish field news sheets, but most prisoners of war are of the opinion that these publications do not print a true version of the news. Since it is not always possible to have access to this type of news, many unit commanders print news sheets to be posted on bulletin boards. It must be kept in mind that this news is censored radio news and it is left to the discretion of the officers as to what will be posted. There are several references listed which show that many troops never receive war news in any form.

Further evidence shows that it is the exceptional unit which possesses radios for the benefit of the enlisted personnel. Most officers have access to radios but information indicates that the majority of programs which are available are propaganda programs.

12. NEWSPAPERS

a. Field News Sheets

(1) Prisoner of War OTSUKA, Hideo (JA(USA) 147262), Second Lieutenant (Medical Officer), member of 65 Brigade, captured NUMOND, 29 March 1944, stated:

"Only news accessible was that published in the field newspapers which came out weekly. The last one prisoner of war saw was October 1943. These papers always contained news of Japanese victories, number of airplanes shot down, etc. However, it was thought these publications were grossly erroneous. Bad news was never published. Newspaper was about foolscap size, and circulation was about 200 copies."

(*ATIS Interrogation Report, Serial No. 451, page 9*)

(2) Prisoner of War YAMAMOTO, Hisashi, Leading Seaman, member of RABAUL Hospital, captured off KAVIENG, 22 February 1944, stated:

"At RABAUL Naval Hospital, prisoner of war saw the news sheet published by air units at VUNAKANAU. He could remember nothing of significance from it."

(*SOPAC Interrogation Report, Serial No. 01068, page 8*)

(3) Prisoner of War SATO, Susumu (JA(USA) 147143), Sergeant Major, member of 141 Infantry Regiment, captured TALASEA, 16 March 1944, stated:

"AKATSUKI Force news bulletin was called 'JINCHU SHIMBUN' with a circulation of about 500. News covered South West PACIFIC area and gave all battle results with, of course, figures which he thought belied the truth."

(*ATIS Interrogation Report, Serial No. 475, Section 13*)

(4) Prisoner of War TAJIMA, Isao (JA(USA) 147097), Superior Private, member of 1 Independent Mixed Regiment, captured PAPITALAI, 9 March 1944, stated:

"While at LOS NEGROS, he once saw a news sheet published by an Army Service Corps Unit dealing with the American landings in the MARSHALL Islands. He thought this sheet was published every Saturday."

(*ATIS Interrogation Report, Serial No. 496, Section 13*)

(5) Prisoner of War IMAMURA, Masayuki, Corporal, member of 55 Mountain Regiment, Captured at KWAON RIDGE, 7 February 1944, stated:

"The men received the 'BURMA SHIMBUN' every day, even in fairly forward areas. They read this but did not take it too seriously as they knew that it was full of propaganda. He also received an organizational newspaper from JAPAN in which he immediately recognized the stock propaganda terms of the BURMA publication."

(*Source available on request*)

(6) Prisoner of War MITSUI, Junchoku, Superior Private, member of 112 Infantry Regiment, captured at LETWEDET, 10 February, 1944, stated:

"In BURMA, an Army newspaper section produced a newspaper which was issued free to the troops. Little or no news was given as to how the Japanese Army was faring in other theaters of war or even in other theaters in BURMA. He thought that the newspaper toned down any Japanese reverses. The company commander sometimes informed the men of some good items of news but he was of the opinion that news was deliberately withheld from the troops because it was mainly bad news."

(*Source available on request*)

(7) Prisoner of War ARASE, Kenji, Leading Seaman, member of 751 Air Group, captured off KAVIENG, 22 February 1944, stated:

"He had read the air group newspaper only occasionally and half heartedly since many of the Chinese characters were too involved for him to understand."

(*SOPAC Interrogation Report, Serial No. 01069, Page 42*)

b. Bulletins

Prisoner of War MATSUMOTO, Hajime, (JA (USA)147113), Superior Private, member of 141 Infantry Regiment, captured near TALASEA, 23 March 1944, stated:

Since he was attached to regimental headquarters he was able to read Army bulletins covering the war situation as issued by headquarters. However, the rank and file of the troops in the field did not receive any news excepting on rare occasions when the commanding officer read bulletins to their men. At first only good news was published, but of late he believed the policy had been changed and that good and bad news were both published."

(*ATIS Interrogation Report, Serial No. 464, Section 13*)

22

c. Announced news

(1) Prisoner of War EIJI, Isamu (JA(USA)1471 31), civilian cook in the Army, captured SALAMI Plantation, 10 March 1944, stated:

"Had not seen any newspapers or army bulletins in NEW BRITAIN. Sometimes an officer would mention a big event."
(ATIS Interrogation Report, Serial No. 487, Section 13)

(2) Prisoner of War MAKUYAMA, Sodaji (JA (USA)147458), First Class Private, member of 6 Navigation Aid Unit, captured HUMBOLDT BAY, 22 April 1944, stated:

"Current news was frequently read out to prisoner of war's unit prior to June 1944."
(ATIS Interrogation Report, Serial No. 471, Section 13)

(3) Prisoner of War MATSUMOTO, Hajime, (JA(USA)147113), Superior Private, member of 141 Infantry Regiment, captured near TALASEA, 18 March 1944, stated:

"Received some news from bulletins read out by section leader at irregular intervals. These referred mostly to sea battles."
(ATIS Interrogation Report, Serial No. 464, Section 13)

d. No News

(1) Prisoner of War OKAYA, Iwao, (JA(USA) 147123), Superior Private, member of 141 Infantry Regiment, captured KOMETTO, 27 March 1944, stated:

"No war news was given troops of his unit."
(ATIS Interrogation Report, Serial No. 494, Section 13)

(2) Prisoner of War KUBO, Toraichi, (JA 14 5440), Superior Private, member of 115 Infantry Regiment, captured TUFI, 10 March 1943, stated:

"There were no radios in camps and what little news he heard was from talk between soldiers and from old newspapers."
(ATIS Interrogation Report, Serial No. 171, Page 5)

(3) (Prisoner of War TAKAHASHI, Kunio, (JA(USA)147491), First Class Private, member of 4 Air Intelligence Regiment, captured near TAMI River, stated:

"He had heard no war news."
(ATIS Interrogation Report, Serial No. 472, Section 13)

13. RADIOS

a. No Radios Issued

(1) Prisoner of War OTSUKA, Hideo, (JA(U SA)147262), Second Lieutenant (Medical officer), member of 65 Brigade, NUMONDO, 29 March 1944 stated:

"He had heard no radio programs in South West PACIFIC Area. 65 Brigade was of 'C' or 'D' class so they had no luxuries such as radio."
(ATIS Interrogation Report, Serial No. 451, Page 9)

(2) Prisoner of War ARITA, Kazo. (JA 145935), Superior Private, member of 144 Infantry Regiment, captured OIVI, 15 November 1942, stated:

"There were no facilities existing for listening to the radio in camps."
(ATIS Interrogation Report, Serial No. 39, Page 8)

(3) Prisoner of War SATO, Susumu. (JA(USA) 147143), Sergeant Major of 141 Infantry Regiment, captured at TALASEA, 16 March 1944, stated:

"He had heard no radios in the South West PACIFIC Area."
(ATIS Interrogation Report, Serial No. 475, Section 13)

(4) Prisoner of War TAKAYAMA, Kiichi (JA (USA)147460), 24 April 1944, stated:

"He had never heard a radio in the South West PACIFIC Area."
(ATIS Interrogation Report, Serial No. 503, Section 13)

(5) Prisoner of War IMAMURA, Masayuki, Corporal, member of 55 Mountain Regiment, captured at KWAON RIDGE, 7 February 1944, stated:

"He never listened to the wireless because no sets were available."
(Source available on request)

b. Officers Only

(1) Prisoner of War EGUCHI, Shigenori, (JA 145584), Flight Mechanic, member of 751 Naval Air Unit, captured HUON GULF, 22 September 1943, stated:

"The only receiving sets in RABAUL were owned by officers. There was a receiver of some sort in wireless telegraph section from which a news sheet was issued and distributed daily on basis of about one copy per flight."
(ATIS Interrogation Report, Serial No. 283, page 14)

(2) Prisoner of War YOSHIDA, Kazuo, Corporal, member of 6 Field Artillery Regiment, captured TOROKINA Area, 23 March 1944, stated:

"No radios were available for enlisted men."
(SOPAC Interrogation Report, Serial No. 01459, page 35)

(3) Prisoner of War IDA, Ichiro (JA 145119), Navy civilian Employee, member of 14 Pioneer Unit, captured BUNA, 4 January 1943, stated:

"He thought officers of his unit heard news on radio."
(ATIS Interrogation Report, Serial No. 393, page 83)

(4) Prisoner of War NAGAO, Takashi (JA 145543), First Class Private, memberof 221 Airfield Battalion, captured GOODENOUGH ISLAND, 6 April 1943, stated:

"He had not listened to the radio either at TONAN or RABAUL. Possibly officers had the opportunity; ordinary soldiers were not allowed to listen in."
(ATIS Interrogation Report, Serial No. page 14)

(5) Prisoner of War HANAKI, Yoshida (JA 140039), Third Class Petty officer, captured MILNE BAY, 26 November 1942, stated:

"He knew of no unit possessing its own receiving set and in any case there were no facilities for all ranks to listen to reception. While on guard duty at the officers quarters, he had heard broadcasts from JAPAN but these consisted chiefly of musical items. He had never heard news items broadcast."
(ATIS Interrogation Report, Serial No. 33, page 7)

(6) Prisoner of War ARAI, Ichitaro (JA 145518), Cadet, member of 50 Antiaircraft Battalion, captured TROBRIAND ISLANDS, 21 March 1943, stated:

"In MANCHURIA there was a radio set in the officers' quarters but he had had no access to it."
(ATIS Interrogation Report, Serial No. 237, page 9)

(7) Prisoner of War BOMURA, Akira (JA14556 2) Leading Seaman, member 751 Naval Air Unit,

captured off KAVIENG, 22 February 1944, stated:

"Only officers had radios."

(SOPAC Interrogation Report, Serial No. 265, page 6)

(8) Prisoner of War TAKAHASHI, Kunio (JA (USA) 147491), First Class Private, member of 4 Air Intelligence Regiment, captured near TAMI RIVER, stated:

"He had heard that officers received news over radio at headquarters, but this was not passed out to the men."

(ATIS Interrogation Report, Serial No. 472, Section 13)

(9) Prisoner of War SAKIEDA, Ryuji (JA 100031) Second Lieutenant, member of Army Headquarters, captured after BISMARCK SEA battle, stated:

"He rarely bothered to listen to broadcasts. His companions had mischievously utilized spare sets at 18 Army Headquarters and Ordinance Depot to listen to Allied broadcasts although few of them understood sufficient English to comprehend gist of talks. There were not many radio sets in RABAUL, and the available ones would certainly only be found in officers' messes and such places."

(ATIS Interrogation Report, Serial No. 248, page 23)

c. Personnel Having Radios

(1) Prisoner of War HAMAMOTO, Tomekichi (JA 145567), First Class Private, member of 80 Infantry Regiment, captured SALAMAUA, 16 September 1943, stated:

"When in barracks in KOREA, troops were permitted to listen to 'soldiers' hour' broadcast from TOKYO, consisting mostly of musical items."

(ATIS Interrogation Report, Serial No. 395, page 11)

(2) Prisoner of War OYAMA, Sueyoshi, Machinist Mate Second Class, member of 751 Naval Air Unit, captured off KAVIENG, 22 February 1944, stated:

"There were radios in camp, but officers were usually listening in, and men avoided hanging around. Men preferred to spend leisure time gambling in air raid shelters or sleeping."

(SOPAC Interrogation Report, Serial No. 0805, page 9)

Section IV. MAIL

14. GENERAL

Mail for the troops is another item for which the Japanese Army makes little provision. Information indicates that they make no provision in forward areas for civilian employees. This lack of mail does not seem to have the same effect on their morale as it probably would have on Allied troops, but information available indicates that it must be considered a factor in the morale level. Probably one reason mail is not as important to the Japanese as to the Allies is that when troops with the real SAMURAI spirit leave the homeland they never expect to return. They are taught to regard themselves as no longer sons of their parents but as sons of the EMPEROR. With this figurative break of family ties it is not surprising that the lack of mail would have less effect on their morale than on that of Allied troops.

15. ARMY

a. Sending of Mail

(1) Extract from diary belonging to First Class Private KAWANUMA, Naokichi, unit not stated, dated 23 November 1942 to 10 February:

"17 February 1943. Sending of letters to your homeland was permitted, but limited to five letters."

(*ATIS Bulletin No. 1006, page 3*)

(2) Prisoner of War KIBA, Hisao (JA(USA) 147586), Second Lieutenant, member of 68 Independent Field Antiaircraft Battalion, captured HOLLANDIA, 2 May 1944, stated:

"He had dispatched three to his family, all censored. He said he was well, and mentioned the hot weather in NEW GUINEA. Inquired after their health. Told them he had not been able to get any tropical fruits."

(*ATIS Interrogation Report, Serial No. 489, Section 13*)

(3) Prisoner of War MITSUI, Junchoku, Superior Private, member of 112 Infantry Regiment, captured LETWEDET, 10 February 1944, stated:

"Letters were always censored by an officer, and no complaints of any kind were allowed."

(*Source available on request*)

(4) Extract from diary dated 9 December 1942 to 16 March 1943, presumably belonging to OISHI, Fumio, member of 50 Antiaircraft Battalion: "Were not allowed to write letters and haven't written home since November."

(*ATIS Current Translations, No. 41, page 4*)

b. Receiving of Mail

(1) Extract from miscellaneous binder belonging to 229 Infantry Regiment in reference to the receiving of mail:

"1. Each Individual will receive his mail in person, after obtaining permission from noncommissioned officer in charge.

"2. When deemed necessary, the mail will be opened in the presence of the officer in charge, personnel officer and the leader of the administration section.

"3. Registered air mail will be opened in the presence of the noncommissioned officer in charge and examined by him.

"4. Receiving money orders from home is prohibited.

"5. In case you receive an unrequested money order, submit the matter immediatly to the leader of administration section so that proper steps may be taken."

(*SOPAC Translations, Item NO. 1055, page 14*)

(2) Prisoner of War YOSHIDA, Hiroshi (JA 145648), Sergeant Major, Pilot, member of 248 Air Regiment, captured near LAE, 12 November 1943, stated:

"Field post office forwarded mail to prisoner of war's unit and it always had record of where regiment was operating. Prisoner of war did not write home or receive any mail while in South West PACIFIC Area."

(*ATIS Interrogation Report, Serial No. 404, page 13*)

(3) Prisoner of War HATORI, Fumihiro (JA (USA) 147018), Corporal, member of 238 Regiment, captured near KIARI, 5 February 1944, stated:

"At WEWAK, he received only one letter from home."

(*ATIS Interrogation Report, Serial No. 467, Section 13*)

(4) Prisoner of War MATSUI, Gunichi (JA 145690, Sergeant, member of 79 Infantry Regiment, 5 February 1944, stated:

"Had received no mail from home for about one year and three months. Had heard that mail was on the way for his regiment but it had not arrived. No one in his regiment had received any in NEW GUINEA. Thought Army did not have facilities to deliver mail in forward areas." (*ATIS Interrogation Report, Serial No. 400, page 4*)

(5) Prisoner of War ISHIGURO, Kiyoichi (JA 145044), First Class Private, member of the 228 Infantry Regiment, captured at PAPAKI BRIDGE, 11 November 1942, stated:

"The last letter he had received from JAPAN was in April. He had received no letters while in NEW GUINEA."

(*ATIS Interrogation Report, Serial No. 42, Page 8*)

(6) Prisoner of War TAKAYAMA, Kiichi (JA (USA) 147459), First Class Private, member of 68 Independent Field Antiaircraft Battalion, captured HOLLANDIA, 22 April 1944, stated:

"He had received no letters from friends or relations in JAPAN."

(*ATIS Interrogation Report Serial No. 468, Section 13*)

16. NAVY

a. Sending of Mail

(1) Extract from report of mail censorship, 6 Field Military Police unit, 8 June 1943:

"General Situation.— No one wrote about the late Fleet Admiral YAMAMOTO during this period. In general, morale was good and the mail censorship in each unit was thorough. Restricted matter was closely watched and stricken out. However, there are still some who write about being homesick and their dislike for war and others whose writings require attention. Such traces still remain. The general situation is shown in the following summary:

"Total number of military police censors: 8.

"Remarks: Mail matter for the six days from May 26 to 31.

"Volume of mail censored: 30,000 pieces of fourth class mail

"a. Mention of low morale, dislike for war and hope for going back: 16 cases.

"b. Mention of matters that require special precautions from counter-intelligence viewpoint: 4 cases.

"c. Mention of shortages in material: 2 cases

"d. Others (such as lack of censor's stamp): 73 cases. Total: 95 cases.

"Disposition of the above:

Burned: 1
Partly erased: 20
Returned: 5
Reported: 2."

(*SOPAC Translation, Serial No. 072, page 13*)

(2) Prisoner of War ARAKI, Toshimi (JA 145501), Leading Private Observation Section, Motor Torpedo Boat, 24 March 1943, stated:

"While at MISHIMA, all mail was censored by the sergeant major. In RABAUL, letters could not be written home."

(*ATIS Interrogation Report, Serial No. 196, page 7*)

b. Receipt of Mail

(1) Prisoner of War YAMAGUCHI, Yoshita (JA (USA) 147480), Leading Seaman, member of 88 Guard Unit, captured MANUS ISLAND, 28 April 1944, stated:

"Since coming to South West PACIFIC Area, prisoner of war received several small packages of mail from his family."

(*ATIS Interrogation Report, Serial No. 559, page 6*)

(2) Prisoner of War NAKAMURA, Ryoki (JA (USA) 147449), Second Class Petty Officer, member of 2 Transport Unit, captured JACQUINOT BAY, 23 April 1944, stated:

"He had received three letters from wife and mother during his eight months stay at RABAUL."

(*ATIS Interrogation Report, Serial No. 501 Section 13*)

17. CIVILIANS

a. Prisoner of War TAIRA, Shigeyo (JA 145046), military coolie, member of YAMAMOTO Force, captured at SAMBO, 16 November 1942, stated:

"He had received no letters from JAPAN, and all writing materials had been taken from him before leaving RABAUL for NEW GUINEA."

(*ATIS Interrogation Report, Serial No. 38, page 5*)

b. Prisoner of War YAMAGUCHI, Masahiro (JA 145058), Civilian Medical Orderly, captured SOPUTA, 6 December 1942, stated:

"He had receive no mail since leaving JAPAN."

(*ATIS Interrogation Report, Serial No. 41, page 8*)

c. Prisoner of War ZAMA, Mataichi (JA (USA) 147656), civilian employee, 1 Shipping Repair Unit, captured TANAMERAH, 4 May 1944, stated:

"He had received no mail or had heard no war news in South West PACIFIC Area."

(*ATIS Interrogation Report, Serial No. 500, Section 13*)

Section V. CONCLUSIONS

1. The Japanese Army and Navy establish canteens for those troops located in areas in which supplies are available.

2. It appears that the Japanese Army supplements the normal ration to troops with a gratuitous issue which usually consists of such articles as sweets, cigarettes, beer, and sake.

3. Comfort bags are a gratuitous issue to troops and are of two types, those issued by the Army and those from civilian charity organizations.

4. Although measures for physical training apparently play a big part in the life of the Japanese soldier, there is little provision made to carry out an athletic program in the South West PACIFIC area.

5. Movies and traveling shows are practically non-existent for Japanese soldiers in the forward areas of the South West PACIFIC Area.

6. The establishment of brothels under strict regulation is sanctioned by military authorities in any areas where there are large numbers of troops.

7. Inmates of these brothels are regularly inspected for venereal diseases.

8. There is no set policy for leave or rotation of Japanese troops in South West PACIFIC Area.

9. A few units publish field news sheets for their troops but on the whole only bulletins or verbal news is past on to the Japanese soldiers.

10. It appears that few radios are available to enlisted men in the South West PACIFIC Area. On the other hand, officers are permitted to possess radios or to have access to them.

11. There is little provision made for troops in forward areas either to receive or send mail.

27

Appendix A.—FORMS REQUIRED BY MANILA BROTHELS.

1. Form No. 1

Application for permission to open business: army authorized restaurants or houses of relaxation.

Home address:

Present address:

Name:

Date of birth:

I hereby present application to open an authorized restaurant (house of relaxation). I enclose a statement of business plans, an affidavit and my personal history.

Date:

Applicant's name and seal:

To: Officer in Charge, MANILA Sector Line of Communications Duties.

2. Form No. 2.

Statement of business plans

a. Capital: yen.
b. Business partners: (yes or no)
c. Number of rooms.
d. Place of business.
e. Names of hostesses (geisha and waitresses) (Indicate whether Japanese, Formosan or Filipino).
f. Expected date of assembly of employees (geisha, maids, waitresses, other employees).

Date:

Name and seal:

To: Officer in Charge, MANILA Sector Line of Communications Duties.

3. Form No. 3

Affidavit

I hereby promise, that on receipt of permission to open an authorized restaurant (house of relaxation), I will abide by all the rules and regulations, allow or cause no disturbances and agree to close or suspend business on order at the convenience of the army.

Date:

Name and seal of manager:

To: Officer in Charge, MANILA Sector Line of Communications Duties.

4. Form No. 4

List of Employees

Name	Date of Birth	Sex	Professional Name	Home Address	Advance Payments	Position
YAMASHITA, Kazuyasu						Manager
YAMAMOTO, Haruko						Waitress
YAMASHITA, Tatsu						Principal Hostess
ITATSU, Sueichi						Office Employee
NAGAHIDE, Hide						Bell-boy

Date: Seals of above persons

To: Officer in Charge, MANILA Sector Line of Communications Duties

APPENDIX A

5. Form No. 5

Request for authorization of hostesses (geisha and waitresses)
Home residence:
Name:
Date:
Professional name:
Date of arrival in PHILIPPINES:
I hereby request authorization for the above geisha (waitress). Enclosed please find copies of contract and agreement.
Date:
Name and seal of applicant:
Name and seal of manager:
To: Officer in Charge, MANILA Sector Line of Communications Duties.

6. Form No. 6.

Request for permission for hostesses (geisha and waitresses) to leave the establishments.
Home residence:
Present residence:
Name:
Date of birth:
Professional name:
I hereby submit this application for permission to leave the establishment, with the following nformation:

(a) Reason:
(b) Intended destination:
(c) Amount of forced savings.
(d) Amounts of other money saved:

Date:
Name and seal of applicant:
Name and seal of manager of House of Relaxation:
To: Officer in Charge, MANILA Sector Line of Communications Duties:

7. Form No. 7.

Request for permission to replace hostesses (geisha and waitresses) and others:
I hereby submit this request for permission to replace the following geisha, waitresses and others.
1. Persons:

Name	Date Birth	Sex	Professional Name	Home Residence	Present Residence	Position

2. Reasons:
3. Replacements:
Name, present residence, home residence:
Date:
Name and seal of manager:
To: Officer in Charge, MANILA Sector Line of Communications Duties:

29

8. Form No. 8.

Price List for Authorized Houses of Relaxation			
	Patrons	Time	Price
Houses of relaxation employing Filipino women	Privates	40 minutes	1.50
	Noncommissioned officers	40 minutes	2.50
	Others	1 hour	4.00
		Overnight	8.00
Houses of relaxation employing Japanese women	Privates	40 minutes	2.00
	Noncommissioned officers	40 minutes	3.00
	Others	1 hour	5.00
		Overnight	10.00
Notes: 1. Others in the Patrons column includes soldiers (and army civilian employees) other than noncommissioned officers. 2. Overnight engagements will begin from 2300 hours. 3. Prices are maximum prices. Managers may make reductions when the situation so warrants.			

9. Form No. 9.

Daily Total Earnings Chart							
	Patrons	Time	Number of Persons	Fees	Total	Grand	Allotment of Money
Date	Privates						
	Noncommissioned officers						
	Officers						
	Army civilian employees						

10. Not so stated, but apparently Form No. 10.

Date	Designation / Items	Unit	Unit Price	Amount (Food)	Amount (Money)	Patrons				
						Privates (Civilian Employees)				Name
						Noncommissioned Officers (Civilian Employees)				Name
						Officer	Assigned Force	Rank	Name	Number of Persons
Restaurant										
						Name Civilian Official (High-ranking)				
Number of Days										
Room number										
Name						Name				

30

11. Form No. 11.

(Date)	House of Relaxation—Daily Report			Room Number	(Seal)
	Patrons	Time	Number of Persons	Amount	Total
Business Report	Privates				
	Non-Commissioned Officers				
	Others (officers and army civilian employees)				
Total					
Quota	(Number)	Number Developed Disease		Surplus or Deficit of Personnel	
Working	(Number)				
Ill	(Number)				
On Vacation	(Number)				
Others	(Number)				
Notes					

12. Form No. 12.

(date) Monthly Business Report (Part 1) — Room number — Name and seal of person in charge

Expenditures				Income			Notes
Designation			Amount	Designation	Present Month's Business	Amount	Business expenditures are those directly necessary for the conduct of the business. Purchases of any property is not included therein.
Intake	Surplus from Previous Month			Business	Total		
	Income This Month						
	Total			Difference from net balance			
Business expenses				Total			
Total				Net Loss			
Net Profit							
Grand Total				Name	Amount	Notes	
Designation	Name	Amount	Notes	Name	Amount	Notes	
Items of Business Expenditures							
				Total		Grand Total	

(Part 2) Houses of Relaxation - Monthly Report (Statement of earnings)

Month:

Manager
House number - name - seal

Payment geisha	Total earnings	Geisha's share	Debt	Advance Payment	Residue from Advance Payments	Saving	Notes

13. Form No. 13.

(Date) Chart of Month's Receipt and Sale of Food

(This chart refers to special club restaurants only)

Room number: Name: Seal:

INTAKE													SALES					
Items Received	Units	Price per Unit	From last Month		This month		Total		This month's Expenditure		Net Difference		Items Sold	Units	Price per Units	Present Month	
			Amount (Food)	Amount (Money)	Amount (Food)	Amount (Money)	Amount (Food)	Amount (Money)	Amount (Food)	Amount (Money)	Amount (Food)	Amount (Money)				Amount (Food)	Amount (Money)

14. Form No. 14.

Health Chart Number..........

Name: Year:

Name of House of Relaxation:

Date of Examination	Diagnosis						

Seal of army physician, attached to line of communications

Date:

MANILA Sector line of communications office

Notes: 1. Examination will be given weekly.
2. Diagnoses are concerned only with condition of menstruation.

32

Appendix B.—POLICE REPORT ON MANILA BROTHELS

Police report on medical inspection, dated 7 February 1944, issued by MANILA Sector Line of Communications.

"To all managers: It is desired that all managers note carefully the following police report on medical inspection for the month and take steps to make the necessary improvements.

"General observations:

"1. Restaurants and special clubs:

"The cleaning of kitchens is generally satisfactory, but better measures of prevention against insects are necessary.

"The care of chopping-boards is generally unsatisfactory and they are used indiscriminately.

"Cooking vessels require more thorough washing. Lavatories require more and better cleaning.

"2. Houses of relaxation

"Scant attention has been paid to hygienic rules and there are many cases of failure to take hygienic measures. This has been repeatedly called to the attention of many persons.

"Lavatories and wash-rooms are generally unclean, nor is there proper lighting in the latter.

"If the health of the employees is to be preserved, there will have to be improvements in the care of bathrooms, and the cleaning of dining-rooms. Many managers are interested in nothing beyond their own profit, and do their job with no other purpose. They exhibit no concern for the welfare of the geisha, maids or hostesses, nor bother themselves with their health or sustenance nor with such matters as bath facilities. Their selfish conduct requires restraint.

Type	Medical Examination of Geisha and Hostesses		Name	Manager	Rating	Police Report
For soldiers and crewmen of all Shipping Units	Number Examined	Number Ill	Dawn Club	NOMURA, Yasuzo	A	Cleaning and orderliness in rooms excellent.
	120	8			B	Spreads, pillow-slips and other bedding medium. However, quality is poor and improvement needed.
					B	Waiting-rooms and corridors are satisfactorily clean, but could stand just a little improvement.
					B	Cleaning of lavatories not thorough.
House of Relaxation	38	3	No. 2 House of Relaxation	URAGAWA, Taro	B	Cleaning and orderliness in rooms can barely be said to be good.
					B	Cleaning of bedding satisfactory.
					B	Cleaning and orderliness of waiting rooms and corridors not satisfactory.
					B	Cleaning of lavatories satisfactory. Not fully equipped.
House of Relaxation	34	4	No. 3 House of Relaxation	KURIHARA, Ine	A	Cleaning and order of rooms good.
					A	Cleaning of sheets and pillow-cases generally quite good.
					A	Cleaning of waiting-rooms and corridors excellent. The following new items were noted and the cleaning should be an example for other places. Materials: kerosene—four go (One go equals 0.318 pint) and three wax-candles. Method: mix the kerosene and wax, boil together, and after cooling, apply to floors, with a cloth. Result; superb as a substitute for lux, shines the floors well, and even one application gives surprisingly good results.
					B	Lavatory cleaning and wash-room equipment good. Employee's bath facilities needs some attention.
House of Relaxation	65	8	No. 4 House of Relaxation	KUDAKATSU, Taro	B	Cleaning and order of rooms satisfactory.
					B	Cleaning of waiting-rooms and corridors satisfactory. No facilities for smoking.
					C	Cleaning and care of bedding unsatisfactory.
					B	Cleaning of lavatories satisfactory.

33

Type	Medical Examination of Geisha and Hostesses		Name	Manager	Rating	Police Report
For privates and non-commissioned officers	Number Examined 59	Number Ill 3	No. 5 House of Relaxation	YANO, Matsuyo	C	Cleaning and order of rooms medium.
					C	Sheets and pillow-slips not clean.
					B	Cleaning and order of waiting-rooms and corridors satisfactory, but no facilities for smoking.
					B	Cleaning and equipment in lavatories and wash-rooms satisfactory.
For privates and non-commissioned officers	76	3	No. 6 House of Relaxation	SHU, Rokurin	B	Cleaning and order of rooms medium.
					C	Sheets and other bedding not clean.
					C	Cleaning of waiting-rooms and corridors very poor.
					B	Cleaning and equipment in lavatories and wash-rooms satisfactory.
For privates and non-commissioned officers	38	4	No. 7 House of Relaxation	NISHIOKA, Mitsutaro	B	Cleaning and order of rooms medium.
					A	Special attention is devoted to keeping clean bedding and special laundresses are hired for the purpose. The set-up is excellent. (TN. Rest of sentence illegible.
					B	Cleaning of waiting-rooms and corridors is satisfactory but there are no facilities for smoking.
					B	Cleaning and equipment of lavatories and wash-rooms satisfactory.
For privates and non-commissioned officers	52	3	No. 8 House of Relaxation	UCHIMURA, Masao	B	Cleaning and order of rooms satisfactory.
					C	Sheets and pillow cases not clean.
					C	Cleaning of waiting rooms unsatisfactory, and no ashtrays provided. The kitchen is much too close to the bathroom and definite hygienic measures against insects are needed.
					C	Cleaning of lavatories and wash-rooms unsatisfactory.
For privates and non-commissioned officers	49	2	Chrysanthemum House	TAKANO, Kikano	C	The manager is never in when the police arrive. There is no set plan of working hours for the employees. Their business policy is quite unsatisfactory.
					C	Lavatories and wash-rooms are very dirty, no effort being made to clean them.
					C	Rooms and corridors are dirty, and only the waiting rooms are cleaned. The bedding is dirty, and needs considerable attention.
For privates and non-commissioned officers	80	1	Fuji Flower Garden	WATANABE, Sataro UCHIMURA, Seiichi MIYAKE, Hiroshi	B	Cleaning generally satisfactory except for corridors and waiting-rooms.
					B	Cleaning generally satisfactory except for rooms. Cleaning of bedding is satisfactory.
					B	Generally satisfactory.
House of Relaxation	80	1	Shining Flower Garden	HANAI, Kikataro	B	Cleaning and order of rooms satisfactory.
					B	Cleaning of bedding satisfactory.
					B	Cleaning of waiting-rooms and corridors has obviously been done but needs a little more effort.
					A	Equipment of lavatories and wash-rooms are especially clean and in excellent condition.
House of Relaxation	48	5	MIKUNI Club	URA, Gin	B	Individual rooms are generally good and orderly, but cleaning is not satisfactory in some. Closets and dressing-rooms require some attention.

APPENDIX B

Type	Medical Examination of Geisha and hostesses		Name	Manager	Rating	Police Report
	Number Examined	Number Ill			B	Cleaning of bedding is satisfactory.
					C	There are no ash trays supplied in the waiting-rooms and corridors, and ashes may be seen scattered around.
					B	Equipment and cleaning of lavatories and wash-rooms is satisfactory.
House of Relaxation	89	6	Daisy Garden	KAWA-YANAKI, Tsutau	B	Cleaning and order of rooms satisfactory.
					B	Cleaning of bedding satisfactory.
					C	Waiting-rooms and corridors not clean ; no ashtrays supplied.
					C	Lavatories and wash-rooms quite dirty, and in need of immediate improvement. Hygienic rules not observed.
House of Relaxation	46	1	Coquette Club	SHUSAI, Akira	B	Cleaning and order of rooms satisfactory.
					C	Bedding dirty and of poor quality Considerable improvement needed.
					C	Waiting rooms and corridors too close to the bathrooms, ill-equiped and dirty. Suggest immediate measures of improvement. Employees do not observe rules of hygiene.
House of Relaxation	49	2	Drunkards' Flower Garden	SHUSAI, Akira	C	Cleaning and order of rooms unsatisfactory.
					B	Cleaning and bedding-medium.
					B	Cleaning of waiting-rooms and corridors satisfactory.
					C	Cleaning and equipment and lavatories and wash-rooms satisfactory, but employees are in the habit of throwing cigarette butts and ashes out of the windows. This must be brought to their attention.
For Privates and non-commissioned officers	80		Crystal Water Club	MITSUYAMA, Narimichi	B	Cleaning and order of rooms satisfactory.
					B	Cleaning of bedding satisfactory.
					C	Waiting-rooms and corridors, especially near the stairs, not clean.
					A	Lavatories and wash-rooms well cleaned and equipped.
For privates and non-commissioned officers	61	9	Dawn Club	TOYOGAWA, Konen	B	Cleaning and order of rooms satisfactory.
					B	Sheets and pillow-cases are probably changed every third day, but should actually be changed every other day.
					C	Cleaning of waiting-room and corridors unsatisfactory. Few ashtrays are provided.
					B	Lavatories and wash-rooms are clean, but no disinfectant is provided for the wash-water on the second floor. Receptacles are also in need of immediate repair.
Special Club (for officers and high-ranking civilian officials)	71	1	Sea-Flower Villa	NAKAGAMI, Minoru	C	Insufficient hygienic measures are taken in the kitchen, with result that insects are numerous. No discrimination is exercised in the care or use of the chopping-board.
					C	The dining-hall area is quite dirty. No attempts are made at cleaning it.
					B	Cleaning of waiting rooms, corriders and" individual rooms is satisfactory, but the lavatories require more care.

Type	Medical Examination of Geisha and Hostesses		Name	Manager	Rating	Police Report
	Number Examined	Number Ill				
Special Club (for officers and high-ranking civilian officials)	32	4	Chirping-Sparrow Palace	NAKAGAMI, Minoru	A	Equipment and cleaning of the kitchen is quite good. Measures against insects were taken before the inspection and seem to have been thorough.
					B	Care of chopping-boards is unsatisfactory. Wash-boards in the wash-rooms are dirty. Improvement is needed in the dining-hall. Care of the lavatories is unsatisfactory.
Special Club (for officers and high-ranking civilian officials)	16	1	Wide Pine	YOSHIDA, Haru	A	Equipment of kitchen quite good.
					B	There is much to be desired in the care and use of the chopping-boards. The dining-hall and bathrooms are clean.
					B	The is room for some improvement in the cleaning of the lavatories.
Special Club (for officers and high-ranking civilian officials)			Round Pearl	TERAO, Shigeru	C	There are numerous insects in the kitchen. Proper care is not taken of the chopping-boards. The lift to carry the food from the kitchen to the second and third floors and the beer and sake bar on the second floor are too close to the lavatories, with result that there are numerous insects against which no measures have been taken. People are seated too close in the dining-hall. The latter is not clean and insects are numerous.
					A	Lavatories and wash-rooms are clean and well-kept.
Restaurant (for privates and non-commissioned officers)			TOKYO Restaurant	TAKAOKA, Haruyoshi	B	The kitchen is clean. the care of the chopping-boards is unsatisfactory.
					C	The beer and Sake bar on the second floor is not clean; the floors are not properly swept and insects are numerous.
					A	The cleaning and equipment of the dining-hall is quite good.
					B	Cleaning of the lavatories is satisfactory.
Restaurant (for privates and non-commissioned officers)			ASIA Restaurant	CHIN, Sekisei	C	The kitchens are not orderly and little cleaning is done. No care or discrimination in the use of the chopping-boards is exercised.
					C	The maids' rooms are not clean, and require considerable attention.
					B	The cleaning and equipment of the lavatories and dining-hall is satisfactory.
Restaurant (for privates and non-commissioned officers)			MIYAKO Restaurant	AKAMA, Matsutaro	B	The kitchen is clean, but the care of the chopping-boards is unsatisfactory.
					B	Cleaning and equipment of the dining-hall are satisfactory.
					B	Cleaning of the lavatories is satisfactory.

[문서 17]

군위안소에 관한 건 보고통첩(1940.7.6)

첸닝파헌경[欽寧派憲警] 제455호

군위안소에 관한 건 보고 '통첩'

1940년(쇼와15) 7월 6일

발신: 첸닝파견 헌병장 사이조 세이지로[西條淸治郞]

수신: 사쿠라다[櫻田]부대 참모장 귀하

위 제목 건 6월 중의 상황 아래와 같이 보고 '통첩'함.

아래

1. 위안소 종업원 수 및 매상액 등의 상황

난닝[南寧] 및 첸주[欽州] 방면의 6월 말 현재 군위안소 상황은 아래의 표와 같으며 난닝에서 지난달에 비하여 호수 10호, 종업부 1백 명, 첸주에서 호수 1호, 종업원 1명 증가 함. 이것은 상세 별지 제1과 같음.

아래 표

종별(種別) / 지방별	호수	종업부수	6월분 매상액		1일 1인 평균 매상액	
난닝 방면	32	295	118,274	40	19	47
첸주 방면	11	66	30,311	40	18	12
계	43	361	148,585	80	18	79

방문자의 복장 태도 상황

방문 군인 군속의 복장상태는 대체로 엄숙하게 유지하고 있으나 일부

▲ 더위가 심하기 때문에 탈의 기타 복장을 풀어헤치고 위안소 부근을 배회하는 자,

▲ 음주하여 매우 취한 상태로 복장 태도가 불량한 자,

▲ 종업부와 풍기상 빈축을 살 행위를 하는 자 등의 사례가 있음. 이러한 것들은 급격한 기후 변화 혹은 허영심에 기인하는 것으로 점차 증가하는 경향이 있으므로 주의를 요함.

경찰 사고 상황

경찰 사고 및 비위행위는 점차 감소하고 있는 상태로 이 기간에 헌병이 파악한 것은 아래와 같음.

(1) 유흥자

1. 음주하여 매우 취한 상태로 위안소 및 부근에서 권총을 발포하거나 혹은 칼을 뽑아 종업부에게 상해를 입힌 자.

   장교 2

2. 음주하여 매우 취한 상태로 위안소 내에서 폭행한 자.

   하사관 2, 병사 3

3. 음주하며 매우 취한 상태로 무단으로 외출하여 복장 상태가 불량한 자.

   병사 1, 군속 1

등으로 모두 앞으로는 이런 일이 없도록 주의를 주고 훈계하여 돌려보냈는데 원인은 술기운 혹은 전시 기분에 기인하는 것이라고 생각됨.

(2) 영업자

군위안소 관리인 1명은 종업부를 학대하여 앞으로는 이러한 일이 없도록 주의를 줌.

헌병의 단속 상황

헌병은 순시(사)찰자를 파견하거나 혹은 각 부대와 밀접하게 연락하여 비위 범죄의 경방(警防)에 임함과 동시에 사고가 발생할 때마다 엄중하게 이제부터 이러한 일이 없도록 주의를 주고 영업주 및 종업부에게는 방첩 군 기밀보호 및 위생에 관한 여러 주의를 주어 문제가 없도록 함. 끝.

발송처

대장, 군참, 군부, 중참, 중부, 앵(櫻)참, 감참(監[25]参)

사흠헌(寫欽憲)

[별지]

6월 1일에서 6월 28일까지

위안소명	종업부 수			6월분 매상액	1인 1일 평균 매상액	건병자(健病者)	
	전출	전입	현재			건(健)	병(病)
아사히			6	3,141,000	18,690	5	1
가케츠			5	3,063,000	21,880	5	
기쿠코오리	3		6	3,232,000	12,810	6	
도쓰게키			4	1,920,500	17,150	4	
야전 관			5	2,012,000	14,370	4	1
올림픽			5	3,054,500	21,820	5	
고하토	3	5	9	3,356,100	19,980	7	2
에비야	1		11	5,998,600	19,480	10	1
마네키			5	2,082,000	18,590	4	1
마쓰카제	9			2,451,700	16,450		
계	16	5	56	30,311,400	181,220	50	6

25) 군의 보직을 약자로 표기한 것으로 대장(隊長)은 각 부대의 장을, 군참(軍參)은 각 부대의 참모를, 군부(軍副)는 각 부대의 부관을, 중참(中參)은 각 부대의 예하에 있는 중대의 참모를, 중부(中副)는 각 부대의 예하에 있는 중대의 부관을, 앵참(櫻參)은 이 문서의 수신부대인 사쿠라부대의 참모를, 감참(監參)은 군감찰기구의 참모를 지칭하는 것으로 판단된다. 염(塩)으로 되어 있으나 감(監)의 명백한 오기이므로 수정하여 표기함.

옥호	종업부 수			6월분 매상액	1인 1일 평균 매상액	건병자	
	전출	전입	현재			건	병
고토부키			7	491,990	2,342	7	
신코			8	486,300	2,026	8	
곤고			13	828,350	2,124	12	1
마쓰노야		4	10	631,000	2,103	10	
아리아케			8	601,925	2,508	7	1
긴네이			9	405,900	1,503	8	1
에비스야		3	9	333,000	1,585	8	1
기후쿠			4	197,000	1,616	4	
하나노야		1	8	301,175	1,532	7	1
후지	2		10	615,800	1,986	10	
후게쓰	1	3	10	247,450	952	9	1
지도리	3	3	6	169,500	1,492	5	1
아다리야	1		11	499,550	2,163	7	4
히노데			13	610,150	1,943	11	2
고라쿠	1		8	429,000	1,788	6	2
가게쓰			6	243,250	1,341	6	
마이니치			14	796,600	2,107	14	
이치후지		1	9	445,900	1,685	8	1
세이난			7	570,555	2,717	7	
긴파	1		8	305,670	1,175	8	
히로시마야		11	11	350,225	1,989	9	2
아사히		8	8	233,800	1,819	6	6
다카오테이		9	9	195,050	3,047	8	1
시키지마		14	14	168,950	1,341	12	2
후쿠오카		9	9	195,050	3,047	8	1
센게쓰		6	6	41,750	1,358	6	
다케노야		12	12	35,600	1,908	9	3
산라쿠테이		6	6	125,600	2,093	4	2
야마토테이		9	9			9	
스에히로테이		6	6	35,500	3,550	5	1
고카소		4	4	3,830	1,360	4	
쥬고사카에			23	984,450	1,427		
계	9	109	293	11,827,440	1,947	293	31

欽寧派憲警第四五號

軍慰安所ニ關スル件報告「通牒」

昭和十五年七月六日 欽寧派遣憲兵隊長 [illegible]

櫻田部隊参謀長殿

首題ノ件六月中ノ状況左記報告「通牒」ス

左記

一、慰安所從業婦數及賣上高等ノ状況

南寧及欽州方面ニ於ケル六月末現在軍慰安所

状況ハ左表ノ如クニシテ南寧ニ於テ前月ニ

1305

比シ戸数一〇戸従業婦一〇〇名欽州ニ於テ戸数一戸従業婦一名増加シアリ之カ詳細別紙第一ニノ如シ

左表

地方別＼種別	戸数	従業婦数	六月分売上高	一日一人平均売上高
南寧方面	三二	二九五	一一八二七四 四〇	一九 四七
欽州方面	一一	六六	三〇三一一 四〇	一八 二二
計	四三	三六一	一四八五八五 八〇	一八 七九

1306

來遊者ノ服裝態度ノ狀況

來遊軍人軍屬ノ服裝態度ハ概ネ嚴肅ニ保持セラレアルモ一部

△暑氣激シキ爲脫衣其他服裝ヲ紊シ慰安所附近ヲ徘徊スルモノ

△飲酒酩酊ノ上服裝態度ヲ紊スモノ

△從業婦ト風紀上擯斥ヲ買フヘキ行爲ヲナスモノ

等ノ事例アリ此等ハ急激ナル氣候ノ変調或ハ虛榮心ニ基因シ尚漸增ノ傾向アルハ注意ヲ要ス

1307

警察事故ノ状況

警察事故並ニ非違行為ハ漸次減少シアル状態ニシテ本期間憲兵ノ知得セルモノ左ノ如シ

(一) 遊興者ハ飲酒酩酊ノ上慰安所並ニ附近ニ於テ拳銃ヲ發砲シ或ハ抜刀従業婦ニ傷害ヲ與ヘタルモノ

将校 二

飲酒酩酊ノ上慰安所内ニ於テ暴行セルモノ

下士官 二　兵 三

1308

3、飲酒酩酊ノ上無斷外出シ服裝態度ヲ紊シタルモノ
兵一　軍屬一
等ニシテ何レモ將來ヲ戒飭說諭放遣セルカ之カ原
因ハ酒勢或ハ戰時氣分ニ驅ラレアルニ基因セルモノト認
メラル

(二) 營業者

軍慰安所管理人一ハ從業婦ヲ虐待セルヲ以テ嚴重
將來ヲ戒飭ス

憲兵ノ取締狀況

憲兵ハ巡視(査)察者ヲ派遣シ或ハ各部隊ト密接ニ

1309

連絡非違犯罪ノ警防ニ任スルト共ニ事故発生ノ都度
厳重将来ヲ戒飾尚営業主並ニ従業婦ニ対シテ
ハ防諜軍機保護及衛生ニ関シ諸注意ヲ与ヘ遺憾
ナキヲ期シアリ　了

発送先
隊長、軍参、軍副、中参、中副、櫻参、塩参
寫欽寇

1310

別紙

慰安所名	従業婦数 転出	従業婦数 転入	従業婦数 現在	六月分賣上高	一人一日平均賣上高	健病者 健	健病者 病
朝日			六	三一四一〇〇〇	一八六九〇	五	一
花月			五	三〇六三〇〇〇	二一八〇〇	五	
喜久水	三		六	三二三二〇〇〇	一二八一〇	六	
突惠			四	一九二〇五〇〇	一七一五〇	四	
野戰館			五	二〇一二〇〇〇	一四三七〇	四	一
オリンピック			五	三〇五四五〇〇	二一八二〇	五	
小鳩	三	五	九	三三五六一〇〇	一九九八〇	七	二
ゑびや	一		一一	五九九八六〇〇	一九四八〇	一〇	一
まねき			五	二〇八二〇〇〇	一八五九〇	四	一
松風	九			二四五一七〇〇	一六四五〇		
計	一六	五	五六	三〇三一一四〇〇	一八一二二〇	五〇	六

自 六月一日
至 六月二十八日

1311

屋號	從業婦數 轉出	從業婦數 轉入	從業婦數 現在	六月分賣上高	一人一日平均賣上高	健康病者數 健	健康病者數 病
壽			七	四九一九九〇	二三四二	七	
新港			八	四八六二〇〇	二〇二六	八	
金剛			一三	八二八三五〇	二一二四	一二	一
松乃家		四	一〇	六三七〇〇〇	二一〇三	一〇	
有明			八	六〇一九二五	二五〇八	七	一
欽寧			九	四〇五九〇〇	一五〇三	八	一
ゑびすや		三	九	三三三〇〇〇	一五八五	八	一
喜福			四	一九七〇〇〇	一六二六	四	
花の家		一	八	三七二七五	一五五三	七	一
不二	二		一〇	六一五八〇〇	一九八六	一〇	
風月	一	三	一〇	二四七四五〇	九五三	九	一
千鳥	三	三	六	二六八五〇〇	一四九二	五	一
あたりや	一		一一	四九九五五〇	[illegible]	七	四
日の出			一三	六一〇一五〇	一九四三	一一	二
幸樂	一		八	四二九〇〇〇	一七八八	六	二
花月			六	二四三二五〇	一三五一	六	
毎日			一四	七九六六〇〇	一八九七	一四	
一富士		一	九	四四六五〇〇	一六八五	八	一
清南			七	五七〇五三五	二七一七	七	
金波	一		八	三〇五六七〇	一一七五	八	
廣島屋		二	一一	三五〇七三五	一九八九	九	二
朝日		八	八	二三三八〇〇	一八一九	六	二
高雄亭		九	九	一九五〇五〇	二〇四七	八	一
敷島		一四	一四	一六八九五〇	一三四一	一二	二
福岡		九	九	一九五〇五〇	三〇四七	八	一
鮮月		六	六	四一七七〇〇	一三五八	六	
竹の家		一二	一二	三五六〇〇〇	一九〇八	九	三
三樂亭		六	六	一二五六〇〇	二〇九三	四	二
大和亭		九	九			九	
末廣亭		六	六	三五五〇〇	三五五〇	五	一
鶯莊		四	四	五八〇〇	一四六〇	四	
十五榮			三三	九八四四五〇	一四五	[illegible]	三
計	九	九〇	二九五	[illegible]	一九四七	二六五	三五

1312

[문서 18]

육군 군사경찰상황 제출의 건(1942.1.30)

총부보(總副報) 제17호

육군 군사경찰상황 제출의 건

1942년(쇼와17) 1월 30일

발신: 지나파견군 총사령관 하타 슌로쿠[畑俊六]

수신: 육군대신 도조 히데키[東条英樹]

전시 육군보고규정에 따라 표제의 건에 대하여 아래와 같이 제출함.

아래

육군 군사경찰상황(12월) 1. (별지)

(중간 생략)

[별지 제1]

1941년(쇼와16) 12월 육군 군인군속 범죄표 중지나파견 헌병대사령부						
죄명	소관 소속	본적, 역종, 관등급, 성명, 연령	범행 월일	범행 개요	조치	조치 결과
욕직,[26] 강간, 거주침입	중지파견 료[呂] 5510대(隊) 카쿠이[確井] 대(隊)	본적 후쿠오카현 [福岡県] 보충역 병장 당 25세	12월 2일부터 12월 8일까지	오한선(奧漢線) 철도경비대 이가교(李家橋) 분초장으로 근무 중 (1) 단독 야간 순찰 중에 강간을 결심하고 지나인 집에 침입하여 지나인 부인이라고 인정하자 그녀를 묶고 칼을 빼어서 협박한 뒤에 부근의 빈집으로 연행하여 강간함. (이하 생략)	고소에 기초하여 수사한 다음 12월 16일 료[呂] 집단 임시군법회의장관 앞으로 수사 보고함.	심리 중
중간 생략						
군 중 도망, 공(사)문서 위조, 행사 복식 변경	중지파견 다카모리[高森]부대 본부	본적 나가사키현 [長崎県] 예비역 상등병 당 29세	1월 상순부터 2월 6일까지	1. 창사[長沙] 작전 참가 도중에 당양(當陽) 위안소에 있는 정부를 사모한 나머지 7월 18일 자신의 질병을 과대하게 이야기하여 진료를 간다고 한 뒤 정부가 있는 곳에 가서 동월 27일 급성대장염으로 입원하기까지 군대에 있어야 함에도 이유 없이 8일간 직무를 이탈함 (중간 생략) 4. 아내가 있음에도 불구하고 앞의 정부에게 결혼하자고 사칭한 뒤에 지불할 의사도 없이 접대비 738엔을 사취함. (이하 생략)	헌병이 검거 수사한 이후 11월 24일 료[呂] 집단 임시군법회의장관 앞으로 수사 보고함.	심리 중
이하 생략						

26) 욕직죄(辱職罪)란 일본의 육군형법 및 해군형법에 규정된 직무를 성실하게 하지 않는 죄를 말한다.

[별지 제2]

<table>
<tr><th colspan="5">1941년(쇼와16) 12월 육군 군인군속 비행표 중지나파견 헌병대사령부</th></tr>
<tr><th>소속 소관 소속</th><th>본적, 역종,
관 등급, 인원</th><th>범행
월일</th><th>범행 개요</th><th>조치</th></tr>
<tr><td>중지파견
고니시[古西]부대
아사히나[朝比奈]대</td><td>현역 상등병
1명</td><td>12월
4일</td><td>허가받고 외출하여 만취한 뒤 위안소에 가서 휴식중인 위안부에게 접객 요구를 거부당하자 그녀를 구타 폭행함.</td><td>비위(非違) 통보하고 소속 부대장에게 엄한 훈계</td></tr>
<tr><td>중지파견
오쿠보[大久保]부대
키카자와[北沢]부대</td><td>군속
1명</td><td rowspan="2">11월
25일</td><td rowspan="2">특수 위안소에 가서 만취한 후 동위안소를 파손하는 등 폭행을 행사함.</td><td rowspan="2">비위통보</td></tr>
<tr><td>중지파견 야마모토쇼[山本省]부대
웨저우지창[岳州支廠]</td><td>군속
1명</td></tr>
<tr><td>중지파견
사토시로[佐藤城]부대
야마노우에[山上]부대
하루후지대[春藤隊]</td><td>보충역 일등병
1명</td><td>11월
30일</td><td>허가받고 외출하여 만취한 뒤 위안소 거리를 배회하던 중 술기운에 위안부 2명을 폭행함.</td><td>소속장(長)에 통보. 피해자에 대해서는 소속대장이 각 30엔의 위자료를 지급함.</td></tr>
</table>

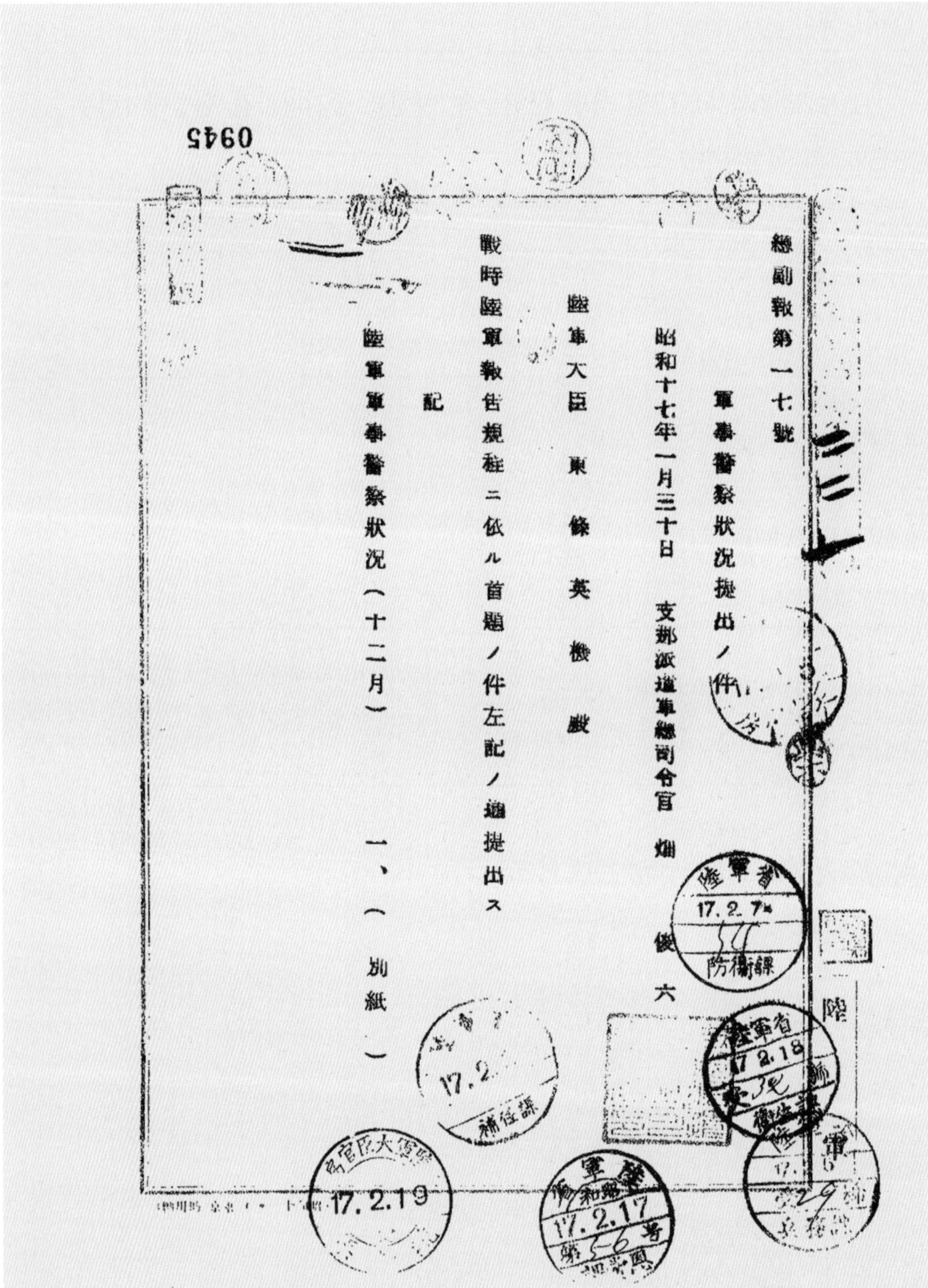
總副報第一七號

軍事警察状況提出ノ件

昭和十七年一月三十日　支那派遣軍總司令官　畑　俊六

陸軍大臣　東條英機　殿

戰時陸軍報告規程ニ依ル首題ノ件左記ノ通提出ス

記

陸軍軍事警察状況（十二月）　一、（別紙）

極秘

陸軍々事警察状況（十二月）

昭和十七年一月二十九日

支那派遣軍總司令部

0946

0973

附表第一

昭和十六年十二月陸軍々人軍屬犯罪表

中支那派遣憲兵隊司令部

罪名	用兵器上官暴行傷害上官侮辱
所管所属	中支派遣呂第一六三九部隊
本籍役種官等級氏名年令	本籍 大分縣[redacted] 補一 [redacted] 当二十四年
犯行月日	一一、三、
犯行ノ概要	週番上等兵トシテ服務中 (1)所属内務班ニ於テ飲酒泥酔シ日夕点呼立會前伍長一ヨリ服装ヲ注意セラレタルニ立腹シ「点呼ハ俺カトル占部カ何ダ功績カ何タ」ト暴言ヲ吐キ公然上官ヲ侮辱シ (2)更ニ点呼終了後狂態ヲ演シタル爲下士官兵等ニ就寝セシメラレタルカ同日二二三〇頃起上リ兵器ノ銃剣ヲ無断抜取リ下士官室ニ闖入シ矢庭ニ就寝読書中ノ占部伍長ノ右前膊部ヲ突刺シ兵器ヲ用ヒ上官暴行シ且傷害ヲ与ヘ
處置	所屬長ノ委嘱ニ依リ捜査ノ上十二月十三日呂集團臨時軍法會議検察官宛事件送致
處分結果	審理中

0976

(自傷圖逃從軍)	(辱職強姦住居侵入)
中支派遣原第七九四九部隊第七九五部隊小林隊	中支派遣呂第五五一〇部隊碓井隊
現一、[黒塗り] 当二十二年	本籍福岡縣 [黒塗り] 補兵長 [黒塗り] 当二十五年
一〇、五、	自一二、二、 至一二、八、
等ノ警備ヲ想起軍隊生活ヲ嫌忌ス 小ニ来リ偶々〇八〇五頃筧橋駅方面ヨリ杭州駅発第二五二列車ノ進行シ来ルヲ認ムルヤ之ヲ奇貨トシ身体ヲ毀傷其目的ヲ達セント決意シ鉄道線路上西側ニ身体ヲ俯伏シ軌道上ニ左前膊ヲ載セ列車通過ニ依リ左前膊挫断創並顔頂部挫創(全治約二ヶ月)ヲ自傷シ従軍ヲ免レント図ル	粤漢線鉄道警備隊李家橋分哨長トシテ勤務中 (1)単独夜間巡察中強姦ヲ決意シ支那家屋ニ侵入支那婦人ヲ認ムルヤ同女ヲ縛シ且抜剣脅迫ノ上附近空家ニ連行強姦シ (2)更ニ前記分哨東方約四粁ノ部落ニ日本語ヲ解スル姑娘一ヶ居
十二月十六日登部隊臨時軍法會議檢察官宛事件送致	告訴ニ基キ捜査ノ上十二月十六日呂集團臨時軍法會議長宛捜査報告
理 中	審 理 中

0860

軍中逃亡

中支派遣
原第七九三五
部隊池田隊

現二、[redacted]
当二十二年

自二、二、一、
至三、四、

ヲ以テ窃取シ
(二)同日前記犯罪事實発覚函束
所屬中隊ニ於テ監視セラレアリタ
ルカ同月二十八日兵舎東側ヨリ脱柵
離隊逃走シ十二月四日當陽警備
隊陣地ニ首出スル迄軍中故ナク職
役ヲ離ル

十二月二十七日登
部隊臨時軍法
會議検察官
ニ事件送致

同
右

一、長沙作戦参加途中當陽慰安所
ニ在ル情婦ヲ思慕ノ餘リ七月十八日
自己ノ疾病ヲ誇張受診ニ赴ト称
シ前記情婦ノ許ニ到リ同月二十七日
急性大腸炎ニテ入院スル迄軍中ニ
在リテ故ナク八日間餘職役ヲ離レ
二、更ニ大腸炎治癒退院後前記情
婦ノ許ニ到リ流連遊興シ其後軍
醫ノ作成スヘキ公文書ヲ偽造入院
十月六日治癒退院後憲兵ニ逮捕

0981

軍中逃亡公(私)文書偽造行使服飾僭用

中支派遣高森部隊本部

本籍 長崎縣 [redacted] 歩上、[redacted] 当二十九年

自一、上旬 至二、六、

セラル、逃軍中ニ在リテ故ナク五十四日余職役ニ就カス

三、前記入院中公用證ヲ偽造無断外出シ

四、妻アルニ不拘前記情婦ニ對シ結婚スルト詐稱ノ上支那ノ意志ナク報告流連遊興セル花代七百三十八円ヲ詐取シ

五、尚情婦ノ歡心ヲ得ンカ為兵站支部並野戰病院ニ到リ私文書ヲ偽造之ヲ行使シ以テ多量ノ衛生材料ノ交付ヲ受ケ情婦ニ手交シ

六、外出時常時軍曹ノ襟章ヲ附シ服飾僭用ス

憲兵檢擧捜査ノ上十一月二十四日呂集團臨時軍法會議長官宛捜査

審理中

殺人

中支派遣鏡兵八〇五部隊本隊

本籍 福島縣 [redacted]

一二、一九、

無断外出シ飲酒酩酊ノ上特殊慰安所ニ到リ同シク酩酊セル野戰倉庫勤務兵ト口論格闘シ遂ニ逆上殺意ヲ生シ携行セル二十六年式拳

所屬長ノ委囑ニ依リ捜査ノ上十二月四日呂集團臨時軍法會議檢察官宛送致

同

0660

附表第二

昭和十六年十二月中陸軍々人軍属非行表

中支那派遣憲兵隊司令部

所管所属	人員（役種官等級）	非行月日	非行ノ概要	処置
中支派遣吉西部隊朝比奈隊	現、上、一	一二、四、	允許外出シ飲酒酩酊ノ上慰安所ニ到リ休業中ノ慰安婦ニ接客ヲ要求拒否セラルヽヤ同女ヲ殴打暴行ス	非違通報所属隊長ニ於テ厳諭
中支派遣祭四六二九部隊紺屋隊浦口隊	補、陸一、一	一二、七、	公用外出中飲酒酩酊ノ上旅館ニ立入リ支那婦人トロ論ス	説諭ノ上所属隊ニ引渡シ所属長ハ厳諭ス
中支派遣栄一六三七部隊	現、軍医、少尉、一	一二、七、	外出中「カフェー」ニ於テ飲酒酩酊ノ上些細ノ事ヨリ常人ト喧嘩口論シ且暴行ス	憲兵説諭ノ上非違通報部隊長ニ於テハ厳重訓戒

10

0995

部隊	身分	人員	日時	行為	処置
中支派遣河南部隊溝口隊	補上	二	二、一九、	允許外出中華人菜館ニ於テ十一円余ニ相當スル無銭飲食ヲナス	所属長ニ通報 所属長ニ於テ支那ダルヲ以テ處置ニ任 討伐参加中ニ付未處置
中支派遣明九〇二〇部隊	現上	一	二、二八、	允許外出中露店支那人ヨリ鎖ヲ買ハントセルモ高價ナルタメ立去ラントセル際支那人カ「一個没有您小盗兒」ト呼ヒタルニ憤慨シ同人ヲ殴打暴行ス	本人ハ東京飛行学校ヘ派遣ノ途ニシテ且改悛ノ情顯著ナル為輸送指揮官立會ノ上被害者ニ治療費トシテ三十円ヲ恵與セシム
中支派遣大久保部隊北沢隊	軍属	一	二、二五、	特殊慰安所ニ到リ飲酒酩酊ノ上同楼家屋ヲ破壊スル等ノ暴行ヲナス	非違通報
中支派遣山本(省)部隊岳州支廠	軍属	一			
中支派遣佐藤(武)部隊山上部隊春藤隊	補一	一	二、卅、	允許外出シ飲酒酩酊ノ上慰安所街ヲ徘徊中酒勢ニ乗シ慰安婦二名ニ暴行ス	所属長ニ通報 被害者ニ對シテハ所属隊ヨリ各三十円ノ慰藉料ヲ恵與ス

[문서 19]

육군 군사경찰상황 제출의 건 보고(1942.4.7)

총부보(總副報) 제56호

육군 군사경찰상황 제출의 건 보고

1942년(쇼와17) 4월 7일

발신 : 지나파견군 총사령관 하타 슌로쿠[畑俊六]

수신 : 육군대신 도조 히데키[東条英樹]

1942년(쇼와17) 1, 2월 중의 육군 군사경찰상황 별책과 같이 2부 제출함.

극비

중지헌경(中支憲警) 제38호

육군 군사경찰상황의 건 보고 「통첩」

1942년(쇼와17) 3월 7일

발신 : 중지나파견헌병대 사령관 오키 시게루[大木繁]

1942년(쇼와17) 1월 중의 육군 군사경찰상황 별책 보고 「통첩」함.

발송처

총사(總司) 여(呂), 등집사(登集司) 각 병단(독립여단 포함)

총법(總法) 여, 등집법(登集法)

헌사(憲司)　　관헌사(關憲司)　북지헌사(北支憲司)　남지헌(南支憲)

사 대하(갑)[寫 隊下(甲)]

극비

육군 군사경찰상황(1월)

1942년(쇼와17) 3월 7일

중지나파견 헌병대사령부

(중간 생략)

[부표 제1]

1942년(쇼와17) 1월 육군 군인군속 범행표 중지나파견 헌병대사령부						
죄명	소속 소관 소속	본적, 역종, 관등급, 성명, 연령	범행 월일	범행 개요	조치	조치 결과
욕직, 강간	중지나파견 요도[淀] 제4072부대	본적 오사카부[大阪府] 현역 상등병 당 26세	1월 15일	보조헌병으로 상하이 남시지구(南市地區) 봉쇄경계 근무 중에 술에 취한 후 부근 지나 민가에 침입하여 지나인 부녀자 1명을 2회에 걸쳐 강간함.	1월 22일 등(登) 제7130부대 군법회의 장관 앞으로 수사 보고.	징역 2년
상해	중자나파견 사카이[酒井]부대 야나기사와[柳澤]부대 이케다대[池田隊]	예비군 당 29세	1월 5일	13시 40분경 한커우[漢口] 군인 '홈'에서 동료 3명과 함께 술에 취한 후 위안소로 가서 구석구석 구경하다가 다른 부대의 병사 5명과 조우하였는데 그중 한 명이 결례를 하였다는 이유로 '왜 결례를 하냐'고 질문해도 태도를 고치지 않자 이에 격노하여 교정하겠다고 휴대하고 있던 군도를 빼서 칼등으로 그 병사의 어깨를 치려고 하였지만 술에 취하여 칼날로 베어 어깨부위에 전치 1주를 요하는 상해를 입힘.	징벌처분.	심리중
강간, 강간방조, 강간미수, 주거침입	중지나파견 사카에[栄] 제9867부대	본적 도쿠시마현[德島] 현역 일등병 당 24세	11월 21일 ~ 12월 5일	난창[南昌] 신비행장에서 주둔경비 근무 중에 3회에 걸쳐 동반병 2~3명과 함께 무단 외출하여 부근의 부락에서 지나 부녀를 강간하고 주거지에 허가 없이 침입함.	피해자의 고소에 기초하여 헌병수사 이후 1월 21일 료[呂] 집단 임시군법회의 장관 앞으로 수사 보고.	심리중
		본적 오이타현[大分県] 현역 일등병 당 25세	12월 1일 ~ 12월 11일	난창[南昌] 신비행장 경비근무 중에 3회에 걸쳐 동반명 2~3명과 함께 무단 외출하여 부근의 부락에서 전후 3회에 걸쳐 지나인 부녀를 강간하고, 강간을 방조하고, 부녀 1명 강간 미수에 그침. 그 외 주거지에 허가 없이 침입함.		
		본적 고치현[高知県] 현역 상등병 당 24세	12월 11일	난창[南昌] 신비행장 근무 중에 동반병 4명과 함께 무단 외출하여 부근의 부락에서 윤간을 종용하고 성욕을 일으켜 그 여자를 강간하고 허가 없이 주거지에 침입함.		

[부표 제2]

1942년(쇼와17) 1월 육군 군인군속 비행표 중지나파견 헌병대사령부				
소속 소관 소속	본적, 역종, 관 등급, 인원	범행 월일	범행 개요	조치
중지나파견 료[呂] 제5393부대 이바대[伊場隊]	현역 준위 1명	1941년 12월 27일	소속부대에서 음주 후 중대장 외 1명과 외출하여 음주를 더 한 후에 위안소에 도착했는데 모두 손님이 있어 주인에게 거부당하자 이를 오해하고 더욱이 상관을 안내하여 그대로 귀대하지 않고 술에 취한 채로 위안소 주인을 폭행함.	비위통보. 부대장에게 중 근신 5일에 처함.
이하 번역 생략				

극비

중지헌경(中支憲警) 제60호

육군 군사경찰상황의 건 「통첩」

1942년(쇼와17) 3월 31일

발신 : 중지나파견헌병대 사령관 오키 시게루[大木繁]

1942년(쇼와17) 2월 중의 육군 군사경찰상황 별책 보고 「통첩」함.

발송처

총사　여, 등집사　각 병단(독립여단 포함)

총법　여, 등집법

헌사　관헌사　북지헌사　남지헌

　사 대하(갑)

극비

극비 육군 군사경찰상황(2월)

1942년(쇼와17) 3월 31일

중지나파견 헌병대사령부

[부표 제1]

1942년(쇼와17) 2월 육군 군인군속 범죄표 중지나파견 헌병대사령부						
죄명	소속 소관 소속	본적, 역종, 관등급, 성명, 연령	범행 월일	범행 개요	조치	처분 결과
용병기(用兵器), 상관 폭행, 협박	중지나파견 쓰바키[椿] 제6846부대	본적 와카야마현[和歌山縣] 현역 상등병 당 25세	1월 25일	허가를 얻고 외출 중에 술에 취한 후 위안소에 도착하여 이곳에 카운터에서 대기 중인 동 부대 간부후보생(군조) 가쿠다 세이지[角田正二]에게 '야, 가쿠다!'라고 불렀는데 가쿠다 후보생이 힐긋 쳐다보는 태도로 대답하는 것에 분개하여 차고 있던 30년식 총검을 뽑아서 가쿠다 후보생의 왼쪽 가슴을 1회 구타하고 '패 죽인다'고 협박함.	2월 2일 뢰[呂] 집단 임시군법회의 검찰관에게 사건 송치.	심리중

[부표 제2]

1942년(쇼와17) 2월 육군 군인군속 비행표 중지나파견 헌병대사령부				
소관 소속	역종, 관 등급, 인원	범행 월일	비행 개요	조치
중지나파견 아라시[嵐] 제6227부대 시라이대[白井隊]	예비역 조장, 1명	2월 7일	술에 취한 후 2시 30분경 위안소에 들어가 위안부와 이야기하던 중 자신의 지갑과 시계를 전우에게 맡겨둔 것을 잊어버리고 위안부가 도둑질하였다고 오인하여 칼을 뽑아 위안부와 주인을 힐문함.	비위통보.
중지나파견 카와시타[川下]부대 이와다대[岩田隊]	예비역 군의 중위, 1명	2월 9일	22시경 취하여 위안소에 가서 같이 있던 다른 부대 오장(伍長) 1명의 태도가 불손하다고 하여 그를 구타 폭행함.	소속장에게 비위통보, 소속장이 중근신 10일에 처함.
중지나파견 스가하라[管原]부대	예비역 오장, 1명	2월 4일	18시경 부단 외출하여 술에 취한 후 위안소에 들어가 대접이 나쁘다고 격노하여 방문을 파손하고 주인을 폭행함.	논의한 뒤 소속장에게 통보함. 부대의 이동으로 인하여 조치불명.
중지나파견 코이[鯉] 3191부대 이노우에대[井上隊]	현역 군조, 1명	2월 23일	술에 취하여 위안소에서 칼을 뽑아 나무 벽을 파손하고 주인과 작부 등을 면박함.	비위통보. 부대에서 엄중훈계 외출금지 1개월.

總副報第五六號

陸軍軍事警察狀況提出ノ件報告

昭和十七年四月七日　支那派遣軍總司令官　畑　俊六

陸軍大臣　東條英機殿

昭和十七年一、二月中ニ於ケル陸軍軍事警察狀況別册ノ通二部提出ス

0157

極秘

中支憲警第三八號

陸軍々事警察狀況ノ件報告「通牒」

昭和十七年三月七日

中支那派遣憲兵隊司令官　大木　繁

昭和十七年一月中ニ於ケル陸軍々事警察狀況別册報告「通牒」ス

（了）

發送先

總司　呂、登集司　各兵團（含獨立旅團）

總法　呂、登集法

憲司　關憲司　北支憲司　南支憲

寫　隊下（甲）

極秘

陸軍々事警察状況（一月）

昭和十七年三月七日

中支那派遣憲兵隊司令部

附表第一

昭和十七年一月陸軍々人軍属犯罪表

支那派遣憲兵隊司令部

罪名	所管、所属	本籍、役種、官等級、氏名、年令	犯行月日	犯行ノ概要	処置	処分結果
上官侮辱	中支派遣廣第七三二一部隊石上隊	本籍 ■■■	一二、三一	飲酒酩酊ノ上一二、三一日頃同隊下士官室ニ到リ無断ニテ寝台ニ就床セントシタルヲ同下士官ヨリ寝室ノ上就寝スヘク説示セラルルヤ憤慨ノ上一二問答後「何ヲ」ト反抗的態度ヲ示シタルヲ同伍長ニ叱責セラルルヤ「下士官カ何カ ヤルナラ」	所属長ヨリノ委嘱ニ依リ捜査ノ上一月十日呂集団臨時軍法会議長官宛捜査報告	審理中

/

0157

	右	左
罪名	上官侮辱	辱職 強姦
所属	嵐第六二一一部隊	中支派遣 淀第四七二一部隊
本籍・階級・年齢	滋賀縣[redacted] 予上[redacted] 当二十六年	本籍 大阪府[redacted] 現上[redacted] 当二十六年
		一一五
事実	出張中[redacted]軍曹ト件ハレ外出「カッエー」ニ於テ[redacted]軍曹カ哀章ヲ示シ酔態ヲ注意セントシタルニ之ニ従フコトナク上官タルコトヲ充分認識シアリテ公衆ノ面前ニ於テ同軍曹ヲ侮辱ス	補助憲兵トシテ上海南市一月二十三日地区封鎖警戒勤務中登第七二一部隊飲酒酩酊ノ上附近支那家屋ニ侵入支那婦人一名ニ二回ニ亘リ強姦ス
		重懲会議(?) 長官宛 捜査報告(?)
刑		懲役二年

3

0168

傷害	中支派遣 呂第五二一部隊	本籍 熊本縣 ■ 補上 ■ 当二十八年	一三、三〇	飲酒酩酊ノ上戦友二ト口論シ二十年式銃剣ヲ以テ全治約七日及ヘ二十日ヲ要スル傷害ヲ與フ	一月六日 營第七三三〇部隊臨時軍法會議檢察官宛事件送致 罰金四拾円
傷害	中支派遣 酒井部隊 柳澤部隊 池田隊	予軍 ■ 当二十九年	一〇、五	一二、四日頃漢口軍人「ホーム」ニ於テ同僚三名ト共ニ飲酒酩酊ノ上慰安所ニ赴キ素見中偶々同所ヲ素見中ノ他部隊兵五名ニ出合ヒタルカ内一名欠禮シタル保行過キノトシタルヲ以テ「何故敬禮セヌカ」	微罪處分

0169

ト質問シタルモ尚モ敬禮スル態度ナキタメ之ニ激昂矯正セント携帯シアリタル軍刀ヲ抜刀同兵ノ肩ヲ峯打セントシタルカ酩酊シアルタメ遂ニ刀刃ヲ切込ミ肩部ニ全治一週間ヲ要スル傷害ヲ與フ

強姦

中支派遣

本籍 徳島縣 ■■■■
現ニ ■■■■
当二十四年 ■■■■

自 二、三
至 一六、五

南昌新飛行場ニ於テ駐留警備勤務中三回ニ亘リ同班兵ニ、三名ト共ニ無断外出ヲ為シ近接部落ニ於テ支那婦女ヲ強姦シ住居ニ故ナク侵入ス

被害者ノ告訴ニ基キ憲兵捜査ノ上

一月二十一日

呂集団

審

9

0170

罪名	部隊
同幇助 強姦 未遂 住居侵入	栄第九八六七部隊

本籍・階級・氏名	日時	事実	処理
本籍 大分縣 [blacked out] 現一 [blacked out] 当二十五年	自 二、一 至 二、二	南昌新飛行場警備勤務中三回ニ亘リ同班兵二、三名ト共ニ無断外出ヲ為シ近接部落ニ於テ前后三回ニ亘リ支那婦女ヲ強姦シ又ハ強姦ノ幇助ヲ為シ婦女一名ノ強姦ヲ未遂ニ終リタル外住居ニ故ナク侵入ス	臨時軍法会議長官 捜査報告
本籍 高知縣 [blacked out] 現上 [blacked out] 当二十四年	二、二	南昌新飛行場勤務中同班兵四名ト共ニ無断外出ヲ為シ近接部落ニ於テ輪姦ヲ慫慂セラルヤ劣情ヲ起シ同女ヲ強姦シ且故ナク住居ニ侵入ス	

中　　　　理

0180

附表第二

昭和十七年一月中陸軍軍人軍属非行表　中支那派遣憲兵隊司令部

所管、所属	役種 官等級 人員	非行 月日	非行ノ概要	處置
中支派遣 榮第三五八部隊 榮第七五九九部隊	豫上 一	一、二	允許外出シ飲酒酩酊ノ上雑踏地ニ於テ抜剣通行中ノ邦人ニ對シ喧嘩ヲ挑ム	説諭所属長重営倉三日ニ處ス
中支派遣 倭第七九九五部隊三浦隊	現一	二、五	南京ニ出張中兵站宿舎ニ宿泊スルモ其ノ知人タル南京市中山東路二九号漢和洋行ニ宿泊シ規定時限外ニ外出ス	説諭ノ上所属長ニ非違通報

0190

第二四師団通信隊	現曹	一	一一、二六	允許ナク出営シ飲酒酩酊ノ上支那人男女ニ暴行セントシ且歸隊時刻ニ遅ル	重謹慎三日乃至四日ニ處ス
中支派遣呂第五三九三部隊伊場隊	現准尉	一	昭一六 一二、二〇	所属隊ニ於テ飲酒後中隊長外一名ト外出シ更ニ飲酒後慰安所ニ到リタルモ全部先客アリタル為楼主ヨリ拒否セラルヤ之ヲ誤解シ且上官ヲ案内シ其儘敗隊名ヲ詐ス酒勢ニ乘シ楼主ニ暴行ヲ加ヘタリ	非違通報 部隊長ニ於テ重謹慎五日ニ處ス
中支派遣電信第十三聯隊第二中隊（高原隊）	補上	一	一一、一五	無帯剣営内靴ニテ無断外出シ陸軍慰安所ニ出入ス	非違通報

六

中支憲警高六(　)號

陸軍軍事警察狀況ノ件報告「通牒」

昭和十七年三月三十一日　中支那派遣憲兵隊司令官　大木　繁

昭和十七年二月中ニ於ケル陸軍軍事警察狀況別册報告

「通牒」ス

（了）

發送先

總司　呂、登集司　各兵團（含獨旅）

總法　呂、登集法

憲司　關憲司　北支憲司　南支憲

寫　隊下（甲）

極秘

陸軍軍事警察狀況（二月）

昭和十七年三月三十一日

中支那派遣憲兵隊司令部

0244

罪名	所属	本籍・氏名・年齢	日時	犯罪事実	処分	審理
用兵器上官脅迫 抗命 傷害	中支派遣谷第四二四〇部隊兒玉部隊	本籍 東京市■ 地 現一 ■ 当二十四年	昭一七、一〇、自一五二ロ、至一六四ロ	(イ)一月十四日默馬飼付ニ端ヲ発シ古参上等兵一ト格闘ヲ為シタルヲ兵長一ニ仲裁セラレ且足蹴ニセラレタルニ憤慨シ右両名ニ對シ復讐センモノト決意シ其後同兵長ノ後方ヨリ歩兵銃ニテ頭部ヲ殴打シ約四糎ノ挫傷ヲ与ヘ (ロ)更ニ分隊長タル下士官一ニ制止セラレタルモ之ニ從ハス前記上等兵ニ暴行シ (ハ)前記暴行中引止メラレタルニ憤慨シ前記下士官ニ對シ銃剣ニ手ヲ掛ケ「貴様モヤルノカ」ト抜劍ノ氣勢ヲ示シ兵器ヲ用ヒ上官ヲ脅迫ス	所属長ヨリノ依嘱ニヨリ捜査ノ上二月十二日呂集團臨時軍法會議長官宛捜査報告	審理中
用兵器上官暴行脅迫	中支派遣椿第六八四六部隊	本籍 和歌山縣■ 現上 ■ 当二十五年	一、二五、	允許外出中飲酒酩酊ノ上慰安所ニ赴キタル際同所帳場ニ於テ待機中ノ同隊幹部候補生(軍曹)角谷正三ニ対シ「オイ角谷」ト呼掛ケタルカ角谷候補生ノ素見的態度ヲ以テ應答セルニ憤慨	二月二日呂集團臨時軍法會議檢察官宛事件送致	審理中

2

0245

罪名	部隊	本籍・階級・年齢	日時	犯罪事実	処理	審理
				慨シ自己着帯中ノ三十年式銃剣ヲ抜剣無谷候補生ノ左側胸部ヲ一回殴打シ「叩キ斬ッテヤロウカ」ト脅迫ス		
上官侮辱	中支派遣呂第一六四四部隊	本籍 静岡県 ■ 現衛伍 ■ 当三十四年	二、五、	所属隊庶務室ニ於テ所属長タル軍医少佐ヨリ出張方中止スヘク諭サレタルヲ故ラニ同少佐ノ自己ノ出張ヲ拒否セルモノト誤認シ上官タルヲ認識シナカラ面前ニ於テ侮辱ス	所属長ノ依嘱ニヨリ三月十三日呂集団臨時軍法会議検察官宛事件送致	審理中
辱職 傷害致死	中支派遣淀第四〇七二部隊横谷隊	本籍 大阪府 ■ 補上 ■ 当二十年	昭一七 三、一四、 二〇〇〇	(一) 二月十四日厩舎当番勤務ヲ命セラレタルニモ拘ラス内務班ニテ飲酒シ故ナク勤務ノ場所ニ到ラス (二) 酩酊シ勤務場所タル厩ニ到ルヤ勤務時刻ニ遅延セルタメ被害者ヨリ注意セラルヽヤ之ト口論激昂ノ上自己所有ノ銃剣ニテ被害者ノ左胸部ヲ刺突シ即死セシム (イ) 昭和十六年三月五日二年兵ヨリ叱責	所属長ノ依嘱ニ依リ捜査三月二十日登部隊軍法会議検察官宛事件送致	審理中

0262

附表第二

昭和十七年二月軍人軍屬非行表

中支那派遣憲兵隊司令部

所管所屬	役種官等級人員	非行月日	非行ノ概要	處置
中支派遣嵐西部隊服部隊	現、伍、一、	二、一、	允許外出中一七〇〇頃酔餘基督病院職員宿舍ニ侵入シ支那人ヲ殴打輕傷ヲ負ハシメ且服裝ヲ紊シ泥靴ヲ穿ケタル盆寢台上ニ横臥ス	非違通報
中支派遣嵐第六三三七部隊白井隊	予、曹、一	二、七、	飲酒酩酊ノ上〇二三〇頃慰安所ニ登樓シ慰安婦ト對談中自己ノ財布及時計ヲ戰友ニ預ケ置キタルヲ忘失シ該女カ窃取セルモノト誤認シ拔刀ノ上該女及樓主ヲ詰問ス	同右
中支派遣川下部隊岩田隊	予、医中、一、	二、九、	二二〇〇頃酔余慰安所ニ赴キ居合セタル他部隊伍長一ノ態度不遜ナリトテ之ヲ殴打暴行ス	所屬長ニ非違通報所屬長ニ於テ重謹愼十日ニ處ス
祭第七三六七部隊永野隊	現、一、一、	二、一一、		

11

0264

中支派遣栄第七八部隊三島隊	予、軍、	一、	二、二八、	允許外出シ飲酒酩酊ノ上「カフエー」調理場ニ至リ居合セタル使用中国人ヲ故ナク殴打暴行ス	非違通報所属長ハ訓戒処分ヲナス
中支派遣菅原部隊	予、伍、	一	二、四、	一八〇〇頃無断外出シ飲酒酩酊ノ上慰安所ニ登楼シタルモ應對悪キニ激昂シ部屋仕切戸ヲ破損シ尚主人ニ對シ暴行ヲナス	厳諭ノ上所属長ニ通報、部隊移動ニヨリ処置不明
中支派遣暁第二九五九部隊花岡隊	補、一、	一、	二、六、	二〇〇〇頃宿舎監視勤務中無断区域外支那民家ニ立入リ言語不通ニヨリ濫ニ支那人ニ暴行ヲナス	厳諭ノ上所属長ニ通報所属長ニ於テ重営倉七日ニ処ス
中支派遣暁第七九七七部隊藤田隊	現上	一	二、八、	允許外出飲酒酩酊ノ上帰隊スヘク黄包車ニ乗車セルカ意ノ如ク赴カサルニ憤激シ之ヲ殴打暴行ス	非違通報所属長ヨリ重営倉七日ニ処セラル車夫ニ對シテハ部隊側ヨリ慰藉料トシテ三千円支払ヒ円満解決
中支派遣堤部隊渡辺部隊初年兵教育隊	現上、	一	二、九、	支那側郵政局ヲ利用シ支那人宛自己ノ軍務ノ苦痛ヲ通信ス	非違通報
中支派遣淀四〇七四部隊本部	現一兵、	一、	二、六、	外出中飲酒酩酊シ支那人家屋内ニ立入リ服装ヲ著シク紊リタル上土間ニ寝転ヒタルモノナリ	非違通報

12

0265

中支派遣淀四〇七七部隊坂部隊	現軍一 予軍一	二、一五、	無断外出シ淫売屋ニ立入リタル儘同所ニ宿泊シ翌朝点呼時ニ至ルモ帰隊セス	非違通報 部隊側ニ於テ重謹慎三日ニ処ス
中支派遣淀四〇七九部隊有田隊	現上、二	二、二二、	飲酒酩酊ノ上支那人料理店ニテ暴行並無銭飲食セントシ抜剣ノ上店員ヲ脅迫ス	保護検束 非通
中支派遣鯉三一九一部隊井上隊	現軍一	二、二三、	飲酒酩酊シ慰安所ニ於テ抜剣板壁ヲ破壊シ且楼主酌婦等ヲ面罵ス	非通 部隊ニ於テ厳重訓戒外出止一月
中支派遣原第七九三六部隊赤司部隊	現軍医中尉一	二、二〇、	寒稽古納会ニ際シ宴会ニ列席ニ二〇〇頃帰隊途中酒勢ニ駆ラレ支那人経営旅館ニ立寄リタルカ「ボーイ」ノ態度不遜ナリト器具ヲ破壊且支那人一ニ微傷ヲ負ハシム	非違通報(口頭) 所属長ニ於テ重謹慎七日ニ処シ受傷者ニ見舞金ヲ手交
中支派遣南部隊大塚隊	現兵長二	二、一、	飲酒ノ上無断外出シ二一〇〇頃明江路ヲ無帯剣ニテ徘徊ス	厳諭ノ上所属長ニ通報
中支派遣泰縣特務機関部隊連絡官事務所	軍属一	二、九、	軍指定写真業邦人一ノ依頼ヲ受ケ無断庁印ヲ使用シ公文書類似書類ヲ発行ス	始末書ヲ徴シ厳諭ノ上非違通報

[문서 20]

육군 군사경찰상황의 건 보고(1942.5.30)

총부보(總副報) 제110호

육군 군사경찰상황의 건 보고

1942년(쇼와17) 5월 30일

발신 : 지나파견군총사령관 하타 슌로쿠[畑俊六]

수신 : 육군대신 도조 히데키[東条英樹]

1942년(쇼와17) 4월 중의 육군 군사경찰상황 별책 보고함.

극비

육군 군사경찰상황(4월)

쇼와17년 5월 27일

중지나파견 헌병대사령부

(중간 생략)

[부표 제1]

1942년(쇼와17) 4월 육군 군인군속 범죄표 중지나파견 헌병대사령부						
죄명	소관 소속	본적, 역종, 관등급, 성명, 연령	범행 월일	범행 개요	조치	처분 결과
욕직, 강간	중지나파견 노보루[登] 제7370부대 미야시타대[宮下隊]	본적 미에현[三重県] 현역 일등병 당 25세	3월 4일~3월 5일	위병 근무 중에 사령이 동년배인바, 이유없이 주둔지를 이탈하여 지나 부녀 1명을 전후 2회에 걸쳐 강간함.	4월 18일 관할 군법회의에 사건송치.	각 2년 6개월
		본적 미에현 현역 일등병 당 24세				
방화, 강간, 감금	중지나파견 히노키[桧] 제2330부대 진자대[神社隊]	본적 효고현[兵庫県] 현역 병장 당 25세	2월 21일, 3월 18일	루이창현[瑞昌縣 白水渡] 경비대장으로 근무하던 중 3월 21일 부근 부락을 검색할 때 조사를 위해 동 마을 구공소(區公所)에 연행한 부녀 1명을 2회에 걸쳐 간음하고 다음날 22일까지 불법 감금함. 3월 8일 술을 마시고 전술한 마을에 도착하여 보장(保長)에게 부녀를 제공하게 하여 이를 강간하고 보장의 집에 방화하여 전소시킴.	소속장의 위촉에 의해 수사한 다음 4월 17일 관할 군법회의장에게 사건송치.	심리중
강간, 강간 미수, 강간 방조	중지나파견 카가미[鏡] 제6085부대 나카모토대[中本隊]	본적 히로시마현[広島県] 보충역 일등병 당 26세	3월 17일	술에 취하여 무단 외출하여 지나 민가에 가서 젊은 부녀를 발견하자 욕정을 자제하지 못하고 군중심리에서 (1) 보충병 한명은 저항하고 애원하는 부녀자를 폭력으로 제압하고 강간. (2) 현역병 보충병 각 1명은 전술한 병사의 강간 때 이를 방조하고 각각 윤간하려고 하였으나 미수에 그침.	소속장의 위촉에 의해 수사한 다음 4월 17일 관할 군법회의장에게 수사보고.	심리중
	중지나파견 사토대[佐藤隊]	본적 니가타현[新潟県] 보충역 일등병 당 24세				
	중지나파견 려(呂) 제5535부대 시라자와대[白沢隊]	본적 아이치[愛知]현 현역 상등병 당 24세				
강간	중지나파견 후지[藤] 제6866부대 다키자와대[滝沢隊]	본적 야마구치현[山口県] 현역 상등병 당 24세	3월 20일	야채 수령을 위해 소속 대대 본대에 가서 귀대하던 중에 동료 병사 2명과 지나술을 마시고 취하여 지나 부녀를 목격하고 욕정을 자제하지 못하고 그 여자를 침대위에 넘어뜨리고 강간함.	4월 3일 관할 군법회의장관 에게 수사보고.	심리중

[부표 제2]

1942년(쇼와17) 4월 육군 군인군속 비행표 중지나파견 헌병대사령부				
소속 소관 소속	역종, 관 등급, 인원	비행 월일	비행 개요	조치
중지나파견 사카에[栄] 제1629부대 제7구대	군속, 1명	4월 19일	허가를 받고 외출 중에 술에 취하여 12시 40분경 위안소에 가서 유흥 중에 접대에 대한 불만으로 '술'병으로 작부의 뒤쪽 후두부를 가격하여 타박상을 입힘.	소속장에게 조치를 일임. 소속부대에서 엄중훈계. 당분간 외출금지에 처함.
중간 생략				
중지나파견 사카에[栄] 제1629부대 후지타대[藤田隊]	보충역 일등병, 1명	4월 1일	허가를 받고 외출 중에 육군위안소에서 위안부를 구타 폭행하고 기물을 파손함.	비위통보. 부대 측에서는 중영창 30일.

軍事秘密

總副報第一一〇號

陸軍軍事警察狀況ノ件報告

昭和十七年五月三十日　支那派遣軍總司令官　畑　俊六

陸軍大臣　東條英機殿

昭和十七年四月中ニ於ケル陸軍軍事警察狀況別冊報告ス

0308

極秘

陸軍軍事警察狀況（四月）

昭和十七年五月二十?日

中支那派遣憲兵隊司令部

0336

附表第一

昭和十七年四月陸軍々人軍属犯罪表

中支那派遣憲兵隊司令部

罪名	所管所属	本籍役種官等級氏名年令	犯行月日	犯行ノ概要	処置	処分結果
上官面前侮辱、党与上官暴行	中支派遣第五三八三部隊	本籍 岐阜縣 ■ 隊、軍 ■ 當二十六年	四、四	両名ニテ外出中飲酒酩酊ノ上二三〇〇頃慰安所ニ於テ大聲ニテ喧噪中同所ニ居合セタル陸軍少尉一ヨリ「静粛ニセヨ」ト諭旨セラレタルニ■ハ憤激シ上官タルヲ認識シアルニ不拘同少尉ニ對シ「ヤルナラ來イ貴様等新兵カ何タ」ト其面前ニ於テ侮辱シ且押シ倒スヘク両手ヲ突キ出シタルヲ以テ両者組打チトナリタルヲ目撃セル■ハ■ニ加担シ両者ニテ同少尉顔	憲兵捜査ノ上四月三十日管轄軍法會議長官宛捜査報告	審理中
党與上官暴行		本籍 石川縣 ■ 隊 伍 ■ 當二十九年				

罪名	所属	本籍・氏名	年月	犯罪事実	処置	科刑
辱職 強姦	中支派遣 登第七三七〇部隊宮下隊	本籍 三重縣 [redacted] 現 一 [redacted] 當二十五年 / 本籍 三重縣 [redacted] 現 一 [redacted] 當二十四年		衛兵勤務中司令ヵ同年兵ナル處ヨリ故ナク守地ヲ離レ且支那婦女一ヲ前後二回ニ亘リ強姦ス	四月十八日管轄軍法會議ニ事件送致	各懲役二年六月
辱職 窃盗 詐欺	中支派遣 明第九〇二七部隊田中隊	本籍 熊本縣 [redacted]	自一五 二中旬 [redacted] 一七 一旬	一、分哨並衛兵勤務ニ服シタル際飲酒スヘク前後三回ニ亘リ無断分哨並衛兵所ヲ離レ支那部落飲食店等ニ到リ飲酒ノ上立戻リ故ナク勤務ノ場所ヲ離レ 二、兵一ノ居室ニ於テ私物日本刀	所屬長ハ委囑ニ依リ捜査ノ上三月廿日管轄軍法會議長官ニ究捜査報告	審理

0349

	(前頁より続き)		
罪名		強姦監禁	放火
所属		中支派遣 楡第三二九部隊 深谷隊	中支派遣
本籍・身分		本籍 兵庫縣 現 曹 當二十七年	本籍 兵庫縣
日時		自 二、上旬 至 四、二一	
事実	アリタルヲ想起シ其ノ住居ニ到リ脅迫ノ上該女ヲ部隊内自己居室ニ連行約二時間ニ亘リ不法監禁其ノ間ニ恐怖ノ為メ拒抗不能ナルニ乗シ姦淫ヲ遂ク	十里山警備隊長トシテ勤務中附近部落居住婦女六名ヲ取調其他ニ藉口隊内自己居室ニ連行監禁シ其ノ拒抗不能ナルニ乗シ前後十三回ニ亘リ姦淫ス	瑞昌縣白水渡警備隊長トシテ勤務中三月二十一日附近部落検索ニ際シ取調ノ為同村區公所ニ連行セル婦女一
処理		被害者ヨリノ告訴ニ基キ捜査ノ上四月三十日管轄軍法会議ニ事件送致	所属長ノ委嘱ニ依リ捜査ノ上四月三十日管轄軍法
	中	審理中	審

0350

強姦監禁	檜第三三〇部隊神社隊	現、兵長 [redacted] 當二十五年	六、二、 三、一八	一ヲ二回ニ亘リ姦淫シ翌二十二日迄不法監禁シ三月八日飲酒ノ上前部落ニ到リ保長ヲシテ婦女ヲ提供セシメ之ヲ強姦シタル上同保長ノ住居ニ放火全焼セシム	會議ニ事件送致
強姦	中支派遣鏡第六八五部隊中本隊	本籍 福島縣 [redacted] 補、一 [redacted] 當二十六年	三、一七	飲酒酩酊ノ上無断外出支那民家ニ到リ若キ妻女ヲ發見スルヤ劣情ヲ自制シ得ス且群衆心理ヨリ (1)補充兵一八抗拒哀願スル同女ヲ暴力ヲ以テ押倒シ強姦 (2)現役兵補充兵各一八前記兵ノ強姦ニ際シ之ヲ幇助シ更ニ夫々輪姦セントシタルカ未遂ニ終ル	所屬長ノ委囑ニ依リ捜査ノ上四月十七日管轄軍法會議長宛捜査報告
同未遂並同幇助	右同 佐藤隊	本籍 新潟縣 [redacted] 補、一 [redacted] 當二十四年 本籍 [redacted]			

理中	審理中

8

0321

右同	中支派遣呂第五五三五部隊白沢隊	愛知縣 [redacted] 現上 [redacted] 當二十四年				
強姦	中支派遣藤第六八六六部隊滝沢隊	本籍山口縣 [redacted] 現上 [redacted] 當二十四年	三、二七	野菜受領ノ為所属大隊本部ニ赴キ帰隊途中同僚兵二名ト支那酒ヲ飲酒ノ際就寝中ノ支那婦女ヲ目撃劣情ヲ自制シ得ス該女ヲ寝台上ニ押倒シ強姦ス	四月二日管轄軍法會議長官ニ宛捜査報告	審理中
窃盗 私文書偽造 同行使	中支派遣栄第一六四四部隊	本籍熊本縣 [redacted] 軍属(傭人) [redacted] 當二十九年	自一六、三月 至一六、六月	満州第七六〇部隊ニ被傭中同僚軍属二ト共謀同部隊馬糧倉庫ヨリ四回ニ亘リ高粱約二百俵ヲ窃取満人一ニ売却割前トシテ約四百五拾圓ヲ不法利得ス	大連憲兵分隊ヨリノ移牒ニ依リ捜査四月二六日管轄軍法會議ニ事件送致	審理中

0360

附表第二

昭和十七年四月陸軍々人軍屬非行表

中支那派遣憲兵隊司令部

所管所屬	役種官等級	人員	非行月日	非行ノ内容	處置
中支派遣 榮第一六九部隊 第七區隊	軍屬	一	四、一九	允許外出中飲酒酩酊シ一二四〇頃慰安所ニ登楼遊興中待遇上ノ不満ヨリ「アルコール」瓶ニテ酌婦ノ左後頭部ヲ殴打打撲傷ヲ負ハシム	所屬長ニ處置ヲ任ス所屬隊ニ於テハ嚴重訓戒當分ノ間外出禁止ニ處ス
中支派遣 曉第二九五八部隊	補上	一	四、二五	禁止セラレアル支那側郵便小包ヲ利用シ内地ヘ向ケ「タオル」靴下等ヲ發送セントス	所屬隊ニ通報シ現品ハ本人ニ還付ス
中支派遣 呂第五一部隊	補一	二	四、二	公用外出中飲食店ニ立入リ飲酒酩酊ノ上遊興中ノ客ニ對シ暴行ヲ加フ	非違通報 部隊側ニ於テハ重營倉[illegible]
中支派遣				允許外出中陸軍慰安所ニ於テ	非違通報

43

0361

所属	身分	日時	事実	処置
柒第一六二九部隊 藤田隊	補一 一	四、一	慰安婦ヲ毆打暴行且器物ヲ破壞ス	部隊側ニ於テ八重營倉三十日
中支派遣呂第五五三三部隊 佐々木隊		四、一九	允許外出中飲食店ニ於テ飲酒酩酊ノ上遊興中他部隊兵ヲ毆打暴行シ尚器物ヲ破壞ス	非違通報 部隊側ニ於テ八各〻重營倉二十日
中支派遣曉第二九四一部隊 德廣隊	軍屬 一	四、二四	勤務中飲食店ニ於テ飲酒ノ上慰安所ニ到リ當日休日ナルニ拘ラス登樓セントシタルヲ樓主ニ制止セラルルヤ之ニ憤激シ樓主ニ暴行ヲ加フ	非違通報 部隊側ニ於テ八重營倉三日並苦役三日
中支派遣呂第五五六一部隊 坂六隊	補一 一	四、二五	允許外出中飲酒酩酊シタル結果上衣及帯劍ヲ脱シ通行人及支那人商店ニ入リ暴行シ路上ニ横タワル等服装態度ヲ紊ス	非違通報
支那派遣軍		自三、六至	本名ハ車体番號無キ自動車ニ「ガソリン」使用許可證ヲ附シ松	

Ⅳ. '위안부' 범죄 처벌

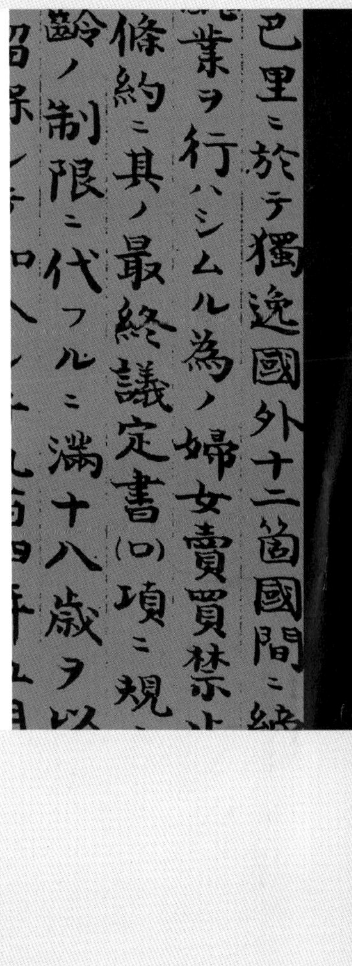
巴里ニ於テ獨逸國外十二箇國間ニ締
業ヲ行ハシムル為ノ婦女賣買禁止
條約ニ其ノ最終議定書(ロ)項ニ規
齡ノ制限ニ代フルニ滿十八歲ヲ以

[문서 1]

형법(1907.4.23)

법률 제45호

짐은 제국의회의 협찬을 거친 형법 개정 법률을 재가하고 이를 공포한다.

무쓰히토[睦仁]

1907년(메이지40) 4월 23일

내각 총리대신	후작	사이온지 긴모치[西園寺公望]
육군대신		데라우치 마사다케[寺內正毅]
농상무대신		마쓰오카 야스타케[松岡康毅]
해군대신		사이토 마코토[斎藤實]
대장대신	법학박사	사카타니 요시로[阪谷芳郎]
체신대신		야마가카 이사부로[山縣伊三郎]
사법대신		마쓰다 마사히사[松田正久]
내무대신		하라 다카시[原敬]
문부대신		마키노 노부아키[牧野伸顕]
외무대신	자작	하야시 다다스[林董]

법률 제45호

형법 별책(別冊)대로 이를 정함.

이 법률 시행 기일은 칙령으로 이를 정함.

메이지13(1880)년 제36호 포고 형법은 이 법률 시행일부터 이를 폐지한다.

(중간 생략)

제32장 협박죄

제222조 생명, 신체, 자유, 명예 또는 재산에 해를 입히겠다고 사람을 협박한 자는 1년 이하의 징역 또는 1백 엔 이하의 벌금에 처한다.

친족의 생명, 신체, 자유, 명예 또는 재산에 해를 입히겠다고 사람을 협박한 자 역시 동일하다.

제223조 생명, 신체, 자유, 명예 혹은 재산에 해를 입히겠다고 협박하거나 또는 폭행을 써서 사람에게 의무가 없는 일을 하게 하거나 행사할 권리를 방해한 자는 3년 이하의 징역에 처한다.

친족의 생명, 신체, 자유, 명예 혹은 재산에 해를 입히겠다고 협박하여 사람에게 의무가 없는 일을 하게 하거나 행사할 권리를 방해한 자 역시 동일하며, 전항의 미수죄도 이를 벌한다.

제33장 약취 및 유괴죄

제224조 미성년자를 약취 또는 유괴한 자는 3개월 이상 5년 이하의 징역에 처한다.

제225조 영리, 외설 또는 결혼을 목적으로 사람을 약취 또는 유괴한 자는 1년 이상 10년 이하의 징역에 처한다.

제226조 제국 밖으로 이송할 목적으로 사람을 약취 또는 유괴한 자는 2년 이상의 유기징역에 처한다.

제국 밖으로 이송할 목적으로 사람을 매매하거나 또는 유괴 · 약취당하거나 혹은 매매당한 자를 제국 밖으로 이송한 자 역시 동일하다.

제227조 앞의 3개 조의 죄를 저지른 자를 방조할 목적으로 유괴 · 약취당하거나 혹은 매매당한 자를 수용 또는 장닉하거나 혹은 은피시킨 자는 3개월 이상 5년 이하의 징역에 처한다.

영리 또는 외설을 목적으로 유괴 · 약취당하거나 매매당한 자를 수용한 자는 6개월 이상 7년 이하의 징역에 처한다.

제228조 본 장의 미수죄는 이를 벌한다.

제229조 제226조의 죄, 동조의 죄를 방조할 목적으로 저지른 제227조 제1항의 죄와 이러한 죄의 미수죄를 제외한 본 장의 죄는 영리의 목적이 아닌 경우에는 고소가 있

을 경우에 공소한다. 단, 유괴·약취당하거나 또는 매매당한 자가 범인과 혼인을 하였을 경우에는 혼인의 무효 또는 취소 재판의 확정 이후가 아니면 고소의 효과는 없다.

(이하 생략)

法律第四十五号

朕帝國議會ノ協贊ヲ經タル刑法改正法律ヲ裁可シ玆ニ之ヲ公布セシム

睦仁

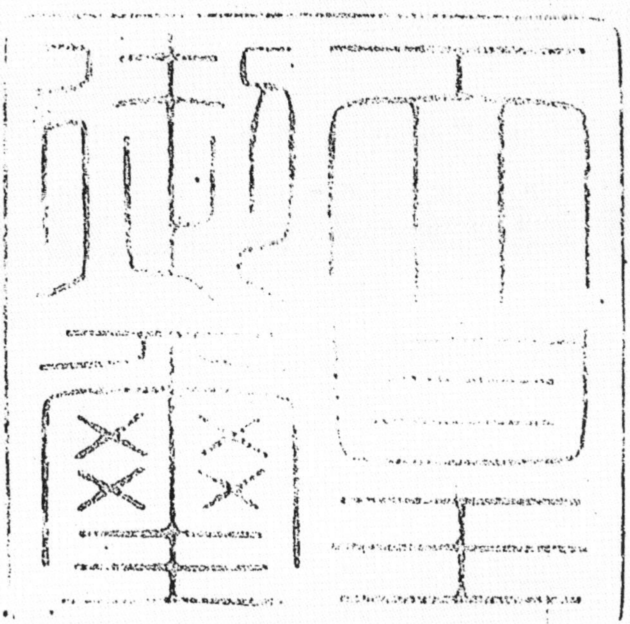

明治四十年四月二十三日

內閣總理大臣侯爵 西園寺公望

陸軍大臣 寺内正毅

農商務大臣 松岡康毅

海軍大臣 齋藤實

大藏大臣法學博士 阪谷芳郎

遞信大臣 山縣伊三郎

司法大臣 松田正久

內務大臣 原敬

文部大臣 牧野伸顯

外務大臣子爵 林董

法律第四十五號

刑法別冊ノ通之ヲ定ム

此法律施行ノ期日ハ勅令ヲ以テ之ヲ定ム

明治十三年第三十六號布告刑法ハ此法律施行ノ日ヨリ之ヲ廢止ス

犯シタルトキハ六月以上七年以下ノ
懲役ニ處ス

第二百二十一條　前條ノ罪ヲ犯シ因テ人ヲ死傷ニ致シタル者ハ傷害ノ罪ニ比較シ重キニ從テ處斷ス

第三十二章　脅迫ノ罪

第二百二十二條　生命、身體、自由、名譽又ハ財產ニ對シ害ヲ加フ可キコトヲ以テ人ヲ脅迫シタル者ハ一年以下ノ懲役又ハ百圓以下ノ罰金ニ處ス

親族ノ生命、身體、自由、名譽又ハ財産ニ對シ害ヲ加フ可キコトヲ以テ人ヲ脅迫シタル者亦同シ

第二百二十三條 生命、身體、自由、名譽若クハ財産ニ對シ害ヲ加フ可キコトヲ以テ脅迫シ又ハ暴行ヲ用ヒ人ヲシテ義務ナキ事ヲ行ハシメ又ハ行フ可キ權利ヲ妨害シタル者ハ三年以下ノ懲役ニ處ス

親族ノ生命、身體、自由、名譽又ハ財産ニ

對シ害ヲ加フ可キコトヲ以テ脅迫シ人ヲシテ義務ナキ事ヲ行ハシメ又ハ行フ可キ權利ヲ妨害シタル者亦同シ

前二項ノ未遂罪ハ之ヲ罰ス

第三十三章 略取及ヒ誘拐ノ罪

第二百二十四條 未成年者ヲ略取又ハ誘拐シタル者ハ三月以上五年以下ノ懲役ニ處ス

第二百二十五條 營利、猥褻又ハ結婚ノ目的ヲ以テ人ヲ略取又ハ誘拐シタル

者ハ一年以上十年以下ノ懲役ニ處ス

第二百二十六條　帝國外ニ移送スル目的ヲ以テ人ヲ略取又ハ誘拐シタル者ハ二年以上ノ有期懲役ニ處ス

帝國外ニ移送スル目的ヲ以テ人ヲ賣買シ又ハ被拐取者若クハ被賣者ヲ帝國外ニ移送シタル者亦同シ

第二百二十七條　前三條ノ罪ヲ犯シタル者ヲ幇助スル目的ヲ以テ被拐取者又ハ被賣者ヲ收受若クハ藏匿シ又ハ

隱避セシメタル者ハ三月以上五年以下ノ懲役ニ處ス
營利又ハ猥褻ノ目的ヲ以テ被拐取者又ハ被賣者ヲ收受シタル者ハ六月以上七年以下ノ懲役ニ處ス

第二百二十八條　本章ノ未遂罪ハ之ヲ罰ス

第二百二十九條　第二百二十六條ノ罪、同條ノ罪ヲ幇助スル目的ヲ以テ犯シタル第二百二十七條第一項ノ罪及ヒ此等ノ罪ノ未遂罪ヲ除ク外本章ノ罪ハ營利ノ目的ニ出テサル場合ニ限リ告訴ヲ待テ之ヲ論ス但被拐取者又ハ被賣者犯人ト婚姻ヲ爲シタルトキハ婚姻ノ無效又ハ取消ノ裁判確定ノ後ニ非サレハ告訴ノ效ナシ

第三十四章　名譽ニ對スル罪

第二百三十條　公然事實ヲ摘示シ人ノ名譽ヲ毀損シタル者ハ其事實ノ有無ヲ問ハス一年以下ノ懲役若クハ禁

[문서 2]

조선총독 상주 조선형사령 제령안(1913.3.15)

조선총독 상주 조선형사령 제령안

위 삼가 재가를 바랍니다.

1913년(메이지45) 3월 15일

내각 총리대신 후작 사이온지 긴모치[西園寺公望]

척갑(拓甲) 44

1913년(메이지45) 3월 11일

내각총리대신(사인) 법제국장(인)

외무대신(사인) 대장대신(사인) 해군대신(사인) 문부대신(사인) 체신대신(사인)

내무대신(사인) 육군대신 사법대신(사인) 농상무대신(사인)

별지 조선총독 상주 조선형사령 제령안을 심사한 바 합당하다고 판단하여 상주안대로 재가를 주청하는 것이 적당하다고 인정한다.

지령안

조선형사령의 건

상주한 대로 재가되었다.

1913년(메이지45) 3월 16일

비(秘) 제80호

1913년(메이지45) 1월 15일

조선총독 백작 데라우치 마사다케[寺内正毅]

내각 총리대신 후작 사이온지 긴모치[西園寺公望] 귀하

조선형사령 제정의 건

별지 제령안 조선형사령을 공포할 필요가 있으니 재가해 주시기를 바랍니다.

별지 제령안 재가를 삼가 주청드립니다.

1913년(메이지45) 월 일

조선총독 백작 데라우치 마사다케

제령 제 호

조선형사령

제1조 형사에 관한 사항은 본령 기타 법령에 특별한 규정이 있는 경우를 제외하고는 아래의 법률에 따른다.

1. 형법
2. 형법시행법
3. 폭발물단속벌칙
4. 메이지22년(1889) 법률 제34호
5. 통화 및 증권 모조 단속법

(중략)

이유

현재 조선의 형사에 관한 법규는 내지인 또는 외국인에 대한 것과 조선인에 대한 것 두 종류가 있다. 내지인 또는 외국인에 대한 실체법은 주로 형법에 따라, 절차법은 형사소송법에 다소의 예외 규정을 둔 것 이외에 전부 내지의 재판소의 판례에 따라야 하는 통감부 재판소 사법사무취급예(例)에 따른다. 그리고 조선인에 대한 실체법은 주로 구한국정부 시대의 제정에 관한 형법대전에 따르고, 절차법은 민형소송규칙에 따르게 되어있다. 그런데 조선병합 후인 오늘날 형벌 법규에 두 종류의 계통을 존치시키는 것은 부조리하고 불공평한 결과를 발생시킬 수밖에 없다. 따라서 조선총독부 재판소령의 개정을 기회로 형사 법규를 통일 정리하여 내지인과 외국인 및 조선인의 구별이 없는 공통의 실체법과 절차법을 규정하고 대체로는 내지의 형벌규정에 따른다. 예외적으로 현재 조선에서 실행되고 있는 형사소송 절차에 관한 특별규정을 답습하는 것으로 한다. 이것이 본령의 제정이 필요한 이유다.

十六

可

朝鮮總督上奏朝鮮刑事令制令案

右謹テ裁可ヲ仰ク

明治四十五年三月十五日

内閣總理大臣侯爵西園寺公望 望

拓甲四四

明治四十五年三月十一日閣議決定

内閣總理大臣　　法制局長官

外務大臣　大蔵大臣　海軍大臣　文部大臣　逓信大臣

内務大臣　陸軍大臣　司法大臣　農商務大臣

別紙朝鮮總督上奏朝鮮刑事令制令案ヲ審査スルニ右ハ相當ノ儀ト思考ス依テ上奏案通裁可ヲ奏請セラレ可然ト認ム

法制局

指令案

朝鮮刑事令ノ件上奏ノ通裁可ヲ經タリ

明治四十五年三月十六日

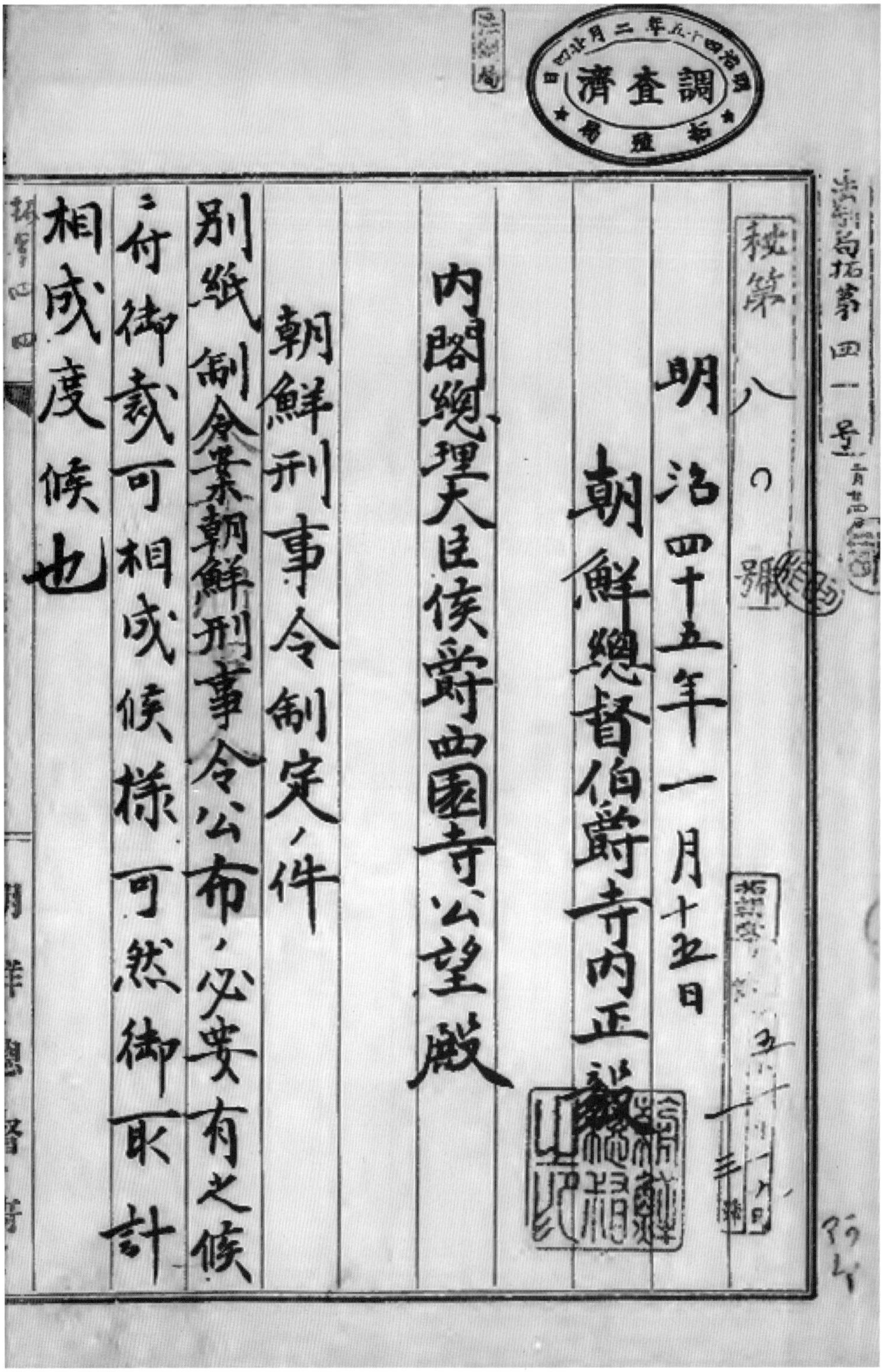

調査濟
明治四十五年二月廿四日
拓殖局

秘第八の號

明治四十五年一月十五日

朝鮮總督伯爵寺内正毅

内閣總理大臣侯爵西園寺公望殿

朝鮮刑事令制定ノ件

別紙制令案朝鮮刑事令公布ノ必要有之候ニ付御裁可相成候樣可然御取計相成度候也

朝鮮總督府

別紙制令案御裁可相成度

右謹テ奏ス

明治四十五年　月　日

朝鮮總督伯爵寺内正毅

制令第　號

朝鮮刑事令

第一條　刑事ニ關スル事項ハ本令其ノ他ノ法令ニ特別ノ規定アル場合ヲ除クノ外左ノ法律ニ依ル

一　刑法

二　刑法施行法

三　爆發物取締罰則

四　明治二十二年法律第三十四號

五　通貨及證券模造取締法

朝鮮總督府

理由

目下朝鮮ノ刑事ニ關スル法規ハ内地人又ハ外國人ニ對スルモノト朝鮮人ニ對スルモノトノ二種アリ内地人又ハ外國人ニ對スル實體法ハ主トシテ刑法ニ依リ手續法ハ刑事訴訟法ニ些少ノ例外規定ヲ設ケタル外總テ内地ノ裁判所ニ於ケル例ニ依ラシメタル統監府裁判所司法事務取扱例ニ依リ又朝鮮人ニ對スル實體法ハ主トシテ舊韓

國政府時代ノ制定ニ係ル刑法大全ニ依リ手續法ハ民刑訴訟規則ニ依ルコトトナリ居レリ然ルニ朝鮮併合後ノ今日ニ於テ刑罰法規ニ二種ノ系統ヲ存置スルハ不條理不公平ノ結果ヲ生スルヲ免レス故ニ朝鮮總督府裁判所令ノ改正ヲ機トシテ刑事法規ヲ統一整理シ内外人及朝鮮人ノ區別ナク共通ノ實體法及手續法ヲ規定シ大體ニ於テハ内地ノ刑罰法規ニ依リ例外ト

トシテ現ニ朝鮮ニ行ハルル刑事訴訟
手續ニ關スル特別規定ヲ襲用スルコ
トト爲セリ是レ本令ノ制定ヲ必要ト
スル所以ナリ

[문서 3]

추업을 행하기 위한 부녀 매매 금지에 관한 국제조약(1925.12.21)

조약 제28호

짐은 추밀원 고문의 자문을 거쳐 1910년 5월 4일 프랑스 파리에서 독일 외 20개 국가 간에 체결된 추업을 행하기 위한 부녀 매매 금지에 관한 국제조약에 그 최종 의정서 (나)항에 규정된 연령제한을 대신하여 만 18세로 함으로써 권리를 유보하여 가입하고, 1904년 5월 18일 프랑스 파리에서 프랑스 외 11개국 간에 체결된 추업을 행하기 위한 부녀 매매 단속에 관한 국제협정과 함께 이를 공포한다.

무쓰히토[嘉仁] 히로히토[裕仁]

1925년(다이쇼14) 12월 21일

내각 총리대신	자작	가토 다카아키[加藤高明]
외무대신	남작	시데하라 기주로[幣原喜重郎]
내무대신		와카쓰키 레이지로[若槻禮次郎]
사법대신		에기 다스쿠[江木翼]

조약 제18호

추업을 행하기 위한 부녀 매매 금지에 관한 국제조약

아래 여러 나라의 군주, 원수 및 정부는 '추업을 행하기 위한 부녀 매매'란 명칭으로 알려진 매매의 금지를 가장 효과적으로 수행할 것을 다 같이 희망하며 이를 위해 조약을 체결할 것을 결정하고 1902년 7월 15일부터 25일까지 파리에서 회합한 제1회 회의에서 하나의 제안이 가결된 것을 감안하여 그 전권위임을 임명했다.

위 전권위임은 1910년 4월 18일부터 5월 4일까지 파리에서 제2회 회의를 개최하여 아래의 조항을 협정했다.

제1조

어떠한 사람이라도 타인의 정욕을 만족시키기 위한 추행을 목적으로 미성년 부녀를 권유하거나 유인하거나 유괴한 자는 본인의 승낙을 얻었다고 하더라도, 그리고 위 범죄의 구성요소인 각 행위가 다른 나라에 가서 수행되었다고 하더라도 처벌할 수 있다.

제2조

어떠한 사람이라도 타인의 정욕을 만족시키기 위한 추행을 목적으로 사기에 의해 또는 폭행, 협박, 권력남용 그 외 일체의 강제수단으로 성년의 부녀를 권유하거나 유인하거나 또는 유괴한 자는 위 범죄의 구성요소인 각 행위가 다른 나라에 가서 수행되었다고 하더라도 처벌할 수 있다.

제3조

체약국은 현재의 법제가 잎 2조에서 규정하는 범죄를 방시하기에 충분하지 않을 때는 위 범죄를 그 경중에 따라서 처벌하기 위하여 필요한 조치를 취하거나 위 조치를 각자의 입법기관에 제안할 것을 약속한다.

제4조

체약국은 본 조약의 목적에 관하여 자국에서 이미 제정했거나 제정할 법령을 프랑스 공화국 정부를 통하여 서로 통보해야 한다.

제5조

제1조 및 제2조에서 정한 범죄는 본 조약 실시일부터 체약국 간의 기존 조약에 따라 인도(引渡)를 필요로 하는 범죄 안에 당연히 삽입된다고 간주한다.

전항의 규정이 현행법령을 변경하지 않고서 이를 실행하기 어려울 때는 체약국은 필요한 조치를 강구하거나 위 조치를 각자의 입법기관에 제안할 것을 약속한다.

(이하 생략)

條約第十八號

朕樞密顧問ノ諮詢ヲ經テ千九百十年五月四日佛蘭西國巴里ニ於テ獨逸國外十二箇國間ニ締結セラレタル醜業ヲ行ハシムル為ノ婦女賣買禁止ニ關スル國際條約ニ其ノ最終議定書(ロ)項ニ規定セラレタル年齢ノ制限ニ代フルニ滿十八歳ヲ以テスルノ權利ヲ留保シテ加入シ千九百四年五月十八日佛蘭西國巴里ニ於テ佛蘭西國外十一箇國間ニ締結セラレタル醜業ヲ行ハシムル為ノ婦女賣買取締ニ關スル國際協定ト共ニ茲ニ之ヲ公布セシム

嘉仁 裕仁

天皇御璽

大正十四年十二月二十一日

内閣總理大臣子爵加藤高明

外務大臣男爵幣原喜重郎

内務大臣 安達謙藏

司法大臣 江木翼

條約第十八號

醜業ヲ行ハシムル爲ノ婦女賣買禁止ニ關スル國際條約

左ノ諸國ノ君主、元首及政府ハ

「トレート、デ、ブランシュ」(醜業ヲ行ハシムル爲ノ婦女賣買)ナル名稱ヲ以テ知ラルル賣買ノ禁止ヲ最有效ナラシメムコトヲ均シク希望シ之カ爲條約ヲ締結スルコトニ決シ且千九百二年七月十五日ヨリ二十五日迄巴里ニ於テ會合シタル第一回會議ニ於テ一提案ノ可決セラレタルニ鑑ミ其ノ全權委員ヲ任命セリ

右全權委員ハ千九百十年四月十八日ヨリ五月四日ニ至ル迄巴里ニ於テ第二回會議ヲ開催シ左ノ條項ヲ協定セリ

第一條

何人タルヲ問ハス他人ノ情慾ヲ滿足セシムル爲醜行ヲ目的トシテ未成年ノ婦女ヲ勸誘シ誘引シ又ハ拐去シタル者ハ本人ノ承諾ヲ得タルトキト雖又右犯罪ノ構成要素タル各行爲カ異リタル國ニ亘リテ遂行セラレタルトキト雖罰セラルヘシ

第二條

何人タルヲ問ハス他人ノ情慾ヲ滿足セシムル爲醜行ヲ目的トシテ詐欺ニ依リ又ハ暴行、

脅迫、權力濫用其ノ他一切ノ強制手段ヲ以テ成年ノ婦女ヲ勸誘シ誘引シ又ハ拐去シタル者ハ右犯罪ノ構成要素タル各行爲カ異リタル國ニ亙リテ遂行セラレタルトキト雖罰セラルヘシ

第三條

締約國ハ現ニ其ノ法制カ前二條ニ定ムル犯罪ヲ防遏スルニ充分ナラサルトキハ右犯罪ヲ其ノ輕重ニ從ヒ處罰スル爲必要ナル措置ヲ執リ又ハ右措置ヲ各自ノ立法機關ニ提案スヘキコトヲ約ス

第四條

締約國ハ本條約ノ目的ニ關シ自國ニ於テ既ニ制定シ又ハ制定スルコトアルヘキ法令ヲ佛蘭西共和國政府ヲ介シテ互ニ通報スヘシ

第五條

第一條及第二條ニ定ムル犯罪ハ本條約實施ノ日ヨリ締約國間ノ既存條約ニ依リ引渡ヲ要スヘキ犯罪中ニ當然挿入セラレタルモノト看做サルヘシ

前項ノ規定カ現行法令ヲ變更スルニ非サレハ之ヲ實行スルコト能ハサルトキハ締約國ハ必要ナル措置ヲ執リ又ハ右措置ヲ各自ノ立法機關ニ提案スヘキコトヲ約ス

[문서 4]

부인 및 아동의 매매금지에 관한 조약 및 추업을 행하기 위한 부녀 매매금지에 관한 조약에 관하여 제국이 부여한 유보철폐의 건(1927.2.11)

부인 및 아동의 매매금지에 관한 국제조약 및 추업을 행하기 위한
부녀 매매금지에 관한 국제조약에 관하여 제국이 부가한 유보철폐의 건

위 삼가 재가를 바랍니다.

1927년(쇼와2) 2월 11일

내각 총리대신 와카쓰키 레이지로[若月禮次郎]

갑 제98호

기안 : 1927년(쇼와2) 2월 9일

재가 : 1927년(쇼와2) 2월 11일

내각서기관(인)

내각총리대신(사인)		내각서기관장(사인)	
외무대신(사인)	육군대신(사인)	문부대신(사인)	체신대신(사인)
내무대신(사인)	해군대신(사인)	농림대신(사인)	철도대신(사인)
대장대신(사인)	사법대신(사인)	상공대신(사인)	

부인 및 아동의 매매금지에 관한 국제조약 및 추업을 행하기 위한
부녀 매매금지에 관한 국제조약에 관하여 제국이 부가한 유보철폐의 건

위 추밀원의 자문을 거쳐 신청한 건에 관하여 동원(同院)이 상주한 대로 재가를 주청하는 것이 타당하다고 인정한다.

외무대신 앞 지령안

부인 및 아동의 매매금지에 관한 국제조약 및 추업을 행하기 위한 부녀 매매금지에 관한 국제조약에 관하여 제국이 부가한 유보철폐의 건이 상주한 대로 재가되었다.

1927년(쇼와2) 2월 12일

十四

婦人及兒童ノ賣買禁止ニ関スル國際條約ニ醜業ヲ行ハシム
ル爲ノ婦女賣買禁止ニ関スル國際條約ニ関シ帝國ノ附シタル留保撤廢ノ件

右謹テ裁可ヲ仰ク

昭和二年二月十一日

内閣總理大臣若槻禮次郎

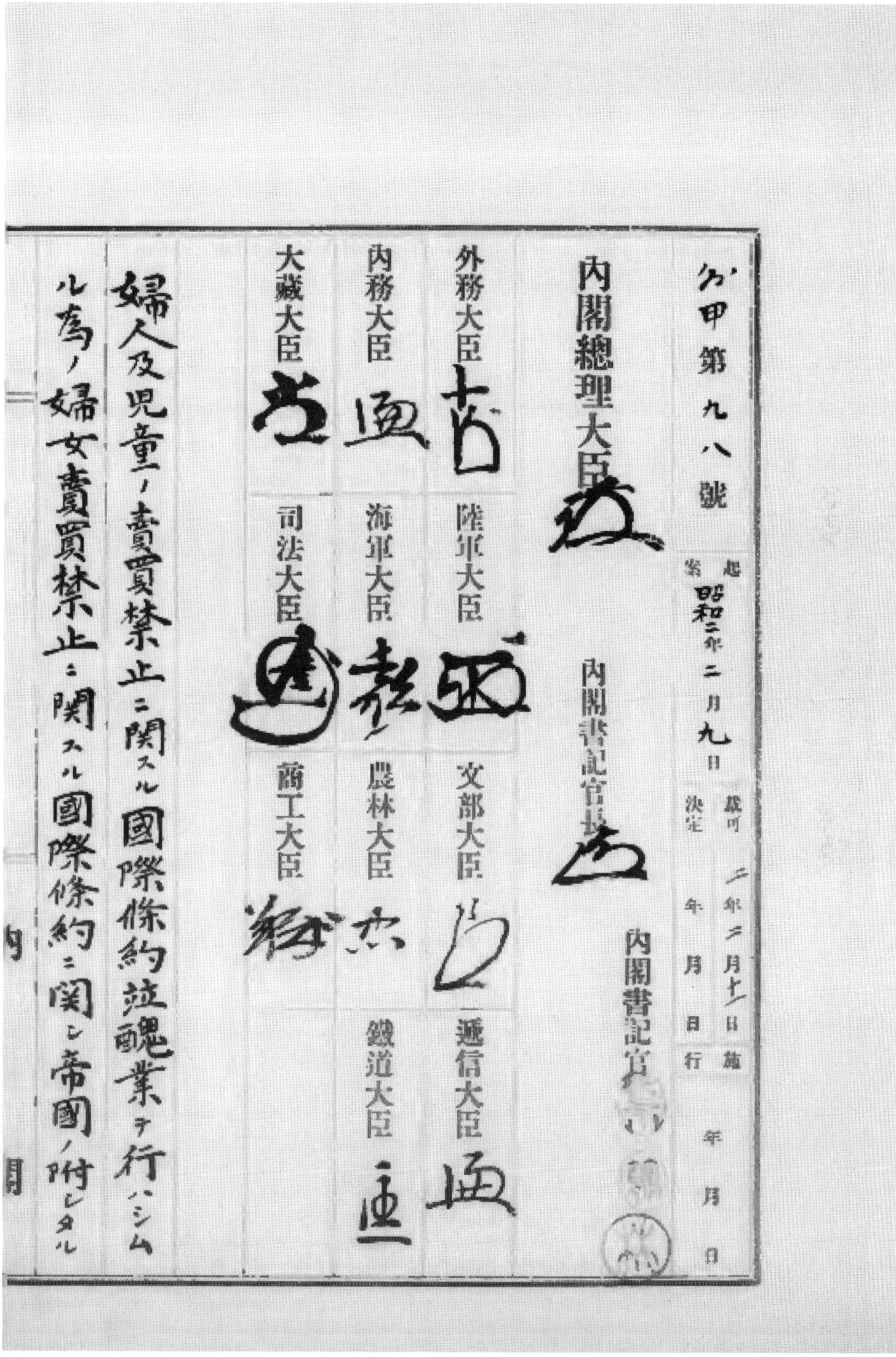

公甲第九八號

内閣總理大臣

起案 昭和二年二月九日

裁可 二年二月十一日 施行

決定 年月日 行 年月日

内閣書記官長

内閣書記官

外務大臣 内務大臣 大藏大臣

陸軍大臣 海軍大臣 司法大臣

文部大臣 農林大臣 商工大臣

遞信大臣 鐵道大臣

婦人及兒童ノ賣買禁止ニ關スル國際條約竝醜業ヲ行ハシムル爲ノ婦女賣買禁止ニ關スル國際條約ニ關シ帝國ノ附シタル

留保撤廢ノ件

右樞密院ノ御諮詢ヲ經テ御下付ニ付同院上奏ノ通裁可ヲ奏請セラレ可然ト認ム

外務大臣宛指令案

婦人及児童ノ賣買禁止ニ關スル國際條約並醜業ヲ行ハシムル爲ノ婦女賣買禁止ニ關スル國際條約ニ關シ帝國ノ附シタル留保撤廢ノ件上奏ノ通裁可ヲ經タリ

昭和二年二月十二日

[문서 5]

국외이송 유괴 피고사건 대심원 판결(1937.3.5)

1936년(쇼와11)(れ) 제3021호

> 1937(소화12년) 3월5일 선고 재판소 서기
> 네기시 가메타로[根岸亀太郎] 인

판 결 서

본적[27]

주거

후지타 미노루[藤田稔]

본적

주거

오카자키 야스타로[岡崎安太郎]

본적 및 주거

무라카미 도미오[村上富雄]

본적

주거

후지타 미키[藤田ミキ]

---

27) 본적과 주거는 개인 정보 때문에 공개되지 않음.

본적

주거

유키노 즉 오카자키 유키노[岡崎雪野]

본적

주거

나카타 조타로[中田丈太郎]

본적

주거

오카자키 하루키치[岡崎春吉] 즉 하라다 하루키치[原田春吉]

위 국외 이송 유괴 피고사건에 관하여 1936년(쇼와11) 9월 28일 나가사키 항소원에서 언도한 판결에 대해 각 피고인들이 상고했다. 이에 아래와 같이 판결을 내린다.

본건 상고는 모두 이를 기각한다. 대심원

이유

피고인 나카타 조타로 변호인 나카야마 이사오[中山伊佐男]의 상고 취의서

제1점(點), 원심은 그 판결 이유의 첫머리에서 "…유키노는 그 취지를 피고인 미노루의 처인 피고인 후지타 미키와 나카타 조타로 두 명에 알리고 더불어 피고인 미키와의 사이에는…, 다음으로 피고인 조타로와의 사이에는 야스타로 등과 협의한 앞의 방법(기망을 수단으로 유혹)에 따라서 여성을 고용해야 한다고 모의했기에…"라고 판시했다. 또 이유 제2에서 피고인 미노루 등 6명과 피고인 조타로는 공모하고, 조타로가 (1)"감언과 거짓말을 하여 B에게 이것을 듣고 알게 된 피해자4에게 그 말을 진실이라고 믿게 하여 동녀를 유혹하여", (2)"피해자5, 피해자6의 두 명에게 앞과 같이 말하여 위 두 사람이 잘못 믿게 하여 이들을 유혹하여", (3)"피해자7의 경우 동녀에게… 감언과 거짓말을 하여 동녀를 잘못 믿

게 하여 이를 유혹해서"라고 판시했으나,

1. 피고인 유키노는 이전에 갑이 알려준 피고인 야스타로 등의 협의 내용을 피고인 조타로에게 알린 적이 없고, 2. 피고인 유키노와 피고인 조타로 사이에 기망을 수단으로 하여 여성을 고용하는 것을 모의한 사실이 없다.

이 점에 관해 원심이 판시한 증거 중 피고인 조타로에 대한 제2회 예심 심문조서에 그 진술로(기록 제1,385장 이하) 갑이 상하이에서 조타로에게 보낸 편지에는 여급 또는 나카이로 고용해 달라는 취지가 기재되고 있었으나, 조타로는 여자에게 매음을 시킨다고 생각해, 편지를 보고 즉시 유키노에게 가서 갑의 편지 취지를 이야기한 바, 동녀는 조타로보다 상세하게 상하이에서 무슨 일을 하는지 알고 있었기 때문에, 동녀에게도 갑에게서 편지가 와 있다고 생각했다. 그 후 갑으로부터 유키노 앞으로 전보가 왔으며, 동녀의 연락을 받고 동녀 집에 가 보니, 동녀는 조타로에게 이번 배에 탈 수 있도록 여자를 보내야 하니, 여자들을 빨리 고용해 달라, 여자를 고용할 때에는 여급 또는 나카이로 고용해 달라고 명령조로 말했다. 그때 유키노는 여자에게는 매음을 한다고 말하지 말고 고용해 달라고는 말하지 않았으나, 나는 동인의 말투에서 여자에게 매음을 한다고 밝히지 않고 여급 또는 나카이로 고용해 달라는 뜻으로 이해했다는 취지를 기재를 했다. 그러나 (1) 피고인 조타로는 상하이에서의 다른 피고인들의 협의에 대해서는 아무것도 인지한 바 없으며, 또 해군 지정 위안소의 목적과 성질 등도 몰랐으며, (2) 또한 피고인 유키노와의 사이에 기망을 수단으로 해서 여성을 고용하기로 모의한 사실이 없었다는 것을 짐작할 수 있다. 오히려 이 증거에 따르면 본건에 관해서는 피고인 조타로에 한해 단지 피고인 유키노의 명령에 따라, 그 지휘에 따른 방법에 의해 여성을 고용하기 위해 진력(盡力)한 것뿐이다. 그리고 피고인 유키노의 명령에 따를 수밖에 없었던 것은 피고인 유키노의 남편인 피고인 오카자키 야스타로에 대한 은고(恩顧)에서 생긴 것으로, 피고인 조타로가 아무런 이득을 얻지 못하고 희생적으로 진력했다는 사실을 보아도 이렇게 해석하는 것이 타당하다고 확신한다. 그렇다면 피고인 조타로는 종속적 의사를 가지고 종속적 행위를 한 것에 불과하다. 즉 종범(從犯)에 불과한데 원심이 공동 정범(正犯)으로 인정한 것은 중대한 사실의 오인이라고 의심할 수 있는 현저한 사유가 있다고 해야 할 것이다.

하지만 원판결이 거시(擧示)한 증거를 종합하면 소론(所論)의 판시 사실은 그 증명이 충분하며, 피고인의 행위가 소론과 같이 종속적인 것이 아니라는 것을 인정하기에 충분하고, 기록을 조사해 봐도 원판결에 중대한 사실의 오인이 있다는 것을 의심해야 할 현저한 사유는 없다. 따라서 원심이 피고인을 본건의 공동 정범으로 처단한 것은 합당하기 때문에 논지(論之)[28]는 이유가 없다.

동 제2점, 가령 피고인 조타로는 원심이 인정한 공동 정범으로서의 죄책(罪責)을 진다고 하지만, 원판결은 과형(科刑)이 지나치게 무거워 합당하지 않다고 한다. 즉 1. 범죄의 동기가 사리사욕에서 나오지 않고 인의(仁義)에서 나온 것이라는 점, 2. 범죄 가담의 정도 및 실행의 상태, 3. 범죄의도의 강약, 4. 피고인 조타로와 피고인 야스타로와의 신분관계가 거의 주종관계 이상의 종속적 관계였다는 점, 5. 피해자가 모두 추업의 경험이 있는 여성인 점 등 범죄정황에 의해 관찰하면 피고인 우에다 도라히사[上田虎寿], 가와다 이치노스케[川田市之助], 하라다 하루키치[原田春吉] 등의 범죄 행위와 아무런 차이가 없다. 또한 (1) 공판 조서에서 밝혀진 바 같이 피고인 조타로는 일체를 다 고백했고 개전의 점이 현저하며, (2) 가정 사정도 기록에서 밝혀진 바 같이 피고인들 중에서 가장 불쌍한 상황이라는 점 등을 참작하면, 오히려 전술(前述)한 도라히사, 이치노스케, 하루키치 등과 마찬가지로 형의 집행을 유예해야 할 정상(情狀)이 있다는 것을 믿는다.

따라서 원판결을 파기하고 집행유예라도 받을 수 있게 해달라고 하지만 기록을 정사(精査)하고 기타 제반 사정을 참작하여도 피고인에 대한 원판결의 과형을 지나치게 부당하다고 사료(思料)해야 할 현저한 사유가 없기 때문에 논지는 이유가 없는 것으로 한다.

피고인 후지타 미노루 외 5명의 변호인 가와히레 히코지로[河鰭彦次郎]의 상고 취의서

제1점, 원심은 불법으로 변호권의 행사를 제한한 위법이 있다. 1. 원심에서 1936년(쇼와 11) 6월 17일 열린 제1회 공판에서는 피고인 후지타 미노루 동 미키의 변호인 미야자키 류스케[宮崎龍介] 및 피고인 후지타 미노루의 변호인 고마키 도라쿠마[小牧寅熊]는 출두하지 않은 것이 조서에 의해 명확해졌다. 그리고 위 공판 기일에 출두한 각 변호인에게는 구두로 다음번 기일을 알렸다는 것이 확인되나, 불출두한 각 변호인에게는 다음 공판 기일을 통지한 증거를 공판 조서 어디에서도 발견하지 못했다. 이렇게 제2회 공판은 변호인 미야자키 류스케 및 동 고마키 도라쿠마에게 기일 호출장을 송달하지 않고 열린 것이다. 2. 게다

28) 변호인 반론.

가 동 제3회 공판에서 변호인 미야자키 류스케가 불출두한 것은 조서에 의해 명백해졌다. 그리고 다음 공판 기일을 출두한 각 변호인에게 알린 것은 기록으로 알 수 있지만, 불출두한 변호인 미야자키 류스케에게는 호출장을 송달한 증거가 없다. 그리고 다음 공판 기일과 변호인이 출두하지 않았던 해당 기일이 근접하여 호출장을 송달해도 그 실효를 기대하지 못하는 경우에는 변호인을 호출할 필요가 없다고 하지만, 그런 것은 유견(謬見)[29]이다. 생각건대 공판 기일에는 변호인 호출이 필요하며, 호출을 받는 것 자체도 변호인의 권리다. 변호인은 예심에서 각종 처분에 입회(立會)할 권리를 가진다. 따라서 예심 판사는 변호인에게 이에 관한 일시 및 장소를 통지할 필요가 있으며, 시급한 경우만이 예외적으로 통지가 필요 없다는 것은 형사 소송법 158조, 동 제159조, 동 제178조 등에 규정되어 있다. 그런데 공판 기일은 변호인이 있는 경우에는 반드시 이를 변호인에게 통지해야 하며, 예외를 정한 규정은 없다. 그렇다면 다음 공판 기일은 이유 여하를 불문하고 반드시 이를 변호인에 통지해야 한다. 변호인 미야자키 류스케에 대한 호출장은 우편으로 보내는 것만으로도 즉시 송달의 효과가 생긴다. 원심이 판결 언도 기일의 호출장을 판결을 언도하는 당일 우편으로 송달한 것은, 기일의 통지는 사실상 그 목적을 달성하지 못하는 경우에 있어서도 이를 실행해야 한다는 것을 자백한 것과 같다.

전술한 바와 같이 원심은 변호권의 행사를 불법으로 제한한 위법이 있어서 원판결은 파기해야 한다고 하지만, 변호인에게 적법한 소환 절차가 이루어진 공판 기일에 재판장이 속행 기일을 정하여 이를 고지(告知)한 이상, 그 고지는 당일 소환을 받아서 출두 못한 변호인에게도 유효한 것이며, 이들 변호인에게 다시 속행 기일의 소환장을 송달할 필요가 없다는 것은 당원(當院)의 종래 판례에도 있다.

따라서 기록에 따르면 원심의 제1회 공판 기일에 본건의 각 변호인에게 적법한 소환절차가 이루어졌다는 것은 조금도 의심할 여지가 없고, 동 기일 및 그 후의 각 기일에 재판장이 순차 적법하게 다음의 속행 기일을 고지하여 소송 관계인들의 출두를 명한 것도 또한 명백하므로, 그 속행 기일의 고지는 전부 당일 출두하지 않았던 소론의 각 변호인에게도 효력이 있기 때문에 이들의 변호인에게 다시 속행 기일의 소환장을 송달할 필요가 없는 것은 당연하다. 따라서 원심이 소론처럼 기일에 출두하지 않은 변호인에게 소환장을

29) 잘못된 견해.

송달하지 않고 공판을 개정했다고 하여 처음부터 변호권을 부당하게 제한한 것으로는 인정하기 어렵기 때문에 논지는 이유가 없는 것으로 한다.

동 제2점, 원판결은 이유 불비의 위법이 있다. 원판결은 피고인 등의 행위는 연속범에 해당한다는 취지로 판시했으며, 이 증거로 "범죄의도가 계속된 점은 판시 피고인 등이 단기간 내에 동종의 행위를 반복 거듭했던 사적(事蹟)에 비추어 명백하다"고 했다. 그러나 연속범의 요건으로 범죄의도의 계속이 필요하다는 것은 대심원 판례가 설명하는 바이다. 그리고 법이 연속범을 하나의 범죄로 처단하는 취지는 요컨대 범인의 결의가 하나라는 것이기 때문이다. 따라서 범죄의도의 계속이란 여러 개의 행위가 총괄적으로 예견되는 것을 말하는 것이라고 믿는다. 생각건대 여러 개의 행위가 총괄적으로 예견할 수 없는 경우에는 그것들은 하나의 결의에 의한 것이 아니다. 그렇다면 여러 개의 행위들이 연속범인지 아닌지 여부는 여러 개의 행위들이 처음부터 총괄적으로 예견되었을 경우에만 그러한 행위가 연속된 것이라고 할 수 있기 때문이다. 원심이, 피고들이 단기간 내에 동종 행위를 반복 거듭했다는 것을 가지고 즉각 피고들의 행위가 범죄의도의 계속이라고 단정한 것이 이유 불비의 위법이 아니면 심리 부진의 위법이기 때문에 원판결은 이 점에서 파기를 면할 수 없다고 믿는다.

그러나 피고인들의 본건 행위가 연속범인 것은 판시와 같이 피고인들이 단기간에 동종의 유괴 행위를 반복 거듭한 사적에 비추어 이를 충분히 짐작할 수 있고, 기록을 살펴도 이 점에 관한 원판결의 인정에 중대한 과오가 있다고 의심해야 할 아무런 사유도 없다. 따라서 원심이 피고인들의 행위에 대해 형법 제55조를 적용한 것은 합당하며 소론과 같이 이유 불비 또는 심리 부진의 위법이 있다고 말하기 어렵기 때문에 논지는 이유가 없다.

동 제3점, 원판결은 증거에 근거하지 않고 사실을 인정한 위법이 있다. 형사소송법 제336조에 사실의 인정은 증거에 근거한다고 되어있다. 범죄 사실은 말할 것도 없이 판결에 드러난 사실은 전부 어떠한 증거에 의해 인정되어야 한다는 것을 의미하는 것으로, 그 사실의 피고인의 특정에 관한 사실인 경우에도 똑같이 준수해야 한다. 원심 제3회 공판에서 공판 절차의 경신을 한 피고인 등은 성명, 연령, 직업, 주소, 본적 및 출생지를 대심원 제1회 공판 조서 기재와 똑같이 진술했다(기록 제2,495장). 따라서 피고인 하라다 하루키치는 주소는 나가사키시 마루야마쵸 ○○라고 진술했고 그 후에 피고인 하루키치의 주소를 변경한 어떠한 증거도 없다. 그런데 원판결이 피고인 하루키치의 주소를 나가사키시 모토후나쵸

[元船町] ○○○○라고 기재한 것은 증거에 근거하지 않고 사실을 인정한 것이 된다. 결국 원판결은 파기를 면할 수 없다.

그러나 피고인의 주소와 같은 것은 범죄 사실이 아니기 때문에 증거에 의해서 이것을 인정한 이유를 설명할 필요가 없을 뿐 아니라, 피고인 하루키치의 주소가 원판결 기재와 같이 된 것은 동 피고인이 원심에서 제출한 주소 변경 신고서에 비추어 명백하기 때문에 논지는 이유가 없다.

동 제4점, 기타 공동 피고인의 상고 이유를 이익에 원용(援用)한다고 하지만 본 논지가 이유 없다는 것은 다른 변호인의 상고 취의서에 대한 설명에 따라 이를 받아들여야 한다.

피고인 후지타 미노루, 후지타 미키의 변호인 노리모토 우타로[則元夘卯太郎]의 상고 취의서

1. 원심 재판소는 전기(前記) 피고 두 명에게 각각 제국 외 이송 유괴의 사실을 인정하여 피고 후지타 미노루에게 징역 2년 6개월, 또 피고 후지타 미키는 징역 2년에 처해야 한다고 판결했다. 그러나 전기 피고 두 명에 대해 각각 다음과 같이 형의 양정(量定)이 매우 부당하다고 판단할 현저한 사유가 있기에 합당한 재판이 아니었다.

2. 본건 피유괴자가 유괴 이송 당한 곳은 중화민국 상하이로, 동 지역이 제국 영토 외(外)인 것은 틀림없으나, 동 지역은 사법 관계에서도 동 지역의 예심을 거친 형사사건 및 민사 제2심 사건은 전부 나가사키 지방재판소 관할에 속하는 것으로 처리하고, 그밖에 지리 관계에서도 일의대수(一衣帶水)라 할 수 있듯이 1주일에 2번 연락선으로 불과 나가사키에서 도쿄까지 갈 시간에 도착하며, 특히 본 사건이 발생한 당시는 소위 상해사변 직후로 나가사키와의 교섭이 밀접하고, 또한 동 지역의 화류계는 나가사키 사투리 아니면 통하지 않는 실정이었다. 이것이 동 지역이 나가사키현 상하이라고 통칭되는 까닭이다. 따라서 나가사키현 사람으로 동 지역에 건너가는 자는 결코 외국에 양행(洋行)하는 것 같은 감정을 갖지 않았다. 본건 피유괴자들을 보아도 역시 마찬가지인 것은 본건 기록 중 그 진술을 보면 명백하다. 그렇다면 즉 형식은 국외 이송이기는 하지만, 그 실질은 오히려 국내 관계 사건으로 저단하는 것이 합당하다고 해야 한다.

3. 본건 피유괴자 중에는 예컨대 피해자12와 같은 자는 공원의 찻집에서 일하고 있었으며, 또 피해자9와 같은 자는 회사 사무원으로 근무하고 있었다. 양쪽 다 추업에 종사하지 않고 정조(貞操)를 지킬 수 있었던 것은 완전히 본건 피고 후지타 미노루의 처치에서 나온

것이다. 본건 기록들 중 관계자의 진술에 비추어 명백하다.

4. 본건 피유괴자는 상하이에서 해군 지정 위안소에서 봉공하여 추업에 종사시키는 것이 목적인데, 이것은 해군에서 군인 풍기의 유지상 오히려 증설을 권설한 것에 근거한 것이다. 따라서 상하이에 건너간 후 영업에 종사하기 전이나 영사관에서 또는 헌병대에서 종업자에게 추업 승낙의 유무를 묻게 되면, 피유괴자가 추업 종사 불승낙의 경우는 그 의사 표시를 할 수 있기 때문에, 즉 영사관 기타 유괴의 사실을 호소할 수 없는 외국에 이송당한 것과는 그 실정을 달리한다는 것도 역시 본건 기록상 명백하다.

5. 본건 피고 후지타 미노루와 후지타 미키는 부부이며 그 가정의 상황 역시 기록에 기재되어 있다.

6. 이러한 여러 관점에서 보면 본건 양 피고에 대한 원심 판결은 너무나 가혹하다고 사료되기 때문에 거듭 감형을 요청하는 바이다.

하지만 기록의 범죄 정황, 기타 제반 상황을 조사하고 이를 고려해도 피고인들에 대한 원판결의 과형이 매우 부당하다고 사료해야 할 현저한 사유가 없기 때문에 논지는 이유가 없는 것으로 한다.

피고인 무라카미 도미오 변호인 마쓰나가 아즈마[松永東], 아카이 유키오[赤井幸夫] 상고 취의서

제1점, 원판결의 사실 이유를 보면, 피고인 무라카미 도미오는 1930년(쇼와5) 11월경부터 중화민국 상하이에서 고용한 부녀를 동 지역 주둔의 제국 군인들을 고객으로 하여 추업에 종사시키고 있었다. 1932년(쇼와7) 1월 소위 상해사변 발발에 따라 다수의 제국 해군 군인들이 주둔하게 되자 해군 지정 위안소라는 이름 아래 종래의 영업을 확장하려고 하여 미리 지인인 망(亡) 갑에게 그 의도를 말하고, 동인의 소개로 동년[30] 3월 7, 8일경 상하이 문로(文路) 강성(江星) 여관에서 피고인 후지타 미노루, 오카자키 야스타로 두 명과 면담하여 위 기획을 상의하고, 이것에 찬동을 얻었다. 이에 피고인 도미오가 가옥 등 기타 설비를 제공하고, 갑 및 피고인 미노루 이 두 명이 해당 영업소에서 추업에 종사할 일본 부녀들을 일본 내지에서 고용하여 이송할 것을 담당하고, 피고인 야스타로가 고용자금을 제공할 것을 약속했다. 더불어 부녀를 고용할 때는 오로지 추업에 종사할 것이라는 것을 숨기고

---

30) 1932년.

단지 여급 또는 나카이로서 고용하는 것처럼 기망해서 권설, 유혹하여 상하이로 이송할 것을 모의했다. 갑이 즉시 이에 찬동했고, 또 야스타로 등이 취지에 따라 나가사키시의 피고인 야스타로의 처인 피고인 오카자키 유키노에게 위 협의 내용을 통지해 여성 고용 방법을 찾았고, 피고인 유키노는 그 취지를 피고인 미노루의 처인 피고인 후지타 미키와 피고인 나카타 조타로 두 명에게 알리고 동시에 피고인 미키와는 이 실행을 두 명이 분담해야 한다는 취지의 협의를 마쳤다. 이어서 피고인 조타로와는 야스타로 등과 협의하기 전에 전기 방법에 따라 부녀를 고용할 것을 모의했다. 나아가 동월[31] 14일 피고인 야스타로가 나가사키시에 돌아오자 즉시 동 시내에 있는 동인 집에 을과 피고인 미키를 초치하여 동인들과 피고인 유키노에게 전술한 상하이에서 협의한 결과를 알리고 부녀 이송을 재촉했다. 동인들도 이에 찬동한 후 피고인 유키노가 동년 3월 하순경 피고인 하라다 하루키치 원심 상(相)피고인 우에다 도라히사를 중개하여, 원심 상피고인 가와다 이치노스케 3명과 을 및 피고인 미키는 동월 14일경 피고인 마쓰시마 쇼지[松島章二]에게 각각 야스타로 등이 협의한 전기 방법에 따라 부녀를 유괴하여 상하이의 전시(前示) 위안소로 이송할 것을 알렸다. 피고인 하루키치, 쇼지 및 원심 상피고인 도라히사, 이치노스케는 전부 다 여기에 찬동해서, 제1이나 제7처럼 순차적으로 피해자1 이하 15명의 여성을 나가사키에서 승선시켜 유괴한 후 상하이에 상륙시킨 것을 가지고 동녀들을 제국 외로 이송한 것이라고 판시하고, 형법 제226조 제1, 2항,[32] 제55조,[33] 제60조[34] 등을 적용해서 유죄를 언도했다. 그러나 위 사실 이유에 따르면 상고인 무라카미 도미오는 상하이에서 판시의 영업을 하고 있었고, 일본 국내에서 여성을 고용할 것을 협의한 것뿐이며, 판시 부녀를 판시의 절차에 따라 상하이로 보내는 일체 사항에는 전혀 관여한 적이 없는 자이다. 즉 갑, 유키노, 미키, 기타의 자들이 순차로 서로 모의하고 판시와 같은 수단에 의해 판시 부녀를 상하이로 보냈던 사실에 대해서는 전혀 그 실행에 관여한 것이 없을 뿐만 아니라, 그 모든 것에 관해서 전혀 인식을 갖지 않은 자이다. 따라서 그를 그 공동 정범이라고 단정할 수는 없다.

---

31) 3월.

32) 제226조 제국 밖으로 이송할 목적으로 사람을 약취 또는 유괴한 자는 2년 이상의 유기징역에 처한다. 제국 밖으로 이송할 목적으로 사람을 매매하거나 또는 유괴 · 약취당하거나 혹은 매매당한 자를 제국 밖으로 이송한 자 역시 동일하다.

33) 제55조 연속하는 수개의 행위가 동일의 죄명에 저촉될 때에는 하나의 죄로 하여 이를 처단한다.

34) 제60조 2인 이상 공동으로 범죄를 실행한 자는 모두 정범(正犯)으로 한다.

더불어 기록을 보면 상고인은 당국의 인허를 받고 상하이에서 오랫동안 판시 영업을 경영하고 있었던 자들과 관계하여 동 지역의 정세가 더욱 그 확장이 필요하게 되었기 때문에 판시 갑들과 그 협의를 한 것에 불과하며, 그때 판시처럼 감언으로 부녀를 유괴하는 것도 모의한 일이 없다. 판시와 같은 수단으로 판시 부녀를 속이려고 한 일은 없다. 실제로 나가사키현에서 부녀의 고용에 종사하는 자들이 한 일이다. 따라서 원판결이 전시(前示)처럼 상고인 도미오에게도 판시 부녀 유괴 해외 이송 죄의 공동 정범이라고 하여 전시 법조항을 적용해서 유죄를 언도한 것은 사실의 오인이라 할 수 있는 현저한 사유가 있기 때문에 파기를 면치 못할 것이라 믿는다.

그러나 소론의 판시 사실은 원판결 거시(擧示)의 증거를 보면 긍정하기에 충분하고 기록을 살펴도 원심의 사실 인정에 중대한 오류가 있다고 의심해야 할 현저한 사유가 없을 뿐만 아니라, 대체로 국외 유괴죄는 제국 밖으로 이송할 목적으로 사람을 유괴함으로써 성립하며, 또 국외 이송죄는 피유괴자를 제국 밖으로 이송할 때 성립하는 것으로, 그 피유괴자가 몇 명인지는 굳이 묻지 않기 때문에, 적어도 제국 밖으로 이송할 목적으로 사람을 유괴하여 그 피유괴자를 제국 밖으로 이송하는 것을 모의한 이상, 여기에 참가한 자의 일부가 모의에 따라 피유괴자를 물색하여 이들을 유괴해서 국외로 이송하고, 그밖의 자는 그 실행 행위에 전혀 관여 하지 않았다고 할지라도, 그 실행 행위에 전혀 관여하지 않았던 자도 역시 이것에 의해 자기의 범죄의도를 실현시킨 결과가 되기 때문에, 국외 유괴 및 국외 이송죄의 공동 정범으로서의 형사책임을 지는 것은 당연한 일이라고 할 수밖에 없다.

따라서 본건에서 피고인 도미오가 상피고인들과 추업에 종사시키기 위해 부녀를 유괴해서 상하이로 이송할 것을 모의하고 그 결과 상피고인들이 나가사키 지방에서 피해자1 외 십여 명의 부녀를 유괴해 이들을 상하이로 이송한 것은 원판결이 인정한 바인 이상, 비록 피고인 도미오가 위 범죄의 실행 행위에 전혀 관여하지 않았다고 할지라도, 그 공동정범으로서의 죄책을 면할 수 없는 것은 당연하기에 원심이 그 판시하는 바 같은 의율(擬律)[35]에 의해 피고인들을 처단한 것은 합당하기 때문에 논지는 이유가 없는 것으로 한다.

---

35) 법원이 법규를 구체적인 사건에 적용하는 일.

동 제2점, 원판결은 그 증거 설명 중 오카자키 야스타로에 대한 제1회 예심 조서에 “저는 나가사키에 돌아가서 제 집에 을, 후지타의 처 미키를 불러 제 처 유키도 있는 자리에서 이번에 갑, 후지타 두 명이 상하이에 재주하고 있는 무라카미 도미오와 공동으로 해군 지정 위안 클럽을 경영하게 되었는데, 이 위안 클럽은 내지의 조로야(女郎屋)[36]와 마찬가지 일을 하는 것이라고 이야기하고, 거기에 보낼 여자를 알선해 달라고 말했다. 그때 저는 부녀를 고용하는 것은 여중(女中)으로 고용하는 것으로 한다고 이야기했으나, 위는 여자를 고용할 때 매음일로 상하이에 갈 것을 권유하는 것은 말하기 어렵다고 생각해, 또 여중으로 고용하는 편이 사람을 모으기 쉽다고 생각했기 때문인바”라는 기재가 있다고 설시(說示)했다. 그래서 동 예심 조서를 조사하니

“(전략)

(문) 위안 클럽의 내용을 털어 놓고 이야기해도 괜찮은가, 여자를 고용할 때 매음한다는 것을 말하지 않고 여중 혹은 여급이라고 하여 고용하는 것이 좋다고 한 것이 아닌가

(답) 저는 처 유키노에게 여자를 고용할 때에는 매음해야 한다는 것을 털어 놓고 고용하도록 명령했기 때문에 을과 후시타 미키에게도 동일하게 말했다고 생각합니다.

(문) 을과 후지타 미키는 경찰관의 취조에서 피고인이 상하이에서 돌아온 후 피고인 집에 불렀을 때, 피고인이 위안 클럽의 내용을 털어 놓은 후, 위안 클럽은 요리점이며 여자는 손님을 받아야 하는데, 여자를 고용할 때 그것을 말하면 지장이 있으니 그것은 말하지 말고 위안 클럽의 여중 또는 여급이라고 해서 알선해 달라고 말했다고 진술하고 있다. 그리고 고용되어서 간 여자들의 전차금이 소액인 점으로 보아 매음이라는 것을 숨겨, 여중 혹은 여급이라고 해서 여자를 고용하는 것이 좋겠다고 말한 것이 진실이 아닌가

(답) 을과 후지타 미키를 제 집에 불렀을 때, 여자를 고용할 때에는 여중으로 고용하도록 제가 말한 것은 틀림없습니다. 그 점은 확실히 기억하고 있습니다. 그러나 그것은 제 아내 유키노가 이전에 모기마치[茂木町]에서 간게쓰[觀月]라는 요리점을 하였을 때, 2층에 올라가 손님을 접대하는 여자도 여중으로 고용하고 있었기 때문에, 저는 여중도 작부와 같다고 여겨, 을들에게 여중이라고 해서 고용하는 것이 좋다고 했던 것입니다.

36) 기루(妓樓).

(문) 상하이에 가면 내지의 창기(娼妓)와 마찬가지로 추업에 종사하지 않으면 안 되는 것을 피고인은 확실하게 알고 있었으면서도 그 여자를 고용할 때 여중으로 해서 고용하는 것이 좋다고 말한 것은 어떠한 이유인가

(답) 여자를 고용할 때 너는 매음부로서 상하이에 가지 않겠느냐고 해서 권유하는 것은 말하기가 어렵다고 생각했기 때문에 여중으로 고용하는 것이 좋겠다고 말한 것입니다.

(문) 여중이라고 해서 고용하는 것이 사람을 모으기 쉽다고 생각한 것인가

(답) 결국 그러한 까닭입니다.

(문) 그렇다면 위안 클럽의 여중으로 고용되는 것으로 믿고 위안 클럽에 가는 것을 승낙한 여자들은 결국 속아서 상하이로 보내진 것이 아닌가

(답) 그렇게 됩니다. 그러나 마지막에 전차금을 빌려 주고 계약할 때에 위안 클럽의 내용을 털어놓고 가서는 매음을 할 것을 승낙한 자들만 고용해서 이송하고 있습니다." (기록 제1,254장 이하)

라는 문답이 기재되어 있다. 이것에 따르면 부녀를 고용할 때 매음부라는 것을 말하기 어려워 이전에 간게쓰라는 요리점에서 매음을 하는 창녀도 여중으로 부르고 있었기에 명칭만은 여중이라고 하라고 지시했다. 그러나 전차금을 주고 계약할 때는 적나라하게 그 실정을 설명해서 승낙을 얻은 자만을 이송했다고 말하고 있어 원판결에 설시(說示)한 것과 전혀 그 취지가 다르다. 그렇다면 원판결은 증거의 취지를 오인해서 이것을 단죄의 자료로 쓰는 위법이었다고 하지만, 피고인 오카자키 야스타로의 제1회 예심 조서를 보면 동 피고인은 소론 판시와 동일 취지의 진술을 한 것이 명료할 뿐만 아니라, 그 진술은 그밖의 진술 부분과 불가분의 관계에 있는 것으로 인정하기 어렵기 때문에, 원심이 판시하는 바와 같이 증거 설명을 하는 것은 합당하기에 소론처럼 위법이 있다고 말할 수 없기 때문에 논지는 이유가 없다.

동 제2점, 원판결은 상고인들의 소행을 제국 외 이송을 목적으로 여성을 유괴하고 또 이들을 제국 외로 이송했다고 하여 형법 제226조를 적용하여 처단했다. 그러나 당시 상하이는 우리 제국 군대가 주둔하고 우리 재판권 및 경찰권이 미치는 장소 즉 우리 주권이 미치는 장소이기 때문에 토지 그 자체는 중국에 속한다고 할지라도 그러한 장소에 사람

을 이송한 것은 형법 제226조의 소위 제국 외로 이송하는 것이라고 할 수 없다고 믿는다. 그렇다면 원판결은 부당하게 법률을 적용한 위법이라고 할 수 있다.

그러나 유괴죄에 대해 형법 제226조에 특별 규정이 만들어진 이유는 필경 국경을 달리하여 귀환이 쉽지 않은 타국에 피유괴자들을 이송하거나 또는 이송할 것을 목적으로 하는 것은 보통의 유괴 행위에 비하여 정상이 당연히 가볍지 않다는 것이다. 따라서 그 타국에 제국 군대의 주둔 여부와 우리 재판권 및 경찰권이 행해지는지 여부는 문제가 되지 않기 때문에, 피고인들이 지나(支那) 영토인 상하이로 이송할 목적을 가지고 여성을 유괴하고 이들을 동 지역에 이송한 것은 원판결 대로인 이상, 전기 법조를 적용하는 것은 당연하다. 따라서 원판결에는 소론과 같은 위법이 없기에 논지는 이유가 없다.

동 제4점, 원판결은 그 증거 설명 중 "피고인 후지타 미키에 대한 제2회 예심 심문조서 중 그 진술로 오카자키 야스타로가 귀국한 후 저와 을이 동인 집에 초청받아 야스타로에게 매음 일을 털어놓고 고용하면 100엔이 200엔이 되기 때문에 여급으로 고용하라는 이야기를 들었을 때, 저는 그렇게 합시다라고 답변했는데, 위 이야기를 듣고 그 일은 내 남편인 미노루와 의논해 온 것이라 생각했다. 운운"이라고 기재했다. 증인 을에 대한 예심 심문조서에 "야스타로는 저와 미키에게 자기는 후지타 미노루와 공동으로 제국 군인들을 상대로 여성에게 매음을 하게 하는 해군위안소를 경영하기 위해, 그곳에 여자들을 보내야 하니 알선해 달라, 위안소 접대 담당 여급으로 고용한다고 하고 매음 이야기는 안하는 것이 좋겠다고 말했다. 저는 매음을 하는 작부로 고용하면 돈도 들고 또 희망자도 적기 때문에 야스타로가 위와 같이 말한 것으로 생각했다. 또 동인이 매음 이야기는 여자에게 털어 놓지 않는 것이 좋다고 말한 것은, 동인 혼자의 생각이 아니라 상하이에서 후지타 등과 그렇게 의논한 것이라고 추정해서 운운"이라는 진술 기재가 있다고 설시했다. 그렇지만 위는 순전히 상피고인 또는 증인들의 상상의 진술로, 이것을 범죄사실 인정 자료로 할 수 있는 것이 아니다. 그렇다면 원판결은 이 점에서 채증(採證)의 법칙을 위배한 것이라 할 수 있다.

그러나 원판결이 증거로 원용한 피고인 후지타 미키와 을의 진술은 전부 다 단순한 상상의 진술이 아니라 자기와 관계된 당시 사정에 근거하여 고찰한 바를 이야기한 것이다. 진술 자체가 명료하기에 반드시 증거가 없다고 할 것은 아니다. 따라서 원심이 이를 채용해서 죄증(罪証)으로 하는 것은 합당하기 때문에 논지는 이유가 없는 것으로 한다.

동 제5점, 원판결은 그 증거 설명 중, 제1심 제2회 공판 조서에 피고인 마쓰시마 쇼지의 진술이라 하여 "저는 G의 알선으로 상하이의 해군 지정 위안소에 보내기 위해 피해자14, 피해자13 등을 고용하게 되었다는 취지의 기재 있음"이라고 설시하고 있다. 조서를 열람하니 이 점에 관해서는

"(문) ㉮, 피해자13을 고용할 때, 어떻게 말했느냐

(답) 미키가 이야기를 했고, 그 후 3월 말경 G에게 전화가 와서 동인과 만나 보니 ㉮, 피해자13, ㉯ 3명이 상하이로 가려고 마루야마쵸[丸山町]의 ㉰라는 사람 집에 있지만, ㉰가 돈이 안돼서 상하이 행이 취소되었던 듯하다. 당신이 상하이에서 여자가 필요하다고 하니 그들을 보내면 어떻겠냐고 하는 말이었기에, 그날 밤 G의 안내를 받아 ㉰의 집에 가서 여자와 만나 보니, 나이는 많고, 미인도 아니기 때문에 그때는 마음이 내키지 않아 그냥 돌아왔으나, G가 자꾸 부탁하기에 후지타의 부인에게 보아 달라고 하고 미키 집에 데려가 보여주었는데, 미키도 거절하는 것이 좋겠다고 말했다. 그러나 G는 피해자13 등은 아주 손님 접대를 잘 한다고 했다. 우리들이 젊은 여자는 없느냐고 물어도 상하이 주변에서 난폭한 군인을 상대한다면 젊은 사람은 다친다, 나한테 맡겨 달라고 하며 자꾸 권유하기에 결국 그 여자들을 고용하기로 했다. 본인에게도 먼저 손님을 받는다는 사실을 밝힌 후 승낙을 받고 수입에 대해서도 이익은 절반으로 나누는 것으로 하고 승낙을 받았던 것입니다.

(문) 피해자14와의 관계는 어떠했는가

(답) 동인은 ㉱의 집에 한 달에서 두 달 있었던 것 같고, 상당히 나이도 먹었으며, 미나미마쓰우라군[南松浦郡] 출신이고, 원래 손님을 받는 장사[37]를 했는데 그 사람도 같이 데리고 가지 않겠느냐는 이야기를 G가 했기 때문에, 저는 일단 그 여자와 만나 보자는 생각이 들어 G의 집에서 만나 보았더니 좋은 것 같아서, 본인에게 손님 받는 일을 털어놓고 수입은 이익의 절반이라고 말했더니 본인이 그것을 승낙했습니다."

라는 기재가 있다. 이것에 따르면 피해자13, 피해자14는 둘 다 상당히 나이가 있고 또 과

[37] 성매매.

거에 소위 손님 받는 장사를 해왔고, 상하이에서 하는 일이 어떤 일인지 알도록 한 후에 고용하게 되었다고 한 것은 명백하다. 그런데 원판결이 단지 위에서 설시한 바와 같이 진술 기재라고 해서 이를 본건 유괴죄의 증거로 삼는 것은 결국 증거의 취지를 변경해서 이를 단죄의 자료로 사용하는 위법이다.

그러나 제1심 제2회 공판 조서를 보니 피고인 마쓰시마 쇼지는 원판결이 동인의 진술로 적시(摘示)한 것과 동일한 취지의 진술을 한 것으로 인정된다. 또한 그 진술은 그밖의 진술과 반드시 분리해야 할 것이 아니기 때문에, 원판결이 논지 적록(摘錄)과 같이 증거 설명을 하는 것은 합당하며, 증거의 취지를 변경해서 단죄의 자료로 사용했다고 할 수 없기 때문에 논지는 이유가 없다.

동 제6점, 원판결은 그 법률 이유 중, "피고인들의 소행 중, 유괴는 형법 제226조 제1항, 제55조에 피유괴자 제국 외 이송은 동법 제226조 제2항, 제1항, 제55조에 각각 해당되는바 위는 수단과 결과의 관계에 있기 때문에 동법 제54조[38] 제1항 후단, 제10조[39]에 따라 범죄정황이 무거운 피유괴자 제국 외 이송 죄의 형에 따라…처단하여"라고 설시하고 있다. 그러나 제국 외로 이송할 목적을 가지고 사람을 약취 또는 유괴한 자, 그 피유괴 약취자를 제국 외로 이송한 경우에 그 후단의 소항은 그 전단의 소항의 당연한 결과로서 별도로 다른 죄를 구성하지 않는다. 타인의 물건을 절취한 자가 그 목적물을 처분하여도 별도로 횡령죄를 구성하지 않고 이를 딴 곳에 운반하여도 장물(贓物)죄를 구성하지 않은 것과 다르지 않다. 따라서 원판결이 전시와 같이 형법 제226조 제2항을 적용하여 처단한 것은 위법으로 파기해야 한다.

그러나 형법 제226조 제1항의 국외 유괴죄는 제국 외로 이송할 목적을 가지고 사람을

---

38) 제54조 1개의 행위가 수개의 죄명에 저촉 또는 범죄의 수단 혹은 결과인 행위가 다른 죄명에 저촉될 때에는 그 가장 중한 형으로 처단한다.
제49조 제2항의 규정은 전항의 경우에 이를 적용한다.

39) 제10조 주형의 경중은 전조 기재의 순서에 의한다. 단, 무기금고와 유기징역은 금고를 중한 것으로 하고 유기금고의 장기가 유기징역의 장기의 2배를 초과하는 때에는 금고를 중한 것으로 한다.
동종의 형은 장기의 긴 것 또는 다액의 많은 것을 중한 것으로 하고 장기 또는 다액이 동일한 것은 그 단기의 긴 것 또는 과액의 많은 것을 중한 것으로 한다.
2개 이상의 사형 또는 장기 혹은 다액 및 단기 혹은 과액의 동일한 동종의 형은 범정에 의해 그 경중을 정한다.

유괴함으로써 성립하며, 반드시 그 피유괴자를 제국 외로 이송하는 것을 필요로 하지 않는다. 또 동조 제2항의 국외 이송죄는 단지 동법 제224조[40] 내지 제226조 제1항의 피유괴자 또는 피해자를 제국 외로 이송함으로써 성립하며, 이송자 스스로 사람을 유괴하거나 또는 매매를 필요로 하지 않기 때문에, 양자는 각각 구성요건을 달리 하는 별개의 범죄다. 따라서 그 한쪽이 성립할 때에는 다른 쪽은 당연히 여기에 포함 또는 흡수되어 별도의 죄를 구성하지 않는다고 할 수 없다. 따라서 제국 외로 이송할 목적을 가지고 유괴한 자가 그 피유괴자를 제국 외로 이송했었을 때는 그 행위 중 유괴는 전시 제226조 제1항에, 이송은 동조 제2항에 각각 해당되며, 또 그 두 행위 사이에는 수단과 결과의 관계가 있기 때문에 동법 제54조 제1항 후단, 제10조를 적용하는 것으로 해석해야 한다. 원심이 그 판시하는 바와 같이 사건에 법규를 적용하여 피고인들을 처단한 것은 합당하다고 인정하기 때문에 논지는 이유가 없는 것으로 한다.

피고인 오카자키 야스타로, 오카자키 유키노 변호인 야마자키 사로쿠[山崎佐六]의 상고 취의서

제1점, 원판결은 피고인들이 공모하여 상하이 해군 지정 위안소에서 추업에 종사시킬 일본 여성들을 내지에서 고용할 것을 기도하고 또 여성을 고용할 때는 그것이 오직 추업에 종사할 것이라는 정보를 숨기고 단지 여급 또는 여중으로 고용하는 것처럼 기망하고 권유, 유혹하여 상하이로 이송시킬 것을 모의하고, 그 방침 아래 각자 분담해서 감언 또는 거짓말을 해서 피해자1 이하 15명의 여성을 유혹해서 상하이에 이송했다는 취지로 판시했다. 그렇지만 그 당시 상하이는 소위 상해사변 후로 다수의 해군 병사들이 주둔하여 경기가 매우 좋았는데 돈을 긁어모을 정도로 돈벌이가 된다고 소문이 퍼졌다(심문조서 13, 문답기록 2,422장 참조). 따라서 피해자들 모두 다 상하이행을 희망하고 있었다면 상하이행을 권유한 일에 대해서는 아무런 위법이 없고 다만 문제가 된다면 매음에 관한 것 한 가지다. 즉 피해자는 매음을 할 생각이 없고, 매음을 한다면 상하이행을 원하지 않았음에도 불구하고 추업을 안해도 돈벌이가 된다고 속여서 상하이행을 결의하도록 했다고 하는 사실이 사안의 골자를 이룬다. 따라서 피해자들은 피고인들이 그 직업은 해군 지정 위안소의 여중 또는 여급이라고 말했지만, 이것은 말을 꾸민 것에 지나지 않고 상하이에 가면

40) 제224조 미성년자를 약취 또는 유괴한 자는 3개월 이상 5년 이하의 징역에 처한다.

매음을 할 것이라는 것을 자기 경험 등에 의해 알고 있었던 경우, 또는 매음을 중요하게 생각하지 않고 그 여하는 결의에 영향을 주지 않은 경우에는 유괴죄를 구성하지 않는다는 것은 말할 필요도 없다. 게다가 유괴는 피해자의 하자(瑕疵) 있는 의사에 근거하여 이것을 자기 또는 제3자의 지배 안으로 옮기는 행위로, 그자의 진위에 반하는 경우에 성립된다. 이 경우는 조금도 그 진위에 반하는 것이 없다. 그리고 창기는 원래 요리점의 작부 또는 여중, 카페의 여급 등 그 명칭 여하를 불문하고 적어도 과거에 매음을 했고, 그 관행자로 보이는 자는 이 부류에 해당하며, 이들에 대해서는 유괴죄를 구성하지 않는다고 인정하는 것이 합당하다. 이 점에 관해 예심 종결 결정으로 원판시의 피해자와 함께 유괴당한 자로 인정된 V1, V2, V3의 각 본인 또는 그 부모 등의 진술은, 매음 경험자의 심리상태를 잘 알 수 있다. 따라서 이를 다음에 적기(摘記)하면

(1) 증인 V1 심문조서(기록 2,665매 이하)에는 저는 해군위안소의 작부로 고용되어 행선지에서는 손님을 받아야 된다고 생각하고 있었다.(5, 6, 7문답) 위안소가 손님을 받는 영업을 하고 있다는 이야기는 안 들었던 것 같고 해군 군인들이 와서 술을 마시거나 놀거나 하는 곳이라는 이야기는 들었다. 상대가 해군 군인이고 저는 250엔을 전차금으로 받았기 때문에 돈을 빌린 이상은 무언가 해서 갚아야 되고, 손님을 받아야 한다고 생각했다.(8문답) 수입은 4 대 6으로 내 몫은 4라고 들었다.(19문답) 21세부터 26세까지 사세보(佐世保)에서 창기를 하고 있었다(14문답)는 취지, 또 증인 U 심문조서(기록 2,379매 이하)에 V1은 내 차녀이고(2문답) V1은 어떤 약속으로 상하이에 가게 되었는가 모른다. 그러나 전에 창기를 하고 있었고 결국 창기 작부 가업(稼業)의 약속으로 전차금을 받은 것으로 생각하고 있었다. 그 외에 돈을 빌릴 방법이 없었다.(10문답) 어차피 더럽혀진 몸이기에 작부나 무언가 해서 돈을 빌릴 생각이었다는 취지(11문답)가 각각 기재되어 있다. 이것에 따르면 V1은 특히 추업을 할 것이라는 말은 없었으나 자기 경험상 당연히 이를 해야 할 것으로 예상했고 그의 아버지도 또한 스스로 그 교섭에 나서지 않았다 할지라도 딸의 과거 직업상 필연적으로 추업을 목적으로 한 것이라 추정했다. 이는 과거에 창기 가업을 한 자 및 그 근친자의 적나라한 고백으로 다른 창기 가업 기타 매음 상습자에게도 적용할 수 있는 것이다.

(2) V3에 관해서는 증인 W 심문조서(기록 2,217매 이하)에 증인은 V3의 양부(養父)다. (3문답) 동인은 나가사키현 기타타카키군[北高来郡] 유에[湯江]의 요리점에서 작부 일을 하고 있었

다.(4문답) 상하이에 가서 손님을 받는 매음을 해야 한다는 것은 마쓰시마에게도 후지타의 아내에게도 자세하게 들었다. V3는 손님을 받아 돈을 벌 수 있다는 이야기를 듣고, 그래서 원해서 갔다(8문답)는 기재가 있다. 이것 또한 과거에 작부 가업을 했던 동인의 심리상태를 고백한 것으로 일반 매음 관행자의 기질을 알 수 있다.

(3) V2에 관해서는 증인 X 심문조서(기록 2,166매 이하)에 저는 1934년(쇼와9) 3월경까지 구마모토테이[熊本亭]라는 요리점을 운영하고 있었고(2문답) 그 무렵 V2를 여중으로 고용하고 있었다.(3문답) V2는 스스로 상하이에 가고 싶다고 해서 부모도 승낙했다.(8문답) 후지타에는 하녀로도 작부로도 결정하지 않고 단지 창기를 하기에는 나이가 적기 때문에 나이가 될 때까지 일하겠다고 갔다.(11문답) 행선지가 요리점이라고 하니 언젠가 여자 장사가 호경기로 돈벌이가 된다는 식으로 부모도 딸도 생각한 것으로 안다.(15문답) 상하이에 가서 손님을 받아 매음을 해야 한다는 말은 듣지 못했으나, 수입은 전차금을 받고 가면 4 대 6으로 여자의 몫은 4이나 전차금 없이 가면 절반씩이라고 마쓰모토가 말했다. 따라서 그 이야기를 듣고 V2도 부모도 상하이에 가서 추업에 종사해야 한다는 것은 충분히 알았다고 생각한다.(18문답) V2는 현금은 1전도 빚지지 않았다는(13문답) 취지가 기재되어 있다. 이것에 따르면 V2와 그 부모 등은 매음을 해야 한다는 이야기를 듣지 못했으나 상하이에 가면 당연히 추업에 종사해야 한다고 각오하고 있었으며, 이것이 현재 거의 상식이라고 한다면 원판결의 소위 다른 피유괴자의 심리도 특별한 사정이 없는 한 동일하다고 할 수밖에 없다. 전기 3명은 예심 종결 결정에서는 피유괴자로 열기(列記)되었음에도 불구하고 원심과 제1심 판결에서 동인 등에 대한 유괴 사실을 인정하지 않았던 것은, 어쩌면 이들은 추업을 예상하거나 또는 여기에 무게를 두지 않고 매음의 여하는 상하이 도항의 결의에 영향을 주지 않는다고 인정한 결과다.

그렇다면 위 3명과 마찬가지의 경력 또는 환경에 있던 다른 도항자, 즉 판시의 소위 피유괴자에게도 그 논리를 적용해야 하는 것은 두말할 필요도 없다. 특히 피고와 및 상피고인 모두가 이구동성으로 피유괴자는 매음 경험자라는 취지로 주장한다. 본건에서는 그 사실의 유무를 심리 판단하는 것은 긴급한 것으로 누락해서는 안 된다. 그런데 원판결이 한마디도 이를 언급하지 않았던 것은 이유 불비의 위법이다. 더 나아가서 소위 피유괴자 개개인의 경력 환경 등에 대해 피해자 본인 또는 그 근친의 진술에 근거하여 조사하니 (가) 피해자2에 관해서는 동인 제1회 심문조서(기록 1,173매)에 저는 나가사키시 에노키즈마치[榎

津町] 요리점 하쓰노야[初之屋]에서 작부로 한 달 남짓 일하던 중에 1932년(쇼와7) 4월 3일경 아버지가 후지타의 처와 저의 상하이행 이야기를 결정했다고 한다.(7문답) 하쓰노야에서는 손님을 두 번 정도 받았다.(9문답) 또 K 조서(기록 2,090매)에 피해자2는 저의 장녀다.(2문답) 피해자2는 그 당시 나가사키시 에노키즈마치 요리점 하쓰노이에[初之家[41])에서 전차금 50엔을 받고 작부로 일하고 있었는데, 상하이에 군대 위안소가 생겨 한 달에 2, 30엔이나 50엔을 벌 수 있다기에 '아메리카'에 가겠느냐는 말을 듣고 피해자2를 설득하여 금 150엔을 후지타에게 빌려서 상하이로 보냈다.(3문답) 위 위안소는 추업을 하는 곳이라는 것은 듣지 않았으나 손님에 따라서 돈에 따라서는 매음을 해서 돈벌이를 하는 일도 있을 것이라고 추측했다.(11문답) 수입의 분배는 5 대 5로 나눈다는 이야기로, 손님에게 받는 팁이나 또 상대에 따라 돈을 벌 수도 있다고 생각하여, 손님을 받는 일이 있으면 그 돈을 나누는 정도로 생각하고 있었다.(9, 10문답) 돈벌이를 위해서는 손님을 받는 일도 있겠다고 생각하고 있었기 때문에 저는 전혀 속아서 딸을 보냈다는 마음은 없다(16문답)라는 각 진술 기재가 있기 때문에 동인의 당시의 친권자인 K가 추업을 알면서도 위 위안소에 보냈던 것은 매우 명백하다. (나) 피해자5 (다) 피해자4의 두 명에 관해서는 그 친아버지인 B 심문조서(기록 1,827매 이하)에 명기된 바 같이 피해자5는 전차금 550엔, 피해사4는 동 450엔을 받고 동시에 사세보 고텐쵸[高天町]의 요리점에 작부로서 고용되어 추업에 종사했고 그 후 피해자5는 나가사키시 오하토[大波止]의 카페 여급으로 전직하여 함께 일하고 있었는데(4문답 참조) 상하이에 돈벌이가 있다고 듣고 두 명분으로 410엔을 오카자키에게 빌려서 상하이로 건너 간 것으로, 그 아버지 B는 수입을 절반으로 나누는 것까지 협의했으니(위 20문답) 그 표면은 어쨌든 내심으로는 추업에 종사해야 할 것을 인식하고 상하이로 건너 간 것은 분명하다. 적어도 추업의 유무는 그 결의에 영향을 미치지 않았다는 것은 두말할 필요도 없다. (라) 피해자6 본인은 F의 차녀로 과거에 오사카에서 금 800엔 전차금으로 창기 가업에 종사했다.(B 심문조서 중 F의 진술 기록 1,853매 참조) 상하이 도항 당시는 나가사키시 오하토의 카페에서 일하고 있었고(F 심문조서 기록 1,813매 5문답 참조) 상하이에 돈벌이가 되는 일이 있다고 듣고 150엔 전차금을 받고 동 지역에 건너 간 것으로(동 7, 8문답) 매음 상습자이기 때문에 그 여하는 상하이 도항에 아무런 영향을 주지 않았던 것은 두말할 것도 없다. 친아

[41] 初之屋의 오자로 추측됨.

버지가 그 후 1932년(쇼와7) 10월에 제3녀를 상하이로 보냈던 사실에 비추어 볼 때, 그 아버지도 역시 매음을 중요시하지 않았던 것은 명백하다.(동 23문답 참조) (마) 피해자15 본인은 동인에 대한 영사의 심문조서(기록 2,657매)에 기재되어 있듯이 19세부터 20세 무렵까지 나가사키에서, 21세부터 23세까지 사세보에서 창기 가업을 한 자이기 때문에 동인에게 매음은 문제가 되지 않았다. (바) 피해자13 동인 심문조서 5문답(기록 3,104매)에 있듯이 1928년(쇼와3)부터 3년 동안 나가사키시 이즈모마치[出雲町]의 유곽에서 창기 가업에 종사한 경험이 있는 자이기에 상하이에 가면 매음을 해야 할 것은 예상하고 있었던 자이다. 따라서 원심에서 상피고인 마쓰시마 쇼지의 "피해자13은 '루데삿크(roedezak)'[42]나 종이는 여자 부담이니 약방에서 삿쿠를 대량 구입해서"라는 진술에 비추어 볼 때, 그 관계가 한층 명백해진다. (사) 피해자3은 요리점의 여중(A 조서 5문답 기록 2,038매) (아) 피해자7은 요리점 반자이테이[萬歲亭]의 여중(『친아버지S』 卷 5문답 기록 2,009매) (자) 피해자8은 '카페 쟝그'의 여급(피해자8 제1회 심문조서 5문답 기록 1,215매)을 하고 있었던 자로, 요리점의 여중, 카페의 여급도 실질적으로는 작부와 다른 점이 없다면 앞과 마찬가지로 논할 수 있다. 이상 9명은 추업의 경험이 있고 전기 V1, V2, V3과 동일한 경력, 동일한 환경에 있던 자라고 하면 원심과 제1심이 3명에 대한 범죄를 인정하지 않은 것과 동일 정신을 가지고 이들에 대해서도 유괴가 성립하지 않다고 하는 것이 합당하다. 게다가 9명은 원래 추업자로 내지에서도 외국에서도 똑같이 여기에 종사할 운명이었던 자이기에 추업에 대한 혐오가 없고, 따라서 판시처럼 피고인들이 추업에 종사할 것이라는 정보를 숨겼는지 여부에 따라 도항 결의에 영향을 받지 않는 자들이다. 그들은 자기 경험상 상하이에 가서 하는 돈벌이는 결국 추업을 뜻한다는 것을 당연히 알고 있었던 것으로 인정해야 한다. 그런데 원판결은 이러한 사정에 대해서는 아무런 심리 판단을 하지 않고, 추업자로 여겨지는 9명에 대해서도 일반인과 똑같이 유괴죄를 인정한 것은 전술한 바와 같이 이유 불비의 위법이자 중대한 사실 오인이 있는 것으로 의심하기에 충분한 현저한 사유가 있는 것이기에, 원판결은 당연히 파기되어야 할 것이다.

그러나 소론 판시 사실의 증명이 충분하며, 원판결에 중대한 사실의 오인이 있다는 것을 의심해야 할 현저한 사유가 없는 것은 마쓰나가, 아카이 양 변호인의 상고 취의서에

---

42) 콘돔.

대한 설명뿐만 아니라, 피고인들이 소론 판시처럼 부녀를 기망, 유혹해서 이들을 상하이로 도항시킨 사실이 있는 이상, 유괴죄 성립이라고 단정하는 것은 당연하다. 원심이 동일 판정을 한 것은 합당하며 이유 불비의 위법이 있다고 인정하기 어렵기 때문에 논지는 이유가 없다.

동 제2점, 원판결은 판시 제2 사실의 증거로 "증인 A에 대한 예심 심문조서 중 그 진술로 피해자3은 저의 차녀인데 1932년(쇼와7) 5월경 을과 저희 집에 와서 후지타가 상하이에서 군대의 오락소 같은 것을 시작했는데 그곳은 술이나 맥주를 파는 군대의 주보(酒保)[43]와 같은 곳으로 내지의 여자가 없기 때문에 그곳에서 물건을 파는 일을 할 사람으로 딸 피해자3을 보내면 어떠냐, 술이나 맥주가 비싸게 팔리는데 그 수입을 배분해 준다, 내지의 3년 몫이나 5년 몫은 1년에 벌 수 있다고 말했다. 딸 피해자3에게 그 취지를 전달했더니 딸은 상하이행을 승낙했다. 을은 상하이에서 딸이 추업에 종사해야 한다는 것은 한마디도 말 안했기 때문에 저도 피해자3도 아래와 같은 내용은 몰랐다. 운운 기재"라고 설명했다. 그러나 동 예심조서를 보면

> "(문) 상하이에 가면 손님을 받는 추업에 종사해야 한다는 것은 못들었는가.
> (답) 을은 그러한 것은 한 번도 말하지 않았습니다. 그래서 상하이에 가서 손님을 받는 추업을 해야 한다는 것은 저도 피해자3도 몰랐습니다. 다만 저는 군대의 오락소라고 하면 혹은 추업을 하라고 하는 것은 아닐까 하는 의심을 품었지만 특별히 묻지 않았습니다." (기록 2,042장)

라는 진술 기재가 있다. 이것(조서)에 따르면 을은 추업에 종사해야 한다는 것은 한마디도 듣지 못했으나 자기는 군대의 오락소라고 하면 혹시 추업을 해야 하지 않을까 하는 의심을 품었다고 말하고 있다. 원판결의 적시처럼 상하이에서 추업에 종사해야 할 것은 몰랐다는 진술 기재는 없다. 그리고 위 증인은 판시 을의 권유에 따라서 딸 피해자3을 상하이에 보낼 때, 상하이에서 추업에 종사시키는 것이 아니냐는 의심을 품으면서 피해자3을 봉공을 위해 상하이에 보냈던 것이라면, 피고인들의 행위는 유괴죄를 구성하지 않는다. 이

43) 물품판매소.

점은 본건 범죄의 성립 여부에 관한 중요한 사실이다. 그렇다면 원판결은 의미없는 증거를 단죄의 자료로 한 위법이고 더불어 중대한 사실의 오인이 있다고 의심하기에 충분한 현저한 사유가 있기에 파기해야 한다.

동 제3점, 원판결은 제3 사실의 증거로 "피고인 나카타 조타로에 대한 제1회 예심 심문조서 중 그 진술로서…저는 피해자5, 피해자6의 두 명에게는 상하이에 가서 매음을 한다는 것은 말하지 않고, 여급 또는 나카이와 같은 일을 해야 할 것이라고 말하고 권유했다는 취지 기재"라고 설시했다. 그런데 동 예심 조서를 보면 "22(문) 위 여자들에게는 어떻게 말을 해서 상하이행을 권유했는가. (답) B의 딸도 F의 딸도 전에 매음 가업을 하고 있었던 자이지만 체면을 살리기 위하여 매음이라고 말하지 않고, 상하이에 가면 여급 또는 나카이 같은 일을 해야 한다고 말해서 권유했습니다."(기록 992장 뒤)라는 진술 기재가 있다. 이것에 따르면 피고인 나카타는 피해자5, 피해자6은 전에 매음 가업을 했던 자이기 때문에 동인들에게는 매음 운운이라고 말하지 않아도, 여급 또는 나카이와 같은 일이라고 말해도 잘 알아듣기 때문에 체면을 살려 여급 또는 나카이와 같은 일이라고 말했던 것이다. 원판결 적시와 그 취지가 크게 다른데, 그렇다면 원판결은 이 점에서 증거의 취지를 변경해서 죄증(罪証)으로 했던 것으로 채증의 법칙에 위배되어 파기를 면치 못할 것이다.

그러나 증인 A와 피고인 나카타 조타로에 대한 소론의 각 예심 조서를 보면, 동인들은 전부 원판결이 증거로 적시했던 것과 같은 취지의 진술을 한 것이 명료할 뿐만 아니라, 이들의 진술은 그밖의 진술과 분리할 수 없는 관계에 있는 것이 아니기 때문에, 원심의 판시와 같이 증거 설명을 하는 것이 합당하다면, 소론과 같이 의미 없는 증거를 단죄의 자료로 하거나 증거의 취지를 변경해서 죄증으로 하는 것이라고 할 수 없다. 더구나 소론의 각 판시 사실의 증명은 충분하며 이러한 점에 관한 원판결의 인정에 중대한 오류가 있다고 의심해야 할 현저한 사유가 없다는 것은 마쓰나가, 아카이 양 변호인의 상고 취의서에 대한 설명과 같다. 따라서 논지는 전부 이유가 없는 것으로 한다.

동 제4점, 원판결은 그 사실 이유에서 "피고인 무라카미 도미오는 1930년(쇼와5) 11월 무렵부터 중화민국 상하이에서 고용한 부녀를 동 지역 주둔의 제국 해군 군인들을 고객으로 한 추업에 종사시키고 있었는데, 1932년(쇼와7) 1월 소위 상해사변 발발에 의해 다수의 제국 해군 군인들이 주둔하는 것을 보고, 해군 지정 위안소라는 명칭 아래 종래의 영업을 확장하려고 하여, 지인이었던 망(亡) 갑에게 해당 의도를 말하고 동인의 소개로 동 년 3월 7, 8일경 상하이 문로 강성여관에서 피고인 후지타 미노루, 오카자키 야스타로 두 명과 면담하고 위 기도를 상의하고 찬동을 얻었다. 이에 피고인 도미오가 가옥 기타 설비를 제공하고, 갑과 피고인 미노루 두 명이 해당 영업소에서 추업에 종사할 일본 부녀를 일본 내지에서 고용하여 이송하는 것을 담당하고, 피고인 야스타로가 이 고용자금을 제공할 것을 약속함과 더불어 부녀를 고용할 때는 오로지 추업에 종사하게 된다는 것을 숨기고 단지 여급 또는 여중으로 고용하는 것처럼 기망해서 권설, 유혹하여 상하이로 이송할 것을 모의했다. 갑도 즉각 이에 찬동함과 함께 야스타로 등의 취지를 받아들여 나가사키시의 피고인 야스타로의 처인 오카자키 유키노에게 위 협의 내용을 통지해서 여성의 고용을 요구해,… 피고인 유키노는 동년 3월 하순경 피고인 하라다 하루키치…에게 야스타로 등과 협의한 전기 방법에 따라 부녀를 유괴하여 상하이의 전시(前示) 위안소로 이송하는 것을 상의했는데, 피고인 하루키치는 이에 찬동하여…제4 피고인 미노루 등 6명 및 피고인 하루키치는 공모하고, 하루키치가 동년 4월 초경 동시(同市) 아타고마치[愛宕町] 피해자8 집에서 동녀에게 행선지는 해군위안소이며 수병 또는 사관 등을 상대로 한 '카페'인데 수입은 한 달 7, 80엔으로, 1년 정도 있었는데 집을 지은 사람도 있기 때문에 상하이에 가면 어떠냐고 거짓말과 감언으로 권유하여 동녀가 그 취지를 잘못 믿고 혹하여"라고 인정했다. 이 인정에 따라 피고인 유키노는 피고인 하루키치에게 부녀를 고용할 때는 오로지 추업에 종사할 것이라는 정보를 숨기고 단지 여급 또는 여중으로 고용하는 것처럼 기망하라고 자문했는데 피고인 하루키치는 이에 찬동했다. 그런데 그 증거 설명의 부(部)에는 "16피고인 오카자키(하라다) 하루키치에 대한 제1회 예비 심문조서 중 그 진술로, 저는 오카자키 야스타로의 조카인데 1932년(쇼와7) 3월 중순경 Z의 아들, 오카자키의 아들과 상하이를 구경하러 갈 때, 오카자키 유키노의 의뢰에 의해 상하이의 해군위안소로 가는 부녀 3명을 같은 배로 상하이로 데리고 갔다는 취지의 기재", "17피고인 오카자키 유키노에 대한 제6회 예비 심문조서 중, 오카자키(하라다) 하루키치의 진술로, 저는 후지타, 오카자키의 아들 두 명을 데리고 상하이에 가서 동 지역에 체재중인 오카자키 유키노를 (만나러) 여관으로 찾아갔었을 때, 동인에게 해군위안소가 손님을 받아 매음을 하는 곳이라는 것을 알았다. 제가 피해자8을 알선한 것은 그 후의 일이라는 취지의 진술", "18피고인 오카자키(하라다)

하루키치에 대한 제3회 예비 심문조서 중 그 진술로, 저는 후지타와 오카자키의 아들 두 명을 데리고 상하이에 갔었을 때, 동 지역의 해군위안소는 무라카미 도미오가 영업주이고 후지타와 갑 두 명은 이곳에 부녀를 고용해서 추업부 영업을 한다는 것과 오카자키 야스타로는 후지타와 갑의 부녀 고용 자금을 내고 있다는 것을 알았다. 또 저는 상하이에서 오카자키 유키노와 만났을 때, 자기가 피해자8을 알선중이라는 것을 이야기했는데 유키노는 본인이 간다고 하면 고용해도 좋다고 말했다는 취지의 기재"라고 설명한 것뿐으로, 피고인 유키노는 피고인 하루키치에게 여성을 고용할 때는 오로지 추업에 종사할 것이라는 것을 숨기고 단지 여급 또는 여중으로 고용하는 것처럼 기망하라고 자문하고, 피고인 하루키치는 여기에 찬동해서 공모하고 판시 행위를 했다는 증거는 조금도 이를 거시할 것이 없다. 그렇다면 원판결은 증거에 근거하지 않고 사실을 인정한 위법임과 동시에 중대한 사실의 오인이 있다고 의심하기에 충분한, 현저한 사유가 있는 것으로 파기해야 할 것이다.

동 제5점, 원판결은 피고인들은 판시 제1 내지 제6 적기의 부녀에게 상하이에서 오로지 추업에 종사할 것이라는 정보를 숨겨, 단지 여급 또는 여중으로 고용할 것처럼 기망하고 권설, 유혹했다고 인정했으나, 원판결 인정 자체에서 판시의 여성에 대하여 (1) 상하이에 가서 해군 군인을 상대로 하는 여급 또는 나카이 같은 일이라는 취지, (2) 팁에 의한 수입은 2, 30엔 내지 7, 80엔이라고 말했는데 이 신청 자체로 위 여성들은 추업에 종사해야 할 것을 찰지(察知)할 수 있었기에 피고인 야스타로, 유키노가 여급 또는 여중이라고 말한 것은, 여성들에게 매음하러 가겠냐고 말할 수 없기 때문에 여급 또는 여중이라는 말을 사용했지만, 여급이라 하던 여중이라 하던 내지에서의 작부라는 의미로 알고 있었다. 각 진술과 판시 부녀 또는 그 부모 형제도 추업에 종사할 것을 찰지하면서 상하이행을 승낙한 것이라는 것은 기록상 분명한 사실이다. 또한 피고인 야스타로는 을과 후지타 미키 등에게 추업에 종사할 것을 털어 놓고 그 승낙을 얻은 뒤, 고용하라고 명했다는 전게(前揭) 예심에서의 진술 등을 참작하면 피고인 야스타로, 유키노에게는 부녀 유괴의 범죄 의도가 없다는 것이 명백하다. 따라서 원판결에서는 야스타로, 유키노에게 무죄를 언도했어야 했다. 그런데 그렇지 아니하고 피고인 두 명의 동 죄를 물은 것은 중대한 사실의 오인이 있다는 것을 의심하기에 충분한, 현저한 사유가 있기에 파기해야 한다.

그러나 소론의 각 판시 사실의 증명이 충분하여 원판결에 중대한 사실의 오인이 있다고 의심해야 할 현저한 사유가 없다는 것은 이것 또한 마쓰나가, 아카이 양 변호인의 상고 취의서에 대한 설명과 같다. 따라서 원판결에 소론과 같이 위법이 있다고는 인정하기 어렵기 때문에, 논지는 전부 이유가 없는 것으로 한다.

동 제6점, 가령 피고인들의 행위가 국외 이송 유괴죄를 구성하는 것이라고 해도 피고인 야스타로는 1900년(메이지33) 구타 창상(創傷)죄로 중금고 1개월 처분을 받은 뒤에는 오로지 근신하며 가업에 정려(精勵)하여 수만의 재산을 쌓아 올려 향토 사람들의 신용을 얻어 나가사키 시의회 의원에 선거로 뽑혔고, 현재 시참사(市參事)회원의 직책을 맡고 있으며, 수십 년 동안 아무런 범행을 저지른 일이 없고, 본건도 그의 조카 갑과 후지타 미노루의 의뢰를 받아 단지 출금을 승낙한 것에 지나지 않는다. 또한 사안 그 자체도 상해사변에 의해 다수의 군대가 주둔하자 군부 측으로부터 가업(稼業) 여성 포섭을 종용받아(상하이 총영사관으로부터 예심 판사 앞 서면 기록 3,007매 참조) 거기에 급하게 대응하기 위하여 포섭 방법에 심리를 결여한 결과 야기된 것으로 인정할 만하기에 사정을 작량(酌量)해야 할 것이다. 피고인 유키노도 역시 그의 조카 갑의 서면에 의해 본건에 관여한 것에 지나지 않는데, 이 역시 사정을 작량해야 할 것이다. 게다가 피고인들은 본건 범행 후에는 부덕의 결과 본건에 연좌된 것을 뉘우치고 오로지 근신하고 있어서 개전의 정이 현저할 뿐만 아니라, 오랜 기간의 미결 구류는 심신이 모두 매우 고통을 받아, 특히 피고인 유키노의 경우에는 이 때문에 병을 앓게 된 정도(건강상태 보고서 기록 3,131매, 진단서 기록 3,132매 참조)이기에 형벌의 목적은 이미 달성된 것이라고 해야 하며, 원판결에서는 피고인 두 명에 대해 집행을 유예하여 그러한 범행을 다시 저지르지 않도록 그 장래를 훈계하는 것이 합당하다. 이것에서 벗어나는 것은 과형이 지나치게 무거운 것으로 사료해야 할 현저한 사유가 있는 것으로 파기해야 할 것이다.

그러나 기록을 정밀하게 조사하고 범죄 정황 기타 제반 사정을 고찰하면 피고인들에 대한 원판결의 양형이 지나치게 부당하다고 사료해야 할 현저한 사유가 없기 때문에 논지는 이유가 없다.

동 제7점, 상피고 변호인의 상고 논지를 원용한다고 해도 본 논지가 이유 없다는 것은 다른 상피고 변호인의 상고 취의서에 대한 설명에 따라 이를 받아들여야 한다.

피고인 무라카미 도미오 변호인 마쓰나가 아즈마의 상고 취의서

제1점, 원판결은 그 의율(擬律)에서 피고인의 소행 중 유괴 건은 형법 제226조 제1항에, 피유괴자 제국 외 이송 건은 동법 제226조 제2항, 제1항에 각각 해당되는 것으로 보고, 위는 수단과 결과의 관계이기 때문에 동법 제54조 제1항 후단에 의거해야 할 것으로 봤다. 그렇지만 형법 제226조 제2항 후단의 피유괴자 국외 이송죄는 유괴자 이외의 자가 유괴 약취 당한 자를, 그 유괴 약취 당한 사정을 알고 게다가 이를 국외로 이송함으로써 성립하는 것으로, 범인이 유괴 약취자 이외의 자인 것을 그 요건으로 한다. 요컨대 형법 제226조에서 제1항에 제국 외로 이송할 목적으로 사람을 약취 또는 유괴한 죄를 규정하고 나아가 제2항 후단에서 피유괴자를 제국 외로 이송하는 죄를 규정해서, 특별히 양자를 구별하고 있는 것은 양자가 그 주체를 달리하는 것을 예상한 것으로, 동일인이 사람을 제국 외로 이송할 목적으로 사람을 유괴 약취하거나 또는 이를 제국 외로 이송하는 것은 피유괴자 국외 이송죄의 하나의 죄를 구성할 뿐으로, 별도로 제1항의 유괴 약취죄로 입건 가능 여부를 검토할 필요가 없다(고이즈미 에이이치[小泉英一], 일본 형법론, 217쪽). 예를 들면, 불법으로 사람을 체포한 목적으로 폭행을 하고 체포하면 그 소행은 불법체포죄라는 하나의 죄를 구성하는데 그친다. 그 폭행은 위 불법체포죄에 결합되어 따로 폭행죄를 구성하지 않는 것과 같다. 또한 이를 일면에서 보면 이미 사람을 유괴 약취하여 제1항의 죄를 범한 자는 피유괴자를 이미 사실상 지배하는 자로, 이송과 같은 일은 단지 그 지배를 실행하는 행위 즉 유괴와 약취죄의 관념 속에 포함되는 행위로 해석해야 한다(오바 시게마[大場茂馬], 형법각론 상권, 310쪽 이하). 법원 판례에 따르면 일단 약취 또는 유괴한 후 그 소재를 옮겨도 별도로 다른 죄를 구성하지 않는다는 취지로 판시되었다(1929년(쇼와4), 688쪽). 이렇게 해석하면 피고인의 소행에 대해서는 형법 제226조 제1항만을 적용해야 하며, 별도로 제2항을 가지고 입건 가능 여부를 검토하는 것은 잘못이다. 어쨌든 위 소행은 형법 제226조 제1항 또는 동법 제226조 제2항 후단의 어느 쪽인가 한 쪽만의 범죄를 구성해야 하는 것으로, 이것에 대하여 위 두 개의 항을 적용해서 두 개의 범죄가 있다고 하여 이를 견련(牽連)[44]

[44] 범죄의 수단 또는 결과가 되는 행위가 다른 죄명에도 해당되는 경우.

범으로서 형법 제54조 제1항 후단을 가지고 의율(擬律)하는 것은 법의 취지에 반하는 위법으로, 원판결은 이 점에서 중대한 의율의 착오가 있어 파기를 면할 수 없다.

그러나 본 논지의 이유가 없다는 것은 마쓰나가, 아카이 두 변호인의 상고취의서 제6점에 대한 설명에 따라 이를 받아들여야 한다.

동 제2점, 또한 만약에 피고인 소행이 형법 제226조 제1항 및 동법 제226조 제2항에 각각 해당한다고 하면, 동법 제54조 제1항 후단, 제10조에 따라서 형의 경중을 정해야 하는 것은 실로 원판결이 말하는 바와 같다고 할지라도, 형법 제10조를 적용해서 형법 제226조 제1항의 형과 제2항의 형을 비교하면, 제2항 피유괴자 제국 외 이송이 범정(犯情)[45]이 무겁다고 하지만 왜 제2항의 피유괴자 국외 이송죄가 제1항의 유괴죄보다 무거운지 해석할 수 없다. 원판결은 전혀 이 점을 설명하지 않고 있다. 요컨대 양자의 범정의 경중을 비교하는 데는 형법의 규정 자체에 의해서 추상적으로 이를 구성하거나 혹은 구체적 사안에 따라 그 어느 쪽의 범정이 무거운가를 비교하는 두 가지 방법이 있다. 그런데 이 두 가지가 전부라고 할지라도 그 어느 쪽 중 하나를 택해야 할지는 의문이다. 더구나 원판결 문언(文言)을 보면 그 어느 쪽 방법을 택한 것인지가 분명치 않고 이를 규지(窺知)[46]할 방법도 없지만 만약에 위 첫째 방법을 선택하여 추상적으로 법규 자체를 비교했다고 하면, 전현(前顯) 법조 제2항을 가지고 동조 제1항보다 범정이 무겁다고 할 이론적 근거를 찾을 수 없다. 또한 위 둘째 방법을 선택하여 본건의 구체적 사안에 대하여 범정의 경중을 비교했다고 하면, 피고인의 피유괴자 국외 이송의 소행이 왜 유괴의 소행보다 범정이 무겁다고 하는 지를 밝히지 못할 뿐만 아니라, 모든 기록에 비추어도 그러한 견해가 나오는 이유를 찾을 수 없다. 이 점에서 원판결은 이유 불비가 있거나 또는 그 보여주어야 할 판단을 유탈(遺脫)한 것이라고 해야 하며, 파기를 면치 못한다.

그러나 원판결은 피고인의 소행 중 국외 유괴 건과 국외 이송 건을 범정상 비교 관찰하여 후자를 더 무겁다고 인정한 취지라는 것은 판결문에도 명백하게 드러나며, 이러한 경우에 어떠한 이유에서 이송의 건을 무겁다고 인정했는가는, 이것을 판결문에 명시할 필요가 없기 때문에 원판결에는 소론과 같이 위법인 것이 없고 논지는 이유가 없는 것으로 한다.

동 제3점, 상변호인의 상고 취의서는 이에 이것을 전부 원용한다고 하지만 본 논지가

---

45) 범죄의 정황.

46) 엿보아 알다.

이유가 없는 것은 다른 변호인의 상고 취의서에 대한 설명에 따라 이를 받아들여야 한다.

이상의 이유에 의해 형사 소송법 제446조에 따라서 주문과 같이 판결한다.

검사 도쿠에 하루노스케[德江治之助] 관여

1937년(쇼와12) 3월 5일

대심원 제4형사부

재판장 판사 우노 요자부로[宇野要三郞]

판사 누마 요시오[沼義雄]

판사 고마다 시게요시[駒田重義]

판사 요시다 쓰네지로[吉田常次郞]

판사 가와 간노스케[川寬之助]

위 등본임.

1937년(쇼와12) 3월 5일

대심원 제4형사부

재판소 서기 네기시 가메타로[根岸亀太郞] 직인

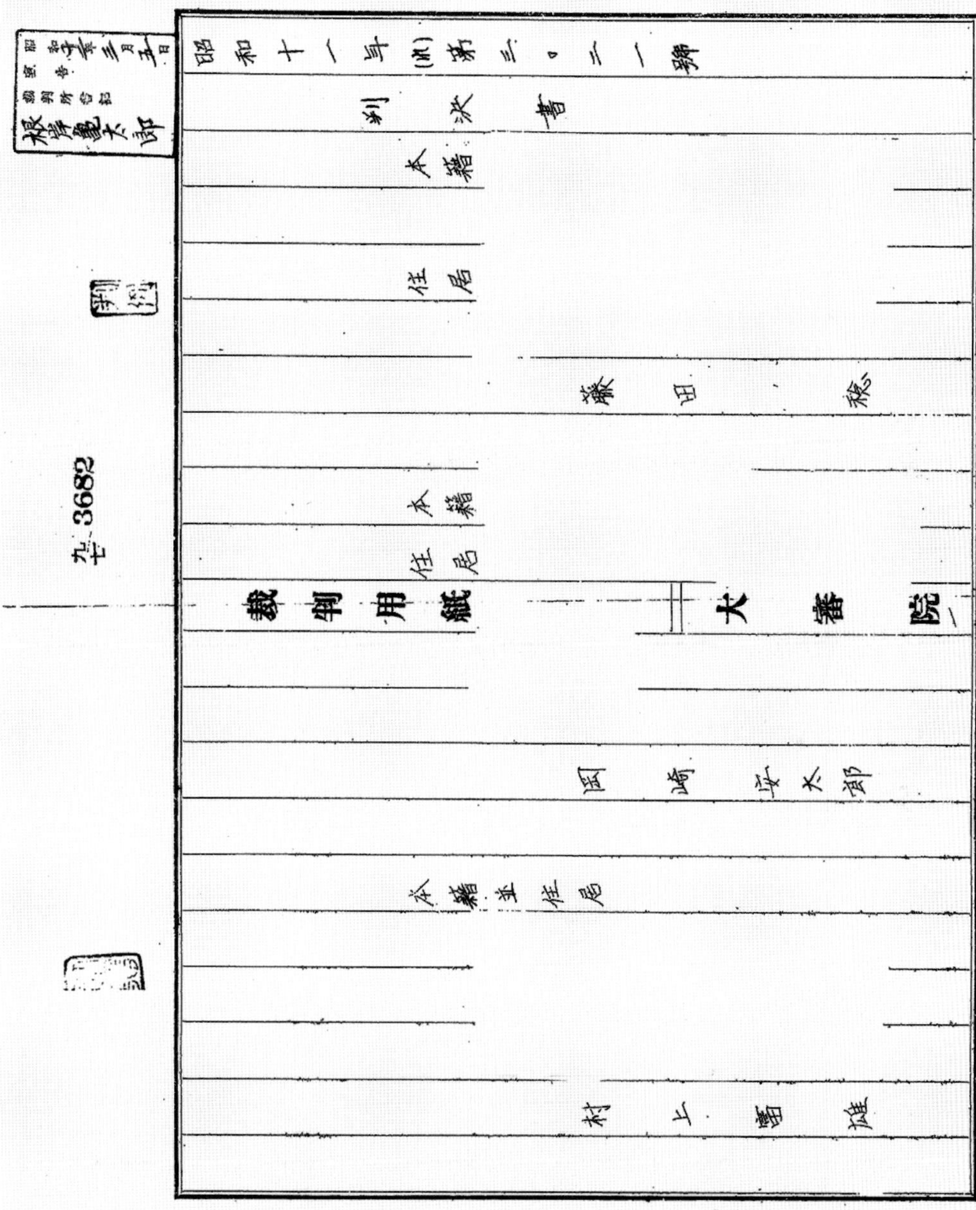
九七 3682

昭和十一年(れ)第三〇二一號

判決書

本籍

住居

藤田稔

本籍

住居

裁判用紙 大審院

岡崎安太郎

本籍並住居

村上善雄

九八

本籍

住居

藤田ミキ

本籍

住居

裁判用紙　大審院

ユキノ事

岡崎雪野

本籍

住居

中田大太郎

裁判用紙 **大審院**

本籍

住居

岡崎春吉事
原田春吉

右國外移送誘拐被告事件ニ付昭和十一年
九月二十八日長崎控訴院ニ於テ言渡シタ
ル判決ニ対シ各被告人ハ上告ヲ為シタリ
因テ判決スルコト左ノ如シ

本件上告ハ孰レモ之ヲ棄却ス

理由

被告人中田丈太郎弁護人中山伊佐男上告
趣意書第一点原審ハ其ノ判決理由ノ冒頭
ニ於テ「云々雪野ハ其ノ旨ヲ被告人穂ノ
妻ナル被告人藤田ミキ及被告人中田丈太
郎ノ両名ニ通ス ルト共ニ被告人ミキノ

四〇〇

ト間ニハ云々次テ被告人大太郎トノ間ニ
ハ安太郎等ノ協議セル前記方法（欺罔手
段ヲ以テ誘惑）ニ基キ婦女ヲ雇入ルヘキ
コトヲ謀議シ居タルカ云々ト判示シ又
理由第二ニ於テ被告人稔等六名並被告人
大太郎ハ共謀ノ上大太郎ニ於テ（一）「甘言
及詐言ヲ弄シ　B　ヨリ之ヲ聞知セル
害4ヲシテ其ノ言ヲ真実ナリト信セシ
メテ同女ヲ誘惑シ（二）「害5　害6
ノ両名ニ対シ前同様申向ケテ右両名ヲ

裁判用紙　　大審院　四

誤信セシメ之ヲ誘惑シ（四）「害7
方ニ於テ同女ニ対シ云々甘言並
ニ詐言ヲ構ヘ同女ヲシテ其ノ旨誤信セシ
メ之ヲ誘惑シ」ト判示セルモ一、被告人雪
野ハ曩ニ　甲　ヨリ通知シ来リタル被
告人安太郎等ノ協議内容ヲ被告人大太郎
ニ通シタルコトナク二被告人雪野ト被告
人大太郎トノ間ニ欺罔手段ヲ以テ婦女ヲ
雇入ルヘキコトノ謀議アリタル事実ナシ
此点ニ関シ原審カ判示シタル証拠中被告

壹〇壹

人大太郎ニ対スル第二回予審訊問調書中
其ノ供述トシテ（記録第一一八五丁以下）
甲　カ上海ヨリ私ニ寄越シタル手紙
ニハ女給又ハ仲居トシテ雇ッテ呉レトノ
趣旨カ記載シアリタルカ私ハ女ニハ淫賣
セシムルモノト思ヒ手紙ヲ見テ直ニ雪野
方ニ行キ甲ヨリノ手紙ノ趣旨ヲ話シタ
ル、ココ同女ハ私ヨリ詳シク上海ノコト
ヲ知リ居リタル故同女ニモ甲ヨリ手紙
カ来テ居ルモノト思ヒタリ其ノ後甲ヨ

裁判用紙　大審院

リ雪野ニ宛テ電報カ来タトノ事ニテ同女
ニ招カレ同女方ニ行キタルニ同女ハ私ニ
対シ今度ノ船ニ間ニ合フ様女ヲ送ラネハ
ナラヌ故女ヲ早目ニ雇フテ呉レ女ヲ雇フ
ニハ女給又ハ仲居トシテ雇フテ呉レト命
令的ニ申シタリ其ノ際雪野ハ女ニハ賣淫
ノ事ハ言ハスニ雇フテ呉レトハ申ササリ
シモ私ハ同人ノ口吻ヨリシテ女ニハ賣淫
ノ事ハ打明ケス女給又ハ仲居トシテ雇
フテ呉レトノ意味ニ解シタル旨ノ記載

壹〇弐

ヲ以テスルモ(一)被告人大太郎ニ於テハ上
海ニ於ケル他ノ被告人等ノ協議ニ就キテ
ハ何等関知スルトコロナク又海軍指定慰
安所ノ目的性質等モ了知セス(二)且ツ被告
人雪野トノ間ニ欺罔手段ヲ以テ婦女ヲ雇
入ルヘキコトノ謀議アリタル事実ナキ事
ヲ推察シ得ヘク及ツテ此ノ証拠ヲ以テス
レハ本件ニ関シテハ被告人大太郎ニ限リ
單ニ被告人雪野ノ命令ニヨリ其ノ指揮ノ
儘其ノ示ス方法ニ依リ婦女ノ雇入レニ尽

裁判用紙　大審院

力シタルニ過キス而シテ被告人雪野ノ命
令ニ従ハサルヘカラサル所以ノモノハ被
告人雪野ノ夫タル被告人国崎安太郎ニ対
スル恩顧ヨリ生シタルモノニシテ被告人
大太郎カ何等利得ヲ為シ居ラス犠牲的ニ
尽力シタル一事ニツキテ観ルモ斯ク解ス
ルヲ妥当ナリト信ス果シテ然ラハ被告人
大太郎ハ従属的意思ヲ以テ従属的行為ヲ
行ヒタルニ外ナラス即チ従犯タルニ過キ
サルニ拘ラス原審カ共同正犯ト認定シタ

ルハ重大ナル事実ノ誤認アルコトヲ疑フ
ニ足ルヘキ顕著ナル事由アリト謂フヘキ
モノトストト云フニ在レトモ原判決挙示ノ
証拠ヲ綜合スルトキハ所論ノ判示事実ハ
其ノ証明十分ニシテ被告人ノ行為カ所論
ノ如キ従属的ノモノニアラサルコトヲ認
ムルニ足リ記録ヲ査スルモ原判決ニ重大
ナル事実ノ誤認アルコトヲ疑フヘキ顕著
ナル事由アルコトナシ従テ原審カ被告人
ヲ本件ノ共同正犯トシテ処断シタルハ相
当ナルヲ以テ論旨理由ナシ

裁判用紙 **大審院**

同第二点ニ依ニ被告人大太郎ハ原審認定ノ
共同正犯タルノ罪責ヲ有ストスルモ原判
決ハ科刑重キニ過クルノ失当アルモノト
ス即チ一犯罪ノ動機カ利欲ニ出テスシテ一
片ノ仁義ヨリ発シタルモノナルコト二犯
罪加工ノ程度及実行々為ノ状態ニ犯意ノ
強弱四被告人大太郎ト被告人安太郎トノ
身分関係カ殆ト主従関係以上ノ隷属的関
係アリタルコト五被拐者カ何レモ醜業ニ

経験ノアル婦女ナルコト等犯情ニヨリ観察スルトキハ被告人上田虎寿ツ田市之助原田春吉等ノ犯罪行為ト何等逕庭ナシ早ソト公判調書ニ明カナル如ク被告人大太郎ハ一切ヲ告白シ尽シ改悛ノ情殊ニ顕著ナルモノアリ(二)家庭ノ事情モ記録ニ明カナル如ク被告人中ニ於テモ最モ気ノ毒ナル状況ニアリ等ヲ参酌スルトキハ寧ロ前述虎寿市之助春吉等ト同様刑ノ執行ヲ猶予スヘキ情状アルモノト信スルヲ以テ原

裁判用紙　大審院　八

判決ヲ破棄ノ上執行猶予ノ恩典ニ浴セシメラレタシト云フニ在レトモ記録ヲ精査シ犯情其ノ他諸般ノ事情ヲ参酌スルモ被告人ニ対スル原判決ノ科刑ヲ甚シク不当ト思料スヘキ顕著ナル事由ナキカ故ニ論旨ハ理由ナキモノトス

被告人藤田稔外五名弁護人河鰭彦治郎上告趣意書第一点原審ハ不法ニ弁護権ノ行使ヲ制限シタル違法アリ、原審ニ於テ昭和十一年六月十七日開カレタル第一回公判

四〇五

ニ於テハ被告人藤田稔同ミキノ為メノ弁
護人宮崎龍介及被告人藤田稔ノ為メノ弁
護人小牧實態ハ出頭セサリシコト調書ニ
ヨリ明瞭ナリ而シテ右公判期日ニ出頭シ
タル各弁護人ニ対シテハ口頭ニヨリ次回
期日ヲ告ケタルコトヲ知リ得ルモ不出頭
ノ各弁護人ニ対シテ次回公判期日ヲ通知
シタル証拠ハ公判調書ノ何處ニモ発見ス
ルヲ得ス斯ノ如ク第一回公判ハ弁護人宮
崎龍介及同小牧實態ニ対シ期日呼出状ヲ

裁判用紙　大審院　九

送達スルコトナクシテ開カレタルモノナ
リ二、更ニ同第二回公判ニ於テ弁護人宮崎
龍介ハ不出頭ナリシコト調書ニヨリ明カ
ナリ而シテ次回公判期日ヲ出頭シタル各
弁護人ニ告ケタルコトハ記録上知リ得ル
モ不出頭ノ弁護人宮崎龍介ニ対シテハ呼
出状ヲ送達シタル証拠ナシ或ハ次回公判
期日ト弁護人ノ出頭セサリシ該期日トカ
接近シ呼出状ヲ送達スルモ其ノ実效ヲ期
待シ得サル場合ハ弁護人ヲ呼出スヲ要セ

壹〇六

ストト言ハンモ斯ノ如キハ謬見ナリ蓋シ公
判期日ニハ弁護人ヲ呼出スコトヲ要スル
モノニシテ呼出ヲ受クルコト自体モ弁護
人ノ権利ナレハナリ弁護人ハ予審ニ於ケ
ル各種ノ処分ニ立会フノ権利ヲ有シ従テ
予審判事ハ弁護人ニ之カ日時場所ヲ通
知スルコトヲ要シ急速ヲ要スル場合ニ於
テノミ例外トシテ之カ通知ヲ要セサルモ
ノナルコト刑事訴訟法百五十八條同第百
五十九條同第百七十八條等ニ規定セラル

裁判用紙　大審院

ルトコロナリ然ルニ公判期日ハ弁護人ア
ル場合ハ必ス之ヲ弁護人ニ通知スヘキモ
ノニシテ之カ例外ヲ定メタル規定ナシ果
シテ然ラハ次回公判期日ハ理由ノ如何ヲ
問ハス必ス之ヲ弁護人ニ通知スヘキモノ
ト解セサルヘカラス況ンヤ弁護人宮崎龍
介ニ対スル呼出状ハ郵便ニ付スルノミニ
テ直チニ呼出状送達ノ効果生スルニ於テ
ヲヤ原審カ判決言渡期日ノ呼出状ヲ判決
言渡シノ当日郵便ニ付シ送達シタルハ期

壹〇七

日ノ通知ハ事實上其ノ目的ヲ達スルコト能ハサル場合ニ於テモ之ヲ爲スヘキモノナルコトヲ自白シタルニ似タリ前述ノ如ク原審ハ弁護権ノ行使ヲ不法ニ制限シタル違法アリ原判決ハ破毀ヲ免レサルモノト信ス、ト云フニ在レトモ弁護人ニ対シ適法ナル召喚手續ノ行ハレタル公判期日ニ裁判長カ續行期日ヲ定メテ之ヲ告知シタル以上其ノ告知ハ当日召喚ヲ受ケテ出頭セサリシ弁護人ニ対シテモ有效ニシテ此

裁判用紙　大審院

等ノ弁護人ニ対シ更ニ續行期日ノ召喚狀ヲ送達スルノ要ナキコトハ当院ノ從来判例トスル所ナリ而シテ記錄ニ徴スレハ原審ノ第一回公判期日ニ付本件ノ各弁護人ニ対シ適法ナル召喚手續ノ行ハレタルコト毫モ疑ナキノミナラス同期日並其ノ後ノ各期日ニ裁判長カ順次適法ニ次回ノ續行期日ヲ告知シ訴訟関係人ノ出頭ヲ命シタルコト亦明白ニシテ其ノ續行期日ノ告知ハ孰レモ当日出頭セサリシ所論ノ各弁

護人ニ対シテモ效カアルヲ以テ此等ノ弁
護人ニ対シ更ニ続行期日ノ召喚状ヲ送達
スルノ必要ナカリシコト勿論ナリト云フ
ヘク従テ原審カ所論ノ如ク期日ニ出頭セ
サリシ弁護人ニ対シ召喚状ヲ送達セスシ
テ公判ヲ開廷シタレハトテ固ヨリ弁護権
ヲ不当ニ制限シタルモノト認メ難キカ故
ニ論旨ハ理由ナキモノトス
同第二点原判決ハ理由不備ノ違法アリ原
判決ハ被告人等ノ行為ハ連続犯ニ該当ス

裁判用紙　大審院

ル旨判示シ之カ証拠トシテ「犯意継続ノ
点ハ判示被告人等カ短期間内ニ同種ノ行
為ヲ反覆累行シタル事蹟ニ徴シ明ラカナ
リ」ト言ヘリ然レトモ連続犯ノ要件トシ
テ犯意ノ継続ヲ要スルコトハ御院判例ノ
説クトコロナリ而シテ法カ連続犯ヲ一罪
トシテ處断スル趣旨ハ要スルニ犯人ノ決
意カ一個ナルヲ以テナリ従テ犯意ノ継続
トハ数個ノ行為カ総括的ニ予見セラルル
コトヲ謂フモノト信ス蓋シ数個ノ行為カ

三〇九

総括的ニ予見セラレサル場合ハ其等ハ一
個ノ決意ニ基クモノニ非サレハナリ果シ
テ然ラハ数個ノ行為カ連続犯ナリヤ否ヤ
ハ数個ノ行為カ其ノ初メ総括的ニ予見セ
ラレタリヤ否ヤニヨリ決スヘキモノニシ
テ数個ノ行為カ其ノ初メニ総括的ニ予見
セラレタル場合ニ於テノミ其レ等ノ行為
ハ連続シタルモノト云フヲ得ヘキ理ナリ
原審カ被告等カ短期間内ニ同種行為ヲ反
覆累行シタルノ一事ヲ以テ直ケニ被告等

裁判用紙　大審院

ノ行為カ犯意継続ニ係ルモノト断シタル
ハ理由不備ノ違法アルニ非サレハ審理不
尽ノ違法アルモノニシテ原判決ハ此点ニ
於テ破毀ヲ免レサルモノト信スト云フニ
在レトモ被告人等ノ本件行為カ連続犯ナ
ルコトハ判示ノ如ク被告人等カ短期間ニ
同種ノ誘拐行為ヲ反覆累行シタル事蹟ニ
徴シ之ヲ推断スルニ足リ記録ヲ査スルモ
此点ニ関スル原判決ノ認定ニ重大ナル過
誤アルコトヲ疑フヘキ何等ノ事由アルコ

四三〇

トナシ従テ原審カ被告人等ノ行為ニ対シ刑法第五十五條ヲ適用シタルハ相当ニシテ所論ノ如ク理由不備若ハ審理不尽ノ違法アルモノト謂ヒ難キカ故ニ論旨ハ理由ナシ

同第三点原判決ハ証拠ニ依ラス事実ヲ認定シタル違法アリ刑事訴訟法第三百三十六條ニ事実ノ認定ハ証拠ニ依ルト云ヘルハ犯罪事実ハ云フニ及ハス判決ニ顕ハルル事実ハ凡テ何等カノ証拠ニ依リ認定ス

裁判用紙　大審院

ヘキコトヲ意味スルモノニシテソノ事実ノ被告人ノ特定ニ関スル事実ナル場合ニ於テモ均シク遵守サルヘキモノナリ原審第三回公判ニ於テ公判手続ノ更新ヲ為シタル所被告人等ハ氏名年令職業住所本籍及出生地ニ付当審第一回公判調書記載ト同様ノ供述ヲ為シタリ（記録第三四九五丁）トアリ従テ被告人原田春吉ハ住所ハ長崎市丸山町　ト供述シタルモノナリ其ノ後ニ於テ被告人春吉ノ住所

ノ変更シタル何等ノ証拠ナシ然ルニ原判
決カ被告人春吉ノ住所トシテ長崎市元船
町　　　　　　　　　　　　ト掲クルハ証拠ニ依ラ
スシテ事実ヲ認定シタルモノナリ結局原
判決ハ破毀ヲ免レサルモノト信スト云フ
ニ在レトモ被告人ノ住所ノ如キハ犯罪事
実ニ非サルカ故ニ証拠ニ依リテ之ヲ認メ
タル理由ヲ説明スルノ要ナキノミナラス
被告人春吉ノ住所カ原判決記載ノ如クナ
ルコトハ同被告人カ原審ニ於テ提出セル

裁判用紙　　大審院

住所変更届ニ徴シ明白ナルヲ以テ論旨ハ
理由ナシ
同第四点其ノ他共同被告人ノ上告理由ヲ
利益ニ援用スト云フニ在レトモ本論旨ノ
理由ナキコトハ他ノ弁護人ノ上告趣意書
ニ対スル説明ニ依リテ之ヲ了解スヘシ
被告人藤田稔藤田ミキ弁護人則元卯太郎
上告趣意書一、原審裁判所ハ前記被告両名
ニ付夫々帝国外移送誘拐ノ事実ヲ認定シ
被告藤田稔ニ付テハ懲役二年六月ニ又被

告藤田ミキニ付テハ懲役ニ年ニ處ス可キ
旨判決セラレタリ然レトモ前記被告両名
ニ付テハ各々左ノ如ク刑ノ量定甚シク不
当ナリト思料スヘキ顕著ナル事由アルヲ
以テ更ニ相当ナル御裁判アランコトヲ求
ムルモノニ候ニ本件被誘拐者ノ誘拐移送
セラレタルハ中華民国上海ニテ同地カ帝
国領土外ナルコトハ相違ナキモ同地ハ司
法関係ニ於テモ同地ノ予審ヲ経タル刑事
事件及民事判ニ審事件ハ孰レモ長崎地方

裁判用紙　大審院

裁判所ノ管轄ニ属スルモノニシテ此ノ外
地理関係ニ於テモ一衣帯水ノ譬ヘノ如ク
ニシテ一週ニ回ノ連絡船ヲ以テ僅カニ長
崎ヨリ東京ニ至ルノ時間ヲ以テ到着シ殊
ニ本件事件当時ハ所謂上海事変ノ直後ニ
テ長崎トノ交渉緊接ニシテ又同地ノ花柳
界ハ長崎方言ニアラサレハ通用セサル実
情アリ之レ同地カ長崎県上海ト通称セラ
ルル所以ナリ従テ長崎県人ニシテ同地ニ
渡航スル者ハ決シテ外国ニ洋行スルカ如

キ感情ヲ有セス本件被誘拐者ニ付テ之ヲ
見ルモ亦同様ナルコト本件記録中其ノ供
述ニ徴シ明白ナリ然レハ即チ形式ニ於テ
ハ国外移送ナルモ其ノ実質ニ於テハ寧ロ
国内関係事件トシテ處断スルヲ相当トス
ヘシ三、本件被誘拐者中ニハ例ヘハ害12
ノ如キハ公園ノ茶店ニ奉公セシメ又
害9ノ如キハ会社事務員ニ
勤務セシメ孰レモ醜業ニ従事セシメス貞
操ヲ全クセシメタルハ之レ全ク本件被告

裁判用紙　大審院

藤田稔ノ處置ニ出テタルコト本件記録中
関係者ノ供述ニ徴シ明白ナリ四、本件被誘
拐者ハ上海ニ於ケル海軍指定慰安所ニ奉
公シ醜業ニ従事セシムル目的ナルトコロ
右ハ海軍ニ於テ軍人風紀ノ維持上寧ロ之
カ増設ヲ勧説セラレタルニ基クモノナリ
而シテ又渡滬後従業前或ハ領事館ニ於テ
或ハ憲兵隊ニ於テ従業者ニ付キ醜業承諾
ノ有無ヲ聞糺シタルモノナレハ被誘拐者
カ醜業従事不承諾ナルニ於テハ其ノ意思

表示ヲ為シ得ヘカリシモノニテ即チ領事館其ノ他誘拐ノ事実ヲ訴フコト能ハサル外国ニ移送セラレタルトハ其ノ実情ヲ異ニスルモノナルコトモ亦本件記録上明白ナリ又本件被告藤田穂ト同藤田ミキトハ夫妻ニシテ其ノ家庭ノ状況モ亦記録上記載セラルルトコロナリ大之等ノ諸観点ヨリスレハ本件両被告ニ対スル原審判決ハ余リニ過酷ニ失スト思料スルカ故ニ更ラニ御減刑ヲ求ムル次第ナリトスト云フニ在

裁判用紙　大審院　六

レトモ記録ニ就キ犯情其ノ他諸般ノ状況ヲ調査シ之ヲ考察スルモ被告人等ニ対スル原判決ノ科刑ヲ甚シク不当ト思料スヘキ顕著ナル事由ナキカ故ニ論旨ハ理由ナキモノトス

被告人村上富雄弁護人松永東、赤井幸夫上告趣意書第一点原判決ハ其ノ事実理由ニ於テ被告人村上富雄ハ昭和五年十一月頃ヨリ中華民国上海ニ於テ其ノ雇入ニ係ル婦女ヲシテ同地駐屯ノ帝国軍人ヲ顧客ト

シ醜業ニ従事セシメ居タル處昭和七年一
月所謂上海事変ノ勃発ニ因リ多数帝国海
軍軍人ノ駐屯ヲ見ルニ至リタルヲ以テ海
軍指定慰安所ナル名称ノ下ニ従来ノ営業
ヲ拡張セシコトヲ欲シ予テ知合ノ乙甲
ニ其ノ意圖ヲ告ケ同人ノ紹介ニ依リ
同年三月七、八日頃上海文路江星旅館ニ於
テ被告人藤田穂岡崎安太郎ノ両名ニ面談
シ右ノ企圖ヲ諮リ之レカ賛同ヲ得茲ニ被
告人富雄ニ於テ家屋其ノ他ノ設備ヲ提供

裁判用紙　大審院（九）

シ甲及被告人穂ノ両名ニ於テ該営業所
ニ於テ醜業ニ従事スヘキ日本婦女ヲ日本
内地ニ於テ雇入レ移送スルコトヲ担当シ
被告人安太郎ニ於テ之カ雇入資金ヲ提供
スルコトヲ約スルト共ニ婦女雇入レニ際
シテハ其ノ専ラ醜業ニ従事スルモノナル
コトノ情ヲ秘シ單ニ女給又ハ女中トシテ
雇フモノノ如ク欺罔シ勧説誘惑シテ上海
ニ移送セムコトヲ謀議シ甲ニ於テ直ク
ニ之レニ賛同スルト共ニ安太郎等ノ旨ヲ

受ケテ其ノ頃長崎市ニ於ケル被告人安太
郎ノ妾ナル被告人岡崎雪野ニ右ノ協議内
容ヲ通知シテ婦女ノ雇入方ヲ求メ被告人
雪野ハ其ノ旨ヲ被告人稔ノ妻ナル被告人
藤田ミキ及ヒ被告人中田大太郎ノ両名ニ
通スルト共ニ被告人ミキトノ間ニハ之レ
カ実行ヲ両名ニ於テ分担スヘキ旨ノ協議
ヲ遂ケ、次テ被告人大太郎トノ間ニハ安太
郎等ノ協議セル前記方法ニ基キ婦女ヲ雇
入ルヘキコトヲ謀議シ居タルカ更ニ同月

十四日被告人安太郎ニ於テ長崎市ニ帰来
スルヤ直チニ同市内ナル同人方ニ乙
及被告人ミキヲ招致シ同人等並被告
人雪野ニ対シ前叙上海ニ於ケル協議ノ結
果ヲ告ケテ婦女移送方ヲ促シ同人等モ之
レニ賛同ノ上被告人雪野ニ於テハ同年ニ
月下旬頃被告人原田春吉原審相被告人上
田虎寿ヲ介シテ原審相被告人川田市之助
ノ二名ニ乙及被告人ミキニ於テハ同
月十四日頃被告人松島章二ニ夫々安太郎

等ノ協議セル前記方法ニ依リ婦女ヲ誘拐
シテ上海ナル前示慰安所ニ移送センコト
ヲ謀リタルトコロ被告人春吉章ニ及原審
相被告人虎青市之助ハ孰レモ之レニ賛同
シ因テ第一乃至第七ノ如ク順次 害/
以下十五名ノ婦女ヲ長崎ヨリ乗船セシ
メテ之レヲ誘拐シタル上孰レモ上海ニ上
陸セシメ以テ同女等ヲ帝国外ニ移送シタ
ルモノナリト判示シ刑法第二百二十六條
第一二項第五十五條第六十條等ヲ適用シテ

裁判用紙　大審院

有罪ノ言渡ヲ爲シタリ然レトモ右事実理
由ニ依レハ上告人村上富雄ハ上海ニ在リ
テ判示ノ営業ヲ爲シ居リ日本国内ヨリ婦
女ヲ雇入ルコトヲ協議シタルニ止マリ判
示婦女ヲ判示ノ手續ニヨリ上海ニ送リタ
ル一切ノ事項ニハ全然関與スル處ナキモ
ノナリ即チ甲 雪野ミキ其ノ他ノ者ニ於
テ順次相謀議シ判示ノ如キ手段ニヨリテ
判示婦女ヲ上海ニ赴カシメタル事実ニ付
テハ全然其ノ実行ニ関與シタルモノニア

清書八

ラサルノミナラス其ノ之レニ関シテ全ク
其ノ認識ヲ有セサルモノニシテ随ツテ之
レヲ其ノ共同正犯ナリト断スルヲ得サル
モノナリトス加之記録ヲ閲スルニ上告人
ハ当局ノ認許ヲ受ケ上海ニ於テ永ク判示
営業ヲ経営シ居リタルモノニ係リ同地ノ
状勢更ニ其ノ拡張ヲ要スルニ至レルヨリ
判示甲等ニ其ノ協議ヲ為シタルニ止マ
ルモノニシテ其ノ際判示ノ如キ甘言ヲ以
テ婦女ヲ誘拐セントコトヲモ謀議シタルニ

裁判用紙　大審院

アラス判示ノ如キ手段ヲ以テ判示婦女ヲ
欺キタリトセハ亦ハ現実長崎県下ニ於テ
婦女ノ雇入ニ従事セル者等ニ於テ為シタ
ル處ノモノナリ然ルニ原判決カ前示ノ如
ク上告人富雄ニ於テモ判示婦女誘拐海外
移送ノ罪ノ共同正犯ナリトシテ前示法條
ヲ適用シテ有罪ノ言渡ヲ為シタルハ事実
ノ誤認アルコト顕著ナル事由アルモノニ
シテ此点ニ於テ破毀ヲ免レサルモノト信
スト云フニ在レトモ所論ノ判示事実ハ原

判決挙示ノ証拠ニ徴シ之ヲ肯定スルニ足
リ記録ヲ査スルモ原審ノ事実認定ニ重大
ナル誤謬アルコトヲ疑フヘキ顕著ナル事
由ナキノミナラス凡ソ国外誘拐罪ハ帝国
外ニ移送スル目的ヲ以テ人ヲ誘拐スルニ
依リテ成立シ又国外移送罪ハ被誘拐者ヲ
帝国外ニ移送シタルトキニ於テ成立スル
モノニシテ其ノ被誘拐者ハ何人ナルヤハ
敢テ問フ所ニ非サルカ故ニ苟モ帝国外ニ
移送スル目的ヲ以テ人ヲ誘拐シ其ノ被誘

裁判用紙　大審院

拐者ヲ帝国外ニ移送スルコトヲ謀議シタ
ル以上之ニ参加シタル者ノ一部カ其ノ謀
議ニ基キ被誘拐者ヲ物色シ之ヲ誘拐シテ
国外ニ移送シ爾餘ノ者ハ其ノ実行行為ニ全
然関與セサリシトキト雖モ其ノ実行々為
ニ関與セサリシ者モ亦之ニ依リ自己ノ犯
意ヲ実現セル結果トナルカ故ニ国外誘拐
並国外移送罪ノ共同正犯タル刑責ヲ負フ
ヘキハ当然ノコト、云ハサルヘカラス従
テ本件ニ於テ被告人富雄カ相被告人等ト

壹弐〇

一字削除

醜業ニ従事セシムヘキ婦女ヲ誘拐シテ上海ニ移送センコトヲ謀議シ其ノ結果相被告人等カ長崎地方ニ於テ　害ノ　外十数名ノ婦女ヲ誘拐シテ之ヲ上海ニ移送シタルコト原判決認定ノ如クナル以上縦令被告人富雄カ右犯罪ノ実行行為ニ全然関與セサリシトテ其ノ共同正犯トシテノ罪責ヲ免ルヘキニ非ラサルハ勿論ニシテ原審カ其ノ判示スルカ如キ擬律ニ依リ被告人等ヲ處断シタルハ相当ナルヲ以テ論

裁判用紙　大審院

旨ハ理由ナキモノトス

同第二点原判決ハ其ノ証拠説明中岡崎安太郎ニ対スル第一回予審調書ニ「私ハ長崎ニ帰リ私方ニ　乙　藤田ノ妻ミキヲ呼ヒ私ノ妻ユキノモ居ル所ニテ此度甲藤田ノ両名カ上海在住ノ村上富雄ト共同シテ海軍指定慰安倶楽部ヲ経営スルコトニ爲リ右慰安倶楽部ハ内地ノ女郎屋ト同様ノ事ヲスルモノナル事ヲ話シ同所ニ送ル女ヲ世話シテ呉レト申シタリ其ノ際

壹貳壹

私ハ女ヲ雇フニハ女中トシテ雇フ事ニト
申シタルカ右ハ女ヲ雇フ際淫賣トシテ上
海ニ行ク事ヲ勧メル事ハ云ヒ難キ事ト考
ヘ且女中トシテ雇フ方カ人ヲ集メ易シト
考ヘタル為メナル旨ノ記載アリト説示
シタリ仍テ同予審調書ヲ閲スルニ「（前
略）問慰安倶樂部ノ内容ヲ打明ケテ話シ
タノハ夫レテヨイカ女ヲ雇フニハ賣淫ヲ
為スコトヲ云ハスニ女中トカ女給トカ云
フコトニシテ雇フカヨイト云ツタノテハ

裁判用紙 大審院

ナイカ答私ハ妻ユキノニハ女ヲ雇フ際ニ
ハ賣淫ヲセネハナラヌコトヲ打明ケテ雇
フ様命シマシタカラ乙及藤田ミキニモ
同シ様ニ云フテ居ルト思ヒマス問乙及
藤田ミキハ警察官ノ取調ヘニ対シ被告人
カ上海カラ帰ツタ後被告人方ニ呼ハレタ
際被告人カ慰安倶樂部ノ内容ヲ打明ケタ
後慰安倶樂部ハ料理屋テアリ女ニハ客ヲ
取ラセルノテアルカ女ヲ雇フ際夫レヲ云
フテハ都合カ悪イカラ夫レハ云ハスニ慰

女倶楽部ノ女中又ハ女給ト云フ事ニシテ
世話シテ呉レト申向ケタト供述シ居ルシ
一面雇ハレテ行ツタ女ノ前借金ノ少額ナ
ル点カラ見テ賣淫ノ点ヲ秘シ女中トカ女
給トカ云フコトニシテ女ヲ雇入ルルカヨ
カラウト云ツタノカ真実テハナイカ若乙
ト藤田ミキヲ私方ニ呼ヒマシタ際女ヲ
雇フニハ女中ト云フ事ニシテ雇フ様ニト
私カ云ヒマシタコトハ相違アリマセヌ其
ノ点ハ確カニ記憶シテ居リマス然シ夫レ

ハ私ノ妻ユキノカ以前茨木町テ観月ト云
フ料理屋ヲシテ居タ頃二階ニ上ツテ客
ニ接スル女モ女中トシテ雇ツテ居リマシ
タノテ私ハ女中モ酌婦モ同シ者ノ様ニ考
ヘテ乙号ニ女中ト云フ事ニシテ雇フカ
ヨイト云ツタ訳テアリマシタ問上海ニ行
ケハ内地ノ娼妓同様ノ醜業ニ服セネハナ
ラヌコトハ被告人ニ判リ切ツテ居リ其ノ
女ヲ雇フニ女中ト云フ事ニシテ雇フカヨ
カラウト云フタノハ夫レハ如何ナル訳カ

荅女ヲ雇フ際ニオ前ハ淫賣婦トシテ上海ニ行カヌカト云フテ勧メル事ハ云ヒ難イタラウト考ヘマシタノデ女中ト云フ事ニシテ雇フカヨカロウト云フタノデアリマス問女中トシテ雇フ方カ人ヲ集メ易イト考ヘタ訳カ 荅結局ソウ云フ事ニナル訳デアリマス問然ラハ慰安倶楽部ノ女中トシテ雇ハルルモノト信シ慰安倶楽部ヘ行クコトヲ承諾シタ女ハ結局欺マサレテ上海ヘ送ラレタト云フ事ニナルノデハナイカ

裁判用紙　大審院

荅サウ云フ事ニナリマス然シ愈々前借金ヲ貸シテ契約ヲスル際ニ慰安倶楽部ノ内容ヲ打明ケ行ツテ賣淫ヲ為スコトヲ承諾シタモノノミヲ雇フテ移送シテ居リマス」（記録第一二五四丁以下）ナル問荅ノ記載アリテ之レニ依レハ婦女ヲ雇入ルルニ当リ賣淫婦ト云フ事モ云ヒ難クアリシ故曽ツテ観月ナル料理店ニ於テ賣淫ヲ為ス婦女ヲモ女中ト称シテ居リタルヨリ名称ノミハ女中ト云ヒ做スコトニ指示シタリ而

シテ前借金ヲ渡シテ契約ヲ為ス際ハ赤裸
々ニ其ノ実情ヲ説明シテ其ノ承諾ヲ得タ
ル者ノミヲ移送シタリト云フニ在リテ原
判決ニ説示スル処ト全ク其ノ趣旨ヲ異ニ
ス果シテ然ラハ原判決ハ証拠ノ趣旨ヲ誤
認シテ之レヲ断罪ノ資料ニ供シタル違法
アルモノナリト云フニ在レトモ被告人岡
崎安太郎ノ第一回予審調書ヲ閲スルニ同
被告人ハ所論判示ト同一趣旨ノ供述ヲナ
シタルコト明瞭ナルノミナラス其ノ供述

裁判用紙　大審院

ハ爾餘ノ供述部分ト不可分ノ関係ニ在ル
モノト認メ難キカ故ニ原審カ其ノ判示ス
ルカ如キ証拠説明ヲ為セルハ相当ニシテ
所論ノ如キ違法アルモノト謂フヲ得サル
ヲ以テ論旨ハ理由ナシ
同第二点原判決ハ上告人等ノ所為ヲ以テ
帝国外移送ノ目的ヲ以テ婦女ヲ誘拐シ且
之ヲ帝国外ニ移送シタルモノナリトシテ
刑法第二百二十六條ヲ適用処断シタリ然
レトモ当時上海ハ我帝国軍隊駐屯シ吾裁

壹弐五

判權及警察權ノ及ヒシ場所即チ吾主權ノ
及ヘル場所ナルヲ以テ土地ソノモノハ中
華民國ニ屬セルモノナルヘシト雖モ斯ル
場所ニ人ヲ移送スルハ刑法第二百二十六
條ニ所謂帝國外ニ移送スルモノト謂フヘ
カラザリシモノト信シ果シテ然ラハ原判
決ハ不当ニ法律ヲ適用シタル違法アルモ
ノナリト云フニ在レトモ誘拐罪ニ付キ刑
法第二百二十六條ニ特別規定ノ設ケラレ
タル理由ハ畢竟國情ヲ異ニシ帰還ノ容易

裁判用紙　大審院

ナラサル他國ニ被誘拐者ヲ移送シ又ハ移
送スルコトヲ目的トスルカ如キハ普通ノ
誘拐行爲ニ比シ情状軽カラサルモノアル
ニ因ルコト勿論ニシテ其ノ他國ニ帝國軍
隊ノ駐屯スルト否トハ裁判權並警察權ノ
行ハルルト否トハ問フ所ニアラサルカ故
ニ被告人等カ支那領土タル上海ニ移送ス
ル目的ヲ以テ婦女ヲ誘拐シタル上之ヲ同
地ニ移送シタルコト原判決認定ノ如クナ
ル以上前記法條ノ適用アルヘキハ当然ニ

シテ原判決ニハ所論ノ如キ違法ナキヲ以
テ論旨ハ理由ナシ
同第四点原判決ハ其ノ証拠説明中「被告
人藤田ミキニ対スル第一回予審訊問調書
中其ノ供述トシテ「風崎安太郎カ帰国後
私ト　乙　トカ同人方ニ招カレ安太
郎ヨリ売淫ノ事ヲ打明ケテ雇ヘハ百円ノ
処ハ二百円掛ル故世話トシテ雇入レ様ト
云ハレタル際私ハ左様ニシマセウト答ヘ
タルカ右ノ話ヲ聞キ其ノ事ハ私ノ主人稔

ト相談シテ来タルモノト思ヒタリ」云々ノ
記載証人　乙　ニ対スル予審訊問調
書ニ「安太郎ハ私トミキトニ対シ自分ハ
藤田稔ト共同シテ帝国軍人ヲ相手トシ婦
女ニ売淫セシムル海軍慰安所ヲ経営スル
コトニ為リ同所ニ女ヲ送ラネハナラヌ故
世話シテ呉レ女ニハ慰安所接待掛リノ女
給トシテ雇フト云ヒ売淫ノ事ハ云ハヌカ
良イト申シタリ私ハ売淫ヲ為ス酌婦トシ
テ雇ヘハ金モ掛リ又希望者モ少ナキ故安

太郎カ右ノ様ニ申シタリシモノト考ヘ且同人カ賣淫ノ事ハ廿ニハ打明ケヌカ良イト申シタルハ同人独リノ考ヘテハナクヒ海ニ於テ藤田等ト左様ニ相談シタル事ナルヘシト察シ云々」ノ供述記載アリト説示シタリ然シトモ右ハ純然タル相被告人又ハ証人ノ想像ノ供述ニシテ採テ以テ犯罪事実認定ノ資料ニ供シ得ヘキモノニアラス果シテ然ラハ原判決ハ此点ニ於テ採証ノ法則ニ違背セルモノナリト云フニ在レトモ原判決カ証拠トシテ援用セル被告

裁判用紙　大審院

人藤田ミキ及証人乙ノ供述ハ孰レモ単純ナル想像ノ陳述ニアラスシテ自己ノ関係セル当時ノ事情ニ基キ考察シタル所ヲ述ヘタルモノナルコト供述自体ニ依リ明瞭ニシテ必スシモ証拠カナキモノト謂フヘキニアラス従テ原審カ之ヲ採用シテ罪証ニ供シタルハ相当ナルヲ以テ論旨ハ理由ナキモノトス

同第五点原判決ハ其ノ証拠説明中第一審

壹弐八

第二回公判調書ニ被告人松島事ニノ供述
トシテ「私ハ G ノ世話ニテ上海
ノ海軍指定慰安所ニ送ル為メ 害14 ノ
害13 等ヲ抱ヘルコトニ為シタル旨ノ記
載アリレト説示シタリ仍テ同調書ヲ閲ス
ルニ此点ニ関シテハ「問 ⑴ 害13 ヲ雇
入レタ時ハ何ト申シタカ答ミキヨリ話カ
アッテ後ニ月末頃 G ヨリ電話カ
アリ同人ト会ッテ見ルト ⑴ 害13 ㋺
ノ三人カ上海ニ行クヘク丸山町ノ ㋩

裁判用紙　大審院

ト云フ人ノ所ニ居ルカ ㋩ ニ金カ出来
ヌ為メ上海行カオ流レニナル様タカラ貴
歟カ上海ニ女カ要ルト云フ話故其レヲ送
ッタラ怨ウカト云フ事デシタノデ其ノ晩
G ニ連レラレテ ㋩ 方ニ行キ女ニ会ッ
テ見ルト年ハ多ク美人デモナイノデ其ノ
時ハ気カ進マス其ノ儘帰リマシタカ G
カ頻リニ頼ムノデ藤田ノ奥サンニ見テ貰
ッテ呉レト云フッテミキ方ニ連レテ行キ見
セマシタ処ミキモ断ワッタ方カヨカラウ

壹弐九

ト申シマシタ處カG ハ害13等ハ迚モ客
取リカ上手タカラトヒ私等カ若イ女ハ
居ラヌカト聞イテモ上海辺リデ乱暴ナ軍
人ヲ相手テハ若イ者ハ怪我スル私ニ任セ
テ置キナサイト云ツテ頻リニ勧メマスノ
テ結局其ノ女達ヲ抱ヘルコトニシ本人ニ
モ先ツ客ヲ取ル事ヲ明カニシテ承知サセ歩
合ノ事ニ付テモ利益ハ半分ニ分ケルト云
フテ其ノ承諾ヲ得タノテアリマス 問 害14
ノ関係ハ怎ウカ 答 同人ハ ㊂ 方ニ一

裁判用紙　大審院

ケ月カニケ月カ居タ模様テ相当年モ取ツ
テ居ルカ南松浦郡出身テ元客取商売ヲシ
テ居タ者タカソレモ一緒ニ遣ツテ呉レヌ
カト云フ話カGヨリアリマシタノテ私
モ一応其ノ女ニ会ツテ見ル気ニナリ G
方テ会ツテ見ルト好イ様テシタノテ本人
ニ客ヲ取ル事ヲ打明ケテ歩合ハ利益ノ半々
ト申シタ處本人ハソレヲ承諾シタノテア
リマスレナル記載アリテ之ニ依レハ害13
害14 ハ何レモ相当ノ年輩ニシテ

且曽テ所謂客取商賣ヲ爲シタルコトアリ上海ニ於テ爲スコトノ如何ナルモノナルヤヲモ承知セシメタル上ニ抱ヘルコトニナシタルモノナリトスフニ在ルコト明カナリトス然ルニ原判決カ唯單ニ右説示ノ如キ供述記載ナリトシテ之ヲ本件誘拐罪ノ証拠トナシタルハ結局証拠ノ趣旨ヲ変更シテ之ヲ断罪ノ資料ニ供シタル違法アルモノナリトスフニ在レトモ第一審第二回公判調書ヲ覧ルニ被告人松島章ニ

裁判用紙　大審院

ハ原判決カ同人ノ供述トシテ摘示シタル所ト同一趣旨ノ供述ヲ爲シタルコトヲ認ムルニ足リ而モ其ノ供述ハ爾餘ノ供述ト必スシモ分離スヘカラサルモノニアラサルカ故ニ原判決カ論旨摘録ノ如キ証拠説明ヲ爲セルハ相当ニシテ証拠ノ趣旨ヲ変更シテ断罪ノ資料ニ供シタルモノト謂フヲ得サルヲ以テ論旨ハ理由ナシ

同第六点原判決ハ其ノ法律理由中ニ被告人等ノ所爲中誘拐ノ点ハ刑法第二百二十

六條第一項第五十五條ニ被拐者帝国外
移送ノ点ハ同法第二百二十六條第二項第
一項第五十五條ニ各該当スルトコロ右ハ
手段結果ノ関係アルヲ以テ同法第五十四
條第一項後段第十條ニ則リ犯情重キ被拐
者帝国外移送罪ノ刑ニ従ヒ云々処断シト
説示シタリ然レトモ帝国外ニ移送スル目
的ヲ以テ人ヲ略取又ハ誘拐シタル者其ノ
被拐取者ヲ帝国外ニ移送シタル場合ニ於
テ其ノ後段ノ所為ハ其ノ前段ノ所為ノ当

裁判用紙　大審院

然ノ結果トシテ別ニ他罪ヲ構成セサルモ
ノナルコト夫ノ他人ノ物ヲ窃取シタル者
カ其ノ目的物ヲ処分スルモ別ニ横領罪ヲ
構成セス之ヲ他ニ運搬スルモ贓物罪ヲ構
成セサルト異ナル処ナキモノナリトス然
ルニ原判決カ前示ノ如ク刑法第二百二十
六條第二項ヲモ適用処断シタルハ違法ニ
シテ破毀ヲ免レサルモノト信スト云フニ
在レトモ刑法第二百二十六條第一項ノ国
外誘拐罪ハ帝国外ニ移送スル目的ヲ以テ

要旨

人ヲ誘拐スルニ依リテ成立シ必スシモ其ノ被誘拐者ヲ帝国外ニ移送スルコトヲ要スルモノニアラス又同條第二項ハ国外移送罪ハ單ニ同法第二百二十四條乃至第二百二十六條第一項ノ被誘拐者又ハ被害者ヲ帝国外ニ移送スルニ依リテ成立シ移送者自ラ人ヲ誘拐シ若ハ賣買スルコトヲ必要トセサルカ故ニ両者ハ夫々構成要件ヲ異ニスル別個ノ犯罪ニシテ其ノ一方カ成立スルトキハ他方ハ当然之ニ包含又ハ吸

裁判用紙　大審院　六

收セラレテ別罪ヲ構成セサルモノト謂フコト能ハス從テ帝国外ニ移送スル目的ヲ以テ人ヲ誘拐シタル者カ其ノ被誘拐者ヲ帝国外ニ移送シタルトキハ其ノ行爲中誘拐ノ点ハ前示第二百二十六條第一項ニ移送ノ点ハ同條第二項ニ各該当シ尚其ノ両行爲ノ間ニハ手段結果ノ関係アルヲ以テ同法第五十四條第一項後段第十條ヲ適用スヘキモノト解スヘク原審カ其ノ判示スルカ如キ擬律ニ依リ被告人ヲ處断シタル

ハ相当ト認ムヘキカ故ニ論旨ハ理由ナキ
モノトス
被告人岡崎安太郎岡崎エキ弁護人山崎佐
ノ上告趣意書第一点原判決ハ被告人等カ
共謀シ上海ニ於ケル海軍指定慰安所ニ於
テ醜業ニ従事スヘキ日本婦女ヲ内地ニ於
テ雇入ルル事ヲ企テ且婦女雇入レニ際シ
テハ其ノ事ヲ醜業ニ従事スルモノナルコ
トノ情ヲ秘シ単ニ女給又ハ女中トシテ雇
フモノノ如ク欺罔シ勧説誘惑シテ上海ニ

裁判用紙　　大審院

移送セムコトヲ謀議シ其ノ方針ノ下ニ各
自分担シテ甘言又ハ詐言ヲ以テ　害ノ
以下十五名ノ婦女ヲ誘惑シ上海ニ移送
シタル旨判示シタリ然レトモ其ノ当時上
海ハ所謂上海事変ノ後トテ多数海陸軍ノ
兵士駐在シ非常ナル景気ニテ金バ掴ミ取
リニスル程儲カル旨云ヒ触ラサレ（丁
訊問調書一ニ問答記録ニ四ニニ丁
参照）被害者悉ク上海行ヲ希望シ居リタ
ルモノナレハ上海行ヲ勧メタルコトニ付

テハ何等ノ違法ナク只問題トナルハ淫賣ニ関スル一点ナリトス即チ被害者ハ淫賣ノ考無ク淫賣スルナラハ上海行ヲ欲セサリシニ拘ハラス醜業ヲ為サストモ儲カル旨欺キテ上海行ヲ決意セシメタリト云フ事実カ事案ノ骨子ヲ成スモノトス故ニ被害者等ニ於テ被告人等カ其ノ職業ハ海軍指定慰安所ノ女中若ハ女給ト云フモ這ハ餅ノ飾リニ過キスシテ上海ニ行ケハ淫賣ヲ為スヲ要スルコトヲ自己ノ経験等ニヨ

裁判用紙　大審院　八

リテ知リ居リシトキ又ハ淫賣ヲ重視セス其ノ如何ハ其ノ決意ニ影響ヲ與ヘサリシ場合ハ誘拐罪ヲ構成セサルコト言ヲ俟タス蓋シ誘拐ハ被害者ノ瑕疵アル意思ニ基キテ之ヲ自己又ハ第三者ノ支配内ニ移ス行為ニシテ其ノ者ノ真意ニ反スル場合ニ成立スルモノナルトコロ如斯場合ハ毫モ其ノ真意ニ反スル所無ケレハナリ而シテ娼妓ハ固ヨリ料理屋ノ酌婦若ハ女中カフエーノ女給等其ノ名称ノ如何ヲ問ハス苟

クモ曽テ淫賣ヲ爲シ其ノ慣行者ト目セラ
ルル者ハ此部類ニ該当シ之等ノ者ニ対シ
テハ誘拐罪ヲ構成セサルモノト認ムルヲ
相当トス此点ニ関シ予審終結決定テ原判
示ノ被害者ト共ニ誘拐セラレタル者ト認
メラレタル　レ1　レ2　レ3
ノ各本人若ハ其ノ親等ノ供述ハ能ク淫
賣経験者ノ心理状態ヲ知リ得ルカ故ニ之
ヲ左ニ摘記セン　ニ　川　証人　レ1　訊問
調書（記録二六六五枚以下）ニハ私ハ海

裁判用紙　大審院

軍慰安所ノ酌婦トシテ雇ハレ行先ニハ客
ヲ取ラネハナラヌト思ヒ居リタリ（五、六
七問答）慰安所ハ客取リヲ営業トシテ居
ルト云フ話ハ聞カナカツタ様テ海軍ノ軍
人カ来テ酒ヲ飲ンタリ遊ンタリスル所ト
云フ話ハ聞ケリ相手カ海軍ノ軍人テアル
シ私ハ二百五十円ヲ前借シマシタカラ金
ヲ借リタ以上ハ何フカシテ稼ハネハナラ
ヌシ客取リヲセネハナラヌタロウト思ヒ
タリ（八問答）稼高ハ四分六分テ私ノ取

得ハ四分ト聞キタリ（一九問答）二十一
歳ヨリ二十六歳迄佐世保テ娼妓ヲシテ居
リシ（一四問答）旨又証人 ⊔ 訊問
調書（記録二、三七九枚以下）ニ V|
ハ私ノ次女ナリ（二問答）V| ハ何
シナ約束テ上海ニ行クコトニナツタノカ
知ラス然シ元娼妓ヲシテ居ルシ何レ娼妓
カ酌婦稼業ノ約束テ前借カ出来タモノタ
ラウト考ヘ居レリソレヨリ外ニ借金ノ途
ハ無カリシモノナリ（一〇問答）何ツセ

裁判用紙　大審院

汚レタ身故酌婦カ何カサセテ前借スル考ヘ
テアリタル旨（一一問答）夫々記載アリ
之ニ依ルトキハ V| ハ特ニ醜業ヲ厭ス
コトヲ諾サレサリシモ自己ノ経験上当然
之ヲ厭スヘキコトヲ予想シ其ノ父モ亦自
ラ其ノ交渉ニ当ラスト雖モ娘ノ過去ノ職
業上必然醜業ヲ目的トセルモノナルコト
ヲ推定シタルモノナリ是レ曽テ娼妓稼業
ヲ厭シタル者及其ノ近親者ノ赤裸々ナル
告白ニシテ以テ他ノ娼妓稼業其ノ他途責

常習者ニモ適用シ得ヘキモノトス(2) V3
ニ関シテハ証人 W 訊問調
書（記録二、一一七枚以下）ニ証人ハ V3
ノ養父ナリ（ニ問答）同人ハ長崎
縣北高来郡湯江ノ料理店ニ酌婦奉公ヲ爲
シ居リタリ（四問答）上海ニ行ツテ客取
リ賣淫ヲセネハナラヌト云フ事ハ拉島カ
ラモ藤田ノ妻カラモ詳シク聞キタリ V3
ハオ客ヲ取ツテ儲カルト云フ話ヲ聞キ
ソレテ望ンテ行キタリ（八問答）ト記載

裁判用紙　大審院

アリ是レ亦曽テ酌婦稼業ヲ爲セル同人ノ
心理状態ヲ告白セルモノニシテ以テ一般
淫賣慣行者ノ氣質ヲ知リ得ヘシ(3) V2
ニ関シテハ証人 X 訊問調書（記
録二、一六六枚）ニ私ハ昭和九年三月頃迄
熊本淳ト云フ料理屋ヲ営ンテ居リ（ニ問
答）其ノ頃 V2 ヲ女中トシテ雇ヒ居
レリ（ニ問答） V2 ハ進テ上海ニ行キ度
イト云ヒ両親モ承諾シタリ（八問答）藤
田方ニハ下女トモ酌婦トモ決メス只娼妓

ニ為スニハ歳カ足ラヌ故歳カ足ル様ニナル迄還ラウト云フテ行ケリ（一一問答）先方カ料理屋ト云フ事タカラ何レ女ノ商賣カ景氣デ金儲ケカアルト云フ風ニ親モ娘モ考ヘタ事ト思フ（一五問答）上海ニ行ツテ客取リ賣淫ヲセネハナラヌト云フ言葉ハ聞カサリシモ稼高ハ借金シテ行ケハ四分六分テ女ノ取リ分ハ四分テアルカ借金ヲセスニ行ケハ半々ト松島カ云ヒタル故其ノ話ヲV2モ両親モ上海ニ行ツテ醜

裁判用紙　大審院四二

業ニ従事セネハナラヌ事ハ充分判ツタナラント思フ（一八問答）V2ハ現金ハ一文モ借ラサリシ（一三問答）旨記載シアリ之ニ依ルトキハV2及其ノ両親等ハ淫賣ヲ為スヘキ旨ヲ告ケラレサルモ上海ニ行ケハ当然醜業ニ従事スヘキコトヲ覚悟シ居リタルモノニテ如斯ハ今日殆ント常識トナリ居ルモノナレハ原判決ニ所謂地ノ被誘拐者ノ心理モ特別ノ事情ナキ限リ同一ナリト云ハサルヘカラス前記二名ノ

九

者ハ予審終結決定ニ於テハ被誘拐者トシ
テ列記セラレタルニ拘ハラス原審及第一
審判決ニ於テ同人等ニ対スル誘拐ノ事実
ヲ認メサリシハ蓋シ之等ノ者ハ醜業ヲ予
想シ又ハ之ニ重キヲ置カスシテ其ノ淫売
ノ如何ハ上海渡航ノ決意ニ影響ヲ與ヘサ
リシモノト認メタル結果ナルヘシ果シテ
然リトスレハ右ニ右ト同様ノ経歴又ハ環
境ヲ有スル他ノ渡航者即チ判示ニ所謂被
誘拐者ニモ其ノ論理ヲ適用セサル可ラサ

裁判用紙　大審院

ルヤ言ヲ俟タサル所ナリ殊ニ被告及相被
告人全部カ異口同音被誘拐者ハ淫売経験
者ナル旨主張セル本件ニ於テハ其ノ事実
ノ有無ヲ審理判断スルコトハ緊急缺ク可
ラサル所ノモノトス然ルニ原判決カ一言
モ之ニ觸レサリシハ理由不備ノ違法アリ
更ニ進テ所謂被誘拐者個々ノ経歴環境等
ニ付キ被害者本人又ハ其ノ近親ノ供述ニ
基キ調査スルニ(イ)害ユ　ニ関シテハ
同人第一回訊問調書（記録一、一七三枚）ニ

四〇

私ハ長崎市榎津町料理屋初之屋ニ酌婦ト
シテ一ケ月余リ奉公中昭和七年四月二日
頃父カ藤田ノ妻ト私ノ上海行ノ話ヲ決メ
タソウテアルニ（七問答）初之屋ニテハ客
ヲ二度程取リタリ（九問答）又 K
調書（記録六〇九〇枚）ニ 害2 ハ
私ノ長女ナリ（一二問答） 害2 ハ其ノ当
時長崎市榎津町料亭初ノ家ニ前借金五十
円ニテ酌婦トシテ奉公シテ居リタルカ上
海ニ軍隊ノ慰安所カ出来テ月ニ二十円モ

裁判用紙　大審院

五十円モ儲カルト云フ事ナリシ故ヘアメ
リカレヘ行クトテ聞カサリシ 害2 ヲ説
得シ金百五十円ヲ藤田方ヨリ借リ受ケ上
海ニ遣シタリ（三問答）右慰安所ハ醜業
ヲ為ストコロト云フ事ハ聞カサリシモ私
ハ軍隊ノ慰安所ト云フカラニハ御客次第
金次第テハ賣淫ヲシテ金儲ケモ有ルナラ
ント察シタリ（一一問答）儲ケノ分配ハ
五分五分ニ分ケルトノ話ニシテ右ハ客ヨ
リ貰フタツプヤ又相手次第テ金ヲ儲ケ様

壹四壹

ト考ヘ客ヲ取ル様ナ事カアレハ其ノ金ヲ
分ケル位ニ考ヘ居リタリ（九、一〇問答）金
儲ケノ爲メニハ客ヲ取ル事モアラウト思
ヒ居リタル故私ハ全然騙マサレテ娘ヲ遣
ツタトユフ氣持ハ有リマセヌ（一一六問答）
トノ各供述記載アルカ故ニ同人ノ当時ノ
親権者タルK カ醜業ヲ承知ノ上右
慰安所ニ送リタルコト極メテ明白ナリ（ロ）
害5 (ハ) 害4 ノ両名ニ関シテハ其
ノ実父タル B 訊問調書（記録一、

裁判用紙 **大審院**

八二七枚以下）ニ明記セル如ク害5ハ前
借金五百五十円害4ハ同四百五十円ニテ
同時ニ佐世保高天町ノ料理屋ニ酌婦トシ
テ雇ハレ醜業ニ従事シ其ノ後害5ハ長崎
市大波止ノカフエーノ女給ニ転シ共ニ働
キ居リシ處（四問答参照）上海ニ金儲ケ
アリト聞キ両名分トシテ四百十円ヲ岡崎
ヨリ借受ケ上海ニ赴キタルモノニテ其ノ
父 B ハ収入半分分ケノ事迄協議シタ
ルモノナレハ（右ニ〇問答）其ノ表面ハ

鬼モ角内心醜業ニ従事スヘキコトヲ承知
シテ上海ニ赴キタルコト明カナリ少クト
モ醜業ノ有無ハ其ノ決意ニ影響ヲ及サザ
ルモノナルコトヲ俟タサル所ナリ(二)
曽6 本人ハ F ノ次女ニシテ曽テ
大阪ニ於テ金八百円ノ前借ヲ以テ娼妓稼
業ニ従事シ(B 訊問調書内 F
ノ供述記録一八五三枚参照)上海渡
航当時ハ長崎市大波止ノカフエーニ働キ
居リ(F 訊問調書記録一八一三枚

裁判用紙　大審院

中五問答参照)上海ニ金儲ケノ働キアリ
ト聞キ百五十円ノ前借ノ下ニ同地ニ赴キ
タルモノニシテ(同七、八問答)淫売常習
者ナルカ故ニ其ノ如何ハ以テ上海渡航ニ
何等ノ影響ヲ與ヘサルコトヲ俟タス其
ノ実父カ其ノ後昭和七年十月ニ至リ漸ニ
女ヲ上海ニ遣シタル事実ヲ徴スルトキハ
其ノ父モ亦淫売ヲ重視セサリシコト明ナ
リ(同ニ三問答参照)(ホ)曽15 本人ハ
同人ニ対スル領事ノ訊問調書(記録一六六

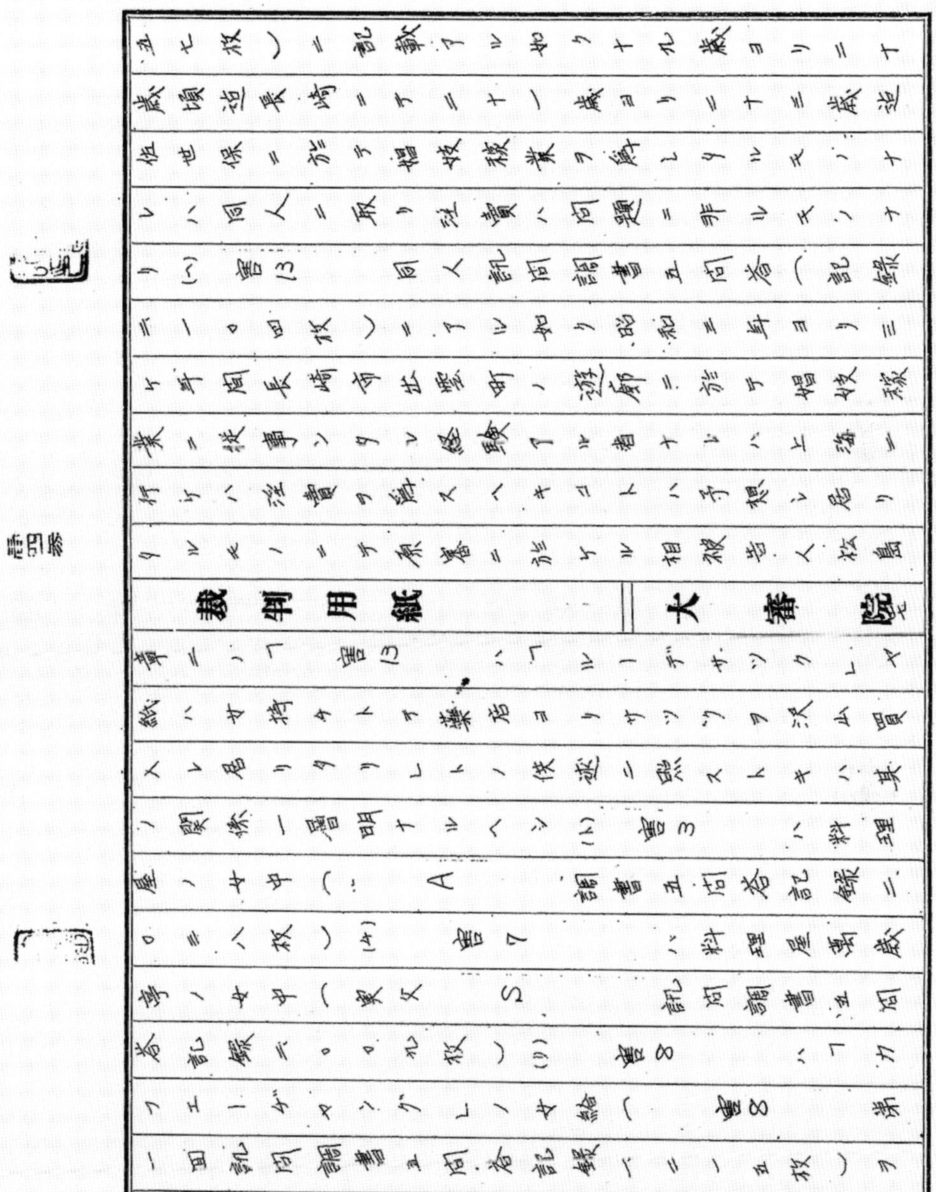
五七枚）ニ記載アル如ク十九歳ヨリ二十
歳頃迄長崎ニテ二十一歳ヨリ二十三歳迄
佐世保ニ於テ娼妓稼業ヲ爲シタルモノナ
レハ同人ニ取リ淫賣ハ問題ニ非ルモノナ
リ（ヘ）害13　同人訊問調書五問答（記録
二一〇四枚）ニアル如ク昭和三年ヨリ三
ケ年間長崎市出雲町ノ遊廓ニ於テ娼妓稼
業ニ従事シタル經驗アル者ナレハ上海ニ
行ケハ淫賣ヲ爲スヘキコトハ予想シ居リ
タルモノニテ原審ニ於ケル相被告人松島

裁判用紙　大審院

章ニ「ノ」　害13　ハ「ルーデサツクレヤ
紙ハ女持タトテ薬店ヨリサツクヲ沢山買
入レ居リタリレトノ供述ニ照ストキハ其
ノ關係一層明ナルヘシ（ト）害3　ハ料理
屋ノ女中（　A　調書五問答記録二
〇二八枚）（ヌ）害7　ハ料理屋萬歳
亭ノ女中（実父　S　訊問調書五問
答記録二〇〇九枚）（リ）害8　ハ「カ
フエーヤングレ」ノ女給（害8　第
一回訊問調書五問答記録一二一五枚）ヲ

為シタルモノニシテ料理屋ノ女中カフエ
ーノ女給モ其ノ実質ニ於テ酌婦ト異ルコ
トナキモノナレハ前同様ニ論スルコトヲ
得ヘシ以上ノ如ク九名ハ醜業ノ経験ヲ有シ前
記 V1 V2 V3 ト同一
ノ経歴同一ノ環境ニ在ルモノナレハ原審
及第一審カ三人ニ対スル犯罪ヲ認メサリ
シト同一精神ヲ以テ之等ノ者ニ付テモ誘
拐成立セサルモノトナスヲ相当トス蓋シ
九名ノ者ハ元来醜業者ニシテ内地ニ在ル

裁判用紙 大審院

モ外国ニ在ルモ等シク之ニ従事スル運命
ニ在ルモノナレハ醜業ニ付テノ嫌悪ノ念
ナク従テ判示ノ如ク被告人等カ醜業ニ従
事スルモノナルコトノ情ヲ秘シタルト否
トニ依リ渡航ノ決意ニ影響ヲ及ス所ナキ
モノナレハナリ況ンヤ彼等ハ自己ノ経験
上上海出稼ハ結句醜業ヲ意味スルモノナ
ルコトヲ当然知リ居ルモノト認メ得ヘキ
モノナルニ於テヲヤ然ルニ原判決ハ之等
ノ事情ニ付テハ何等審理判断スルコトナ

四五

ク醜業者ト目セラルル九名ニ対シテモ常
人ト同シク誘拐罪ヲ認メタルハ前述ノ如
ク理由不備ノ違法アルト共ニ他面重大ナ
ル事実ノ誤認アリト疑フニ足ルヘキ顕著
ナル事由アルモノニシテ原判決ハ当然破
毀セラルヘキモノト信スト云フニ在レト
モ所論判示事実ノ証明十分ニシテ原判決
ニ重大ナル事実ノ誤認アルコトヲ疑フヘ
キ顕著ナル事由ナキコトハ松永赤井両弁
護人ノ上告趣意書ニ付キ説明セル如クナ

裁判用紙　大審院

ルノミナラス被告人等カ所論判示ノ如ク
婦女ヲ欺罔誘惑シテ之ヲ上海ニ渡航セシ
メタル事実ニシテ存スル以上誘拐罪ノ成
立ヲ断スヘキハ勿論ナリトスヘク原審
カ同一判定ニ出テタルハ相当ニシテ理由
不備ノ違法アルモノト認メ難キカ故ニ論
旨ハ理由ナシ
同第二点原判決ハ判示第二事実ノ証拠ト
シテ証人　A　ニ対スル予審訊問
調書中其ノ供述トシテ　害3　ハ私ノ

壹四六

次サナルカ昭和七年五月頃　乙　カ
私方ニ来テ藤田カ上海ニ於テ軍隊ノ娯樂
所ノ如キモノヲ始メ其處ハ酒ヤビールヲ
賣ル軍隊ノ酒保ノ如キ所ニテ内地ノ女カ
居ラヌ故其處ノ賣子ノ如キ仕事ヲ爲スモ
ノトシテ娘害3ヲ遣リテハ如何酒ヤビ
ールカ高ク賣レ其ノ儲ノ割合ヲ呉レ内地
ノニ年分ヤ五年分ハ一年テ儲カルト申シ
タ故娘害3ニ其ノ点ノ趣旨ヲ傳ヘタル
トコロ娘ハ上海行ヲ承諾シタリ乙ハ上

裁判用紙　大審院

海ニ於テ娘カ醜業ニ從事セネハナラヌコ
トヲ一言モ言ハサリシ爲メ私モ害3モ
左様ナコトハ知ラス云々ノ記載レト説明
シタリ然ルニ同予審調書ヲ閲スルニ「問
上海ニ行ケハオ客ヲ取リ醜業ニ從事セネ
ハナラヌコトハ聞カナカツタカ　答　乙ハ
左様ナコトハ一度モ云ヒマセンテシタソ
シテ上海ニ行テ客取リ醜業ヲセネハナラ
ヌトユフ事ハ私モ害3モ知リマセンテ
シタ尤モ私ハ軍隊ノ娯樂所ト云ヘハ或ハ

壹四七

醜業ヲサセルノデハアルマイカトノ疑念
ヲ抱キヤンタカ別段訊ネハシマセンテシ
タ（記録二〇四三丁）ト供述記載アリ
テ是レニ由レハ乙ハ醜業ニ従事セネハ
ナラヌコトハ一言モ云ハサリシモ自分ハ
軍隊ノ娯楽所ト云ヘハ或ハ醜業ヲサセル
モノデハナイカトノ疑念ヲ抱キ居リタリ
ト云フニ在リテ原判決摘示ノ如ク上海ニ
於テ醜業ニ従事セネハナラヌトノコトハ
知ラサリシトノ供述記載ニアラス、而シテ

裁判用紙　大審院

右証人ハ判示乙ノ勧メニヨリ娘害3
ヲ上海ニヤル際上海ニテ醜業ニ従事セシ
ムルニアラスヤトノ疑念ヲ抱キナカラ
害3ヲ奉公ノ為メ上海ニ遣リタルモノト
セハ被告人等ノ行為ハ誘拐罪ヲ構成セサ
ルコトナリ此点ハ本件犯罪ノ成否ニ関ス
ル重要ノ事項ナリトス然ラハ原判決ハ虚
無ノ証拠ヲ断罪ノ資料ニ供シタル違法ア
ルト共ニ重大ナル事実ノ誤認アリト疑フ
ニ足ルヘキ顕著ナル事由アルモノニシテ

一四八

破毀スヘキモノト信スト云ヒ同第三点原
判決ハ第三事実ノ証拠トシテ被告人中
田大太郎ニ対スル第一回予審訊問調書中
其ノ供述トシテ……私ハ 害5 害6
ノ両名ニハ上海ニ行キ淫賣スルト云
フ事ハ云ハス女給又ハ仲居ノ如キ仕事ヲ
セネバナラヌト申シテ勧誘シタルモノナ
ル旨ノ記載レト説示シタリ然ルニ同予審
調書ヲ閲スルニ「ニニ問右女等ニハ何ン
ナ風ニ云フテ上海行ヲ勧メタカ答 B ノ

裁判用紙　大審院

娘モ F ノ娘モ元淫賣稼業ヲシテ居タ者
テアリマスカ体裁能ク云フ為メニ淫賣ト
云ハス上海ニ行ケハ女給又ハ仲居見タ様
ナ仕事ヲセネハナラヌト云フテ勧メマシ
タ（記録九九丁裏）ト供述記載アリ
テ是レニヨレハ被告人中田ハ 害5
害6 ハ元淫賣稼業ヲヤリタル者ナルヲ
以テ同人等ニハ賣淫云々ト云ハストモ女
給又ハ仲居ノ如キ仕事ナリト云ヘハ能ク
判ルコト故体裁能クセ給又ハ仲居ノ如キ

二四九

仕事ナリト云ヒタルモノナリト云フニ帰
シ原判決摘示ト其ノ趣旨大ニ相違スルモ
ノアリトス然ラハ原判決ハ此点ニ於テ証
拠ノ趣旨ヲ変更シテ罪証ニ供シタルモノ
ニシテ採証ノ法則ニ違背シ破毀ヲ免レサ
ルモノト信スト云フニ在レトモ証人A
及被告人中田大太郎ニ対スル所論
ノ各予審調書ヲ覧ルニ同人等ハ孰レモ原
判決カ証拠トシテ摘示シタル所ト同趣旨
ノ供述ヲ為セルコト明瞭ナルノミナラス

裁判用紙　大審院

此等ノ供述ハ爾余ノ供述ト分離スヘカラ
サル関係ニ在ルモノニアラサルカ故ニ原
審カ判示ノ如キ証拠説明ヲ為セルハ相当
ニシテ所論ノ如ク虚無ノ証拠ヲ断罪ノ資
料ト為シ若ハ証拠ノ趣旨ヲ変更シテ罪証
ニ供シタルモノト謂フヘキニアラス而モ
所論ノ各判示事実ノ証明十分ニシテ此等
ノ点ニ関スル原判決ノ認定ニ重大ナル誤
謬アルコトヲ疑フヘキ顕著ナル事由ナキ
コトハ松永赤井両弁護人ノ上告趣意書ニ対

一五〇

シ説明セルカ如クナルヲ以テ論旨ハ総テ理由ナキモノトス

同第四点原判決ハ其ノ事実理由ニ於テ「被告人村上富雄ハ昭和五年十一月頃ヨリ中華民国上海ニ於テ其ノ雇入ニ係ル婦女ヲシテ同地駐屯ノ帝国海軍々人ヲ顧客トシ醜業ニ従事セシメ居リタルトコロ昭和七年一月所謂上海事変ノ勃発ニ因リ多数帝国海軍々人ノ駐屯ヲ見ルニ至リタルヲ以テ海軍指定慰安所ナル名称ノ下ニ従来ノ

裁判用紙　大審院

営業ヲ拡張セシコトヲ欲シ予而知己ノモ甲　ニ該意図ヲ告ケ同人ノ紹介ニ依リ同年三月七八日頃上海文路　江　星旅館ニ於テ被告人藤田稔岡崎安太郎ノ両名ニ面談シ右ノ企図ヲ諮リ之カ賛同ヲ得茲ニ被告人富雄ニ於テ家屋其ノ他ノ設備ヲ提供シ甲　及被告人稔ノ両名ニ於テ該営業所ニ於テ醜業ニ従事スヘキ日本婦女ヲ日本内地ニ於テ雇入レ移送スルコトヲ担当シ被告人安太郎ニ於テ之カ雇入資金ヲ提

従スルコトヲ約スルト共ニ婦女雇入ニ際
シテハ其ノ事ヲ醜業ニ従事スルモノナル
コトノ情ヲ秘シ単ニ女給又ハ女中トシテ
雇フモノノ如ク欺罔シ勧説誘惑シテ上海
ニ移送センコトヲ謀議シ甲ニ於テモ直
ニ之カ賛同スルト共ニ安太郎等ノ旨ヲ受
ケテ其ノ頃長崎市ニ於ケル被告人安太郎
ノ妻ナル岡崎雪野ニ右ノ協議内容ヲ通知
シテ婦女ノ雇入レ方ヲ求メ……被告人雪
野ニ於テハ同年三月下旬頃被告人原田春

裁判用紙　大審院

吉……ニ安太郎等ノ協議セル前記方法ニ
依リ婦女ヲ誘拐シテ上海ナル前示慰安所
ニ移送センコトヲ諮リタルトコロ被告人
春吉ハ之ニ賛同シ……第四被告人穏等文
名並ニ被告人春吉ハ共謀ノ上春吉ニ於テ
同年四月初頃同市愛宕町　害8　方ニ
於テ同女ニ対シ行先ハ海軍慰安所ニシテ
水兵又ハ士官等相手ノ「カフエー」ナル
カ収入ハ一ケ月七八十円ニ達シ一年位居
リ家ヲ造リタル人モアル故上海ニ行キテ

四五弐

ハ如何ト詐言及甘言ヲ以テ誘ヒ同女ヲシ
テ其ノ旨誤信セシメテ之ヲ惑ハシヽト認
定シタリ右認定ニヨレハ被告人雪野ハ被
告人春吉ニ対シ婦女雇入レニ際シテハ其
ノ専ラ醜業ニ従事スルモノナルコトノ情
ヲ秘シ単ニ女給又ハ女中トシテ雇フモノ
ノ如ク欺罔セヨト諮リ被告人春吉ハ之ニ
賛同シタリト云フニ在リ然ルニ其ノ証拠
説明ノ部ニハ「十六被告人岡崎（原田）春
吉ニ対スル第一回予審訊問調書中其ノ供

裁判用紙　　大審院

述トシテ私ハ岡崎安太郎ノ甥ナルカ昭和
七年三月半頃又ノ息子ト岡崎ノ息子ト
カ上海見物ニ行ク際岡崎雪野ノ依頼ニ依
リ上海ノ海軍慰安所ニ行ク女二人ヲ一緒
ノ船ニテ連レテ上海ニ行キタル旨ノ記載」
「十七被告人岡崎エキノニ対スル第六回予
審訊問調書中被告人岡崎（原田）春吉ノ
供述トシテ私ハ藤田岡崎ノ息子二人ヲ連
レ上海ニ行キ同地ニ滞在中岡崎エキノヲ
旅館ニ訪レタル際同人ヨリ海軍慰安所カ

客取リ賣淫ヲ爲サシムル所ナルコトヲ知
リタリ私カ害8ヲ世話シタルハ其
ノ後ノ事ナル旨ノ供述レ「十八被告人岡
崎（原田）春吉ニ対スル第三回予審訊問
調書中其ノ供述トシテ私ハ藤田及岡崎ノ
息子ニ人ヲ連レ上海ニ行キタルトキ同地
ノ海軍慰安所ハ村上富雄カ営業主ニシテ
藤田甲両名ハ同所ニ婦女ヲ雇入レテ醜
業婦営業ヲ爲ス所ナルコト及岡崎安太郎
ハ藤田甲ノ婦女雇入ノ資金ヲ出シ居ル

裁判用紙　大審院　五七

モノナルコトヲ知リタリ又私ハ上海ニテ
岡崎ユキノニ会ヒタル際自分カ害8
ヲ世話シツツアルコトヲ話シタルトコ
ロユキノハ本人カ行クト云ヘハ雇フテモ
良イト申シタル旨ノ記載レト説明シアル
ノミニシテ被告人雪野ハ被告人春吉ニ対
シ婦女ノ雇入レノ際ハ專ラ醜業ニ従事ス
ルモノナルコトヲ秘シ單ニ女給又ハ女中
トシテ雇フモノノ如ク欺罔セヨト諮リ被
告人春吉ハ之ニ賛同シテ共謀ノ上判示行

壹五四

爲ヲ僞シタリトノ証拠ハ毫モ之ヲ擧示ス
ルトコロ無シ然ラハ原判決ハ証拠ニ基カ
スシテ事実ヲ認定シタル違法アルト共ニ
重大ナル事実ノ誤認アリト疑フニ足ルヘ
キ顕著ナル事由アルモノニシテ破毀ヲ免
レサルモノト信スト云ヒ同第五点原判決
ハ被告人等ハ判示第一乃至第六摘記ノ婦
人ニ対シ上海ニテ専ラ醜業ニ従事スルモ
ノナルコトノ情ヲ秘シ単ニ女給又ハ女中
トシテ雇フモノノ如ク欺罔シ勧説誘惑シ

裁判用紙　大審院　五八

タリト認定シアルモ原判決認定自体ニ於
テ判示ノ婦女ニ対シ(一)上海ニ行キ海軍々
人ヲ相手トスル女給又ハ仲居ノ如キ仕事
ナル旨(二)祝儀ニ依ル収入ハ二、三十円乃至
七、八十円アルヘシト申シタリト云フニ在
リテ右申込自体ニ於テ右婦女等ハ醜業ニ
従事スヘキコトヲ察知シ得ヘキ處ニシテ
被告人安太郎雪野ハ女給又ハ女中ト云ヒ
タルハ婦女等ニ対シ淫賣ニ行カヌカト云
フ能ハサルヲ以テ女給又ハ女中ナル言葉

ヲ用ヒタルモ女給トテ女中ト云フモ内
地ニ於ケル酌婦ト云フ意味ナリト信シ居
リタルモノナリトノ各供述ト判示婦女又
ハ其ノ父兄ニ於テ醜業ニ従事スルモノナ
ルコトヲ察知シナカラ上海行キヲ承諾シ
タルモノナルコトノ記録上明カナル事実
並ニ被告人安太郎ハ 乙 藤田ミキ
等ニ対シ醜業ニ従事スルコトヲ打明ケ其
ノ承諾ヲ得タル上雇入レヨト命シタリト
ノ前掲予審ニ於ケル供述トヲ参酌スルト

裁判用紙　大審院

キハ被告人安太郎雪野ニハ婦女誘拐ノ犯
意ナカリシモノナルコト明白ナリトス仍
テ原判決ニ於テハ安太郎雪野ニ対シ無罪
ヲ言渡スヘキモノナルニ事茲ニ出テスシ
テ被告人両名ヲ同罪ニ問擬シタルハ重大
ナル事実ノ誤認アリト疑フニ足ルヘキ顕
著ナル事由アルモノニシテ破毀スヘキモ
ノト信スト云フニ在レトモ所論ノ各判示
事実ノ証明十分ニシテ原判決ニ重大ナル
事実ノ誤認アルコトヲ疑フヘキ顕著ナル

壹五六

事由ナキコトハ是亦松永、赤井両弁護人ノ
上告趣意書ニ付説明シタル如クニシテ従
テ原判決ニ所論ノ如キ違法アルモノトモ
認メ難キヲ以テ論旨ハ孰レモ理由ナキモ
ノトス
同第六点仮リニ被告人等ノ行為カ国外移
送誘拐罪ヲ構成スルモノトスルモ被告人
安太郎ハ明治三十五年殴打創傷罪ニ依リ
重禁錮一月ニ処セラレタル後ハ専ラ身ヲ
謹ミ家業ニ精励シ数万ノ財産ヲ作リ郷党

裁判用紙　大審院

ノ信用ヲ得テ長崎市会議員ニ選挙セラレ
現ニ市参事会員ノ職ニ在リテ其ノ間数十
年何等ノ犯行ヲ為シタルコト無ク本件モ
其ノ甥　甲　及藤田穗ノ依頼ニ依リ単
ニ出金方ヲ承諾シタルモノニ過キス又事
変其ノモノモ上海事変ニヨリ多数軍隊ノ
駐屯ヲ見軍部側ヨリ稼業女抱入方慫慂セ
ラレ（上海総領事館ヨリ予審判事宛書面
記録三、〇〇七枚参照）其ノ急ニ応スル為
メ抱入方ニ審理ヲ缺キタル結果惹起セラ

壹五七

レタルモノトモ認メ得ヘクシテ事情酌量
スヘキモノアリ被告人雪野モ亦其ノ甥
甲ヨリノ書面ニヨリ本件ニ関与シタ
ルニ止マルモノニシテ之亦事情酌量スヘ
キモノアリ而カモ被告人等ハ本件犯行後
ハ不徳ノ結果本件ニ連座スルニ至レルヲ
愧ヶ専ラ謹慎ヲ爲シ居ル次第ニシテ改悛
ノ情顕著ナルモノアルノミナラス永キニ
亘ル未決勾留ハ心身共ニ非常ノ痛苦ヲ受
ケ殊ニ被告人雪野ノ如キハ之カ爲メ病氣

裁判用紙　大審院　六一

ニ罹リタル程（健康状況報告書記録三一
二一枚診断書記録三一二二枚参照）ニテ
刑罰ノ目的ハ既ニ達セラレタルモノト謂
フヘク原判決ニ於テハ被告人両名ニ対シ
刑ノ執行ヲ猶予シ斯ル犯行ヲ再ヒセサル
様其ノ将来ヲ戒ムルヲ相当トスルモノナ
ルニ事茲ニ出テサリシハ科刑著ク重キニ
過クルモノト思料スヘキ顕著ナル事由ア
ルモノニシテ破毀スヘキモノト信スト云
フニ在レトモ記録ヲ精査シ犯情其ノ他諸

壹五八

般ノ事情ヲ考察スルモ被告人等ニ対スル
原判決ノ量刑甚シク不当ト思料スヘキ顕
著ナル事由ナキカ故ニ論旨ハ理由ナシ
同第七点相被告弁護人ノ上告論旨ヲ援用
ストユフニ在レトモ本論旨ノ理由ナキコ
トハ他ノ相被告弁護人ノ上告趣意書ニ対
スル説明ニヨリ之ヲ了解スヘシ
被告人村上富雄弁護人松永東上告趣意書
第一点原判決ハ其擬律ニ於テ被告人ノ所
為中誘拐ノ点ハ刑法第二百二十六條第一

裁判用紙　大審院

項ニ被拐者帝国外移送ノ点ハ同法第二百
二十六條第二項第一項ニ各該当スルモノ
トシ右ハ手段結果ノ関係アルヲ以テ同法
第五十四條第一項後段ニ則ルヘキモノト
セリ然レトモ刑法第二百二十六條第二項
後段ノ被拐取者国外移送罪ハ拐取者以外
ノ者カ拐取セラレタル者ヲ其ノ拐取セラ
レタル情ヲ知リテ更ニ之ヲ国外ニ移送
スルニ依リテ成立スルモノニシテ犯人カ
拐取者以外ノ者タルコトヲ其ノ要件トス

蓋シ刑法第二百二十六條ニ於テ其ノ第一項ニ帝国外ニ移送スル目的ヲ以テ人ヲ略取又ハ誘拐スルノ罪ヲ規定シ更ニ第二項後段ニ於テ被拐者ヲ帝国外ニ移送スル罪ヲ規定シ特ニ両者ヲ區別スルハ両者カ其ノ主体ヲ異ニスルコトヲ予想シタルモノニシテ同一人カ人ヲ帝国外ニ移送スル目的ヲ以テ人ヲ拐取シ且ツ之ヲ帝国外ニ移送スルニ於テハ被拐者国外移送罪ハ一罪ヲ構成スルノミニシテ別ニ第一項ノ拐取

裁判用紙　大審院

罪ヲ以テ問擬スルノ必要ナシ（小泉英一氏日本刑法論二一七頁）之ヲ譬フルニ猶不法ニ人ヲ逮捕スルノ目的ヲ以テ之ニ暴行ヲ加ヘ且ツ之ヲ逮捕スルモ其ノ所為ハ不法逮捕罪ノ一罪ヲ構成スルニ止リ其ノ暴行ハ右不法逮捕罪ニ結合セラレ別ニ暴行罪ヲ構成スルコトナキカ如シ又之ヲ一面ヨリ観レハ既ニ人ヲ拐取シテ第一項ノ罪ヲ犯セル者ハ被拐取者ニ対シ既ニ事実上ノ支配ヲ有スルモノニシテ移送ノ如キ

ハ單ニ其ノ支配ヲ実行スル行爲即チ拐取罪ノ觀念中ニ包含セラルル行爲ナリト解スヘク（大場茂馬氏刑法各論上巻二一〇頁以下）御院判例ニ依ルモ一旦略取又ハ誘拐シタル後其ノ所在ヲ轉セシムルモ更ニ別罪ヲ構成セサル旨判示セラレタリ（昭和四年、六八八頁）斯ク解スルニ於テハ被告人ノ所爲ニ対シテハ刑法第二百二十六條第一項ノミヲ適用スヘク別ニ第二項ヲ以テ之ヲ問擬スルハ誤レリ孰レニスル

裁判用紙　大審院

モ右所爲ハ刑法第二百二十六條第一項若クハ同法第二百二十六條第二項後段ノ孰レカ一方ノミノ犯罪ヲ構成スヘキモノニシテ之ニ対シ右両項ヲ適用シテ二個ノ犯罪アリトシ之ヲ牽連犯トシテ刑法第五十四條第一項後段ヲ以テ擬律セルハ法ノ趣旨ニ反スルノ違法アルモノニシテ原判決ハ此点ニ於テ重大ナル擬律ノ錯誤アリ破毀ヲ免レサルモノト信スト云フニ在レトモ本論旨ノ理由ナキコトハ松永赤井両弁

護人ノ上告趣意書第六点ニ付説明シタル
所ニヨリテ之ヲ了知スヘシ
同第二点且ツ又若シ被告人ノ所為カ刑法
第二百二十六條第一項並ニ同法第二百二
十六條第二項ニ各該当スルモノトセハ同
法第五十四條第一項後段第十條ニ則リテ
刑ノ軽重ヲ定ムヘキハ寔ニ原判決謂フ所
ノ如シト雖モ其ノ刑法第十條ヲ適用シテ
刑法第二百二十六條第一項ノ刑ト第二項
ノ刑トヲ比較スルニ第二項被拐者帝国外

裁判用紙　大審院

移送ヲ以テ犯情重シト為スモ其ノ何故ニ
第二項ノ被拐者国外移送罪カ第一項ノ誘
拐罪ヨリ重キヤヲ解スルコト能ハス原判
決ハ全ク此点ノ説明ヲ欠クモノナリ蓋シ
両者ノ犯情ノ軽重ヲ比較スルニハ刑法ノ
規定自体ニ依リテ抽象的ニ之ヲ為スカ或
ハ又具体的事案ニ基キテ其ノ孰レノ犯情
重キヤヲ比較スルカノ二途アリ而シテ此
二途ニ尽クト雖モ其ノ孰レノ一途ヲ採ル
可キヤヲ疑問ナキ能ハス而モ原判決ノ文

四六弐

言ヲ閲スルニ其ノ孰レノ方法ヲ採レルヤ
ヲ明カニセスシテ之ヲ窺知スルニ由ナキ
モ若シ其ノ右第一途ヲ採リテ抽象的ニ法
規自体ヲ比較シタルモノトセハ前顕法條
第二項ヲ以テ同條第一項ヨリ犯情重シト
爲スノ理論的根拠ヲ求ムルコトヲ得ス又
若シ右第二途ヲ採リテ本件ノ具体的事案
ニ就キテ犯情ノ輕重ヲ比較シタルモノト
セハ其ノ何故ニ被告人ノ被拐者国外移送
ノ所爲ヲ以テ誘拐ノ所爲ヨリ犯情重シト

裁判用紙　大審院

爲スヤノ点ヲ明カニセサルノミナラス全
記録ニ徴スルモ斯ル見解ヲ生スヘキ所以
ヲ求ムルコト能ハス此点ニ於テ原判決ハ
理由ニ不備アリ若クハ其ノ示スヘキ判断
ヲ遺脱シタルモノト謂フヘク破毀ヲ免レ
サルモノトスト云フニ在レトモ原判決ハ
被告人ノ所爲中国外誘拐ノ点ト国外移送
ノ点トヲ犯情ノ上ヨリ比較観察シ後者ヲ
最モ重シト認メタル趣旨ナルコト判文上
自ラ明白ニシテ斯ル場合ニ如何ナル理由

ニ依リ移送ノ点ヲ重ント認メタルヤハ之ヲ判文ニ明示スルコトヲ要スルモノニアラサルカ故ニ原判決ニハ所論ノ如キ違法アルコトナク論旨ハ理由ナキモノトス

同第二点相弁護人ノ上告趣意書ハ茲ニ之ヲ全部援用スト云フニ在レトモ本論旨ノ理由ナキコトハ他弁護人ノ上告趣意書ニ付テノ説明ニ依リテ之ヲ了解スヘシ

以上ノ理由ナルニ依リ刑事訴訟法第四百四十六條ニ則リ主文ノ如ク判決ス

裁判用紙　**大審院**

検事徳江治之助関與

昭和十二年三月五日

大審院第四刑事部

裁判長判事　宇野要三郎

判事　沼　義雄

判事　駒田重義

判事　吉田常次郎

判事　[illegible]川寛之助

右謄本也

昭和十二年三月五日

大審院第四刑事部

裁判所書記

裁判用紙　大審院

[문서 6]

B·C급 전쟁범죄 재판에서 처벌받은 성폭력 사건의 통계

(B·C급) 전쟁범죄 재판 기소 사실 조사표

		미국	영국	호주	네덜란드	프랑스	필리핀	중국	계
건수		456	330	294	448	39	72	605	2,244
인원		1,453	978	949	1,038	230	169	883	5,700
살인	포로	533	59	398	24	26	8	34	1,082
	억류자			6			1		7
	비전투원	223	249	111	287	19	134	279	1,302
포로	학대	718	274	360	146	93	6	21	1,618
	학대치사	327	211	99	61	13	2		713
억류자	학대	4	11	49	93	2	1	2	162
	학대치사	1	6	4	31	2	1		45
비전투원	불법포로 구속		8			1	12	324	345
	학대	115	497	49	573	170	92	319	1,315[47]
	학대치사	19	360	34	383	46	4	81	927
학대행위 그 외 고도범죄 허용		2					2		4
포로에 대한 구휼품 횡령		67	2		1			1	71
재물 약취		61		6	7	31	18	158	281
재물파괴 또는 소훼		32			10		23	79	144
강간		35	1	1	10	2	45	49	143
매춘 강제		1			30			3	34
부녀 유괴			1					1	2
모욕행위		9			7			3	19
시체유괴 또는 손괴 모독		130		30	53			19	232
매장 해태 또는 명예로운 매장방해		59					1		60
인육 끽식(喫食)				14			15		29
강제징병								1	1

노동 강제 징용							18	18
노무강제			2			3	20	25
작전에 직접 관계가 있는 군사작업 강제	24	6	8	2	5	1	13	59
접수 방해							16	16
이적행위	1						16	17
적십자 표식남용	7							7
정보모집 방해	83							83
허위문서 작성 강제	6							6

47) 1,815의 오기임.

戦争犯罪裁判起訴事実調査表（B・C級）

区分 ＼ 裁判国		米国	英国	豪州	和蘭	仏国	比国	中国	計
件数		四五六	三三〇	二九四	四四八	三九	七二	六〇五	二、二四四
人員		一、四五三	九七八	九四九	一、〇三八	二三〇	一六九	八八三	五、七〇〇
殺人	俘虜	五三三	五九	三九八	二四	二六	八	三四	一、〇八二
	抑留者			六			一		七
	非戦闘員	二二三	二四九	一一一	二八七	一九	一三四	二七九	一、三〇二
俘虜	虐待	七一八	二七四	三六〇	一四六	九三	六	二一	一、六一八
	虐待致死	三二七	二一一	九九	六一	一三	二		七一三
抑留者	虐待	四	一一	四九	九三	二	一	二	一六二
	虐待致死	一	六	四	三一	二	一		四五
非戦闘員	不法逮捕拘禁		八			一	一二	三二四	三四五
	虐待	一二五	四九七	四九	五七三	一七〇	九二	三一九	一、三一五
	虐待致死	一九	三六〇	三四	三八三	四六	四	八一	九二七
残虐行為その他高度犯罪許容		二					二		四
俘虜に対する救恤品の横領		六七	二		一			一	七一
財物掠取		六一		六	七	三一	一八	一五八	二八一
財物破壊又は焼燬		三二			一〇		二三	七九	一四四
強姦		三五	一	一	一〇	二	四五	四九	一四三
売春強制		一			三〇			三	三四
[illegible]誘拐			一					一	二
[illegible]行為		九			七			三	一九
[illegible]又は損壊冒瀆		一三〇		三〇	五三			一九	二三二
[illegible]ある埋葬妨害		五九					一		六〇
人肉喫食				一四			一五		二九
強制徴兵								一	一
労工強制徴用								一八	一八
労務強制				二			三	二〇	二五
作戦に直接関係を有する軍事作業強制		二四	六	八	二	五	一	一三	五九
接收妨害								二六	二六
利敵行為		一						一六	一七
赤十字標識濫用		七							七
情[illegible]妨害		八三							八三
[illegible]強制		六							六

[문서 7]

이른바 종군'위안부' 문제와 관련된 전쟁범죄재판에 대한 조사결과 보고(1993)

법무성[48]

제2차 세계대전 중 일본국민의 전쟁범죄에 관해, 연합국 각국이 개최한 법정에서 이루어진 이른바 B·C급 전쟁범죄재판에 대해, 법무성에서 보관중인 동 재판의 관계 자료를 조사한 결과, 동 재판의 판결서로 여겨지는 서면(사본)에 따르면, 이른바 종군위안부 문제와 관련된 사유로 유죄판결이 언도된 것으로 추정된 것㈜은 네덜란드(Netherlands)가 인도네시아(Indonesia)의 바타비아(Batavia)에서 개최한 임시군법회의에 관련된 아래 2건이다.

그리고 법무성에서 보관중인 B·C급 전쟁범죄재판에 관한 자료의 대부분은 우리나라가 해당 재판국으로부터 공식적으로 입수한 것이 아니고, 전쟁범죄재판의 피고인이나 유족 또는 변호인 등 관계자들이 보관하고 있던 전쟁범죄재판과 관계있는 자료를 법무성이 계속해서 보관하게 된 것이 대부분이다. 따라서 그 가운데 포함되어 있는 재판관계 서류의 사본으로 여겨지는 자료도 원 자료와의 동일성이 확인된 것은 아니다. 이하의 조사결과는 이러한 자료의 성격 등에 의한 제약하에서 해당 전쟁범죄재판의 임시군법회의 회부결정서(기소결정서)나 판결서라고 추정되는 서면(사본)을 기반으로 피고인 등 관계자의 프라이버시 보호까지도 배려하면서 재판결과의 개요를 정리한 것이다.

㈜ '위안소에서 매춘의 강제' 또는 '위안소에서의 매춘을 목적으로 한 여성 강제 납치' 사실이 네덜란드가 실시한 전쟁범죄재판의 근거법령인 전쟁범죄형법에 관한 총독령(1946년 제45호) 제4조 이하(별지 참조)의 전쟁범죄행위에 해당된다고 기소되어 유죄판결이 언도되었다고 추정되는 것을 대상으로 했다.

---

48) 「고노담화」 발표를 앞두고 법무성이 내각관방에 보고한 문서임. 『일본군'위안부' 관계자료 21선』(2015.6.5)의 99쪽 수록 자료를 번역하였음.

기(記)

1. 자바(Java)섬 세마랑(Semarang) 소재의 위안소에 관한 사건

(1) 피고인

① 1947년 11월 22일자 임시군법회의 회부결정서(기소결정서)

육군 군인(남방군 간부후보생 교습대) 4명 (A, B, C, D)

육군에 고용된 민간인 4명 (E, F, G, H)

㈜ 그리고 그 외에 육군 군인 4명이 '억류자의 위생환경면에서 불법적인 취급' 등의 사유로 병합해서 기소되어, 2명에게 유죄, 2명에게 무죄 판결이 언도되었다.

② 1948년 12월 14일자 임시군법회의 회부결정서(기소결정서)

육군 군인(남방군 간부후보생 교습대) 1명 (I)

(2) 기소사실의 개요

(a) A, B, C, D, I 관계

ⅰ. 1944년 2월 말쯤부터 같은 해 4월까지 자바섬 세마랑 등 소재의 억류소에 수용 중이었던 네덜란드 여성들(기소결정서에는 5개소의 억류소에서 연행된 약 35명)에 대해 매춘을 시킬 목적으로 세마랑 소재의 위안소(기소결정서에는 4개소)에 연행하여 숙박을 시키고 협박 등을 해서 매춘을 강제했다는 등의 사실.

ⅱ. 부하 군인이나 민간인이 상기 ⅰ와 같은 전쟁범죄행위를 알거나 또는 알았음에도 불구하고 이것을 묵인한 사실.

㈜ I 관계의 기소사실 중에는 상기 이외에도 또 한 곳의 위안소와 관련된 같은 사실도 포함되어 있지만, 판결에서는 유죄 입증이 없다고 되어 있다.

(b) E, F, G, H 관계

1944년 2, 3, 4월 즈음, 각각 세마랑 소재 위안소를 경영하여 상기 (a)와 같이 억류소에서 연행된 여성 약 7명 내지 11명에게 협박 등을 해서 매춘을 강제한 사실.

(3) 판결의 개요와 결과

- A관계 … 유기형(15년)

육군 대좌. 병참관계 담당 장교로서 세마랑에 위안소를 개설하여 세마랑 등에 있는 억류소에 수용 중이던 네덜란드 여성들을 위안부로 사용할 계획의 입안과 실천에 협력한 자인데, 1944년 2월 말쯤에 위안소(4개소)가 개설된 후 상기 여성들(단, 기소사실에 열거된 자의 일부에 대한 유죄 입증 없음. 이하의 피고인 관계에서도 동일)에게 동의를 얻은 후에 억류소를 나와서 자발적으로 위안소에서 일한다는 군 본부의 허가조건이 충족되지 않았다는 것을 알았음에도 그 감독을 게을리하고, 같은 해 4월쯤에 이 사태를 안 군 본부의 명령에 의해 위안소가 폐쇄될 때까지 부하 군인 또는 민간인이 위안소에서 여성에게 매춘을 강제하는 등의 전쟁범죄행위를 저지른 것을 묵인했다는 사실에 대해 유죄(기소사실 (a) ii).

- B관계 … 사형

  육군 소좌. 병참관계 담당 장교로 상기 위안소의 개설 허가를 군 본부에 신청한 자인데, 1944년 2월 말쯤 위안소를 개설할 때 상기 여성들을 매춘을 목적으로 위안소에 연행할 때 군 본부의 허가조건을 충족하지 않았다는 것을 알았고, 또 여성 전원 또는 많은 사람이 강제가 아니면 매춘에 응하지 않을 것이라는 것을 알았음에도 불구하고 그 감독을 태만하게 한 사실 및 그때 위안소에서 여성을 협박하여 매춘을 강제하거나 또는 부하 군인 또는 민간인이 그러한 전쟁범죄행위를 저지른 것을 알거나 알 수 있었음에도 그것을 묵인했다는 사실에 대해 유죄(기소사실 (a) i ii)

- C 관계 … 유기형(10년)

  육군 소좌. 기소사실 (a) ii에 대해 유죄

- D 관계 … 유기형(2년)

  육군 대위. 기소사실 (a) i ii(단, 위안소로 여성 연행관계)에 대해 유죄.

- I 관계 … 유기형(12년)

  육군 중장. 남방군 간부후보생 교습대장으로 상기 위안소의 개설허가를 군 본부로부터 받도록 부하에게 명령한 자인데, 부하 군인 또는 민간인이 상기 군 본부의 허가조건을 충족하지 않은 여성들을 억류소에서 위안소로 연행해서 군 본부의 명령에 의해 위안소가 폐쇄될 때까지 1944년 3, 4월쯤 여성에게 매춘을 강제하는 등 전쟁범죄행위를 저지른 것에 관해, 그러한 부하의 행위를 알거나 알 수 있었기 때문에 미연에 방지하거나 멈추도록 해야 했음에도 감독을 게을리하고, 필요한 조치 및 명령을 태만하게 하여 이것을 묵인한 사실에 대해 유죄(기소사실 (a) ii).

- E관계 … 유기형(20년)
- F관계 … 유기형(10년)
- G관계 … 유기형(15년)
- H관계 … 유기형(7년)

모두 기소사실 (b)에 대해 유죄.

2. 자바섬 바타비아 소재의 위안소에 관한 사건

(1) 피고인

위안소 경영자였던 민간인 1명

(2) 기소사실의 개요 : 1946년 9월 28일자 임시군법회의 회부결정서(기소결정서)

1943년 9월부터 1945년 9월까지 자바섬 바타비아에서 민간인을 위해 설립한 위안소를 경영하고, 같은 시설에서 매춘을 시키기 위한 여성을 모집하거나 모집시켜서 응모한 여성이 그만두고 싶어 하는 경우에는 직접 또는 간접적으로 협박하여 자유롭게 그만둘 수 없게 하여 매춘을 강제하고 그 자유를 빼앗은 사실.

(3) 판결의 개요와 결과

기소사실에 대해 유죄. 유기형(10년).

[별지]

(1) 1946년 제44호 (전쟁범죄의 개념 규정에 관한 총독령)

제1조 전쟁범죄라는 것은 전쟁 중 적국의 국민 및 적에 종사한 외국인이 전쟁 법규 및 관례를 위반한 사실을 말함. 즉

1~5. (략)

6. 강간

7. 강제적 매음을 위해 부녀자를 유괴하거나 매음을 강제

8~39. (략)

(2) 같은 해(1946년) 제45호 (전쟁범죄형법에 관한 총독령)

제4조 전쟁범죄를 저지른 자 또는 저질렀던 자는 사형 또는 무기나 1일 이상 20년 이하의 징역에 처한다.

제5조 전쟁범죄의 미수, 종범(從犯) 및 공모는 그 범죄와 똑같이 처벌한다.

제9조 부하가 전쟁범죄를 저지른 경우, 상관이 전쟁범죄를 저지른 사실 또는 저지를 것이라고 알거나 적어도 그것을 당연히 추측했음에도 부하의 전쟁범죄 수행을 용인했을 때는 그 사람도 전쟁범죄의 정범(正犯)으로 처벌한다.

いわゆる従軍慰安婦問題に関連する戦争犯罪裁判についての調査結果の報告

法　務　省

第二次世界大戦中の日本国民の戦争犯罪に関し，連合国各国が開いた法廷において行われたいわゆるＢＣ級戦争犯罪裁判について，法務省において保管中の同裁判の関係資料を調査した結果，同裁判の判決書と思われる書面（写し）により，いわゆる従軍慰安婦問題に関連した事実で有罪判決が言い渡されたことが推定されるもの（注）は，オランダがインドネシアのバタビアで開いた臨時軍法会議に係る下記の２件である。

なお，法務省において保管中のＢＣ級戦争犯罪裁判に関する資料のほとんどは，我が国が当該裁判国から公式に入手したものではなく，戦争犯罪裁判の被告人や遺族，あるいは弁護人等の関係者が所持していた戦争犯罪裁判に関係する資料を引き継いで法務省が保管するに至ったというものが大半であり，したがって，その中に含まれている裁判関係書類の写しと思われる資料も，原資料との同一性が確認されたものではない。以下の調査結果は，このような資料の性質等による制約の下で，該当する戦争犯罪裁判の臨時軍法会議付託決定書（起訴決定書）や判決書と推定される書面（写し）をもとに，被告人等関係者のプライバシーの保護にも配慮しながら，裁判結果の概要をまとめたものである。

（注）「慰安所における売春の強制」又は「慰安所における売春を目的とした女性の強制ら致」の事実が，オランダの行った戦争犯罪裁判の根拠法令である戦争犯罪刑法に関する総督令（１９４６年第４５号）第４条以下（別紙参照）の戦争犯罪行為に該当するとして起訴され有罪判決が言い渡されたと推定されるものを対象とした。

記

1. ジャワ島セマラン所在の慰安所に関係した事件

(1) 被告人

①１９４７年１１月２２日付臨時軍法会議付託決定書（起訴決定書）

陸軍軍人（南方軍幹部候補生教習隊）４名（Ａ，Ｂ，Ｃ，Ｄ）

陸軍に雇われた民間人４名（Ｅ，Ｆ，Ｇ，Ｈ）

（注）なお，そのほか陸軍軍人４名が，「抑留者の衛生環境面での不法な取扱い」等の事実で併合して起訴され，２名に対し有罪，２名に対し無罪の判決が言い渡されている。

②１９４８年１２月１４日付臨時軍法会議付託決定書（起訴決定書）

陸軍軍人（南方軍幹部候補生教習隊）１名（Ｉ）

(2) 起訴事実の概要

(a) A，B，C，D，I関係

i　1944年2月末ころから同年4月までの間，ジャワ島セマランほか所在の抑留所に収容中のオランダ人女性ら（起訴決定書では5か所の抑留所から連行した約35名）に対し，売春をさせる目的でセマラン所在の慰安所（起訴決定書では4か所）に連行し宿泊させ，脅すなどして売春を強制するなどした事実。

ii　部下の軍人や民間人の上記iのような戦争犯罪行為を知り又は知り得たにもかかわらずこれを黙認した事実。

（注）I関係の起訴事実中には，上記のほかにもう1か所の慰安所に関係した同様の事実も含まれていたが，判決では有罪の立証がないとされている。

(b) E，F，G，H関係

1944年2，3，4月ころ，それぞれセマラン所在の慰安所を経営し，上記(a)のとおり抑留所から連行されてきた女性約7名ないし11名に対し，脅すなどして売春を強制した事実。

(3) 判決の概要と結果

・A関係…有期刑（15年）

陸軍大佐。兵站関係担当将校として，セマランに慰安所を開設しセマランほか所在の抑留所に収容中であったオランダ人女性らを慰安婦として使う計画の立案と実現に協力したものであるが，1944年2月末ころに慰安所（4か所）が開設された後は，上記女性ら（ただし，起訴事実に掲げられた者の一部につき有罪の立証なし。以下の被告人関係でも同様）につき，同意の上抑留所を出て自発的に慰安所で働くという軍本部の許可条件が満たされていないことを知り得たのに，その監督を怠り，同年4月ころにこの事態を知った軍本部の命令により慰安所が閉鎖されるまでの間，部下の軍人又は民間人が慰安所で女性に売春を強制するなどの戦争犯罪行為を行うことを黙認したという事実につき有罪（起訴事実(a)ii）。

・B関係…死刑

陸軍少佐。兵站関係担当将校として，上記慰安所の開設許可を軍本部に申請したものであるが，1944年2月末ころ，慰安所を開設する際に上記女性らを売春目的で慰安所に連行するに当たり，軍本部の上記許可条件を満たしていないことを知っており，また，女性の全員あるいはその多くが強制しなければ売春に応じないであろうことを察知し得たにもかかわらず，その監督を怠ったという事実，及び，そのころ，慰安所において，女性を脅して売春を強制するなどし，また，部下の軍人又は民間人がそのような戦争犯罪行為を行うことを知り又は知り得たのにそれを黙認したという事実につき有罪（起訴事実(a) i ii）。

・C関係…有期刑（１０年）

陸軍少佐。起訴事実(a) ii につき有罪。

・D関係…有期刑（２年）

陸軍大尉。起訴事実(a) i ii（ただし，慰安所への女性の連行関係）につき有罪。

・I関係…有期刑（１２年）

陸軍中将。南方軍幹部候補生教習隊長として，上記慰安所の開設許可を軍本部から得るよう部下に命じたものであるが，部下の軍人又は民間人が，上記軍本部の許可条件を満たさないのに女性らを抑留所から慰安所に連行して，軍本部の命令により慰安所が閉鎖されるまでの１９４４年３，４月ころ，女性に売春を強制するなどの戦争犯罪行為を行ったことに関し，そのような部下の行為を知り又は察知し得たのであるからこれを未然に防ぐか止めさせるべきであったのに，監督を怠り，必要な措置及び命令を怠ってこれを黙認したという事実につき有罪（起訴事実(a) ii）。

・E関係…有期刑（２０年）

F関係…有期刑（１０年）

G関係…有期刑（１５年）

H関係…有期刑（　７年）

いずれも起訴事実(b)につき有罪。

2. ジャワ島バタビア所在の慰安所に関係した事件

(1) 被告人

慰安所経営者であった民間人１名

(2) 起訴事実の概要：１９４６年９月２８日付臨時軍法会議付託決定書（起訴決定書）

１９４３年９月から１９４５年９月ころまでの間，ジャワ島バタビアにおいて，民間人のために設立された慰安所を経営し，同施設において売春させるための女性を募集し又は募集させ，応募してきた女性が辞めたがった場合には直接あるいは間接的に脅迫し自由に辞めることができないようにして，売春を強制し，その自由を奪ったという事実。

(3) 判決の概要と結果

起訴事実につき有罪。有期刑（１０年）。

（別紙）

(1)　１９４６年第４４号（戦争犯罪の概念規定に関する総督令）

第１条　戦争犯罪とは，戦争中敵国の臣民及び敵に使用されている外国人によって，戦争の法規及び慣例に違反して犯された事実をいう。すなわち，

１～５　（略）

６　強かん

７　強制的売いんのための婦女子の誘かい及び売いんの強制

８～39　（略）

(2)　同年第４５号（戦争犯罪刑法に関する総督令）

第４条　戦争犯罪を犯す者又は犯した者は，死刑又は無期若しくは一日以上二十年以下の懲役に処する。

第５条　戦争犯罪の未遂，従犯及び共謀は，その犯罪と同様に罰せられる。

第９条　部下が戦争犯罪を犯した場合，上官が，戦争犯罪の犯されていること若しくは犯されるであろうことを知り，又は少なくともそれを当然推測したに違いないのに，部下による戦争犯罪の遂行を容認したときは，同人もまた，その戦争犯罪の正犯として罰せられる。

[문서 8]

네덜란드인 종군위안부 문제(1992.7.28)

네덜란드인 종군위안부 문제

1992년(헤이세이4) 7월 28일

서구(西歐) 제1과

이 건에 관한 우리나라 신문보도를 접하고 나서 네덜란드 국립공문서관에서 바타비아 군사재판기록을 입수했다(기록요지 별첨: 별첨 1은 판결문의 요지, 별첨 2는 검찰 심문기록 가운데 위안소 관련 조직도의 한 예로 현지 구일본군이 조직적으로 위안소 관리에 관여한 것을 나타내려고 한 것). 일본군 관계자에 의한 강제매춘 등을 목적으로 한 네덜란드인 부녀자의 연행 등의 죄로 피고 12명 가운데 1명이 사형, 8명이 징역형, 2명이 무죄 판결을 받은 것이 판명되었다(1명은 정신이상에 의한 입원으로 되어 있다).

이 건에 대해서는 (1) 바타비아 군사재판기록의 가치 평가, (2) 네덜란드에 대한 사죄 및, (3) 이 건에 대하여 특별히 보상을 검토할 것인지의 3가지가 문제로 지적되는 바, 각각에 대하여 외무성의 기본적인 입장(1-3)을 각각의 문제점에 관한 대외 응답요령(별지)과 함께 (종군위안부 문제에 대한 정부의 관여 여부에 대하여 조사를 취합하고 있음) 내각외정심의실에 전달합니다.

1. 본건 판결의 의미 부여

(1) 이번에 네덜란드 공문서관에서 공표된 바타비아 재판기록에 대해서는 그 기록이 당시 일본군의 행위에 관한 사실을 제대로 반영한 것인지 어떤지가 우선 문제가 된다.

(2) 우리나라는 샌프란시스코 평화조약 제11조에서 "극동국제군사재판소 및 일본 국내와 국외의 다른 연합국 전쟁범죄법정의 재판을 수락(accepts the judgments)"하고 있는 바, 연합국인 네덜란드가 바타비아에서 행한 전쟁범죄법정의 재판도 수락한 것이 된다. 따라서

우리나라로서는 동 재판에 대하여 네덜란드에게 이의제기는 할 수 없다고 생각된다. 단, 이러한 것은 동 재판이 사실을 제대로 반영하고 있는지 아닌지와는 별도의 문제다.

(3) 따라서 '강제매춘'을 사유로 7명을 유죄로 판결한 본건 재판에 대해서는 우리나라로서는 이것이 제대로 사실을 반영한 것인지 아닌지와 관계없이 네덜란드에 대하여 이의를 제기할 입장이 아니라고 생각한다(별지 질문 1, 2).

2. '사죄' 문제에 대하여

(1) 네덜란드인 전 종군위안부에 대한 우리 정부의 자세를 검토할 때는 이하의 점을 고려할 필요가 있다.

가) 네덜란드인의 전 종군위안부 문제에 대해서는 7월 8일 이른바 종군위안부 문제에 대한 정부의 조사결과 공표 때 정부 차원에서 "국적, 출신지의 여하를 불문하고 이른바 종군위안부로 말과 글로는 다할 수 없는 고통을 당하신 모든 분들에 대해서 충심으로 사죄와 반성의 마음을" 표명했으며, 만약 바타비아 군사재판기록에 있는 대로 네덜란드인 중에서도 이른바 종군위안부가 존재했다고 한다면, 위의 '사죄와 반성의 마음'을 표명하는 대상에 네덜란드인 이른바 종군위안부였던 분들도 포함되어 있다고 생각한다.

나) 비공개

(2) 앞부분 비공개 조사 결과 본건에 대해서는 이미 관계자의 판결과 형의 집행이 종료되었다는 사실을 이야기하고, 더불어 종래와 같은 수준에서 (당사자에게) 가토 관방장관이 '사죄와 반성의 마음'을 표명하는 것으로 한다(별지 질문3).

3. 이후의 조치

(1) 일본과 네덜란드의 전쟁 청구권 문제는 샌프란시스코 평화조약 및 1956년 일본과 네덜란드 협정서로 해결되었다. 그러한 의미에서 네덜란드인 전 종군위안부에 대한 이른바 보상의 문제도 일본과 네덜란드 사이에서 해결이 끝났다.

(2) 그러나 우리나라는 국적, 출신지의 여하를 불문하고 이른바 종군위안부로 말과 글로는 다할 수 없는 고통을 당하신 모든 분들에게 충심으로 사죄와 반성의 마음을 표명한 바,

이후 어떠한 조치를 검토할 경우 네덜란드인 종군위안부까지도 검토의 대상으로 할 것이다. (최종적으로 조치의 대상이 될지 안 될지는 위 검토의 결과 결론이 도출될 것이다.)

(끝)

네덜란드인 종군위안부 문제에 관한 예상문답

(외무성 서구 제1과, 1992.7.28)

비밀지정 해제

외교기록 · 정보공개실

네덜란드인 종군위안부 문제에 관한 예상문답

(외무성안)

비 무기한

1992년(헤이세이4) 7월 28일

서구(西歐) 제1과

질문1. 네덜란드인 이른바 종군위안부 문제에 관한 정부의 조사결과는?

답 1. 이번 네덜란드 국립공문서관에서 공표된 바타비아 전쟁범죄법정 재판기록을 통해서 네덜란드인 부녀자에 대한 이른바 '강제매춘' 행위를 사유로 유죄판결을 받은 일본인이 존재하는 것이 판명되었다㈜.

2. 네덜란드인 이른바 종군위안부 문제에 대해서는 이미 네덜란드에서 실시한 전쟁범죄법정에서 관계자가 처벌되었는데, 어쨌든 정부 차원에서 다시금 국적 · 출신지의 여하를 불문하고 이른바 종군위안부로 말과 글로는 다할 수 없는 고통을 당하신 모든 분들에 대해서 충심으로 사죄와 반성의 마음을 표명한다.

㈜ 7월 6일의 관방장관 기자회견에서 이른바 '종군위안부'와 관련된 행위가 '강제적으로' 행해진 것임을 보여주는 자료는 지금까지 발견되지 않았다는 취지로 답변했다는 사실과의

관계를 염두에 둘 것.

(좀 더 나아간 질문, 이번 바타비아의 재판기록은 네덜란드 측의 공표에 의해 처음으로 밝혀졌는데 원래 우리 법무성에는 동 재판기록이 보존되어 있을 터인데, 왜 이것을 자주적으로 공표하지 않은 것인가〉)

답. 지금까지의 조사는 내각외정심의실의 조정 아래 관계 자료가 보관되어 있을 가능성이 있는 성청과 여러 관련 기관에서 보관하고 있는 문서를 조사한 것이다. 이번의 재판기록에 대해서는 네덜란드 측의 공표를 접하고 법무성에 해당 자료의 조사를 의뢰했다.

질문2. 이번의 조사결과를 토대로 정부 차원에서 네덜란드인 종군위안부에 대한 정부의 관여와 위종군위안부에 대한 강제연행의 사실을 인정하는가?

답. 네덜란드 국립공문서관이 공표한 바타비아의 재판 판결문에는 당시 현지 일본군이 조직적으로 네덜란드인 여성에게 매춘행위를 시킨 사실을 엿볼 수 있는 기술이 있으며[㈜], 유죄판결을 받은 자의 판결이유로 '강제매춘을 목적으로 한 부녀자의 연행', '매춘 강제' 등이 거론되었다. 어쨌든 국가와 국가의 관계에서 우리나라는 샌프란시스코 평화조약 제11조에 따라 바타비아에서의 재판을 포함하여 연합국 전쟁범죄법정의 재판을 수락하고 있는 바이다.

㈜ 판결의 관련 기술

"남방군 간부후보생 양성대 지휘관 ○○대좌는 재판과 처벌을 벗어나기 위하여 자살했고 일본어 유서를 남겼다. 그 주요 내용은 다음과 같다. 제16군 사령부의 암묵적인 승인에 의해 세마랑 점령 군 지휘관 ××소장은 △△소좌에게 수십 명의 네덜란드인 여성을 수용소에서 데리고 와서 2~3개의 위안소에 배분하도록 명령했다. 이 명령은 집행되었으며 여성들은 위안소에서 매춘행위를 강제당했다. 1개월 후에 도쿄 당국에서 경고를 받았고 위안소는 폐쇄되었다."

(좀 더 나아간 질문, 수락한 것의 의미를 물을 경우)

답. 위의 재판을 수락한 이상 일본으로서는 위의 재판에 대하여 연합국인 네덜란드에게 이의신청을 할 수 없다고 생각한다.

(좀 더 나아간 질문, 정부 차원에서 본건 재판기록에 나타난 사실관계에 대하여 독자적으로 조사를 하지 않는가〉)

답. 본건에 대해서는 이미 전승국인 네덜란드에 의한 재판과 형의 집행이 종료되었는바, 위 재판과 관련된 사항에 대하여 재차 조사를 하는 것은 고려하지 않고 있다.

질문3. 이번 조사결과를 바탕으로 정부가 네덜란드 정부에게 다시금 사죄를 하는 것인가?

답. 네덜란드가 이미 관계자를 재판했고 형의 집행이 종료된 사실이 판명되었다.

어쨌든 정부로서는 국적 · 출신지의 여하를 불문하고 이른바 종군위안부로 말과 글로는 다할 수 없는 고통을 당하신 모든 분들에게 충심으로 사죄와 반성의 마음을 다시 한 번 표명하고자 한다.

질문4. 가토 관방장관은 7월 6일의 기자회견에서 "우리의 마음을 어떠한 형태로 표현할 수 있을지"에 대하여 "성의를 가지고 검토하고 싶다"는 취지로 발언했는데, 이것은 네덜란드인 종군위안부 문제까지도 염두에 둔 발언인가?

답. 지적하신 발언은 국적 · 출신지의 여하를 불문하고 이른바 종군위안부로 말과 글로는 다할 수 없는 고통을 당하신 모든 분들에게 충심으로 사죄와 반성의 마음을 표명한 것이다.

(좀 더 나아간 질문, 구체적으로 어떠한 '형태'를 생각할 수 있는가?)

구체적인 검토 상황에 대해서 답하는 것은 피하고 싶다.

바타비아 임시군사재판 판결 요지(バタビア臨時軍事裁判判決 要點)

바타비아 임시군사재판 판결(요지)

1. 피고(성명은 비공개인 만큼 검은 칠을 했음)

(1) 1호 : 45세, 히로시마[広島] 출신, 육군대좌.

(2) 2호 : 39세, 오사카[大阪] 출신, 육군대좌.

(3) 3호 : 38세, 히로시마[広島] 출신, 육군소좌.

(4) 4호 : 46세, 아이치[愛知] 출신, 육군소좌.

(5) 5호 : 60세, 후쿠오카[福岡] 출신, 육군소좌.

(6) 6호 : 44세, 사가[佐賀] 출신, 육군대위.

(7) 7호 : 30세, 이바라키[茨城] 출신, 육군대위.

(8) 8호 : 44세, 미야기[宮城] 출신, 육군특무조장.

(9) 9호 : 41세, 도쿄[東京] 출신, 육군종군시민.

(10) 10호 : 32세, 와카야마[和歌山] 출신, 육군종군시민.

(11) 11호 : 24세, 와카야마[和歌山] 출신, 육군종군시민.

(12) 12호 : 39세, 야나마시[山梨] 출신, 육군종군시민.

2. 구형(및 이유)

(1) 1호 : (정신이상으로 정신병원에 입원).

(2) 2호 : 징역 5년(강간).

(3) 3호 : 사형(강제 매춘을 목적으로 한 부녀자 연행, 매춘 강제, 강간).

(4) 4호 : 징역 10년(강제 매춘을 목적으로 한 부녀자 연행, 매춘 강제).

(5) 5호 : 징역 10년(억류자 학대).

(6) 6호 : 징역 20년(억류자 학대, 강간).

(7) 7호 : 징역 2년(강제 매춘을 목적으로 한 부녀자 연행).

(8) 8호 : 무죄.

(9) 9호 : 사형(매춘 강제, 강간).

(10) 10호 : 징역 5년(매춘 강제).

(11) 11호 : 징역 20년(매춘 강제, 강간).

(12) 12호 : 징역 5년(매춘 강제).

3. 판결(및 이유)

(1) 1호 : (정신이상으로 정신병원에 입원).

(2) 2호 : 무죄(증거 불충분).

(3) 3호 : 사형(강제 매춘을 목적으로 한 부녀자 연행, 매춘 강제, 강간).

(4) 4호 : 징역 10년(강제 매춘을 목적으로 한 부녀자 연행, 매춘 강제).

(5) 5호 : 징역 7년(억류자 학대).

(6) 6호 : 징역 16년(어류자 하대, 강간).

(7) 7호 : 징역 2년(강제 매춘을 목적으로 한 부녀자 납치).

(8) 8호 : 무죄(증거 불충분).

(9) 9호 : 징역 20년(매춘 강제).

(10) 10호 : 싱역 10년(매춘 강제).

(11) 11호 : 징역 15년(매춘 강제).

(12) 12호 : 징역 7년(매춘 강제).

외무성이 1992년에 입수한 위안소 운영 조직도

위안소 운영의 조직도

(?부터 1944년 1월까지)

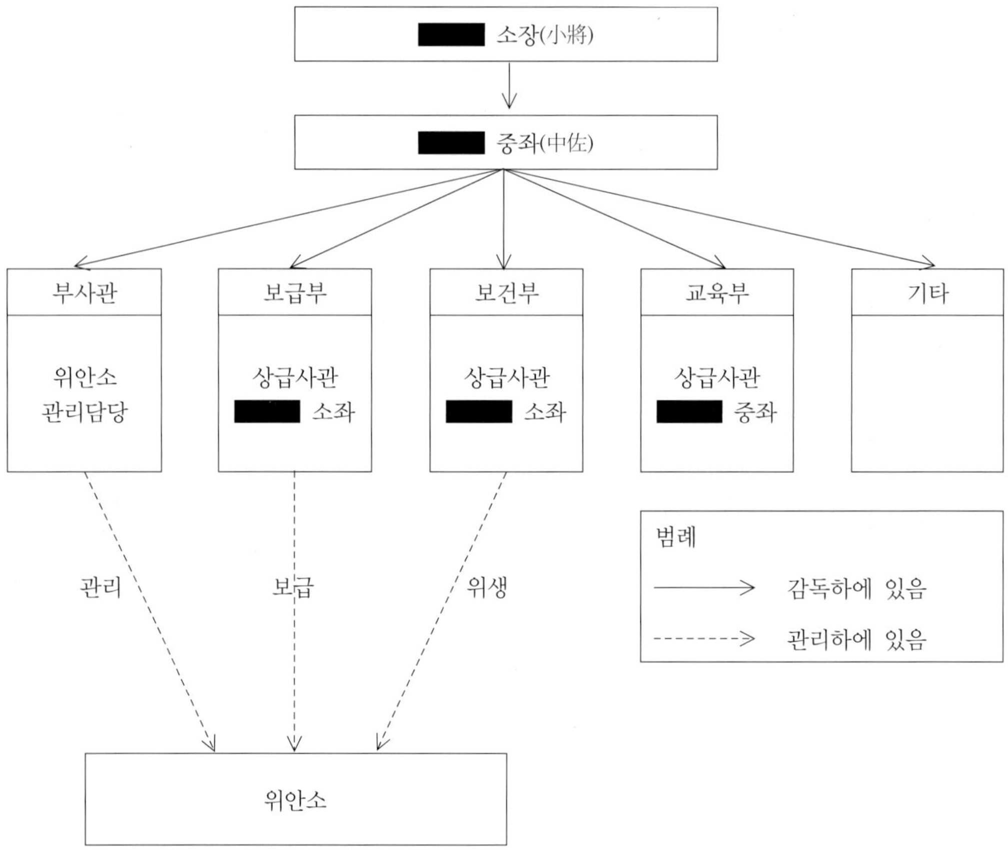

1947년 9월 5일 ▇▇▇ 소좌 작성

(지문날인)

本件決裁済み

9

秘密指定解除
外交記録・情報公開室

秘
無期限

決　裁　書

大臣 / 秘書官 / 政務次官 / 事務次官 / 外務審議官 / 外務審議官 / 官房長	主管: 欧亜局長 / 審議官 / 西欧第一課長 / 首席事務官 / 総務班	保存期間: 1類(永久) 2類(10年) 3類(5年) 4類(1年)
		起案 平成 4 年 7 月 28 日
		決裁 平成 年 月 日
		起案者 1457 電話番号 2609

協議先

欧亜局庶務 済

総務課長 / 法令班 / 法規課長

アジア局長 / 審議官

西欧第二課長 / 中国課長 / 大洋州課長 / 北東アジア課長 / 南東アジア第二課長

決裁後、アトコピー

下記の件に関し、決裁を求めます。（関係文書別添）

件名

オランダ人従軍慰安婦問題

GA−1 （昭和63. 4. 1改正）　外務省　

3

オランダ人従軍慰安婦問題

平成4年7月28日
西　欧　第　一　課

本件に関する本邦新聞報道を受け、蘭国立公文書館よりバタビア軍事裁判記録を入手したところ（記録要旨別添：別添1は判決文の要点、別添2は検察尋問記録中の慰安所関連組織図の1例で、現地旧日本軍が組織的に慰安所の管理に携わっていたことを示そうとするもの。）、日本軍関係者による強制売春等を目的としたオランダ人婦女子の連行等の罪で、被告12名中1名が死刑、8名が懲役刑、2名が無罪の判決を受けていたことが判明した（1名は精神異常により入院とされている）。

本件については、(1)バタビア軍事裁判記録の位置づけ、(2)蘭に対する謝罪、及び、(3)本件につき特に補償を検討すべきか、の3点が問題となるところ、それぞれにつき当省の基本的考え方（1－3）を、それぞれの点に関する対外応答要領（別紙）とともに、（従軍慰安婦問題への政府の関与についての調査を取りまとめている）内閣外政審議室に伝えることと致したい。

1．本件判決の位置づけ

（1）今般蘭公文書館より公表されたバタビアの裁判記録については、そこでの記述が、当時の日本軍の行為に関する事実を真に反映したものであるかどうかがまず問題となる。

（2）我が国は、サンフランシスコ平和条約第11条において、「極東国際軍事裁判所並びに日本国内及び国外の他の連合国戦争犯罪法廷の裁判を受諾（accepts the judgments)」しているところ、連合国たるオランダがバタビアで行なった戦争犯罪法廷の裁判も受諾していることとなる。従って、我が国としては、同裁判についてオランダに対し異義を申し立てることはできないと考えられる。但し、そのことは、同裁判が事実を真に反映していたか否かとは別の問題である。

（３）従って、「強制売春」を理由に７名を有罪とした本件裁判については、我が国としては、これが真に事実を反映したものであるか否かに拘らず、オランダに対し異議を唱える立場にないものと考える（別紙問１、２）。

２．「謝罪」の問題について

（１）オランダ人の元従軍慰安婦に対する我が国政府の姿勢の示し方の検討にあたっては、以下の点を考慮する必要がある。

（イ）いわゆる従軍慰安婦問題については、７月８日、いわゆる従軍慰安婦問題に関する政府による調査結果の公表の際、政府として「国籍、出身地の如何を問わず、いわゆる従軍慰安婦として筆舌に尽くし難い辛苦をなめられた全ての方々に対し、改めて衷心よりお詫びと反省の気持ちを」表明したところであり、仮にバタビア軍事裁判記録にある通りオランダ人の中にもいわゆる従軍慰安婦が存在したとすれば、上記の「お詫びと反省の気持ち」の表明の対象には、当然かかるオランダ人のいわゆる従軍慰安婦であった方々も含まれていると考えられる。

（ロ）

（２）

調査の結果、本件については既に関係者の裁判及び刑の執行が終了していることが判明した旨述べるとともに、従来通りのラインで（当事者に対して）「お詫びと反省の気持ち」の表明を加藤官房長官より行なって頂くこととする（別紙問3）。

（3）他方、蘭政府に対しては、上記官房長官発表の内容を外交ルートを通じて伝えることとする。

3．今後の措置

（1）日蘭間の戦争に係る請求権の問題は、サンフランシスコ平和条約及び1956年日蘭議定書で解決済み。その意味でオランダ人元従軍慰安婦に対するいわゆる補償の問題も日蘭間で解決済みであると考えられる。

（2）しかし、我が国は国籍、出身地を問わずいわゆる従軍慰安婦として筆舌に尽くし難い辛苦をなめられた全ての方々にお詫びと反省の気持ちを述べているところ、今後何らかの措置を検討する場合、オランダ人従軍慰安婦をも検討の対象とすることとする。（最終的に措置の対象となるか否かは、右検討の結果、結論が出されることとなる。）

（了）

秘密指定解除
外交記録・情報公開室

秘
無期限

オランダ人従軍慰安婦問題に関する想定問答

（外務省案）

平成4年7月28日
西欧第一課

問1．オランダ人のいわゆる従軍慰安婦の問題に関する政府の調査結果を問う。

答1．今般オランダ国立公文書館により公表された、バタビアの戦争犯罪法廷での裁判記録によれば、オランダ人婦女子に対するいわゆる「強制売春」行為を理由として有罪判決を受けている日本人が存在することが判明した（注）。

2．オランダ人のいわゆる従軍慰安婦問題については、既にオランダにより行われた戦争犯罪法廷に於いて関係者が処罰されているところであるが、いずれにせよ、政府としては、改めて、国籍・出身地の如何を問わず、いわゆる従軍慰安婦として筆舌に尽くし難い辛苦を嘗められた全ての方々に対し、衷心よりお詫びと反省の気持ちを申し上げたい。

（注）7月6日の官房長官記者会見に於いて、いわゆる「従軍慰安婦」に係る行為が「強制的に」行われたことを示す資料は今までのところ発見されていない旨答えていることとの関係を念頭に置いたもの。

（更問、今般のバタビアでの裁判記録はオランダ側の公表によって初めて明らかとなったが、そもそもわが国法務省には同裁判記録は保存されているはずであり、これをなぜ自主的に公表しなかったのか）

答　これまでの調査は、内閣外政審議室の調整の下、関係資料が保管されている可能性のある省庁及びその関係諸機関にて保管されている文書を調査したものである。今回の裁判

－ 1 －

記録についてはオランダ側の公表を受けて、法務省に当該資料の調査を依頼したところ。

問２．今般の調査結果を踏まえ、政府としてはオランダ人従軍慰安婦に対する政府の関与及び右従軍慰安婦に対する強制連行の事実を認めるのか。

答　オランダ国立公文書館が公表したバタビアでの裁判の判決文には、当時の現地日本軍が組織的にオランダ人女性に対し売春行為をせしめていたことを伺わせる記述があり（注）、また、有罪判決を受けた者の判決理由として「強制売春を目的とした婦女子の連行」、「売春強制」等が挙げられている。いずれにせよ、国と国との関係に於いては、わが国はサンフランシスコ平和条約第１１条により、バタビアでの裁判を含め、連合国戦争犯罪法廷の裁判を受諾しているところである。

（注）判決に於ける関連記述

「南方軍幹部候補生養成隊指揮官〇〇大佐は、裁判と処罰を逃れるために自殺し、日本語の遺書を残した。その主な内容は次の通りであった。第１６軍司令部の暗黙の承認により、スマラン占領軍指揮官××少将は△△少佐に対し、数十人のオランダ人女性を収容所から連れ出し、２〜３の慰安所に振り分けるよう命じた。この命令は執行され、女性達は慰安所で売春行為を強いられた。１か月後に、東京の当局より警告が発せられ、慰安所は閉鎖された。」

（更問、受諾したことの意味を問われる場合）

答　右裁判を受諾した以上、日本国として、右裁判について連合国たるオランダに対して異議を申し立てることはできないと考えられる。

－ 2 －

（更問、政府として本件裁判記録に示された事実関係につき独自の調査を行わないのか）

答　本件については、既に戦勝国たるオランダによる裁判及び刑の執行が終了していることもあり、右判決に示された事項につき再度調査することは考えていない。

問３．今般の調査結果を踏まえ、政府としては、オランダ政府に対し改めて謝罪を行うのか。

答　オランダについては、既に同国により、関係者の裁判が行われかつ刑の執行が終了していることが判明した。

いずれにせよ、政府としては、国籍・出身地の如何を問わず、いわゆる従軍慰安婦として筆舌尽くし難い辛苦を嘗められた全ての方々に対しお詫びと反省の気持ちを改めて表明したい。

問４．加藤官房長官は７月６日の記者会見に於いて、「我々の気持ちを如何なる形で表すことができるのか」につき「誠意をもって検討していきたい」旨述べているが、これはオランダ人従軍慰安婦問題をも念頭に置いた発言か。

答　ご指摘の発言は、国籍・出身地の如何を問わず、いわゆる従軍慰安婦として筆舌に尽くし難い辛苦を嘗められた方々に対するお詫びと反省の気持ちを述べたもの。

（更に、具体的に如何なる「形」が考えられているのか）

具体的な検討状況につき立ち入ることは差し控えたい。

（了）

－ ３ －

バタビア臨時軍事裁判判決（要点）

1．被告（氏名は非公開のため墨塗りされている）
（1） 1号：45歳。広島出身。陸軍大佐。
（2） 2号：39歳。大阪出身。陸軍大佐。
（3） 3号：38歳。広島出身。陸軍少佐。
（4） 4号：46歳。愛知出身。陸軍少佐。
（5） 5号：60歳。福岡出身。陸軍少佐。
（6） 6号：44歳。佐賀出身。陸軍大尉。
（7） 7号：30歳。茨城出身。陸軍大尉。
（8） 8号：44歳。宮城出身。陸軍特務曹長。
（9） 9号：41歳。東京出身。陸軍従軍市民。
（10） 10号：32歳。和歌山出身。陸軍従軍市民。
（11） 11号：24歳。和歌山出身。陸軍従軍市民。
（12） 12号：39歳。山梨出身。陸軍従軍市民。

2．求刑（及び理由）
（1） 1号：（精神異常のため精神病院に入院）。
（2） 2号：懲役5年（強姦）。
（3） 3号：死刑（強制売春を目的とした婦女子連行、売春強制、強姦）。
（4） 4号：懲役10年（強制売春を目的とした婦女子連行、売春強制）。
（5） 5号：懲役10年（抑留者虐待）。
（6） 6号：懲役20年（抑留者虐待、強姦）。
（7） 7号：懲役2年（強制売春を目的とした婦女子連行）。
（8） 8号：無罪。
（9） 9号：死刑（売春強制、強姦）。
（10） 10号：懲役5年（売春強制）。
（11） 11号：懲役20年（売春強制、強姦）。
（12） 12号：懲役5年（売春強制）。

3．判決（及び理由）
（1） 1号：（精神異常のため精神病院に入院）。
（2） 2号：無罪（証拠不十分）。
（3） 3号：死刑（強制売春を目的とした婦女子拉致、売春強制、強姦）。
（4） 4号：懲役10年（強制売春を目的とした婦女子拉致、売春強制）。
（5） 5号：懲役7年（抑留者虐待）。
（6） 6号：懲役16年（抑留者虐待、強姦）。
（7） 7号：懲役2年（強制売春を目的とした婦女子拉致）。
（8） 8号：無罪（証拠不十分）。
（9） 9号：懲役20年（売春強制）。
（10） 10号：懲役10年（売春強制）。
（11） 11号：懲役15年（売春強制）。
（12） 12号：懲役7年（売春強制）。

ORGANISATIE SCHEMA OFFICIEREN OPLEIDINGSSCHOOL SEMARANG.

Van ? tot einde Januari 1944.
(? から 1944年1月末まで)

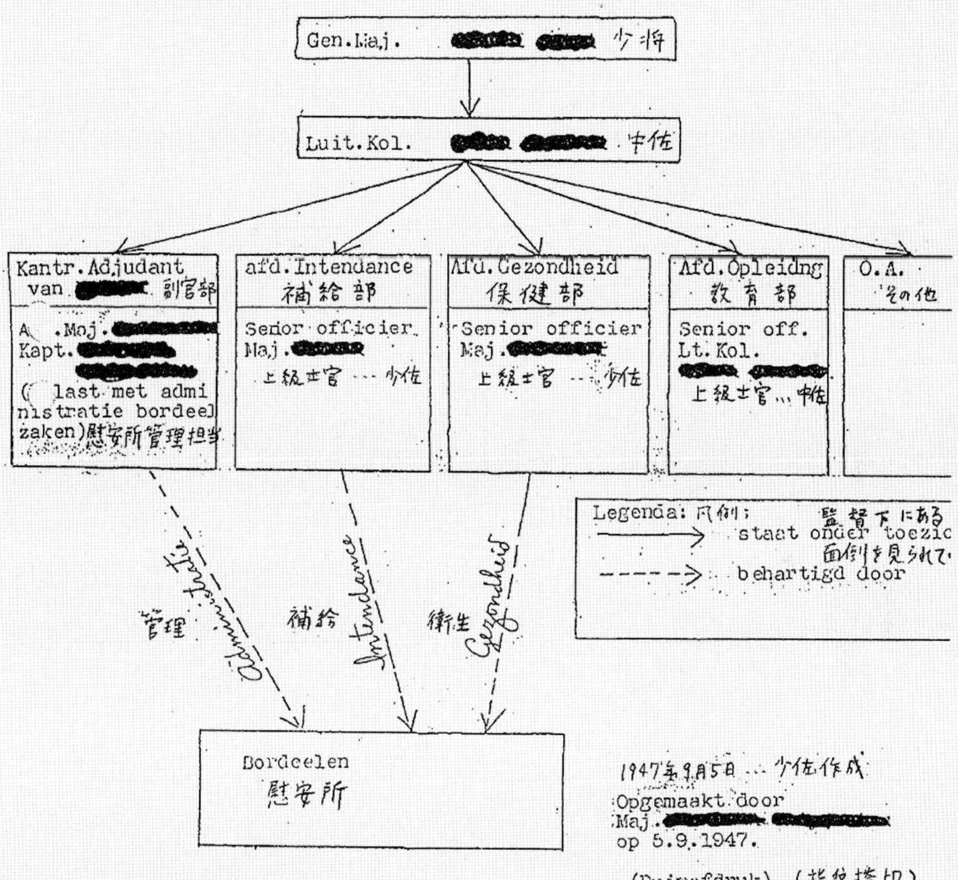

[문서 9]

전범재판 5호사건(네덜란드 재판관계) - 아오지 와시오 사건[49)]

아오지 와시오[青地鷲雄]

기소장

피고인은 기간이 명확치 않지만 전시중인 1943년 9월경부터 1945년 9월경까지의 기간에 바타비아(Batavia)에서 적국 일본의 국민으로서 전쟁범죄를 저지르거나 저지르도록 하여, 즉 전쟁 법규 및 관례를 어기고 일본의 일반시민을 위해 만들어진 '사쿠라 클럽(SakuraClub, 櫻俱樂部)'의 경영자로 일본인이 필요한 것을 제공하기 위해 부녀자를 모집하거나 모집시켰고 이들 부녀자가 해고를 원하는 경우에는 직접 또는 간접으로 헌병의 위세를 빌리거나 빌리지 않고 이 클럽의 손님에게 강제로 매음을 하도록 했다. 아울러 그 목적을 위해 클럽 내 한곳에 그들을 거주시키고 클럽 밖으로 자유로이 외출하는 것을 허락하지 않았다. 피고인 또는 피고인의 협력에 의해 많은 부녀자가 일본인을 상대로 추업(醜業)을 하도록 했다. 이상의 사실은 네덜란드령 인도관보[蘭印官報] 1946년 전쟁범죄처벌조례 제4조(the Statute Book Decree No.46 of 1946) 이하에 해당되는 바, 이에 따라서 처벌하고자 한다.

(변론) 변호인 후루카와 시즈오[古川靜夫]

재판장 및 배석심판관 여러분, 본건의 변론을 맡은 저는 재판관 여러분께 위안소라는 시설이 극히 비인도적이고 매우 추악한 죄악의 소굴인 것처럼 오해하기 쉽기 때문에, 이 시설의 계획과 경영을 맡은 당사자는 두말할 것도 없이 무뢰한으로 간주되기 쉽습니다.

---

49) 이 자료는 여성가족부 2014년 보고서『Ⅱ. 일본군'위안부' 피해자 관련 사료 체계적 분류집』, 260~299쪽의 번역을 이용함.

이러한 사실에 특히 유의해 주시기 바랍니다. 재판관 여러분은 이미 충분히 이 점에 관하여 치밀한 배려를 해주실 것이라 확신합니다만, 본건의 심리에서는 일견 너무나도 추악하게 생각되지만, 위안소의 사회적 의의와 그 시설을 맡은 당사자의 심정을 깊고 정확히 통찰하여 실로 정의의 이름에 부합하는 재판이 되기를 바랍니다.

따라서 본 변호인은 사건의 내용에 들어가기에 앞서 재판관 여러분에게 참고가 될 수 있도록 일본군의 위안소 설립 의의와 피고인이 이에 관여하게 된 동기를 간략히 말씀드리고자 합니다.

먼저 첫째로 일본군의 위안소의 사회적 의의에 대해 한 말씀 드리겠습니다. 전시중 점령지에서 인륜의 문란이 야기되는 것은 동서고금에 걸쳐 그 사례가 참으로 열거하기 어려울 정도로 많습니다. 따라서 우리 일본군은 자바 진주 당초에 이를 염두에 두고 풍기 단속은 특히 매우 엄중하게 했습니다. 그리고 전시에 일반 풍기 문란을 가능한 한 방지하고 또한 군으로서는 병사 사이에 성병이 발생하여 전력이 저하되는 것을 막기 위해 위안소의 설립이 고려되었습니다. 요컨대 위안소의 설립은 전쟁에 수반하는 불가피한 사회적 해악을 최소한도 억제하려는 취지에서 나온 것입니다. 특히 일본군은 장교와 일반시민인 부녀사와의 공공연한 교제는 물론 함께 승자거나 보행하는 것을 엄금했고, 이를 적극 실천하기 위해 준엄한 단속을 했습니다. 따라서 한편으로 이와 같이 위안소를 설립하는 것은 참으로 어쩔 수 없는 일이었습니다. 이것에 의해 일본군이 자바에 진주한 이래 군인에 의한 부녀자의 유괴, 강간 등과 같이 풍속을 문란케 하는 사건은 전무하다고 할 수 있는 상태였고, 이 때문에 자바에서는 일본군이 일반시민으로부터 매우 호감을 샀던 것입니다.

즉 이 시설이 적극적인 이익으로 사회에 기여하는 시설은 물론 아니지만, 전쟁에 수반되는 불가피한 사회적 해악을 최소한도로 억지하기 위한 유효적절한 사회적 시설이라 해도 과언이 아닙니다. 그렇다면 이것을 비인도적인 시설이라고 부르며 비난 경멸하는 것은 사안의 진상을 파악하지 못하는 천박한 인도주의론이라고 말하지 않을 수 없습니다.

다음으로 저는 피고인이 어떤 동기로 이 '사쿠라 클럽'의 경영을 담당하게 되었는지를 언급하고 싶습니다. 당초에 피고인은 일본 나가사키[長崎]시의 좋은 가문에서 자라나 중등교육을 받았고, 매우 충실한 크리스찬인 아내에게 감화를 받아 예전부터 크리스찬이 되었고, 타고난 자선심과 의협심으로 사회의 약자와 불행한 자를 스스로 나서서 구제하기 위해 힘쓴 것은 그의 내력이 확실하게 보여줍니다.

즉 그는 20여 년 전 자바에 건너온 이후 일본인회의 서기로서 일반 일본인의 조력자 역할을 했고 그 후 모렌프리트 거리에 있는 '스와 호텔'이란 상호로 호텔업을 경영하는 동안 타향에서 사업에 실패한 사람들, 병든 사람들 기타 노약자 등 생활이 궁핍해진 자들을 자기 비용으로 계속 구제해 왔습니다. 그래서 일본인의 구제단체였던 공제회 회장에 여러 번 추대되었고 상호부조에 진력했기 때문에 전쟁 전에 일본인 사이에서 절대적인 존경을 받고 있었습니다.

전시중에는, 1942년 7월 다시 자바로 복귀하여 바타비아시의 후생과에서 근무하며 공익사업에도 종사했습니다. 그러던 중 전쟁으로 남편을 잃은 채 자녀를 데리고 매일매일 궁핍한 생활을 하거나 스스로 타락하여 매음행위를 하는 부인이 점차 증가했습니다. 당시 일반 방인은 군인 군속용의 위안소 같은 시설이 없었기 때문에 이러한 여성들에게 접근하는 자가 점차 증가했습니다. 그 결과 이미 말했듯이 사회적 해악을 최소한도로 억제하고자 하는 입장에서 일본인 전용 위안소를 설립하자는 것이 일본인들과 군정감부에서 문제가 되었습니다. 그렇지만 시설의 경영은 매우 곤란할 뿐 아니라 자기 명예가 걸린 일이었기 때문에 매우 꺼리는 일이어서 희망자는 전혀 없고 세월만 지나갔습니다.

피고인은 말도 능통한데다가 성격이 온후하고 동정심도 많아 가난한 여성이나 주색에 빠지려 하는 청년을 돕기에 가장 적당한 인물이라고 여겨져 위안소의 경영을 요청받게 되었습니다. 당초 피고인은 아무리 전시하의 긴요한 시설이라도 내지에 남은 그의 아내의 명예 때문에라도 받아들이지 않겠다고 여러 번 고사했지만, 일본인들과 군정감부의 간청을 거부할 수 없어서 약 15일간 신중히 숙고한 끝에 위안시설의 사회적, 군사적 의의의 중요성을 이해하고 마침내 앞에서 말한 요망을 받아들이기로 결심한 것입니다.

그런데 그가 이처럼 경영을 담당하기에 이른 동기는 결코 영리에 있는 것이 아니었고 사회적 해악의 억제를 목적으로 한 하나의 공공시설 경영에 있었던 것이 명료한데도 피고인을 사욕을 추구한 자로 본다면, 당시 상당한 이익을 거두고 있었던 아케보노 식당(나중의 쇼와(昭和)식당)을 폐쇄하고 이익도 적고 사람들이 싫어하는 일을 하게 된 것을 도저히 이해할 수 없습니다.

피고인의 이런 희생적 정신과 위안소를 설립하게 된 그의 동기를 자세히 검토해보면, 피고인이 희망하지 않는 부녀자를 수용소 또는 거리에서 거짓술수로 유인해 오거나 혹은 '사쿠라 클럽'에서 부녀자에게 매음을 강제했다는 등의 비인도적 행위를 했다는 것은 도저히 상상하기 어렵습니다. 이하에서 저는 피고인에게 책임을 묻는 3가지 점에 대해서 차례대로 변론하겠습니다.

(1) 매음을 위한 부녀자 모집

기소이유의 첫 번째로 거론된 것은 '매음을 위해 부녀자를 모집'했다는 것입니다. 본 변호인은 단순한 '매음을 위한 부녀자 모집'을 전범으로서 취급하는 것은 매우 이해하기 어렵습니다. 왜냐하면 '강제적 매음을 위한 부녀자 유괴'를 전범으로 처벌하는 것은 '전쟁범죄로서 이해되어야 하는 것의 확정에 관한 조례' 제1조 제6호에 명시되어 있지만, 강제적이라 할 수 없는 단순한 매음을 위한 부녀자 모집은 전범으로 규정되어서는 안되기 때문입니다.

논지는 혹시 이렇게 말할 지도 모릅니다. "이 조례의 각 호(各號)는 전범으로 삼아야 할 행위의 예시에 불과한 것이어서 이것에 한정된다는 취지는 아니다"고.

그렇지만 변호인은 어떤 행위를 전범으로 처벌하기 위해서는 동 조례 제1조 본문에 기재된 바와 같이 "인도상의 일반의무에 위반하는 행위" 즉 바꿔 말하면 위법성이 있는 행위이라는 것이 필수 조건이 아니면 안된다. 따라서 인도상의 일반적 의무를 위반했는지 여부로 심사하는 것이 아니라, '부녀자의 모집' 그 자체를 추상적으로 위법이라고 판단하는 것은 잘못이라고 생각합니다. 변호인은 피고인이 행한 '부녀자의 모집'은 위법성이 없으므로 처벌되어서는 안된다고 생각합니다.

왜냐하면, 첫째로 일본군정 치하에서 클럽의 경영은 법이 허용한 정당한 업무행위이고 클럽에서 근무하는 여성들을 모집하는 것은 경영을 위해 반드시 필요한 것으로 허용되었기 때문입니다.

둘째로 피고인은 여성들을 모집할 때 절대로 강제력을 사용하지 않았고 기만수단도 사용하지 않았기 때문입니다.

증인 중에는 "모집할 때는 서비스걸 또는 빠걸 등이란 이야기를 들었지만 실제로는 위안부로 속았다"고 증언하고 있는데, 본 변호인은 이러한 증인의 증언을 신뢰할 만하다고 생각하지 않습니다. 리스 베르호르스트(Lies Beerhorst)의 증언에 따르면 업무의 내용을 명확히 알려주었음을 알 수 있습니다. 그뿐만 아니라 여성들이 클럽을 개점할 때까지 한 달간 한 구역의 가옥 안에서 함께 거주하고 있었기 때문에 속았다면 이 기간에 당연히 속은 것을 눈치챌 수 있었습니다. 다수의 여성들이 한 달 동안 공동생활을 한 후에도 그만두겠다고 신청한 여성이 한 사람도 없었다는 것은 피고인이 여성들을 속인 것이 아니며 강제로 머물게 하지 않았다는 증거이지 않습니까.

더구나 부녀자의 모집은 반둥(Bandoeng), 세마랑(Semarang), 죠크자, 각지에서 이루어졌는데 모집할 때 업무의 내용은 명확히 여성들에게 제시되었고 계약서에 본인이 서명했을 뿐만 아니라 부모에게도 승낙을 얻었다는 것은 베르호르스트의 진술을 보면 알 수 있습니다. 또한 모집을 반둥, 세마랑, 죠크자 등지에서 실시한 것은 피고인이 모집할 때 결코 강제나 기만을 하지 않았음을 보여주는 것입니다. 왜냐하면 강제적이거나 기만으로 여자를 모집했다고 하면 바타비아 시내에서만도 사쿠라 클럽에서 일할 여자를 확보할 수 있었기 때문입니다.

피고인이 여자를 구하는 데 많은 골치를 썩었다는 사실은 강제적으로 수용한 게 아니라는 것을 이야기하고도 남습니다.

사쿠라 클럽에서 일하기로 결정한 여성들은 생활고 때문에 그렇게 결정을 했던 것입니다. 변호인은 이들을 마음 깊이 동정합니다. 빈곤과 병고와 범죄는 사회의 3대악이라 합니다만, 이 3대악을 완전히 없앨 수 있는 국가는 아직 없습니다. 어떠한 국가도 이 3대악으로 고민하지 않는 곳이 없습니다. 빈곤한 나머지 남자가 범죄를 저지르고 부녀자가 매음의 길에 빠지는 것은 각국 공통의 현상입니다. 피고인은 결코 그녀들을 강제하지도 않았고 기만하지도 않았습니다. 그녀들이 매음의 길로 나선 책임이 피고인 개인에게 있지 않다고 변호인은 말하고 싶습니다.

이상 두 가지의 이유에 의해 피고인은 '부녀자를 모집'한 혐의로 처벌받아서는 안됩니다. 부녀자 모집에 무리가 있고 강제로 했으며 기만수단이 쓰였다면 그것을 처벌해도 좋습니다. 하지만 그렇지 않을 때는 그것을 전쟁범죄로 처리하는 것은 부당하다고 변호인은 생각합니다. 피고인이 했던 부녀자 모집은 결코 전쟁범죄에 해당하지 않습니다.

(2) 매음의 강제

다음으로 기소이유의 두 번째로 거론된 '매음의 강제'라는 사실에 대하여 검토해 보겠습니다.

증언을 통독하고 이 쟁점과 관련하여 문제가 되는 사실을 개괄하면 다음의 두 가지로 요약할 수 있을 것입니다.

(a) 해고신청을 거절했다.

(b) 하루에 50엔 이상의 수입을 강요했다.

먼저 (a)의 점에 대해 검토하겠습니다.

증인 다수는 헌병을 내세워 해고신청을 거절했다고 말하지만, met hempei라는 단어는 매우 추상적이어서 우리는 그 구체적인 사실을 정확하게 상상하는 것이 매은 곤란합니다. 즉 부녀자들이 과연 헌병에게 현실적으로 협박을 받은 것인지, 아니면 헌병에게 고발당할 거라는 무형의 협박을 받았는지도 전혀 불명확합니다. 이러한 증언만으로는 사건의 진상을 충분히 파악할 수 없습니다. 이 점에 관하여 다음의 점에 유의하시길 바랍니다. 즉 증인 다수가 피고인을 비난하지 않고 있다는 점, 아울러 피고인이 헌병의 위세를 빌려서 위협하는 것과 같은 비열한 수단을 사용할 만한 성격의 소유자가 아니라고 말한다는 점입니다. 본 변호인은 피고인이 헌병의 위세를 빌렸다는 증언은 신용할 수 없습니다.

또한 피고인과 베르호르스트의 진술에서 다음의 사실이 명확히 드러납니다. 즉 여자들을 설득하여 해고신청을 막은 사례는 약간 있습니다. 그러나 그것은 여자가 해고를 신청하러올 때, 그 이유의 대부분은 배후에 남자가 있어서 여자를 클럽에서 빼내어 동거하려고 했기 때문입니다. 그리고 피고인과 베르호르스트는 그 남자의 성격과 재력 기타 사정을 판단하여 여자가 클럽을 나가면 다시 곤궁한 생활에 빠질 것이 분명한 경우에는 그녀의 장래를 생각하여 이를 막은 것에 불과합니다. 그래도 클럽을 나가고 싶다는 여성은 강제로 그것을 막지 않았습니다. 또한 어떤 사람은 억류소에서 나온 여자인 까닭에 만약 클럽을 그만두면 재차 억류소로 돌아가지 않으면 안되고, 남자와 동거할 만한 신분도 아니라는 사정을 이야기하여 막은 것입니다. 이러한 것은 클럽 경영자로서의 당연한 충고로, 강제적으로 해고를 거절한 경우는 절대로 없습니다. 또한 베르호르스트의 증언 가운데 있듯이 어느 여자는 하루를 지내고 다음날 해고를 신청하였는데 바로 허가한 적도 있습니다.

이와 같이 본다면, 피고인이 헌병의 위세를 빌려서 해고신청을 부당하게 거절했다고는 전혀 판단할 수 없습니다.

다음으로 (b)의 점에 대해 검토해 보겠습니다.

이 점에 대해서도 피고인은 명료하게 부인하고 있지만, 베르호르스트는 페이스가 부녀자에게 하루 50엔 이상의 수입을 올리라고 명령했다고 진술했습니다. 그러나 이 진술에서 곧바로 매음의 강제가 사실이었다고 인정할 수 있을까요? 게다가 하루에 50엔 이상의 수입을 올리지 못한 여자에게 어떠한 제재가 가해졌는지는 전혀 불명확합니다. 또한 여자가 그런 합의 없이 손님을 접대하거나, 손님을 접대하는 것을 거절했기 때문에 뭔가 제재를 받았는지에 대한 증거도 없습니다. 그렇다면 페이스는 여자들에게 하루 50엔 이상의 수입을 올리기를 희망했던 것에 지나지 않는다고 해석하는 것이 가장 타당하다고 생각합니다. 요컨대 (b)의 점에 대해서도 피고인은 책임을 질 이유가 추호도 없습니다.

(3) 부녀자의 신체의 자유 구속

이 점에 관해서는 변호인은 피고인이 일반 경영상의 당연한 제한 이상으로 하등 자유를 속박한 사실이 없음을 말씀 드립니다.

클럽 설립 취지는 풍기의 유지에 있었고 따라서 클럽의 주위를 외부로부터 차단하고 외부사람이 내부를 엿보지 못하게 한 것은 당연하며, 결코 여자들의 자유를 속박하기 위한 것이 아니었습니다. 여자들이 독방에 갇혔던 사실은 없습니다.

클럽에 고용된 여자들은 모두 월요일마다 아침 일찍부터 오후 11시까지 외출이 허가되었고 당일 클럽은 휴업했습니다. 그뿐 아니라 다른 날 점심에도 자유로이 외출이 허가된 것은 피고인의 진술을 볼 때 분명합니다. 특히 억류소를 나와 클럽에서 일하던 여인들은 그녀들이 이전에 억류소에 억류되어 한 발짝도 나가는 것이 허락되지 않았던 것에 비하면 자유 속박은 전혀 문제가 되지 않는다는 것이 명확합니다.

경영시간인 야간에 외출이 허락되지 않았던 것은 일반 피고용자에게 근무시간에 자유로이 마음대로 외출이 허가되지 않은 것과 똑같습니다.

이와 같이 저는 피고 본인에게 기소이유에 해당할 만한 행위는 전무했음을 밝힙니다. 한 마디 덧붙이지 않으면 안되는 것은, 피고인에게 그런 사실이 없더라도 베르호르스트나 페이스에게, 앞서 진술한 사실에 대해서 그 책임을 묻는다고 가정할 경우에, 과연 피고인도 책임을 지느냐 마느냐의 문제입니다.

따라서 이 문제를 해결하는 데는 다음의 2가지 점을 결정해야 합니다.

(a) 피고 본인과 베르호르스트 혹은 페이스는 공범인가(전범형법규정의 확정에 관한 조례 제5조 참조)

(b) 피고가 동 조례 제9조에 따른 책임을 져야 하는가.

먼저 첫 번째 점에 대해서는 피고와 베르호르스트 혹은 페이스 사이에 범죄 성립의 주관적 요건인 범죄의사의 공동(의사소통)을 확정할 필요가 있습니다. 그런데 우리는 모든 증언을 검토했으나 그 범죄의사의 공동을 입증하기에 충분한 사실은 결국 발견할 수 없습니다.

두 번째 점에 대해서는 피고인이 그의 부하인 베르호르스트와 페이스의 "행위가 이루어지는 것, 혹은 이루어질 것을 알고 혹은 적어도 이성으로써 짐작할 수 있음에도 불구하고" 그 행위를 '용인했다'는 사실의 입증이 필요합니다. 그리고 이와 같은 사실은 본건에서 이루어진 증언만으로는 도저히 입증할 수 없습니다. 따라서 저는 (a)와 (b)의 점에 대하여 피고인의 책임문제를 다루는 것은 극히 부당하다고 확신합니다.

마지막으로 저는 피고인의 사구라 클럽 경영이 얼마나 공명정대하게 행해졌는가를 말해주는 사실을 소개하고자 합니다.

즉 전쟁이 끝난 후 치안이 매우 악화되었을 때, 그의 친구들은 그가 노인이자 병약자인 점을 고려하여 신속히 일본인 집결지로 가기를 권고했지만, 그는 "나는 그간 일해 오는 동안에 부녀자에 대해 아무런 부정한 행동을 하지 않았다. 따라서 그들의 가족이 돌아와도 나는 조금도 그들에게서 원한을 살 만한 것이 없다. 뿐만 아니라 그들 가족이 돌아와도 아마 생활이 곤궁할 것이기 때문에 나는 내가 할 수 있는 범위 내에서 그들 가족을 보살피는 것이 내 책임이다"라고 하며 친구의 권고를 단호히 거절하고, 그가 구속된 날까지 원래 주소에서 그대로 머문 사실에서 그의 공명정대한 태도와 의협 정신을 쉽사리 이해할 수 있습니다. 그 노인이 현재 전범 피고인으로 이 법정에 서서, 지금 검사에게서 15년 형의 구형을 받기에 이르렀습니다. 본 변호인은 참으로 불행한 이 늙은 동포에 대해서 흘러 넘치는 비통한 눈물을 금할 수 없습니다. 저는 재판관 여러분의 혜안에 의해 이 노인이 하루 빨리 청천백일(晴天白日)의 몸이 되어 따스한 하나님의 품에 안겨 조용히 여생을 누릴 수 있기를 기도하며 제 변론을 마치고자 합니다.

사면탄원서

(생략)

판결문

(일부 생략)

바타비아 임시군법회의 군검찰관은 연령 60세, 직업 호텔 주인으로 현재 바타비아의 스트루이스웨이크 수용소(the prison "Struiswyk")에 구금되어 있는 아오지 와시오[靑地鷲雄]에 대하여,

동인은 1946년 9월 28일자로 임시군법회의에 이하의 사정으로 회부되었다.

동인은 1943년 9월부터 1945년 9월까지 전시중 어느 시기에 일본 민간인을 위해 설립된 '사쿠라 클럽'에서 직접 또는 간접적으로 헌병의 위세를 빌려 부녀자에게 매춘을 강요하고, 클럽 내에 구속하고, 자유를 속박함으로써 관보(官報) 1946년, 45년의 전쟁범죄형법 제4조 및 제5조의 죄상에 해당하는 범죄를 저질렀다.

1946년 10월 11일자 공시, 소환 집행에 의해 10월 21일 오전 9시, 피고가 임시군법회의장에 소환되었다.

군검찰관이 아오지 와시오를 '강제매춘'의 죄로 15년 형을 선고하는 취지를 낭독하고 임시군법회의에 제출했다.

심의과정에서 피고에 대해 밝혀진 자료를 근거로,

피고 및 변호인이 변호를 위해 제출한 것에 비추어 피고가 심의에서 말한 것을 검토했다. 피고가 일본인이란 것, 1920년 이래 바타비아에 거주하고 후반에는 호텔 주인으로 일하고, 1941년 11월 30일 일시 귀국하였다가 1942년 6월 정부의 명령에 따라 재차 바타비아로 돌아왔다. 스카모토 시장과 그 비서 도타니의 명령에 따라 바타비아 시내 노르도베이쿠스 지구에서 '아케보노' 레스토랑을 개설했다.

'아케보노'는 일반에게 개방된 레스토랑으로 밤 11시까지 웨이트리스가 일했다. 이들 여성은 손님과 침실에 들어갈 의무는 없었고 밤 11시 이후는 자유였다.

'아케보노'에서는 바타비아 시에서 소개받은 리스 베아호르스트와 모렌칸프 그리고 포피 에쿠하르트와 알게 되었다.

포피 에쿠하르토와 리스 베아호르스트는 항상 서로 다투었기 때문에 전자를 해고하고 그 후 리스 베아호르스트를 (그 자리에) 임명했다.

1943년 4월 이후 리스 베아호르스트와 동거하고, 1943년 6월 2일 군정감부의 명령에 따라 바타비아의 호닝(Horning)에 매춘숙(賣春宿)을 개설했는데, 이것은 두 번에 걸친 명령에 저항한 후에 행한 일이다.

호닝의 건물이 매춘숙으로 개장(改裝)되고, 일본인 민간인에게 개방된 레스토랑 '사쿠라 바'도 만들어졌다.

리스 베아호르스트는 피고와 함께 매춘숙의 개설과 영업에 종사했다.

리스 베아호르스드는 매춘부를 모았지민, 피고는 이 시설의 책임지로서 임무를 한 것이다.

피고는 경리, 군정감부와의 접촉, 보급에 주로 힘을 기울였다.

1943년 9월 10일 20명의 매춘부를 데리고 개업했고, 1945년 9월경 일본군이 항복할 때까지 계속 영업을 했다.

이 매춘숙에는 17세의 최연소 매춘부가 있었다. 매춘부들은 그 일의 내용을 충분히 알았고 본인의 자유의지로만 채용되었고, 자기의 판단하에 언제든지 그만둘 수 있었다.

여성은 매달 일정의 급여와 손님이 지불한 것의 일부를 받았고 거기서 주거비 등을 지불했다.

여성은 정기적으로 건강진단을 받고 있었다.

피고 및 리스 베아호르스트는 매춘부에게 그들의 이익을 고려하여 가능한 한 많은 손님을 받도록 권유했지만, 피고는 하루 저녁에 일정의 금액을 지불하는 것을 정하지 않았다. 그리고 리스 베아호르스트가 그런 일을 하고 있었다는 것을 몰랐다.

매춘부는 이미 경험이 있는 자, 바타비아 출신인 자 등 제 각각이다. 예를 들어 치뎅수용소(Tjidengkamp)의 11인의 네덜란드 여성과 세마랑, 반둥, 조지아(Djooja), 사라티가(Salatiga) 출신의 수용자가 아닌 여성 등이 있었다.

피고는 리스 베아호르스트와 다른 조수들과 함께 바타비아 교외에 가서 '사쿠라 클럽'에서 일할 매춘부를 모집했다.

매춘부의 채용 시에는 일본기업을 감독하고 2, 3개월마다 순찰하러 오는 헌병에게 그 성명을 알렸다.

피고 자신은 한번도 '사쿠라 클럽'에서 매춘부로 일하는 여성을 협박하거나 폭력을 휘두른 적이 없고 여성이 그만두겠다고 했을 때 억지로 말린 적도 없으며, 리스 베아호르스트나 다른 부하가 그런 일을 한다는 것을 알지 못했다.

또한 피고는 헌병이 특별히 관여를 요구하지 않는 한 대응하지 않았고, 하물며 종업원에게 대답하는 일 등은 없었기에, 헌병이 협박하는 일이 있었다고는 생각하지 못했다.

또한 때때로 매춘부를 때린 적이 있지만, 그것은 내부의 다툼과 금지하고 있는 남자친구를 만들었을 때였지, 매춘을 강요하기 위해 때린 적은 없었다.

증언한 증인 중 다음의 자는 주로 이하와 같이 증언했다.

1. 카타리나 포테헤르는

1944년 5월 6일부터 9월경까지 '사쿠라 클럽'에서 매춘부로서 일했다. 동인은 리스 베아호르스트의 권유에 따라 자유의지로 일했다.

동인이 그만 두고 싶다고 리스 베아호르스트에게 2회 이야기했는데, 헌병의 협박으로 포기했다.

동인이 '사쿠라 클럽'을 탈출했을 때 헌병에게 붙잡혀 헌병대의 독방에 일주일간 갇힌 후에 풀려났다.

그때 헌병은 동인에게 두 번 다시 '사쿠라 클럽'에서 일해서는 안된다고 말했다.

2. 위르헤르미나 요한나 빅헨드릭스

1943년 8월 치뎅수용소에 있었던 동인은 리스 베아호르스트의 권유로 '사쿠라 클럽'의 웨이트리스로 수용소의 다른 여성과 함께 일을 시작했다.

리스 베아호르스트에 따르면 2종류의 일이 있는데 A는 웨이트리스, B는 매춘부였다.

동인은 3살짜리 병약한 아이의 영양제를 구하기 위해 접대부로 일했다.

동인은 다른 치뎅수용소에서 온 여성과 함께 클럽에서 집을 제공받았다.

동인은 둘째 날 밤부터 손님을 받으라고 강요받았다.

이들 모든 여성은 반대했지만, 리스 베아호르스트는 헌병의 협박을 내세워 강요했다.

헌병이 무서워서 동인과 동료는 굴복했다.

리스 베아호르스트는 항상 헌병을 데려와 협박했다.

메어리 헤더즈와 요피라고 하는 두 여성은 헌병에게 처벌받았는데, '사쿠라 클럽'에서 일하는 사람의 일반적 견해는 그것이 리스 베아호르스트의 소행이었다는 것이었다.

3. 테오도라 헤르미나 에드문다 마요루 크라마

1943년 8월/9월부터 1944년 5월까지, 정확히는 1945년까지 '사쿠라 클럽'에서 매춘부로 일했다.

그곳에는 스스로 응모했고 아오지[靑地]에 의해 고용되었다.

항복 2주일 전에 그만 둘 것을 희망했으나, 리스 베아호르스트가 "이곳에서 도망칠 수 없다, 수용소로 들어갈 수 있다고 생각하지 마"라며 거절했다.

증인은 당시 '사쿠라 클럽' 일이 좋지 않았기 때문에 수용소에 들어가기를 희망했다.

4. 프레티리카 카로리네 페루스티츠투 판 데르 쿠레이

1944년 4월부터 12월까지 '사쿠라 클럽'에서 매춘부로 일했다.

동인은 자기의 자유의지로 들어갔으며, 손님은 1명만 받겠다는 조건이었지만, 점차 어느 손님이라도 받도록 강요당했다.

그곳에서는 일본인 아오지가 톱이고, 그 밑에 리스 베아호르스트가 있었다.

증인은 그곳에서 일하는 14세와 15세의 소녀를 감싸주다가 리스와 크게 싸웠다. 리스의 사주로 아오지와 리스의 모친에 의해 다른 사람 앞에서 구타당했다.

'사쿠라 클럽'은 당초 영업, 빠 그리고 매춘의 세 부분으로 나뉘어 있었다.

여자들은 웨이트리스나 빠에서 일하려고 고용되었으나 결국은 항상 매춘을 하게 되었다.

이들 여자들 중에는 인생에 대해 전혀 알지 못하는 14~16세 소녀도 있었다.

여자들이 그만두고 싶다고 말하면 헌병을 데려온 리스 베아호르스트에게 협박을 당했다. 밖에 남자친구를 만들면 헌병에게 알리기도 했다.

'사쿠라 클럽'에서 여성들은 밖이 울타리로 둘러싸인 한 채의 집에서 살도록 의무 지워졌다.

5. 마틸드 코로네리아 라데마카 데 브라운

1943년 9월 28일부터 클럽의 폐쇄 때까지 매춘부로 일했다.

증인은 전적으로 본인의 의지로 응모했다.

2개월 후에 그만 두고 싶다고 말했으나, 리스 베아호르스트가 헌병에게 체포될 거라며 붙잡았다.

6개월 후 다시 일이 힘들어서 그만 두고 싶다고 말했다.

여성들은 적어도 하룻밤에 50길더 벌이를 하지 않으면 안되었는데, 그것은 최소한 3명의 손님을 받는 것을 의미했다.

'사쿠라 클럽'의 보스는 일본인 아오지였다.

6. 야코바 아르틴 신베르프 수하바

1944년 초엽부터 1945년 말까지 '사쿠라 클럽'에서 매춘부로 일했다. 이것은 본인의 자유의지로 한 것이다. 일본인 아오지와 베아호르스트는 클럽의 톱이었다.

증인은 하룻밤에 적어도 3명의 손님을 받고, 최소한 50길더를 벌어야만 할 정도로 일이 힘들어서 1945년 중반에 다른 5명의 여자들과 함께 도망치려고 했다.

증인과 다른 5명은 그만 두겠다고 이야기했으나 리스 베아호르스트가 헌병을 들먹이며 말렸다. 아오지가 여자들과 관계한 일은 거의 없고, 증인에게 문제는 없었다.

7. 루이스 한센

1943년 9월부터 1944년 5월경까지 '사쿠라 클럽'에서 매춘부로 일했다. 본인의 자유의지로 이 일을 했다. 그러나 그만 두고 싶다고 했을 때, 아오지와 리스 베아호르스트에 의해 수차례 헌병에게 협박을 받았다. 그리고 밖에 남자친구를 만들었을 때도 헌병에게 협박당했다.

8. 바오린 한센

1943년 9월부터 1944년 5월까지 '사쿠라 클럽'에서 매춘부로 일했다. 본인의 자유의지로 이 일을 했다. 리스 베아호르스트는 여자들이 밖에서 남자친구를 만들면 헌병을 시켜 위협했다. 리스 베아호르스트와 빌리 바이스는 만취한 일본인 손님을 받도록 강요했다. 증인은 관계하고 싶지 않아서 일을 그만 두고 싶다고 신청하지 않았지만, 다른 여자들은 헌병에게 위협받았고, 리스 베아호르스트가 그만두겠다는 신청을 거절했다.

9. 마리아 베타스 쿠르츠

1943년 7월 바타비아의 치뎅수용소에서 수용되어 있을 때, 베아호르스트와 바이스가 방문하여 레스토랑과 매춘숙을 하고 있으며, 일본인 아오지가 톱인 '사쿠라 클럽'에서 일하자고 권유했다.

증인은 아이를 위해 돈이 필요했고 바이스가 매춘을 하지 않아도 좋다고 말한 것을 믿었기에 동거인 킨트 여성과 함께 '사쿠라 클럽'에서 일을 시작했다.

1943년 10월 클럽이 개업했을 때, 일이 없어서, 처음에는 빠에서, 그러나 2, 3일 후에는 일본인 상대의 매춘부가 되라는 요구를 받았다.

원래 강요된 것이 아니었지만 다이크 혹은 포프트라는 여성이 심하게 맞았다. 증인은 거절할 수 없었다. '사쿠라 클럽'에 온 지 얼마 되지 않아 베아호르스트에게 그만 두고 싶다고 신청했을 때 이를 아오지에게 알린 것 같았다.

알지 못하는 일본인이 왜 그만 두고 싶냐고 질문했지만, 그 후 아무 일도 일어나지 않았다.

1944년 1월 계속해서 그만 두겠다고 베아호르스트에게 말했는데, 동월 17일 정치정보국에 연행되어 여자들의 도망을 기도했다는 이유로 9일간 구류당했고 그 후 크로고르로 연행되었다. 베아호르스트는 헌병의 위협을 이용하여 여자들에게 하룻밤에 2명의 손님을 받으라고 명령했다.

10. 킨트 바이스먼

1943년 8월 데 포포와 헤다스와 함께 치뎅수용소에서 일본인 아오지가 대표로 있는 '사쿠라 레스토랑'에 일하러 나갔다.

증인은 전술한 2명의 여성과 함께 베아호르스트와 바이스 두 사람으로부터 사실을 듣게 되었다. 즉, 일은 일본인 상대와 친밀한 관계를 맺는 것이다. 그러나 이 두 명에 의하면 그것을 거부할 수도 있다는 것이었다.

그러나 첫날밤부터 증인과 친구는 처음에는 거부했지만 일본인 손님을 받게 되었고 적어도 하룻밤에 2명의 손님을 받았다.

며칠 후 다시 거부하자 베아호르스트와 헌병이 협박을 했다.

베아호르스트는 증인에게 "적어도 하룻밤에 2명의 손님을 받아야 한다"고 말했다.

11. 엘리자베스 헤시나 요하나 데 프리스 란

1944년 2월부터 3개월간 '사쿠라 클럽' 매춘부의 간호사로 일했다. 증인에 의하면 여자들은 대부분 아오지와 리스 베아호르스트에게 돈을 빌렸기 때문에 그곳을 나오는 것이 곤란했다.

'사쿠라 클럽'에서는 12살 소녀나 14살 소녀도 일하고 있었다.

12. 마틸드 헤릿체 판 데 헤이덴(1929.6.13 출생)

어머니와 세마랑에서 살고 있었던 증인은 베아호르스트와 러프에게 이끌려 바타비아로 가서 베아호르스트 밑에서 레스토랑에서 일하게 되었다. 처음에는 알아차리지 못했으나 베아호르스트가 정치정보국에 증인과 함께 갔을 때 거부하면 교외로 끌려갈 것이라고 협박했다.

증인은 다른 여자들과 함께 바타비아로 끌려와서 2인 1조로 생활하게 되었다.

당초 레스토랑에서 일본인 손님을 상대했지만, 곧바로 베아호르스트로부터 손님과 자라는 압박을 받았다.

여자들은 하룻밤에 적어도 2명의 일본인을 상대하지 않으면 안되었고, 도망치거나 다른 일을 찾거나 하면 헌병에게 협박을 당했다.

증인은 3개월간 병에 걸렸고 그 후 1945년 4월에 세마랑 자택으로 귀가해도 좋다는 허락을 받았다. 세마랑을 떠날 때 베아호르스트는 증인에게 정확한 나이를 말해서는 안되고 17살이라고 말하라고 했다.

13. 헨리테 마틸데 하이스베르체 페링 판 딜 하이덴

1944년 3월인가 4월경 베아호르스트와 러프가 세마랑을 방문하여 증인의 딸(1929년 출생의 증인)을 위해 바타비아 레스토랑 일을 알선했다.

증인은 처음에 몰랐지만, 베아호르스트는 만일 딸을 내놓지 않으면 정치정보국이 다른 곳으로 추방할 것이라고 협박했기 때문에 레스토랑에서만 일할 것과 다른 목적으로 사용하지 않겠다는 다짐을 받고 승낙했다.

딸이 며칠 후 집에 돌아왔을 때, 딸이 증인에게 매춘을 하고 있다고 말했다.

14. 알렉산드리네 엘리제 베어 호딘

1944년 4월경 거주하던 세마랑에서 베아호르스트와 러프와 알게 되었다.

베아호르스트는 증인에게 바타비아의 레스토랑에서 일하고 싶냐고 물었고, 러프는 만일 바타비아로 가지 않으면 경찰에게 붙잡혀 다른 곳으로 추방될 것이라고 말했다. 이런 협박이 두려워서 바타비아로 가는 것을 승낙하고, 다른 여자들과 함께 1944년 4월 26일 바타비아로 향했다.

첫날 밤, 레스토랑에서 여자들이 일본인과 있는 것을 보고 무서워졌다.

베아호르스트는 여자들에게 외출하여 일본인과 사귀다가 걸리면 헌병에게 붙잡혀 다른 곳으로 추방될 것이라고 말했다.

이상의 증인 모두가 피고에 관해 증언한 것으로부터 이하의 사실이 명확해졌다. 즉, 피고는 전시중의 시기에 일본인으로서 일본인 민간인을 위해 '사쿠라 클럽'을 설립했다.

이 클럽에 속하는 레스토랑과 매춘숙 및 이와 관계된 모든 업무는 일본인의 주도하에, 완전히 일본인의 지휘와 감독하에 있었다.

레스토랑에서 일하거나 매춘숙에서 일하는 여자들은 피고 자신이 개인적으로 혹은 클럽 리더로서의 그의 이름 아래서, 그의 조수 특히 그와 생활하고 있는 리스 베아호르스트에 의해 모집되었다.

또한 피고의 부인에도 불구하고 증인에 의해 이하의 사실이 분명해졌다. 즉, 매춘을 강요당하고 있는 여자들은 클럽 내의 칸막이 된 장소에서 생활했고 자유로이 나가는 것은 불가능했다.

많은 여성들이 한 번 '사쿠라 클럽'에 들어가면 매춘을 그만두고 싶다고 말해도 헌병에게 위협당해, 공포 때문에 그대로 본인의 의지에 반하여 일을 계속했다.

일본 점령하에서의 생활에서는 헌병과의 접촉이란 개념이 자유 속박이나 학대와 동의어 혹은 그 이상으로 심각한 것으로 간주되는 것은 아주 당연하다. 사실 증인 카타리나,

호데제르, 위르헤르미니아, 요하나, 비쿠 헨드릭스 그리고 마리야 베타즈쿠르츠에 의해 명확해졌듯이 협박은 환상이 아니었다는 사실로부터 여자들이 강요당해 본인의 의지에 반하여 '사쿠라 클럽'의 일본인 손님을 계속 상대한 것은 충분히 납득된다.

조사에 따르면, 협박은 주로 피고 자신이 아니라 리스 베아호르스트에 의해 이루어졌지만 '사쿠라 클럽'은 일본기업이었다. 피고 자신의 이야기에 따르면 헌병의 감독하에 있었다. 게다가 피고가 클럽 리더이자 대표다. 또한 피고에 의하면 헌병은 피고의 이니셔티브에 따른 경우에만 매춘부의 고충을 다루고 출동했다. 덧붙여서 리스 베아호르스트는 피고와 내연관계이고 더구나 부하였다.

피고는 이 사업의 수익에 관해 확고한 수입원으로서 재무상 큰 관심을 갖고 있었다. 피고는 리스 베아호르스트와 매춘부들과의 관계라고 말하고 있지만, 그 관계는 그야말로 피고의 명령에 의해 이루어진 관계였다.

이러한 사실로부터 그 지배력 및 임시군법회의가 그 경험으로부터 알고 있는 일본인의 부하와의 관계, 특히 부하가 다른 인종인 경우의 관계에 대한 견해에 비추어 보면, 피고는 일차적으로 '사쿠라 클럽'에서의 매춘부의 대우에 전면적 책임을 갖고 있다.

이러한 사실은 전시하의 법률, 관습을 침해하는 것으로, 전쟁 중 적국 일본 국민에 의해 저질러진 것이다. 또한 '강제매춘'이라는 전쟁범죄에 해당된다. 따라서 피고는 1946년 관보(官報) 제44조(제7항)의 죄상에 관해 유죄가 선언될 것으로 여겨진다.

피고에게 부과된 형벌에 비추어 저질러진 범죄는 매우 중대하다. 그 죄는 이후 상황에 따라 더욱더 중대해질 것이다.

'사쿠라 클럽'에서 일한 여자들은 일본과 전쟁 중이라는 점도 있어, 일반적으로 가난하고 곤란한 환경에 있었는데, 그 여자들에게 일을 시켰다.

피고는 매춘숙에 12세, 14세 등 아주 어린 소녀들을 끌어들였다.

피고는 '사쿠라 클럽'에서 상당한 소득을 얻었고 이것에 의해 피고는 내연의 리스 베아호르스트와 풍요로운 생활을 하고 있었다.

'사쿠라 클럽'에서는 매춘부들이 매우 높은 소득을 창출하기 위해 아주 힘든 일을 하고 있었다.

군법회의는 이런 사실을 고려하여 피고의 죄상에 대해 10년 형이 타당하다 판단한다. 이미 검토된 법률 외에 1946년 관보 제45호 제4조에도 주목하여 법의 이름 아래, 아오지

와시오의 죄상은 동인에 대해 명백하게 밝혀진 사실로부터 법률상 신뢰성이 있다고 증명되었음을 선언한다.

따라서 동인은 전쟁범죄 '강제매춘'을 저질렀다고 선언하고, 동인에게 10년의 금고형(禁錮刑)을 선고한다.

1946년 10월 25일 재판관 J. H. 베터 대령……의 출석하에 이하 종료하고 정리했으며, 1946년 11월 11일 확인했다.

이상을 인정하여 재판장 (서명)

蘭

バタビア

No.
5

青地鷲雄

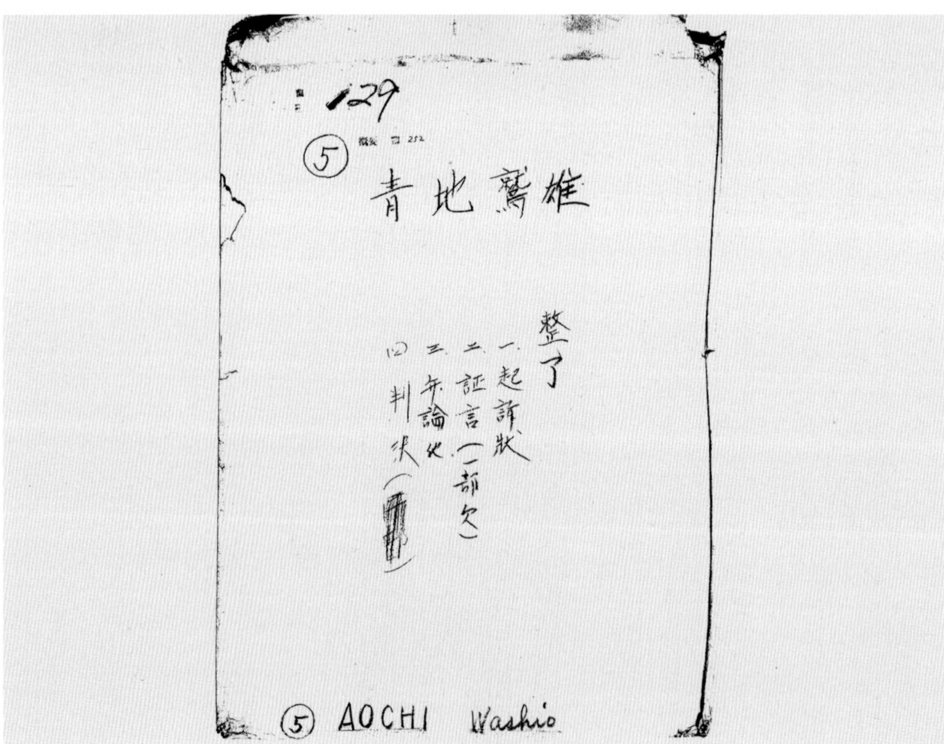
129

⑤

青地鷲雄

整了

一、起訴状

二、証言（一部欠）

三、弁論

四、判決

⑤ AOCHI Washio

蘭 13-1

概要蘭 252

秘
無期限

保存期限 永久

蘭裁判記錄

青地鷲雄

起訴狀
辯論
赦免歎願

被告人 青地鷲雄
辯護人 古川靜夫

判決期日 昭和二十一年十一月一日

起訴状

被告人 青地鷲雄

被告人は期間は明確ならざるも戦時中なる一九四三年九月頃より一九四五年九月頃迄の間「バタビヤ」に於て敵國日本の臣民として戦争犯罪を犯し又は犯さしめたるものにして即ち、戦争の法規及び慣例に反し、日本の一般市民の為に設立せられたる「櫻倶樂部」の經營者として、右日本人の用に供する為婦女子を募集し又は募集せしめ此等の婦女子が解雇を申出たる場合は直接又は間接に憲兵の威を籍り又は籍らずして前記倶樂部の客に對する賣淫を彼等に强制し、及び其の目的の為に右倶樂部内に區分せられある一郭に彼等を居住せしめて倶樂部外に自由に外出することを許さざりしものにして被告人又は被告人の協力により多くの婦女子が前記日本人相手の醜業に就かしめられたるものなり。以上の事實は蘭印官報一九四六年第四五号戦争犯罪處罰條例第四條以下に該當し且之により處罰せらるべきものとす。

辯論

裁判長及陪席審判官諸賢。本件の辯論に當り私が裁判官諸賢に特に御留意を願ひたいのは、慰安所なる施設が動もすれば極めて非人道的な又極めて醜悪なる罪悪の巣窟なるが如き誤解を招き易いこと、したがってこの施設の計劃經營に當った當事者が、一も二もなく無頼の徒と看做され易い點である。裁判官諸賢には既に十分この點に關して周到なる御配慮を拂はれることゝ確信いたすものでありますが、どうか本件の審理に當っては一見醜悪極まりないやうに思はれる慰安所の社會的意義と、又この施設に當った當事者の心情を深く正しく洞察して眞に正義の名にふさはしい裁判を得たいと思ふのであります。

したがって本辯護人は事件の内容に立入に先立って裁判官諸賢の些の参考ともなればと存じ、ここに日本軍の慰安所設立の意義と被告人のこれに關與するに至った動機ヽを簡略に述べる機會を與へて頂きたいのであります。

まず第一に私は日本軍の慰安所の社會的意義について一言致したい。抑々戦時における占領地においては、人倫の紊乱を惹起するということは、古今東西に亘ってその例誠に枚擧に遑ないところであります。したがって、わが日本軍はジャワ進駐當初において思をここに致し風紀の取締は特に厳重を極めたのであります。而して戦時における一般の風紀の紊乱を出来得る限り防止し且軍としては兵士間に性病が發生して戦力に低下を來すことを阻止せんがために慰安所の設立が考へられたのであります。要するに慰安所の設立は戦争に伴ふ不可避の社會的害悪を最少限度に抑制せんとの趣旨に出たものである。殊にわが日本軍においては、將校と雖も一般市民の婦女との公然の交際は勿論同伴して乗車、歩行することさへ厳禁され、これが勵行のため峻厳なる取締が行はれてゐたのである。したがって一面において

かくの如き慰安所の設立は誠に止むを得ないところであったのであります。しかし、これによって日本軍がジャワに進駐以來軍人による婦女の誘拐強姦等の如き風俗を乱す事件は殆ど皆無に等しき状態であって、これがためジャワに於ては日本軍が一般市民より非常に好感を以て迎へられたのである。

即ち、この施設は勿論積極的な利益を社會に與へる施設ではないが、戦争に伴ふ不可避の社會的害悪を最小限度に抑止せんが為の有効適切な社會的施設といふも過言ではない。されば、これを稱して非人道的な施設なりと非難、輕蔑することは、事の眞相を摑み得ない浅薄な人道主義論と云はざるを得ないのである。

次に私は被告人が如何なる動機によって、この「サクラクラブ」の經營を担當するに至ったかについて言及したい。

抑々被告人は日本長崎市の良家に育って中等教育

と受けており、且その極めて忠實なるクリスチャンたる妻の感化に與つて力あつたのであるが、早くからクリスチャンになつており生來の慈善心と義俠心によつて社會の弱き者、不幸なる者を進んで救濟する勞を惜まなかつたことは彼の來歷が雄辯に物語つてゐるところである。

即ち彼は廿余年前ジャワに渡航して以來日本人會の書記として一般邦人の世話をなし、其の後モーレンフリート街に『スワ・ホテル』の名の下にホテル業を營んでゐた間、異郷にあつて事業に失敗した人々、病に罹つた人々その他老弱者等にして生活に窮する者を自己の費用を以て之を引取り救濟し續けてゐた。而して日本人の救濟團体であつた共濟會の會長に數度推されて相互扶助に盡力し爲に戰前においては、邦人間に絶大な尊敬を拂はれてゐたのである。

戰時中は一九四二年七月再度ジャワに復歸し來り、バタビヤ市の厚生課に勤務して公益事業に從事した。

その中に戰爭のために夫と別れ、子女を抱へて日々の生活に窮し、又は自ら墮落して賣淫行爲を行ふ婦人が次第に増加して來た。當時日本人の一般邦人には軍人軍屬の爲の慰安所の樣な施設がなかつたために、斯る婦人に近附く者が次第に増加して來て、その結果最に述べた如く社會的害悪を最小限度に抑制せんとする見地から一般邦人專用の慰安所の設立と云ふことが邦人間及び軍政監部において問題とされるに至つたのである。然しながらかゝる施設の經營は極めて困難なるのみならず、而も自己の名譽にもかゝはるやも計り知れないといふ好ましからざる役目であつた爲に希望者がなく空しく日を重ねつゝあつたのである。

丁度その時被告人は言語にも通じてゐる上に性格温厚にして同情心に富み、貧しい女性や、又酒色に溺れむとする青年等の世話役として最も適當なる人物なりとして慰安所の經營を要望されるに至ったのである。

當初被告人は如何に戰時下緊要の施設とはいへ内地に残しある妻の名譽のためにも引受けられないと固辞し續けてゐたのであったが邦人及び軍政監部からの懇請を拒否し得ず約半月の間愼重に熟考した末この慰安施設の社會的軍事的意義の重要なることを了解するに至って遂に前述の要望に添ふべく決心したものである。

されば彼がかゝる經營を担當するに至った動機は決して營利に存するものではなくして、社會的害悪の抑制を目的とした一の公共施設の經營にあったことは明瞭である。もし被告人を以て利欲を追求する徒とするならば當時相當の利益を擧げつゝあったアケボノ食堂(後の昭和食堂)を閉鎖して利益の少いしかも人の好まざる仕事に走ったといふことは到底理解に苦しむところである。

この被告人の犠牲的精神と慰安所設立に至るまでの彼の動機とを仔細に検討するとき被告人が希望せざる婦女を收容所又は巷間より偽瞞を以て誘引し來り或は「サクラクラブ」において婦女に賣淫を強制した等の如き非人道的な行為を行ったとは到底想像し能はざるところである。以下私は被告人の責を問はれつゝある三点について逐次辯論を進めたい。

(一)賣淫の為の婦女の募集

起訴理由の第一に擧げられたところのものは「賣淫の為に婦女を募集」したことである。本辯護人は單なる「賣淫の為の婦女の募集」を戰犯として取上げられたことについては全く理解に苦しむところである。何となれば「強制的賣淫の為の婦女誘拐」を戰犯として罰することは「戰爭犯罪トシテ理解セラルベキモノノ確定ニ関スル條例」第一條第六號に明示されてゐるが強制的にあらざる單純なる賣淫の為の婦女の募集は戰犯として規定されてゐないからである。

論者或は言ふかも知れない「この條例の各號は戰犯となるべき行爲の例示に過ぎないのであつてこれらに限定した趣旨ではない」と。

しかしながら辯護人は或る行爲が戰犯として罰せられる爲には同條例第一條本文記載の如く「人道上の一般義務に違反する行爲」即ち換言すれば違法性のある行爲たることが必須の條件でなければならぬ。したがつて人道上の一般的義務に違反したか否かを審査することなく「婦女の募集」それ自體を抽象的に違法なりと判斷することは誤りであると考へる。辯護人は被告人の行つた婦女の募集は違法性を阻却しており罰せらるべきものではないと考へる。

何故ならば

第一に、日本軍政治下にあつてクラブの經營は法の許した正當業務行爲でありクラブに働く女達を募集することは經營に伴ふ必然のこととして許されたものであるからである。

第二に被告人は女達を募集するに當つて絶對に強制を用ひず且欺瞞手段を用ひなかつたからである。

證人中には「募集にあたつてはサービスガール又はバーガールとなるのだと話されたが實際は慰安婦であつて欺かれたのだ」と證言してゐるものもあるが、本辯護人は斯る證人の證言には信を措かれないと考へる。ベールホルストの證言に依れば仕事の内容は明かに知らされてゐたことが分るからである。そればかりでなく、女達はクラブ開店迄約一ヶ月間一廓の家屋内に一緒に居住したから、もしも欺かれてゐたとしたら此の間に當然欺かれたことを氣付いた筈である。多數の女達が一ヶ月間共同生活をした後においても罷めさせてくれと申出た女が一人もなかつたことは、被告人が女達を欺いてもおらず、女達を強制しても居ないことの證據でなければならぬ。

更に婦女の募集はバンドン、スマラン、ジョクジャの各地からも為され、この募集に當ってさへ仕事の内容は明確に女達に示されてゐる。そして契約書に本人が署名するのみならず父母ある者はその承諾までも得てゐることがベールホルストの陳述に依っても分るのである。又募集がバンドン、スマラン、ジョクジャ等の各地に亘って行はれたことは被告人が募集に當って決して強制や欺瞞を行ってをらなかったことを示すものである。何となれば、もしも強制的に且欺瞞を以て女を募集したとするならば、バタビヤ市内からだけでもサクラクラブに働く女の數を獲得し得た筈であるからである。被告人が女を求めるのに多大の骨を折ってゐるといふ事實は強制的に收容したものでないことを物語って餘りあるものである。

サクラクラブに働くことを決意した女達は生活の苦しさから斯る決意を行ふに至ったものであらう。辯護人はかかる人達に心から同情する。貧困と病苦と犯罪とは社會の三大悪ではあるがこの三大悪を完全に除き得た國家はまだ嘗ってない。如何なる國もこの三者に惱んでゐるのである。貧困の餘り男子が犯罪を犯し、婦女が賣淫の道に走るのも各國共通の現象である。被告人は決して彼女達を強制してはゐない又欺瞞してもゐない。彼女達が賣淫の道に走った責は被告人個人にはないのだと辯護人は云ひたい。

以上二つの理由によって被告人は「婦女を募集」した廉によって罰せらるべきではないのである。婦女の募集に無理があり、強制が行はれ欺瞞手段が採られてゐるならば、これを處罰するも好い。しかし、しからざる時は、これを戰争犯罪なりとするは、不當であると辯護人は考へるものである。被告人の行った婦女の募集は決して戰争犯罪には該當しない。

(二) 賣淫の強制

次に起訴理由の第二にあげられた「賣淫の強制」なる事實について檢討してみたいと思ふ.

證言を通讀して,この點について問題となる事實を概ね次の二點に要約出來るであらう.

(a) 解雇願を拒絶した,

(b) 一日に五十圓以上の收入を强要した,

先づ(a)の點について檢討しやう.

證人の多くは憲兵を以て解雇願が拒絶されたと言ってゐるが(met kempei)なる言葉が極めて抽象的であって,我々はその具体的な事實を的確に想像することは,極めて困難である.即ち,果して婦女達が憲兵から現實に威迫されたことがあるのか,それとも憲兵に告發するぞと無形的に威迫されたのかも全く不明である.かゝる證言だけでは事件の眞相を把握するには不十分である.この點に關しては次の點に御留意願ひたい.即ち證人の多くが被告人を非難してゐないこと,及被告人が憲兵の威を藉りて威迫するが如き卑劣な手段を採り得る樣な性格の持主ではないと云ふことである.本辯護人は被告人が憲兵の威を藉りたといふ證言は信用し得ざるものと信ずる.

更に,被告人及ベールホルストの供述から次の事實が明かである.即ち,女達をなだめて解雇願を思ひ止まらした例は若干ある.しかし,それは女が解雇を申込んで來る時にはその理由の大半は背後に男がついてゐて,女をクラブから引出して同棲するためであった.而して被告人及ベールホルストはその男の性格や資力その他の事情から判断して女がクラブを出ても,又再び困窮の生活に陥ることが明かである樣な場合には女の將來を思って,これを思ひ止まらしたに過ぎずして,それでもクラブを出たいといふ女に對しては,強いて之を引きとめなかった。又ある者は抑留所から出た女であるが故に若しクラブをやめれば再び抑留所に入らねばならず男と同棲することの出來る身分でないために事情を話して思ひ止まらしめたこともある。かやうなことはクラブの經營者としての當然の忠告であつて强制的に解雇を拒絶したことには絶對にならない。

又ベールホルストの證言の中にあるやうにある女が一日居て次の日に解雇を申込んで來たが之を直に許したこともある。

かくの如く見來れば被告人が憲兵の威を藉り解雇申込を不當に拒絶したやうなことは全くないと斷ぜざるを得ない。

次に(ホ)の點について檢討しやう。

この點についても被告人は明瞭に否認してゐるがベールホルストはペースが婦女に對し一日五十圓以上の收入を擧げることを命じたと供述してゐる。しかしこのことから直ちに賣淫の强制といふ事實を認定し得るであらうか。しかも若し一日五十圓以上の收入を擧げなかつた女に對して何等かの

制裁が科せられたかは全く不明である。又女がその合意なくして客に接しめられたり客に接することを拒絶したために何等かの制裁が科せられたりの點についても證據はない。現にかかる制裁は毫も科せられてはゐないのである。しからばペースは女達に一日五十圓以上の收入を擧げることを希望したに過ぎないと解するのが最も妥當と思はれる。之を要するに(ホ)の點についても被告人はその責任を問はれる理由は毫もない。

(三) 婦女の身體の自由の拘束

この點に關しては辯護人は被告人が一般の經營上の當然の制限以上に彼等の自由を束縛した事實なしと申上げる。

クラブ設立の趣旨は風紀の維持にあつたのである。從つてクラブの周圍を外界から遮蔽し外部の者をして内部を窺はざらしめたのは當然であり決して女達の自由の束縛を趣旨とするものではなかつた。又女達を個室に閉

込めた事實はない。

クラブに被傭せられた女達は總て毎月曜日に早朝より午後十一時迄外出が許され當日はクラブは休業したのみならず、他の日の晝間も自由に外出が許されてゐたことは被告人の供述から明かである。殊に抑留所を出てクラブで働いてゐた婦人達については、彼女等が曾つて抑留所に抑留せられて一歩も出づるを許されなかつたのに對比すれば自由の束縛の問題は之を問題とするに足らざることが明かであらう。

經營時間たる夜間に外出が許されなかつたのは一般の被傭者が執務時間内に自由勝手な外出が許されぬこと、同様である。

以上によつて私は、被告本人に起訴理由に該當するやうな行爲は絶無であることを明かにしたがここで一言觸れて置かねばならぬのは、被告人にその事實はなくともベールホルスト或はペースに前に述べた事實についてその責任を問はれたと假定した場合に果して被告人も責を負ふべきや否やの問題である。

而してこの問題を解決するには次の二點を決定しなければならない。

(a) 被告本人とベールホルスト或はペースとは共犯なりや(戰犯刑法規定ノ確定ニ關スル條例第五條參照)

(b) 被告が同條例第九條による責任を負ふべきか、

先づ第一の點については、被告とベールホルスト又はペースとの間にその犯罪成立の主觀的要件たる犯罪意思の共同(意思の疏通)を確定する必要がある。而して、我々はあらゆる證言を檢討してこの犯罪意思の共同を立證するに足る事實、は遂に發見し得ないのである。

第二の點については、被告人がその部下たるベールホルスト、及ペースの「行為ガ為サレツヽアルコト若クハ為サルベキコトヲ知リ若クハ少クトモ理性ヲ以テ推察シ得タルニ拘ラズ」その行為を「容認シタ」といふ事實の立證が必要である。而してかくの如き事實は本件にあらわれた證言だけからでは到底立證し得ないところである。從って私は(a)及(b)の點について被告人の責任問題を取上げることは極めて不當であると信ずる。

最後に私は被告人のサクラクラブ經營が如何に公明正大に行はれてゐたかを物語る事實を紹介したい。即ち、終戰後、治安甚しく悪化した時、彼の友人等は彼が老人にして病弱者であったことを考慮して速かに山の日本人集結地に來る様に勸告したのであったが、彼は之に對して「私はかうした仕事をして來たが、その間婦女に對して何等不正な行動をしたことがない。從ってたとへ彼等の家族が歸って來ても私は何等彼等から恨を買ふやうな覺えがない。のみならず、彼等の家族が戻って來ても、恐らく生活に困るであらうから、私は自分の出來る範圍内において彼等の家族の面倒を見てやるのが私の責任である」と答へて、友人の勸告には斷乎として耳を藉さず、彼が囚縛される日まで元の住所に踏み留ってゐたのである。以て彼の公明正大な態度と義侠の精神が手にとる如くア解出來るのである。

その老人が今戰犯被告人としてこの法廷に立って只今檢事より十五年の刑を求刑さるるに至った。誠に本辯護人はこの不幸な老いたる同胞に對して一掬の悲涙を禁じ得ないのである。私は裁判官各位の慧眼によってこの老人が一日も早く晴天白日の身となり、温き天父の懷に抱かれて靜かなる餘生を恵まれむことを祈りつゝこの拙き辯論を閉じる次第である。

(3)

判　　決　　文（一部省略）

女　王　陛　下　の　名　の　下　に

バタビヤ臨時軍法会議軍検察官は，年齢６０歳，長崎生まれ，職業ホテルオーナーで現在バタビヤのストライスヴェイク収容所に，拘留されている青地鷲雄に対し，

同人が１９４６年９月２８日付けで臨時軍法会議に以下の事情で付託されていたことに鑑み，

即ち，同人は１９４３年9月から１９４５年9月までの戦時中のある時期，日本の民間人のために設立された「サクラクラブ」のために直接的又は間接的に憲兵の力をかり婦女子に売春を強要し，クラブ内に拘束し，自由を束縛したことにより，官報１９４６年，４５年の戦争犯罪刑法第４条及び第５条の罪状にあたる犯罪を犯したこと，

１９４６年１０月１１日付けの公示，召喚の執行により，１０月２１日午前9時，被告が臨時軍法会議場に召喚されたことに鑑み，

軍検察官が青地鷲雄を「強制売春」の罪で，１５年の刑を宣告する旨読み上げ臨時軍法会議に提出したことに鑑み，

審議の過程で被告に対し明らかにされた資料に鑑み，

被告及び弁護人により弁護のために提出されたものに鑑み，

被告が審議で述べたことを検討し，即ち，被告が日本人であること，１９２０年以来バタビヤに居住し，後半はホテルオーナーとして働き，１９４１年１１月３０日一度帰国し，１９４２年6月政府の命により再びバタビヤにもどり，

スカモト市長及びその秘書コタニの命により，バタビヤ市内ノールドウエイクス地区で「あけぼの」レストランを開設し，

「あけぼの」は一般に開放されたレストランで，夜１１時までウェイトレスが働いており，これらの女性は来客と寝室に入る義務はなく，１１時以降自由であり，

「あけぼの」では，市から紹介された，リース・ベアホルスト及びモーレンカンプそしてボピー・エクハルトらと面識を得たが，

ボピー・エクハルトとリース・ベアホルストは常時喧嘩が絶えないため，前者を解雇し，その後にリース・

1

ベアホルストをあてたこと，

１９４３年４月以降はリース・ベアホルストと同居し，１９４３年６月２日軍政幹部の命により，バタビヤのホーニングに売春宿を開業，これは二度にわたる命令に抵抗の後行ったものであること，

ホーニングの建物が売春宿に改装され，日本人民間人に開放されたレストラン「サクラバー」もつくられたこと，

リース・ベアホルストは被告と売春宿の開設と営業にたずわったこと，

リース・ベアホルストは売春婦を集めたが，被告はこの施設の長として，任務を果たしていたこと，

被告は経理，軍政幹部との接触，補給に主に専心し，

１９４３年９月１０日に２０人の売春婦と共に開業し，１９４５年９月頃，日本軍の降伏まで続けたこと，

最年少では，１７歳からはじまる売春婦はその仕事の内容を充分に知らされ，本人の自由意志においてのみ採用され，自己の判断のもとにいつでもやめることができたこと，

婦人は毎月一定の給与と，客の支払いの一部を得て，その中から住居費等を払っていたこと，

婦人は更に定期に健康診断を受けていたこと，

被告及びリース・ベアホルストは売春婦に対し，彼らの利益のためを考え，出来るかぎり多くの客をとるように勧めたが，被告は１晩につき一定の金額を支払うことを定めたことはなく，またリース・ベアホルストがそのようなことをしていたことを知らなかったこと，

売春婦の中のものは，既に経験があるもの，バタビヤ出身のものなど色々いて，例えば，チデン収容所の１１人のオランダ女性やセマラン，バンドン，ジョシア，サラティガ出身の収容者ではない婦人などがいたこと，

被告はリース・ベアホルストや他の助手とかわるがわるバタビヤ郊外へ行き「サクラクラブ」で働く売春婦を集めたこと，

売春婦の採用に際しては，日本企業を監督し，２－３か月毎に見回りに来る憲兵にその氏名を告げていること，

被告自身は，一度として「サクラクラブ」で売春婦として働くよう婦人に対し，脅迫したり，暴力を振るったことはなく，あるいは婦人がやめたいときにおしとどめたりしたことはなく，リース・ベアホルストや他の部下がそのようなことをしたことは承知していなかったこと，

9

また被告は，憲兵は特に関与を求めない限り応対しないし，まして従業員にこたえることなどないので，憲兵が脅迫するようなことがあったとは考えられないこと，

また時に売春婦を打つことはあったが，それは内部の喧嘩や禁じられているボーイフレンドを持った時で，売春を強要するためではなかったこと，

証言した証人の中の次の者は主として，以下のとおり証言した。即ち，

1　カタリーナ・フォデヘルは

１９４４年5月６日から９月頃まで「サクラクラブ」で売春婦として働いた。同人はリース・ベアホルストの勧めに従い自由意志で仕事を受けた。

同人がやめたいとリース・ベアホルストに二回申し出たところ，憲兵のおどかしの下ことられた。

同人が「サクラクラブ」を逃げ出した時，憲兵につかまり，憲兵詰め所の独房に１週間とじこめられた後，釈放された。

その時憲兵は同人に，二度と「サクラクラブ」で働いてはならないと言った。

2　ウィルヘルミナ・ヨハナ・ピック＝ヘンドリックス

１９４３年8月，チデン収容所にいた同人はリース・ベアホルストの勧めにより「サクラクラブ」のウェイトレスとして，収容所の他の女性とともに働きはじめた。

リース・ベアホルストによれば二種類の仕事があり，Aはウェイトレス，Bは売春婦であった。

同人は３歳の病弱児の栄養剤を得るためにウェイトレスとして働いた。

同人は他のチデン収容所にの女性とともにクラブの側に家を与えられた。

同人は第二夜から客をとるよう強要された。

これら全ての婦人は反対したが，リース・ベアホルストは憲兵のおどしをかりて強要した。憲兵がおそろしく，同人と仲間は降参した。

リーズ・ベアホルストは常に憲兵をつれておどかしていた。

メアリー・ペーターズとヨピーといわれる二人の女性は憲兵に処罰されたが，「サクラクラブ」に働く者の一般的見方では，それはリース・ベアホルストの仕業であるとのことだった。

3　テオドラ・ヘルミナ・エドムンダ・マヨール＝クラマー

１９４３年8月／9月から４４年5月までか，正しくは１９４５年まで「サクラクラブ」で売春婦として働いた。

そこでは自分で応募し，青地により雇われた。

降伏の２週間前やめることを希望したが，リース・ベアホルストにより「ここからは逃げられない，収容所に入れると思うな。」と言われ拒否された。

証人は，当時「サクラクラブ」での仕事がおもしろくなかったので，収容所に入ることを希望していた。

4　フレデリカ・カロリーネ・フェルステーフト＝ファン・デル・クレイ

3

１９４４年4月から１２月まで「サクラクラブ」で売春婦として働いた。

同人は自己の自由意志から来たが，客は１人だけとの約束で来たが，次第にどの客にも応対を強要されることとなった。

そこでは日本人の青地がトップでその下にリース・ベアホルストがいた。

証人はそこで働く１４歳と１５歳の少女をかばい，リースと大喧嘩をしたが，リースの差しがねで青地とリースの母により他の人の前でたたかれた。

「サクラクラブ」では当初，営業，バーそして売春の三部に分かれていた。

女たちはウェイトレスかバーで働くために雇われたが，結局はいつも売春することになった。

これらの女たちの中には人生につき何も分からない１４～１６歳の少女もいた。

女たちはやめたいと言うと憲兵を連れたリース・ベアホルストにおどされ，外にボーイフレンドをつくると憲兵に思いしらされた。

「サクラクラブ」では婦人たちは，外に柵をめぐらした一軒の家に住むよう義務付けられた。

5　マチルド・コロネリア・ラーデマーカー＝デ・ブラウン

１９４３年9月２８日からクラブの閉鎖まで売春婦として働いた。

証人は全く本人の意志から応募した。

２か月後にやめたいと言ったが，リース・ベアホルストは憲兵がつかまえると言ってとどめた。

６か月後再び仕事がきついと言ってやめたいと言った。

婦人たちは，少なくとも１晩５０ギルダー稼がなければならなかったが，それは少なくとも３人に客をとることを意味した。

「サクラクラブ」のボスは日本人青地であった。

6　ヤコバ・アルティング・シンベルフ＝スハーパー

１９４４年の始めから１９４５年末まで，「サクラクラブ」で売春婦として働いた。右は本人の自由意志として行った。日本人青地とベアホルストはクラブのトップであった。

証人は，１晩に少なくとも３人の客をとり，少なくとも５０ギルダーを稼がなければならない程仕事がきついので，１９４５年の中頃他の５人の女たちと逃げようとした。

証人と他の５人はやめたいと申し出たところ，リース・ベアホルストは憲兵が出て来るだろうと言っておしとどめた。青地は女たちと係わることはほとんどなく，証人にとり問題はなかった。

7　ルイース・ハンセン

１９４３年9月から１９４４年５月頃まで「サクラクラブ」で売春婦として働いた。本人の自由意志でこの仕事を行った。

しかし，やめたいと言った時，青地とリース・ベアホルストにより数回にわたり憲兵からおどされ，また外にボーイフレンドを作った時にも憲兵におどされた。

8　パオリーン・ハンセン

１９４３年9月から１９４４年５月まで「サクラクラブ」で売春婦として働いた。本人の自由意志でこれを行った。リース・ベアホルストは女たちが外にボーイフレンドを作ると憲兵を使っておどし，リース・ベアホルストとヴィリー・パイスは泥酔の日本人客をとるよう強要した。証人はかかわりたくなかったので仕事をやめたいと申し出なかったが，他の女たちは憲兵におどされ，リース・ベアホルストからやめることを拒絶されていた。

9　マリア・ペータース＝クールツ

１９４３年7月，バタビヤのティデン収容所に収容されていた時，ベアホルストとパイスが訪れ，レストランと売春宿からなり，日本人青地がトップである「サクラクラブ」で働かないかと勧誘した。

証人は子供のためにお金が必要であったことと，パイスが売春で働かなくてもよいと言ったのを信用したため，同居人のキント夫人とともに「サクラクラブ」で働き始めた。

１９４３年１０月クラブが開業した時，仕事がなく，はじめにバーで，しかし２－３日後には，日本人相手の売春婦になるよう求められた。

本来，強要されてものではなかったが，ダイクもしくはフォフトという婦人が激しく打たれた時，証人は拒絶できなくなった。「サクラクラブ」に来てまもなくベアホルストにやめたいと申し出た時これを青地に告げた模様だった。

見知らぬ日本人が何故やめたいかと質問したが，その後は何も起こらなかった。

１９４４年1月くり返しやめたいとベアホルストに申し入れたところ，同月１７日，政治情報局に連行され，女たちの逃亡を企てたとして，９日間拘留され，その後クロゴルに連行された。ベア・ホルストは憲兵のおどしを使って女たちに１晩につき２人に客をとるよう命じた。

１０　キント＝ハイスマン

１９４３年8月デ・ホーホとペータースとともにティデン収容所から日本人青地が代表となっている「サクラレストラン」に働きに出た。

証人は前述の二人の婦人とともにベアホルスト及びバイスの両人から事実を知らされた。　即ち，仕事は日本人相手の親密な関係に係わるものである。しかし両人によればそれを拒否することも出来るというものであった。

しかし，最初の夜から証人と友人は最初は拒否したが日本人の客をとることになり，少なくとも１晩に２人客をとった。

数日後再び拒否したところ，ベアホルストと憲兵のおどしを受けた。

ベアホルストは証人に「少なくとも１晩に２人客をとるきまりとなった。」と述べた。

１１　エリザベス・ヘシナ・ヨハナ・デ・フリース＝ラーン

１９４４年2月から3か月「サクラクラブ」の売春婦の看護婦として働いた。証人によれば女たちはほとんどが青地やリース・ベアホルストに借金（前借りの）があるため，そこを出ることが困難であった。

「サクラクラブ」では，女たちは１２歳の少女や１４歳の少女も働いていた。

１２　マチルド・ヘリッチェ・ファン・デ・ヘイデン　１９２９年6月１３日生まれ

母とセマランに住んでいた証人はベアホルストとラップに連れられてバタビヤに行き，ベアホルストの下でレストランで働くことになった。初めは感じなかったが，ベアホルストが政治情報局に証人とともに行った時，拒否するば郊外に連れ出されるとおどされた。

証人は他の女たちとともにバタビヤへ連れられ，２人１組で住み込まされた。

当初レストランで日本人客の相手をしたが，まもなくベアホルストから客と寝るよう圧力がかけられた。

女たちは１晩に少なくとも２人の日本人を客としてとらねばならず，逃亡したり，他の仕事を探したりすると憲兵におどされた。

証人が3か月病気になり，その後の１９４５年4月にセマランの自宅に帰る許可を得た。セマランに去る時ベアホルストは証人に正確な年齢を言ってはならず，１７歳と言うようにと告げた。

１３　ヘンリエッテ・マティルデ・ハイスベルチェ・ブェーリンク＝ファン・デル・ハイデン

１９４４年3月か4月頃ベアホルストとラップがスマランを訪れ，証人の娘（１９２９年生まれの証人に）のためにバタビヤのレストランの仕事を斡旋した。

証人は初めは気付かなかったが，ベアホルストはもし娘を出さなければ，政治情報局が地方に追放するとおどしたので，レストランだけで働くこと，他の目的に使わないことで了承した。

娘が数日後戻って来た時，娘が証人に売春をしていることを述べた。

14　アレキサンドリーネ・エリーゼ・ベア・ホディン

１９４４年４月頃，住んでいたセマランでベアホルストとラップに知り合った。

ベアホルストは証人にバタビヤのレストランで働かないかと尋ね，ラップはもしバタビヤに行かなければ警察につかまり，地方に追放されると言った。おどかされ恐ろしくなりバタビヤに行くことを了承，他の女たちと１９４４年４月２６日にバタビヤに向かった。

最初の夜，レストランで女たちが日本人といるのを見て恐ろしくなった。

ベアホルストは女たちに，外に出て日本人にかこわれることになれば，憲兵に捕まり打ちのめされ，地方に追放されると述べた。

以上の証人全てが被告に関して証言したことから，以下のことが明らかになることに鑑み，即ち，

被告は戦時中の時期に，日本人として，日本人民間人のために「サクラクラブ」を設立したこと，

このクラブに属するレストランと売春宿及びこれに係る全ての業務は日本人のインシャティブの下に，完全に日本の指揮と監督の下にあったこと，

レストランで働いたり，売春宿で働く女たちは，被告自身が個人的にあるいはクラブのリーダーとしの彼の名の下に彼の助手，なかんづく，彼と生活しているリース・・ベアホルストにより集められたこと，

また，更に被告の否認にもかかわらず，証人により以下のことが明かになったことに鑑み，即ち，

売春をさせられている女たちは，クラブ内のしきられた場所で寝起きし，自由に出ることは出来なかったこと，

多くの女たちが，一度「サクラクラブ」に入ると売春をやめたいと申し出ても憲兵におどかされ，恐怖からそのまま本人の意志に反し仕事を続けたこと，

日本占領下での生活では，憲兵との接触という概念が自由束縛や虐待と同意語もしくはそれ以上ひどいものとして見なされることはまったく当然のことであり，事実，証人カタリーナ・フォデーゼル・ヴィルヘルミニア・ヨハナ・ピック＝ヘンドリックスそしてマリヤ・ペーターズ＝クールツにより明らかにされたように，脅迫は幻

7

想ではなかったという事実から女たちが強要されて本人に意志に反して「サクラクラブ」の日本人客の相手をし続けたことは充分に納得のいくものであることを配慮し，

調査によれば，脅迫は主として被告自身ではなく，リース・ベアホルストによって行われたが，「サクラクラブ」が日本企業であったこと，被告自身の申し出によれば憲兵の監督下にあったこと，更に被告がクラブのリーダーであり，代表であり，また被告によれば憲兵は被告のイニシャティブに基づく場合のみ，売春婦の苦情を扱い，出動したこと，加えてリース・ベアホルストは被告と内縁関係にあり，かつ部下であったこと，

被告はこの事業の収益に関し確固たる収入源として財務上大きな関心を有していたこと，

被告はリース・ベアホルストと売春婦たちとの関係と言い訳しているが，その関係はまさに被告の命令によって生じた関係であったこと，に配慮し，

このことから，その支配力及び，臨時軍法会議がその経験から承知している日本人の部下との関係，特に部下が異人種である場合の関係についての見解を踏まえれば，被告は第一義的に「サクラクラブ」における売春婦の待遇に全面的責任を有することに配慮し，

これらの事実は，戦時下の法律，慣習を侵害するものであり，戦争中敵国日本の国民により犯されたものでありまた「強制売春」という戦争犯罪に属し，被告は故に１９４６年官報ＮＯ．４４第１条（第７項）の罪状に関し有罪と宣言され，判断されるものとみなされることに配慮し，

被告に課せられる刑に鑑み犯された犯罪はきわめて重大であることに配慮し，

その罪は今後の状況により更に重くなるであろうということ，

「サクラクラブ」で働いた女たちは，日本と戦争中ということもあり一般に貧しい困難な環境にあったが，そのの彼女らを働かせたこと，

被告は売春宿に１２歳，１４歳というきわめて若い少女を引き取っていたこと，

被告は「サクラクラブ」から相当の所得を得ており，それにより被告は内縁のリース・ベアホルストと豊かな生活をしていたこと，

「サクラクラブ」では売春婦たちが，きわめて高い所得を生むために大変厳しい仕事を義務付けられていたこと

軍法会議はこれらの事実を考慮し，被告の罪状に対し，１０年の刑が妥当であると配慮し，

既に検討された法律の他に，１９４６年官報ＮＯ．４５第４条にも注目し，

8

法の名のもとに

青地鷲雄の罪状は同人に対し明らかにされた事実から法律上信頼性のあるものと証明されたと宣言し，

故に同人は戦争犯罪「強制売春」を犯したものと宣言し，同人に対し１０年の禁固刑を宣告する。

１９４６年１０月２５日，裁判官　J．H．ペーター大佐，・・・・・・・・・の在席のもと，以下終了し，まとめられ，１９４６年１１月１１日確認された。

以上を認めて　　　　　　　　　　　　　　　　　　　　　　裁判長　（署　　名）

9

[문서 10]

도쿄재판에 제출된 보르네오 강제 매음행위에 관한 보고(1946.1.5)

[서류번호 5330]

일본해군 점령기간 중
네덜란드령 동인도 서부 보르네오에서 발생한 강제 매음행위에 관한 보고

1943년 전반에 '폰티아낙' 해군수비대 사령 해군 소좌 우에스기 케이메이(ウエスギ ケイメイ, UESUGI KEIMEI. 이 사람은 1943년 8월경 일본으로 귀국하여 억류를 요구해 둠)는 일본인은 인도네시아 혹은 중국의 여성과 친밀한 관계를 맺어서는 안 된다는 명령을 내렸습니다. 당시 모든 유럽의 여성과 사실상 모든 인도계 유럽 여성은 억류되어 있었습니다. 그는 동시에 공립 성(性) 위안소를 설립하라고 명령을 내렸습니다. 이들 성 위안소는 2종류로 분류되었습니다. 즉 3곳은 해군직원 전용, 5~6곳은 일반인용으로 그 가운데 1곳은 해군 민정부의 고등관용으로 정해졌습니다.

해군직원용의 성 위안소는 수비대가 경영했습니다. 사령 아래에 통신사관 해군대위 스가사와 아키노리(スガサワ アキノリ/SUGASAWA AKINORI)를 주임으로 두었고, 일상적인 사무는 당직병 조장 와타나베 쇼지(ワタナベ ショウジ/WATANABE SHOJI)가 담당했습니다. 일본인과 이전부터 관계가 있던 여성들은 철조망을 둘러친 성 위안소에 강제 수용되었습니다. 그녀들은 특별한 허가를 받은 경우에 한하여 외출할 수 있었습니다. 위안부를 그만두는 허가는 수비대 사령에게 받아야만 했습니다. 해군특별경찰(특경대)이 이 성 위안소에 위안부를 끊임없이 보충하라는 명령을 받았습니다. 그 목적을 위해 특경대원은 거리에서 여성을 잡아서 강제적으로 의사에게 진찰을 받게 한 후에 그녀들을 성 위안소에 집어넣었습니다. 이러한 체포는 주로 미야지마 준키치(ミヤジマ ジュンキチ/MIYAJIMA JUNKICHKI), 코지마 고이치(コジマ ゴイチ/KOJIMA GOICHI), 쿠세 카즈오(クセ カズヲ/KUSE KAZUO), 이토 야스타로(イトウ ヤスタロウ/ITO YASUTARO)의 각 병, 조장(曹長)[50]에 의해 이루어졌습니다.

일반인용의 성 위안소는 난요코하쓰[南洋興發]주식회사 지배인 나와타 히사카즈(ナワタ ヒサカズ, NAWATA HISAKAZU)가 경영했습니다. 수비대 사령은 민정부에 명령하여 이를 관리하게 했습니다. 민정부는 이 경영을 보국회(報國會)[51]에 의촉했고, 나와타가 보국회 후생부의 주임이었기 때문에 이곳 일반인용 성 위안소의 주임으로 임명되었습니다. 그는 장부를 작성하거나 하는 사무적인 일에는 그의 회사 사람을 활용했습니다. 매일 아침 야간 수입은 난요코하쓰회사의 출납계원 키타다 카게타카(キタダ カゲタカ, KITADA KAGETAKA)에게 넘겨주었습니다. 이러한 위안소에서 일하는 여성들도 역시 특경대의 노력에 의해 모집되었습니다.

이러한 성 위안소로 사용된 가옥은 적산관리인에 의해 확보되었으며, 가구는 해군용 성 위안소의 경우는 해군이 지급하고 일반인용의 경우는 보국회가 지급했습니다. 유객(遊客)은 원주민인 고용인(해군의 경우에는 그 계급에 따라)에게 돈을 지불해야만 했습니다. 그리고 고용인은 그 돈을 매일 당직병 조장 혹은 난요코하쓰 출납계원에게 넘겼습니다. 2곳의 경우 그 3분의 1은 여러 경비, 가구, 식비 등에 지출하기 위하여 보류하고, 3분의 2가 해당 여성의 수입으로 계산 장부에 기록되었습니다. 여성들은 수입 가운데서 자신들 각자의 용건에 충당하기 위하여 그 일부를 수시로 인출할 수 있었습니다. 매월의 계산서는 민정부 제1과에 제출해야만 했습니다.

특경대는 여성을 물색할 때 민정부 및 일본인 상사(商社)의 모든 여성 직원에게 특경대에 출두하도록 명령했고, 여성들 가운데 몇 명을 전라로 만들고 일본인과 관계하고 있었다고 힐책했습니다. 그리고 의사가 검진을 했는데 몇 명은 처녀였음이 판명되었습니다. 이들 불행한 여성들 가운데 몇 명이 성 위안소에 강제로 보내졌는지 확실하게는 알 수 없습니다. 여성들이 성 위안소에서 감히 도망치려고 하지 못했다고 말하는 것은, 그녀들의 가족이 특경대에 의해 곧 바로 체포되어 가혹한 처벌을 받기 때문입니다. 한 예로 이러한 일 때문에 해당 소녀의 어머니가 사망한 일이 있습니다.

다행히 점령기간 중에 계속하여 진료할 수 있도록 허가받은 재(在) 케타팡(KETAPAN) 인도네시아인 군의관 루후리마(LUHULIMA) 박사는, 특경 직원의 명령으로 그가 했던 이들 여성의 검진에 대해 선서 진술할 수 있었습니다.

그의 증언에 따르면 여성들은 매음을 강요당했습니다. 위의 보고는 일본인 전범자 신

---

50) 하사관 중 최상급 계급.

51) 일본인 실업가협회.

문에서 획득한 보고와 본건 관계자의 선서 진술에서 채록한 것입니다.

저는 상기 사실은 진실이고 위에서 논한 보고서와 서로 다른 점이 없다는 것을 정보장교 및 일본어 통역자로서 확실하게 말씀드립니다.

바타비야 1946년 7월 5일

서명/존 NH

존 N. 헤이브로에크 육군 대위/서명

J. N. HEYBROEK capt.

네덜란드령 인도군 정보부

(T. N., On the certificate to written J. N. · HEYBROEK)

[증거서류 번호 5330]

증명서

아래 서명의 네덜란드령 인도군 정보부 전쟁범죄과장 네덜란드령 인도군 육군 대위 찰스 존 넬(CHARLES JONGE NEER)은 먼저 정식으로 선서합니다.

「네덜란드령 인도군 정보부 정보장교 겸 일본어 통역 존 N. 헤이브로에크(J · N · HEYBROEK) 육군 대위의 기술에 관한 일본 해군 점령기간 중에 네덜란드령 동인도 서부 보르네오에서 발생한 강제 매음행위에 관한 보고」란 제목의 첨부문서 원본은 네덜란드령 인도군 정보부 공식기록에서 채용한 것이라고 진술함.

서명 찰스 존 넬/서명/

바타비야 1946년 7월 9일

본인 네덜란드령 인도 검사총장 사무국계(係) 네덜란드령 인도군 고급직원

케이 에이 드 위드 중위(K. A. de Weerd)

증인 앞에서 선서 서명함

서명 케이 · 에이 · 드 위드/서명

K. A. de WEERD

E 170-2
Evidentiary Doc 5330

NO. 1

書類番号 五三三〇

日本海軍占領期間中蘭領東印度西部ボルネオニ於ケル強制賣淫行為ニ関スル報告

一九四三年ノ前半ニ「ポンチアナック」海軍守備隊司令海軍少佐ウエスギ・ケイメイ（UESUGI KEIMEI）（同人ハ一九四三年八月頃日本ニ帰國シタリ　抑留ヲ要求シ置ケリ）ハ日本人ハインドネシヤ或ハ中國ノ婦人ト親密ナル関係ヲ結ブベカラズトイフ命令ヲ発シマシタ。当時全テノ欧洲婦人ト事実上全テノ印度系欧羅巴婦人ハ抑留サレテ居マシタ。彼ハ同時ニ公立性慰安所ヲ設立スルヤウ命令ヲ出シマシタ。是等ノ性慰安所ハ二種ニ分類スルコトニナツテ居マシタ。即チ三ケ所ハ海軍職員専用、五、六ケ所ハ一般人用デ其ノ中ノ一ケ所ハ海軍民政部ノ高等官用ニアテラレマシタ。

海軍職員用ノ性慰安所ハ守備隊ガ経営シマシタ。司令ノ下ニ通信士官海軍大尉スガサワ・アキノリ（SUGASAWA AKINORI）ガ主任トシテ置カレ日常ノ事務ハ当直兵曹長ワタナベ・ショウレ（WATANABE

NO. 2

Doc 5330

SHOREI）ガ執ツテ居マシタ。日本人ト以前カラ関係ノアツタ婦人達ハ鐵條網ノ張リ廻ラサレタ是等ノ性慰安所ニ強制収容サレマシタ。彼女等ハ特別ナ許可ヲ得タ場合ニ限リ街ニ出ルコトガデキタノデシタ。慰安婦ヲヤメル許可ハ守備隊司令カラ貰ハネバナリマセンデシタ。海軍特別警察（特警隊）ガ其等ノ性慰安所ニ慰安婦ヲ絶エズ補充スルヤウニ命令ヲ受ケテ居マシタ。此ノ目的ノ為ニ特警隊員ハ街デ婦人ヲ捕ヘ強制的ニ醫者ノ診察ヲ受ケサセタ後彼女等ヲ性慰安所ニ入レマシタ。是等ノ逮捕ハ主トシテミヤジマ・ジュンキチ（MIYAJIMA JUNKICHI）コジマ・ゴイチ（KOJIMA GOICHI）クセ・カズヲ（KUSE KAZUO）イトウ・ヤスタロウ（ITO YASUTARO）各兵曹長ニヨツテ行ハレマシタ。

一般人用ノ性慰安所ハ南洋興発株式會社支配人ナワタ・ヒサカズ（NAWATA HISAKAZU）ガ経営シマシタ。守備隊司令ハ民政部ニ命ジテ之ヲ監理サセマシタ。民政部ハ此ノ経営ヲ報國會（日本人実業家ノ協会）ニ依嘱シナワタ（NAWATA）ガ報國会ノ厚生部ノ主任デアツタノデ是等一般人用ノ性慰安所ノ主任ニ任ゼラレマシタ。彼ハ帳簿ヲツケタリスルヤウナ事務的仕事ニハ彼ノ会社ノ使用人ヲ使用

NO. 3

Doc 5330

レマシタ。毎朝、夜間ノ収入ハ南洋興発會社ノ出
納係キタダ、カゲタカ（KITADA KAGETAKA）ニ引渡サ
レマシタ。是等ノ慰安所ニ對スル婦人達モ亦特警
隊ノ盡力ニヨツテ集メラレマシタ。
甚等慰安所ニ充テラレタ家屋ハ敵産管理人カラ
手ニ入レ、家具ハ海軍用慰安所ニアツテハ
海軍ガ支給シ、一般人用ニアツテハ報國会ガ
支給シマシタ。客ハ原住民デアル婦人ニ（海軍
ノ場合ニハ其ノ階級ニ從ツテ）金ヲ支拂ハネバナリマ
センデシタ。又ソノ婦人ハ其ノ金ヲ毎日当直兵
曹長又ハ南洋興発ノ出納係ニ引渡シマシタ。
両者ノ場合共三分ノ一ハ諸経費、家具、食物等ヲ支
弁スル為保留サレ、三分ノ二ガ当該婦人ノ受取勘
定ニ繰リ入レラレマシタ。此ノ中カラ婦人達ハ随時彼
等各自ノ用ニ充テル為其ノ一部ヲ引出スコトガ出来
マシタ。毎月ノ計算書ハ民政部ノ第一課ニ提出
セネバナリマセンデシタ。
特警隊ハ婦女ヲ擇ブニ當リ民政部及日本人商社ノ
全婦人職員ニ特警隊ニ出頭スルヤウニ命ジ、ソノ
婦人達ノ何人カヲ真裸ニシ日本人ト関係シテ居
タトナジリマシタ。次イデ醫師ガ検診サレ
マシタガ數人ハ處女デアツタコトガ判リマ
シタ。是等ノ不幸ナ婦人達ノ中何人ガ

No. 4

Doc 5330

性慰安所ニ強制的ニ送ラレタカ確実ニハ判リマセン。婦人達ハ性慰安
所カラ敢テ逃ゲ出サウトハ致シマセンデシタ、ト言フノハ彼女等ノ家族ガ
特警隊ニ依ッテ直チニ逮捕サレテ非道ク虐待サレルカラデシタ。例トシ
テ此ノ様ナ事ノ為ニ一少女ノ母親ガ死ンダ事ガアリマス。
幸ニモ占領期間中引續キ診療ニ從事スルコトヲ許サレタ、在
ケタパン（KETAPANG）ノインドネシヤ人軍醫ルフリマ（LUHULIMA）
博士ハ特警職員ノ命令デ彼ノ行ッタ是等婦人ノ検診ニ関
シ宣誓陳述ヲスル事ガ出来マシタ。
彼ノ證言ニ依ルト婦人達ハ強制的ニ賣淫サセラレタノデアリマス。
上記ノ報告ハ日本人戦犯者ノ訊問カラ得タ報告ト本件関係
者ノ宣誓陳述トカラ輯録サレタモノデアリマス、
私ハ上記ノ事實ハ真實ニ上述ノ報告書ニ相違スル點ノナイ
事ヲ情報將校及日本語通譯トシテ誓ッテ断言致シマス、

バタビヤ　一九四六年七月五日

署名／ジェー　エヌ　エッチ

ジェー・エヌ・ハイジブロエク陸軍大尉／署名／

／J.N. HEIJBROEK Capt／

蘭印軍情報部

(T.N. On the 'certificate' is written J.N-HEYBROEK)

No. 5

Doc 5330

證據書類番號五三三〇

證明書

下記署名ハ蘭印軍情報部戰爭犯罪課長蘭印軍
陸軍大尉チャールズ・ヨンゲネール/CHARLES JONGENEEL/
ハ先ヅ正式ニ宣誓ヲ行ヒ且
蘭印軍情報部情報將校兼日本語通訳ジェー・エス・ヘイブロエク
/J.S. HEYBROEK/陸軍大尉ノ記述ニ係ル日本海軍占領
期間中蘭領東印度西部ボルネオニ於ケル強制賣淫行為ニ
關スル報告ニ題スル添附文書ノ原本
ハ蘭印軍情報部ノ公式記録ヨリ採ラレタルモノナリト陳述セリ

署名 チャールズ・ヨンゲネール/署名/

バタビヤ 一九四六年七月九日

余蘭印検事総長事務局付蘭印軍高級職員
ケー・エー・デ・ウェールト中尉/K.A. de Weerd/
ノ面前ニテ宣誓署名シタリ

署名 ケー・エー・デ・ウェールト/署名/
/K.A. de WEERD/

[문서 11]

도쿄재판에 제출된 구이린 사건의 증거문서(1946.5.27)

(다니자키[谷崎] 번역)

구이린[桂林] 시민공소 1

군사위원회 행정원 전범죄 증거조사 소대

적군이 우리 구이린을 침공한 것은 1년간으로 그동안 간음, 포로, 약탈 등 행하지 않은 것이 없다. 나가나와[長縄] 대위라는 일본 후쿠오카현[福岡県] 사람은 적 부흥지부장의 임무를 당당하고 사람을 시켜 음험하고 악독하게 구이린시에 있는 가짜 신문사와 문화기관을 자신의 지배하에 두고 이들을 우리 민중의 회유와 노예화의 중심 기관으로 삼았다. 또한 가짜 조직인원을 이용하여 공장의 설립을 선전하고 사방에서 여공을 모아 리체문[麗澤門] 밖으로 끌고 가서 협박하여 기녀(妓女)로 만들어 짐승 같은 군대의 음락(淫楽)에 제공하였다. 나가나와의 비서, 즉 스즈키 하나코[鈴木華子, 일본 여성]는 그의 행위를 방조했다. 더욱 심한 것은 이 적이 러췬로[樂群路]에 있는 리추언[李子園]에 헌병대를 설치하고 대장 이토[伊藤]는 여러 곳에서 잡아 온 포로를 모두 풀어서 중노동자로 활용하여 쌀과 진흙 운반 등에 사역시켰다. 만약 조금이라도 잘못한 것이 있으면 이 부대가 살해 또는 포로로 삼았다. 동지(同志) 100여 명, 우군(友軍) 2명(이름은 이미 잊어버렸지만) 살해 후 시체를 황성(皇城) 또는 리강(離江)에 버리는 광경은 정말로 매우 참담하다. 열거하는 사실은 모두 우리 민중이 본 바를, 현재 귀 조사대가 구이린에 들어와서 조사한다고 듣고서 적들의 죄상과 가짜 정부 범죄를 □□한다. 구이린 시민 이□□(李□□)의 위임장(도장), 윤방위(尹芳偉, 도장), 탕□□(湯□□, 도장), 해민성(海民聲, 도장), 진망청(陳望青, 도장), 교대평(教大平, 도장), 유백년(劉百年, 도장), 양유망(陽有望, 도장)

1946년 5월 27일

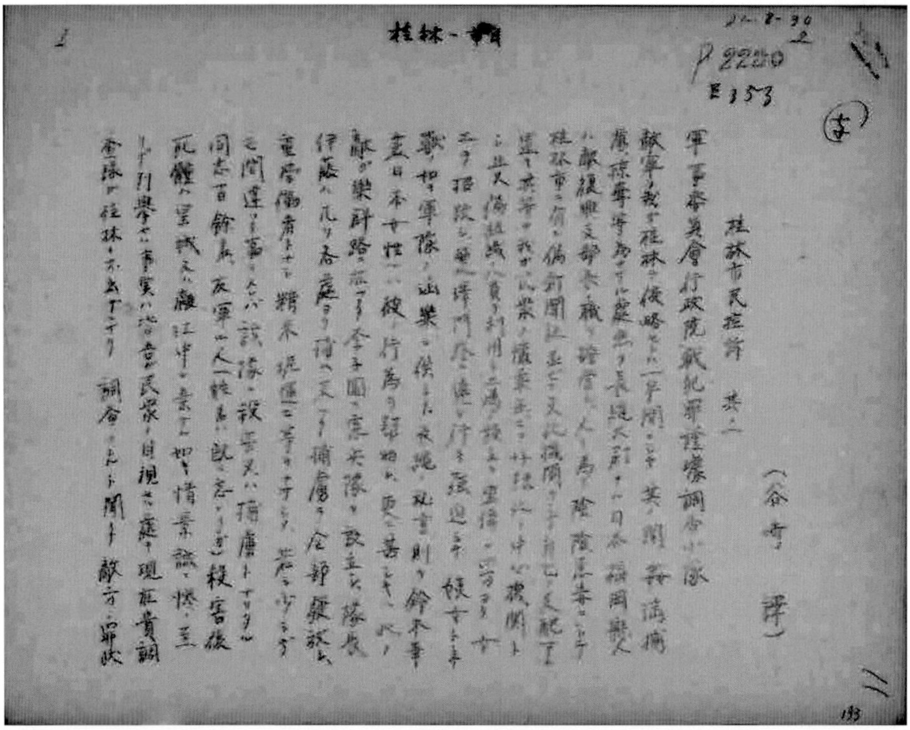

1　　　　桂林－[illegible]　　　　22-8-30 2　P 2220　E 353

桂林市民控訴　其二　（谷寺　譯）

軍事委員會行政院戰犯罪證據調査小隊

敵軍ノ我ガ桂林ヲ侵略セル一ヶ年間ニ於テ其ノ犯セル[illegible]

[illegible]

[illegible]

桂林市ニ在リ偽新聞[illegible]

[illegible]

[illegible]

[illegible]軍隊ノ淫樂ニ供シタ[illegible]

[illegible]日本女性ハ[illegible]

[illegible]

[illegible]

[illegible]

[illegible]

同志百餘名[illegible]

[illegible]

[illegible]

[illegible]桂林ニ[illegible]　調査[illegible]

193

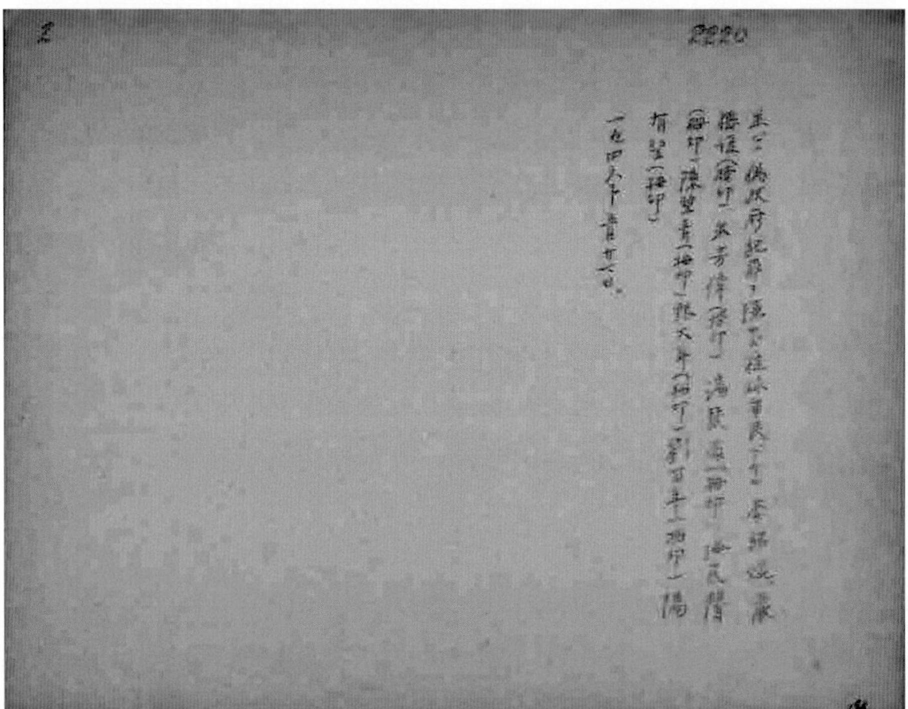

2　　　　2220

[illegible]偽政府犯罪ヲ[illegible]桂林市民[illegible]

[illegible]（拇印）[illegible]（拇印）[illegible]（拇印）

（拇印）[illegible]（拇印）[illegible]（拇印）[illegible]（拇印）

[illegible]（拇印）

一九四六年一月廿六日

194

[문서 12]

도쿄재판 구이린 사건의 판결부분[52](1948.11.1)

극동국제군사재판소

판결

B부

제7장

태평양전쟁

영문843-1000쪽

1948년 11월 1일

(중간 생략)

1941년 9월에 제6사단의 일본군대는 중국인 포로 200여 명을 강제로 사용하여 그들에게 대량의 쌀, 보리 그 밖의 물자를 약탈시켰다. 일본군은 퇴각할 때에 이들 범죄를 은폐하기 위하여 그들을 포격으로 학살했다. 일본군은 창사[長沙]를 점령한 후에 이 지역에 도착하는 과정에서 살인, 강간, 방화 그리고 그 외 수많은 잔학행위를 하고 싶은 대로 저질렀다. 그리고 광시성[廣西省]의 구이린[桂林]과 류저우[柳州]를 향해 더 남하했다. 구이린을 점령하고 있을 때 일본군은 강간과 약탈과 같은 온갖 종류의 잔학행위를 저질렀다. 공장을 짓는다는 구실로 그들은 여공을 모집했다. 이렇게 하여 모집된 부녀자에게 일본군대를 위해 추업을 강제했다. 1945년 7월에 구이린에서 퇴각하기 전에 일본군대는 방화반을 편성하여 구이린의 모든 상업구역의 건물을 방화했다.

---

52) 일본군'위안부'관계자료 21선에 게재된 이 자료는 일본의 아시아역사자료센터에서 제공하는 자료(레퍼런스 번호 A08071307600) 극동군사재판소 판결문의 일부분으로 총 303쪽 분량으로 구성되어있다. 이 가운데 제7장은 '태평양전쟁'에 관한 판결문이며 159쪽부터 시작하는 8장은 '통상적인 전쟁범죄'에 관한 판결이다. 자료집에 게재된 부분은 8장 '통상적인 전쟁범죄' 내의 「전쟁, 광둥(廣東)과 한커우[漢口]로 확대」 부분의 22쪽(A08071307600 자료의 183쪽)에 나오는 내용이다.

No.5

23.11.10

JUDGMENT, I.M.T.F.E.
PART B, CHAPTER VII
[Japanese Translation by Language Division, I.M.T.F.E.]

極東國際軍事裁判所

判決

B部

第七章

太平洋戰爭

英文八四三－一〇〇〇頁

一九四八年十一月一日

2

めて行つた。一九四一年九月に、第六師團の日本軍隊は、中國人捕虜二百余人を強制的に使つて、かれらに大量の米、麥、その他の物資を掠奪させた。日本軍は反轉するときに、これらの犯罪を蔽い隱すために、かれらを機銃によつて虐殺した。日本軍は長沙を占領した後に、同地方の到るところで、殺人、強姦、放火及びその他數々の殘虐行為をほしいままに行つた。それから、廣西省の桂林と柳州へ向けて、さらに南下した。桂林を占領している間、日本軍は強姦と掠奪のようなあらゆる種類の殘虐行為を犯した。工場を設立するという口實で、かれらは女工を募集した。こうして募集された婦女子に、日本軍隊のために醜業を強制した。一九四五年七月に、桂林から撤退する前に、日本軍隊は放火班を編制し、桂林の全商業區域の建築物に放火した。

22

181

일제침탈사 자료총서 92

일본군'위안부' 문제 자료집(2)

– 위안소 운영 실태와 범죄 처벌

초판 1쇄 발행 2020년 5월 30일

엮은이 ㅣ 동북아역사재단
펴낸이 ㅣ 김도형
펴낸곳 ㅣ 동북아역사재단

등록 ㅣ 제312-2004-050호(2004년 10월 18일)
주소 ㅣ 03739 서울시 서대문구 통일로 81 NH농협생명빌딩
전화 ㅣ 02－2012－6065
팩스 ㅣ 02－2012－6189
홈페이지 ㅣ www.nahf.or.kr
제작·인쇄 ㅣ 도서출판 선인

ISBN 978-89-6187-541-7 94910
ISBN 978-89-6187-539-4 (세트)

* 이 도서의 국립중앙도서관 출판예정도서목록(CIP)은 서지정보유통지원시스템 홈페이지(http://seoji.nl.go.kr)와 국가자료종합목록 구축시스템(http://kolis-net.nl.go.kr)에서 이용하실 수 있습니다.(CIP제어번호 : 2020021937)